张彦 吕青 编著

社会保障
概论
（第二版）

南京大学出版社

内 容 提 要

社会保障是国家的事业,也是全民的事业。进入21世纪,随着改革开放发展到要实现全面小康和构建社会主义和谐社会,社会保障在我国受到了更广泛的关注。与此同时,全社会对社会保障知识的需求与日俱增。本书是为了适应这一形势而编写的,内容系统且采众家之长,深入浅出且紧密联系中国实际,纵横渗透且反映最新趋势。

本书分两篇:社会保障总论和社会保障实务。上篇主要阐述社会保障基本理论、社会保障历史进程、社会保障基金及世界各主要类型的社会保障制度;下篇分述社会保障体系的具体内容,包括社会福利、社会保险(养老、医疗、失业、生育、工伤)、社会救助、社会优抚和安置。本书既适宜作为高等教育的教材,也适宜社会保障知识的普及和社保工作培训之用,还可以供政府机构、研究部门、企事业单位、社会团体及广大读者参考。

目 录

上 篇　社会保障总论

第一章　社会保障与社会保障理论 …………………… 3
　第一节　社会保障的定义和特点 ………………………… 3
　第二节　社会保障的功能、方式和主体 ………………… 10
　第三节　社会保障体系 …………………………………… 16
　第四节　社会保障理论 …………………………………… 21

第二章　社会保障的历史进程 …………………………… 33
　第一节　传统社会保障时期 ……………………………… 33
　第二节　现代社会保障时期 ……………………………… 36
　第三节　中国社会保障制度的发展 ……………………… 42

第三章　社会保障基金 …………………………………… 52
　第一节　社会保障分配 …………………………………… 52
　第二节　社会保障基金的筹集 …………………………… 60
　第三节　社会保险基金的保值增值 ……………………… 66
　第四节　社会保险基金的管理 …………………………… 70

第四章　世界主要类型的社会保障制度 ………………… 76
　第一节　福利国家型的社会保障制度 …………………… 76
　第二节　社会保险型的社会保障制度 …………………… 98
　第三节　个人储备积累型的社会保障制度 …………… 125
　第四节　各国社会保障制度对中国的启示 …………… 130

下 篇　社会保障实务

第五章　社会救助 …………………………………………… 137
　第一节　社会救助的涵义和范围 ……………………………… 137
　第二节　世界社会救助的发展 ………………………………… 143
　第三节　中国扶贫解困和最低生活保障制度 ………………… 147
　第四节　慈善救助及其他 ……………………………………… 163

第六章　社会养老保险 ………………………………………… 180
　第一节　社会养老保险概述 …………………………………… 180
　第二节　社会养老保险制度的形成 …………………………… 185
　第三节　中国城镇社会养老保险制度的改革和发展 ………… 197
　第四节　中国农村社会养老保险制度的建立和发展 ………… 216

第七章　医疗社会保险 ………………………………………… 227
　第一节　医疗社会保险概述 …………………………………… 227
　第二节　世界医疗社会保险的发展 …………………………… 235
　第三节　中国城乡医疗社会保险 ……………………………… 246

第八章　失业社会保险 ………………………………………… 259
　第一节　失业概述 ……………………………………………… 259
　第二节　失业社会保险的产生和发展 ………………………… 266
　第三节　中国失业保险制度的改革和完善 …………………… 279

第九章　生育、工伤社会保险 ………………………………… 297
　第一节　生育社会保险 ………………………………………… 297
　第二节　生育保险的中国路径 ………………………………… 300
　第三节　工伤社会保险 ………………………………………… 308
　第四节　工伤保险的中国路径 ………………………………… 316

第十章　社会福利 ……………………………………………… 330
　第一节　社会福利概述 ………………………………………… 330
　第二节　世界社会福利进程及其经验教训 …………………… 337

第三节　中国社会福利制度的改革及其发展方向……… 348
第十一章　社会优抚和安置保障…………………………… 364
　　第一节　社会优抚和安置保障的历史发展……………… 364
　　第二节　社会优抚制度…………………………………… 368
　　第三节　军人保险制度…………………………………… 374
　　第四节　安置保障及其他………………………………… 377

主要参考文献………………………………………………… 383
后　记………………………………………………………… 387

上 篇
社会保障总论

第一章　社会保障与社会保障理论

社会保障是工业革命和社会化大生产的产物,也是现代社会文明的标志。从英国颁布新《济贫法》开始,经过近一个世纪的发展,世界上大多数国家已逐步建立了较完整的社会保障体系。现在,社会保障已经成为当代社会不可或缺的民生保障机制和整个社会和谐发展的维系与促进机制,它对缓解社会摩擦、协调社会利益、维护社会稳定起着重要作用。我国作为社会主义国家,从建国初就十分重视社会保障工作,1951年颁布了《劳动保险条例》,20世纪50年代建立了适应计划经济体制要求的社会保障制度。从1986年起,我国开始探索适应市场经济体制和满足社会发展要求的新型社会保障体系,改革成效明显,目前已形成了政府主导、责任共担、社会化的多层次社会保障体系,但总体上而言,我国的社会保障体系还在探索之中。2006年10月,党的十六届六中全会通过了《中共中央关于构建社会主义和谐社会若干问题的决定》,《决定》将社会保障体系的完善摆在了和谐社会构建的突出位置,这预示着社会保障改革与制度建设的步伐将进一步加快。

第一节　社会保障的定义和特点

一、社会保障的定义

"社会保障"一词源于于英文"Social Security",原意是指"社会安全"。1935年美国制定了《社会保障法》(Social Security Act),首先使用了"社会保障"一词。这个词再次出现,是在1938

年新西兰通过的一项法案之中,这个法案将一些现行的和新的社会保障补助金合并在一起。1941年,"二战"期间闻名的战时文件《大西洋宪章》也两次使用了"社会保障"一词。国际劳工组织于1944年在美国费城召开的第26届国际劳工大会上,发表了著名的《费城宣言》,指出要"扩大社会保障措施","社会保障"一词由此被国际组织正式采纳,"社会保障"这个概念也由此被逐渐广泛使用。1952年6月28日,国际劳工会议在日内瓦通过了102号文件,即《社会保障最低标准公约》,该公约作为社会保障的国际性文件,被视为社会保障制度建立的里程碑文件,并成为解释社会保障制度规定的基本依据。尽管该公约无任何法律约束力,只是建议成员国根据本国具体情况参照执行,但成员国一旦立法批准,就须制定与公约相应的政策或措施加以执行,并应接受国际劳工组织的监督。

美国的《社会保障法》将社会保障视为社会安全网,具体的理解是:"根据社会保障法制定的社会保险计划,对因年老、长期残废、死亡或失业而失掉工资收入者提供保障;同时对老年和残废期间的医疗费用提供保障。老年、遗属、残废和健康保险计划对受保险的退休者或残废者和他们的家属,以及受保险者的遗属,按月提供现金保险待遇。"[①]

1952年,《社会保障最低标准公约》在使用"社会保障"一词时借鉴了美国的社会保障定义,它给出的界定是:"社会通过采取一系列公共措施来向其成员提供保护,以便与由于疾病、生育、工伤、失业、伤残、年老和死亡等原因造成停薪或大幅度减少工资而引起的经济和社会贫困进行斗争,并提供医疗和对有子女的家庭实行补贴。"

在《世界社会保障制度》的报告中,社会保障指根据政治法规而建立的各种方案(或制度),为个人在谋生能力中断或丧失时,以

---

① 王玉先主编:《外国社会保障制度概论》,工人出版社1989年版,第122~123页。

及个人因结婚、生育或死亡而需要某些特殊开支时提供保障。发给家庭用以抚养子女的家庭津贴也包括在社会保障的这种定义中。[1] 社会保障是社会发展到一定历史阶段人的必然需求,但是至今仍没有一个被普遍认定的概念。因此,世界各国对社会保障的内容和范围的提法差别很大,而且它的内涵和外延还要随着社会的发展而不断充实、发展。

英国的《简明不列颠百科全书》指出:社会保障是一种公共福利计划,旨在保护个人及其家庭免除因失业、年老、疾病或死亡而在收入上所受的损失,并通过公益服务(如免费医疗)和家庭生活补助,以提高其福利。该计划包括社会保险计划、保健、福利事业和各种维护收入计划。

由10位国际著名专家撰写的《展望21世纪:社会保障的发展》认为:"社会保障有着比预防和减轻贫困更为远大的目标,它是在最广泛的意义上对安全保障要求的回答。它的基本目标是,使个人和家庭相信在可能的范围内,他们的生活水平不会因社会经济方面的不测事件而遭到严重破坏。这不仅包括满足不断产生的需求,而且包括预防首次出现的危险,还要帮助个人和家庭在面临始料不及的或无法预防的伤残和损失时,能作出最佳调整。因而社会保障不仅需要现金,还需要广泛的保健及社会服务。"[2]

在1984年12月10日联合国通过的《人权宣言》中,对社会保障也有定义:"每个人都有权使本人及家庭达到生活康乐,这不仅包括有权得到食品、衣着、住宅、医疗和其他社会基本服务,而且包括遇到失业、生病、残疾、丧偶、年老或由于非本人所能控制的其他原因而带来生活困难时,有权获得社会保障。"

---

[1] 美国社会保障总署:《世界社会保障制度大全》,中国物质出版社1996年版,第3页。
[2] 国际劳工局:《展望21世纪:社会保障的发展》,劳动人事出版社1988年版,第18页。

以上各国、国际组织及学者对社会保障的不同定义，都是从各自认识角度和一定社会背景来加以把握的。不过，综观各国社会保障的实践，对社会保障这一概念的比较全面、准确、科学的概括，至少有以下几方面的共同点：

1. 现代型的社会保障，国家或者政府是首要责任主体。在市场经济条件下，政府的职能是满足社会公共需要，社会保障是一项重要的社会公共需要，承担社会保障事务就必然成为政府不可推卸的责任。社会保障不能依靠市场机制来有效提供，但又是市场经济正常运行的外部条件，因此，社会保障必须由政府出面组织实施，并以公共财政的保障做后盾。现代社会，公民享受社会保障是法律赋予的权利，国家是对社会进行管理的最高权力机关，政府是具体执行国家权利的行政机构，保障社会成员的基本生活就成为国家和政府义不容辞的责任。

2. 社会保障是现代国家的一种安全制度。它在宏观上是以政府干预来消除市场失灵所产生的社会不安定因素及其所产生的社会风险，保证社会经济的协调稳定运行和发展；在微观上是为社会的全体成员的基本生活权利提供安全保护，以确保社会成员不因遇到暂时或永久的困难而陷入孤独无援的境地。

3. 从经济的角度讲，社会保障是对国民收入进行分配和再分配的一种手段，是解决社会经济问题的杠杆之一。第一次分配是为了效益，拉开收入差距。社会保障等于第二次分配，是为了缩小收入差距。建立健全的社会保障制度关系到经济的可持续发展和社会的长治久安。

4. 从法律的角度看，社会保障的实施依据是国家立法和行政措施。国家立法和行政措施是社会保障得以进行的重要条件，现代社会保障制度的实施归根到底要以健全、完备的法律体系作为支撑。要使社会保障制度化、法规化运作，就必须以法律的形式确定国家、企业和个人在社会保障中的权利和义务，规范社会保障的行政管理、基金管理等事务。

5. 现代社会保障的实施具有普遍性,它所保障的对象不是社会上的特定人群或少数人,而是覆盖全体社会成员。对于社会成员来说,不分城乡,不分就业单位所有制性质、行业和部门,都是社会保障制度的参与者和受益者,一旦遇到生存危机,都能获得国家和社会所提供的帮助。

综上所述,社会保障是以立法形式确定的、由国家举办并承担责任、以国民收入再分配方式为全体社会成员的基本生活权利提供安全保障的社会稳定机制。随着社会经济的发展,社会保障还将在增进基本人权特别是福利权方面不断为提高全体社会成员的生活水平和生活质量做出贡献。

社会保障的含义包括以下几个方面的内容:

(1) 社会保障的对象。社会保障既是国家对全体社会成员承担的社会责任,也是全体公民应该享受的基本权利之一。一项成熟完善的社会保障制度应该覆盖到所有社会成员。只有这样,所筹集到的社会保障基金规模才庞大,其抵御风险的能力才更强,才会有更多的社会成员从社会保障制度中获益。社会保障制度实施范围的社会性也是社会保障公平性的一个体现,只惠及部分或少数特定社会成员的社会保障制度绝对不能称作是公平的社会保障制度。

(2) 社会保障的责任主体。社会保障制度作为一种社会制度,其责任主体主要是政府。由此,社会保障需要通过国家立法、政策措施、统一管理来保障社会成员基本生活权利,并体现出社会性。

(3) 社会保障的目的。总体上说,社会保障要保证社会的稳定,促进整个社会经济的协调、稳定发展。20世纪80年代中期,国际劳工组织发表的《21世纪社会保障展望》报告表明,社会保障的目标不止于减轻贫困,应该更为广泛。它的根本宗旨是使个人和家庭相信他们的生活水平和生活质量会尽可能不因任何社会和经济上的不测事件而受很大影响。这就不仅是在不测事件中或已出现不测事件时去解决困难,而且也要防范于未然,帮助个人和家庭在面临未能避免的伤残和损失的时候,尽可能做到妥善安排。

(4) 社会保障的资金和受保障者的受益。资金主要来源于政府财政支出、企业和个人的缴纳及社会成员的自愿捐献。对受保障者而言,其受益有的取决于投保和缴费的多少,有的则与其个人的投报无关,而取决于整个社会保障的待遇水平。

二、社会保障制度的特点

社会保障的特征从不同的角度可以做不同的概括。但综合各国社会保障制度与实践来分析,主要有以下几点:

1. 强制性

社会保障是指按统一的标准和原则,依法对全体公民的年老、疾病、丧失劳动能力或意外灾害等风险予以保障。社会保障的强制性集中表现在强制参加和强制交纳两方面。即每一位社会成员只要符合社会保障的有关法律规定,都必须参加社会保障并受其保障;凡符合有关社会保障税法或社会保险基金统筹法令、法规的交纳条件的个人和团体,都必须按要求纳税和交费,否则将追究其法律责任。而在商业保险行为中,保险关系的建立完全取决于双方的意愿是否一致。

2. 社会性

社会保障的社会性主要体现在制度目标的社会性、实施范围的社会性、保障方式的社会性和资金管理的社会性四个方面。从制度目标看,社会保障通过保障社会成员的基本生活来促进社会的稳定与和谐,促进公平目标的最终实现;从实施范围看,社会保障是国家在全社会范围内统一实施的社会制度;从保障方式看,社会保障以社会为单位,国家出面组织全社会的人力、财力、物力帮助社会成员来保障其基本生活,抵御生存风险;从资金管理上看,社会保障基金的筹集主要是国家在全社会范围内,通过征收社会保障税或社会保障费的形式从全社会的各个方面筹集，还有很大一部分是政府财政转移支付。同样，社会保障基金的运营也具有社会性。

3. 福利性

社会保障的宗旨和目的是为了增进社会成员的福利。社会保障的各环节不以营利为目的，它不仅无偿地对被保障人给予资金给付，而且提供社会服务。而保障的个人一般不直接交付全部保障费用，由实施的社会保障部门统一筹集经费，既有政府财政的部分，也有企业和个人缴纳的部分，还包括社会各方面的捐赠。

4. 互济性

由于社会成员在机会、劳动能力、身体素质、家庭负担等方面的状况不尽相同，从而产生不同的社会成员对社会保障项目的需求差异。通过互助互济的方式，少数在社会生活中碰到困难和遭遇风险的社会成员，能够有正式的途径获得各种物质帮助和其他服务，其基本生活需要得到保证。在现代社会保障网中，每个人在他能够创造财富的时候缴纳一定的费用，为他人提供物质帮助，并在他需要帮助的时候从中获益，享受他人为自己提供的物质帮助，充分体现了社会成员在经济上的互助互济。

5. 不可逆性

众所周知，社会保障的给付带有特别强的不可逆性，或曰刚性。一旦将社会保障水平确定在一个较高的水准之上，要将其降下来是十分困难的。西欧大多数国家推行的高保障、高福利制度，如今暴露出越来越多的弊端。20世纪80年代以来，这些国家为减轻政府财政压力，陆续进行了社会保障改革，以期削减保障项目和福利开支。但所有这些改革最后都因民众的强烈反对而搁浅。社会保障的不可逆性和刚性，要求社会保障的水平必须与社会生产力的发展水平相适应，否则就会产生一系列的社会和经济问题。

第二节 社会保障的功能、方式和主体

一、社会保障的功能

社会保障功能指社会保障在社会运行过程中所发挥的实际效能和作用。社会保障作为满足人类需求的一种机制,在保障公民的基本生活,缓和劳资关系,促进劳动市场发育和经济发展,以及稳定社会、政治、生活秩序等方面起着不可忽视的作用。我们可以把社会保障所具有的主要功能概括如下:

1. 补偿功能

社会保障的补偿功能是指劳动者和其他社会成员在因风险暂时或永久失去收入时必须获得一定程度的经济补偿或物质帮助。社会保障的补偿功能,主要体现在社会救助和社会保险两个方面,其中社会保险尤为明显。社会保障主体筹集起来的社会保障资金,用于部分社会成员的损失补偿,其根据是保险的原理:"集众多的力量,分担个别意外的损失"。即在一定时间内发生风险的成员总是少数,由社会各方和全体社会成员分担社会少数成员的损失,对发生风险的成员提供补偿的社会保障就成为可能。

2. 稳定功能

社会保障的稳定功能是指社会保障依法对社会成员基本生活权利予以保障,它通过国民收入再分配调节人们的物质利益关系,从而发挥社会稳定机制的作用。社会保障的主要功能是发挥社会稳定机制的作用,在西方称之为"安全网"、"社会内稳定器"。社会保障(Social Security)又可译为"社会安全",这说明它具有维护社会安定和稳定的功能和作用。稳定功能是社会保障的第一功能。

3. 调节功能

一百多年的资本主义商品经济发展的历史表明,在资源最佳配置名义下的完全市场模式有许多缺陷。例如,如果严格使用偿

付能力的规则,它将冷酷无情地危害老弱病残者和失业者等。现代社会保障作为国家实施的重要社会政策,是调节收入、缩小贫富差距、缓和社会矛盾的重要手段。采取的基本措施是,一方面以累进的方式向高收入阶层(如雇主)征收社会保险基金,另一方面以累进的方式向贫困者提供资助,收入越少的人得到的越多。这种调节有助于克服社会分配不公和缩小贫富差距。另外,社会保险基金的筹集、支付及其投资活动,本身就是一种国民收入分配和再分配活动,它必然会对国民经济的运行产生调节作用。因此建立健全的社会保障制度,其客观作用已经不仅仅体现在为人们提供基本生活保障,而且已成为各国调节投融资和平衡经济的重要手段。

社会保障的作用,是社会保障功能的具体表现,是社会保障功能发挥出来的效果。如今,社会保障对于我国和谐社会建设的作用越来越大,主要表现在:我国的社会化大生产程度正在不断提高,正处在建立社会主义市场经济体制的过程中,公平竞争是市场经济的精髓,企业之间公平竞争的重要前提是社会负担公平化,只有建立覆盖全社会的社会保障制度,才能真正为不同所有制企业之间的公平竞争提供保证。改革和完善社会保障制度又是人才自由流动的客观要求,市场经济下,资源的配置主要通过货币市场、产品市场和劳动力市场进行,而人才自由流动的一个重要前提,是无论在哪个部门工作的劳动者,均能享有基本的社会保障待遇。改革和完善社会保障制度也是发展农业、实施计划生育基本国策的客观要求。目前,我国绝大多数农业人口仍然依赖家庭保障,在农村富余大量劳动力的情况下,提高劳动生产率与降低失业率之间存在严重的矛盾,解决这一矛盾有赖于社会保险与社会福利事业的普及与发展。

二、社会保障的方式

社会保障对受保人提供的保护,通常通过下述方法中的一种或两种实现：现金补助和提供服务。针对收入损失提供现金补助的措施，通常称为"收入维持"方案；对受保人提供资助或直接服务的措施，通常称为"实物补助"方案。

对于"收入维持"方案，有三种普遍认同的方法，即就业关联制度、普遍保障制度和经济状况调查制度。前两种制度赋予被保人有按规定申请现金补助的权利；而经济状况调查制度则由行政部门根据个人收入或财产，与规定的标准比较后作出裁决。

就业关联制度规定，享受年金或其他定期补助的权利，一般取决于工作或独立劳动时间（即工龄）的长短；家属津贴和工作保障，则取决于是否存在雇佣关系。政府是所有保障待遇的最后保证人。许多国家的政府都为实施就业关联制以及其他社会保障方案提供资助。例如，政府按受保工人工资总额的一定百分比，实行财政拨款，以支付受保工人的保障金。

普遍保障制度又称按"人头"补助制度，即对公民或居民，不论其收入、工作或财产如何，均按统一的标准提供现金补助。补助资金通常来源于国家财政收入的拨款，补助金一般普遍适用于已在这个国家居住达到规定年限的申请人。大多数实行普遍年金方案的社会保障制度还有第二层的收入关联方案。但这一方案的保障资金，部分来自工人和雇主交纳的保险金。

经济状况调查制度，通常是根据最低生活需要制定一个标准，并调查个人或家庭的财源，以判断受保人是否符合享受社会保障待遇的条件。这种保障待遇的享受者，只限于贫困或低收入的申请人。目前世界上只有少数几个国家和地区把这种方案作为唯一的或主要的社会保障方式。而在采用这种方案的国家里，有时经济状况调查制度已被收入关联的交纳保险金的补助方案所代替。

世界上还存在其他两种保障方式，即公营的"储蓄保险基金"制度和"雇主责任保险"制度。

储蓄保险基金制度，主要存在于发展中国家，实际上是一种强制性的储蓄制度。该制度要求企业和职工定期交纳规定的保险金,共同出资建立特别基金,款项记入每个雇员的账户,专款专用。当雇员发生规定的偶然事故时,按照规定将各账户下的储蓄保险金,连同利息,一次发还给受益人。但在有些情况下,受益人也可自行选择分期领取本金或遗属恤金。

雇主责任保险制度,通常又称为劳工法典,即国家通过法律,要求雇主对工人实行各种事故保护。这些法律规定对不同情况的雇员提供不同的保险待遇,如:一次性的养老金或残废退职金,伤病医疗或病假补助,或两者同时提供;生育补助或家属津贴;短期或长期的工伤恤金和医疗照顾;以及解雇时支付遣散费。

现在,大多数国家有关雇主责任的立法,已被社会保险所取代,只有工伤保护是例外。然而,最近几年,一些西方国家出现一种趋势,即先进的社会保障方案,使雇主责任保险制度的特点得到加强,如比利时、丹麦、德国和挪威等国的疾病保险。

三、社会保障的主体

综观世界各国的社会保障制度,政府是社会保障的责任主体,这是共同的。但由于社会保障资金的三方缴费制,社会保障的利益主体可分为政府、企业和个人。社会保障制度是社会经济发展到一定阶段的产物,是各相关主体共同选择的结果。从客观上讲,政府、企业和个人三者在社会保障制度框架中所处的地位不同,因此所表现出来的行为也各有所异。

政府作为社会保障制度的制定者、社会保障制度的直接组织者和提供者,其目的在于为全体公民提供一个公平、安定、保障基本生活又利于发展的政策环境,同时又不过分加重财政负担。即政府的目标是保障供给最大化,约束条件是财政负担能力。在我国社会保障制度的改革中,政府首先面对的一个问题就是能承担并支付多大的转型成本,由此影响政府的行为。

企业作为社会保障资金的主要提供者之一,除了按法律要求,履行其基本义务,为自己的员工向社会保障机构供款之外,还根据具体需要向其员工提供补充保障,以吸引人才,留住人才。

个人是社会保障制度的保障对象,也是社会保障资金的提供者之一,又是惟一的社会保障的受益者。由于社会保障具有互助共济的调节功能,因此受益水平和受益率会在很大程度上影响人们的行为。几乎可以肯定,过高的受益率和受益水平会使人们滋生依赖心理,过低的受益率和受益水平又会使人们对社会保障的有效性产生一定的怀疑。

社会保障的主体,还可以依照职能分为行政、经办、实践三种主体:

1. 行政主体是政府。社会保障行政是政府特有的权力,这种权力体现在三个方面:(1) 在国家立法下,中央政府负责制定社会保障的有关方针、政策和制度,以及社会保障的整体运营。(2) 地方政府受国家委托,负责政策的具体执行和实施。(3) 各国政府对行使这种权力的职能部门,可以划分出十多种组合(参见表 1.1)。

表 1.1 各国社会保障行政管理机构分类

行政管理	老年	医疗	工伤	失业
1. 劳动部门	20	8	34	17
2. 社会保障部门	18	7	15	6
3. 社会事务部门	6	5	7	3
4. 卫生部门	3	31	6	—
5. 财政部门	11	3	5	—
6. 劳动与社会保障双重职能部门	28	8	27	11
7. 劳动与社会事务双重职能部门	25	6	22	7
8. 卫生与劳动或社会保障或社会事务双重职能部门	8	8	8	2
9. 劳动、社会保障、社会事务三重职能部门	2	—	2	—
10. 其 他	14	7	13	6
合 计	133	83	139	52

资料来源:杨建敏等"社会保障管理体制比较研究",《中国社会保障》,1998 年第 5 期。

我国现行的社会保障行政管理机构,主要由国务院下设的劳动和社会保障部、民政部和人事部组成。劳动和社会保障部内设的保障机构有:养老保险司、失业保险司、医疗保险司、农村社会保险司和社会保险基金监督司。民政部内设的社会保障机构有:优抚安置局、救济救灾司、社会福利和社会事务司。人事部内设的社会保障机构有:工资福利与离退休司、军官转业安置司。在纵向上,我国社会保障机构大体分为三个层次:第一层次,即高层行政机构,是国务院下设的劳动和社会保障部与民政部,此属于领导和决策层次;第二层次,即中层行政机构,是在各省、自治区、直辖市人民政府内设的劳动和社会保障厅(局)、民政厅(局),此属于辅助决策、实施领导和传递层次;第三层次,即基层行政机构,是在省辖地级市、区、县人民政府设立的劳动和社会保障局、民政局,此属于执行层次。

2. 经办主体是社会保障的各类经办机构。从国外的情况看,相当一部分国家和地区的社会保障是由政府直接经办的(参见表1.2)。例如,澳大利亚社会保障部门在全国设有20个区域性及216个地方机构。在那些福利化倾向较强的国家,政府参与经办的取向就较强。在相反的情况下,政府参与经办的取向就较弱。如南美一些国家在80年代以来的老年保障改革中,采取了基金存储制,由民营管理公司经办。另有不少国家和地区由基金组织承担经办责任。基金组织作为民间自治管理机构,独立于政府,但政府也在必要时进行干预。还有不少国家和地区的经办者是事业性管理机构,事业机构是我国特有的概念,国外称为非赢利机构或者非政府机构。与政府机构相比,这些机构不是政府的工作部门,它们可能与政府有密切的联系,甚至可能其领导机构都有政府工作人员参与,但其却是作为独立法人承担法律责任。作为非赢利组织,它们在经办活动特别是提供专业服务的过程中可能要进行收费,但这与企业以利润为目的截然不同。在我国,社会保障管理体制改革的有关原则是"政事分开",即社会保障的行政管理和基金经营要分开。

表 1.2 各国社会保障各个项目的经办机构分类

组织类型	老年	医疗	工伤	失业
政府部门	41	18	39	17
基金组织	50	26	37	11
事业性管理机构	49	42	47	29
其中:卫生服务	0	18	3	0
就业服务	0	0	0	23
其　　他	17	6	31	3
合　　计	157	92	154	60

资料来源:杨建敏等"社会保障管理体制比较研究",《中国社会保障》,1998年第5期。

3. 实践主体是各种社会保障事业的从业者。它除了社会保障事业的专职工作人员外,还包括众多义务工作者。在现代社会保障事业中,虽然社会保障经办机构的责任被强调,即社会保障制度在确立的同时,其工作必须由专职人员来进行,但是社会保障事业中志愿人员的存在价值和作用仍不能低估,他们是社会保障事业社会化的重要力量,因此也是实践主体。

第三节　社会保障体系

社会保障是由一系列保障项目构成的体系。社会保障体系是指社会保障各个有机构成部分系统的相互联系、相辅相成的整体。

一、不同国家的社会保障体系

由于各国的政治制度、社会背景、经济水平、文化观念、价值取向以及实行的社会保障制度的时间长短不同,各国的社会保障体系存在很大的差异,所涉及的内容和范围也不尽相同。

社会保障体系的发展,大致可以划分为三个阶段:对能从事生

第三节　社会保障体系

产的劳动者的保障；对全体劳动者（包括潜在的劳动者）的保障；对全体国民的保障。社会保障实施项目也是逐步增加的，从以病、残、老、死及生育为主要内容，以后逐步扩大到对失业者的生活保障、社会性救助和社会性福利等方面。

1952年国际劳工组织大会通过的《社会保障最低标准公约》规定，现代社会保障主要包括九项内容，即：医疗津贴、疾病津贴、失业津贴、老龄津贴、工伤津贴、家族津贴、生育津贴、残疾津贴和遗属津贴等。其中最主要的是失业津贴、工伤津贴、老龄津贴、残废津贴和遗属津贴。根据公约规定，一个国家只要实行了三种津贴（其中至少包括最主要的一种津贴），就可以被认为是已建立了社会保障制度。在实践中，各国根据各自的国情，对社会保障体系规定了不同的内容，其具体范围也不尽相同，并随着经济的发展而不断地得到完善。

在德国，逐渐完善起来的社会保障体系的内容大致可以分为两大部分：一是社会保险，二是社会照顾。其中，社会保险是整个社会保障体系的核心，它可进一步分为养老保险、医疗保险、失业保险和工伤保险等四个方面。社会照顾也可分为直接照顾和间接照顾两个方面，直接照顾包括家庭补贴、住房补贴、教育助学金等；间接照顾主要有国家规定的"免税额"、国家建造自有住房的贴息贷款等。

在英国，社会保障体系由五大部分组成：一是社会保险，主要包括退休保险、失业保险、工伤保险、死亡保险等；二是社会补贴，主要包括住房补贴、儿童补贴、高龄老人补贴等；三是社会服务；四是社会救助，主要包括低收入家庭救助、老龄救助、失业救助等；五是医疗保健。

在美国，社会保障体系由三个主要部分组成：一是社会保险，主要包括老年保险、伤残保险、失业保险、工伤保险、健康保险等；二是社会救助，主要包括失业救济、医疗援助、残疾和老年贫困者的救济金、抚养儿童家庭的补贴、食品券补贴等；三是社会福利，主要有住房补贴、教育保障等。此外,社会保障体系还包括一些特殊保障,如军职人员退休津贴、联邦和地方政府文职人员退休津贴等。

尽管世界各国构成社会保障体系的项目不相同,但从共性上看,社会救助、社会福利、社会保险显然都是社会保障体系不可或缺的组成部分。

1. 社会救助

社会救助是国家及社会对遭受自然灾害、不幸事故等和生活在贫困线或最低生活标准下的个人和家庭进行救济和援助,以维护这些社会成员的基本生活权利的一项社会保障制度。社会救助的目标是帮助社会弱势群体摆脱生存危机,以维护社会秩序的稳定。它往往采取非供款制与无偿救助的方式,其资金主要来源于政府财政的转移支付,通常被认为是政府当然责任和义务。

2. 社会保险

社会保险是社会保障体系最基本、最主要的组成部分,它是国家通过立法而建立起来的旨在保障劳动者在因年老、疾病、伤残、生育、失业等暂时或永久失去劳动力,而减少或失去工资收入的情况下,仍能享有和在业期间相差不大的基本生活权利的一项社会保障制度。社会保险所占用的资金是社会保障基金中最大部分,因此是一项基本保障。社会保险与其他社会保障的根本区别在于筹资机制不同,即社会保险基金由国家、企业和个人三方共同筹集,而其他社会保障的资金来源主要是国家财政拨款。

3. 社会福利

社会福利是在保障全体社会成员享受基本生存权的基础上,能够随着社会经济的不断发展而提高生活水平,增进社会成员个人福利的一项社会保障制度。它偏重于提供公共福利设施和福利服务,不带任何前提条件给予每一位符合规定的公民。在世界上许多国家,特别是西方发达国家,大多把"社会福利"当作"社会保障"的同义词,是一种公共福利计划,这是广义的社会福利概念。

在我国,社会福利作为社会保障体系的重要组成部分,是一种狭义的社会福利概念。

二、我国社会保障体系的主要内容

1951年,我国制定和实施了《中华人民共和国劳动保险条例》,标志着我国建立了包括养老、工伤、医疗、生育保险等在内的社会保险制度,这套制度经过不断扩展,最终几乎覆盖了全体城市居民。与此同时,救灾救济制度、国家福利计划纷纷得到确立,城镇居民能够享受到全面的社会保障。在农村,则是集体分配中包括着福利分配的份额,同时又建立了有中国特色的合作医疗保障制度和乡村"五保户"制度,这样就形成了计划经济体制下相对稳定的社会保障体系(参见图1.1)。①

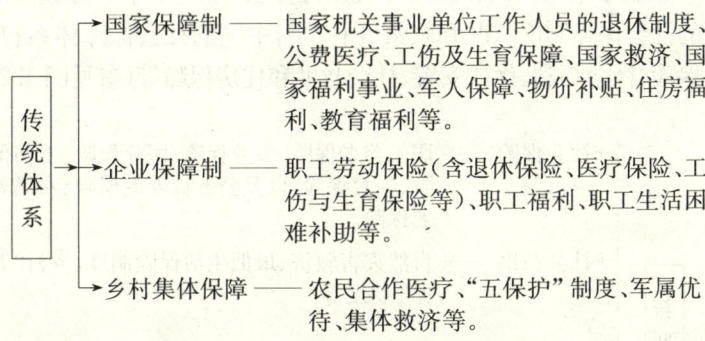

图1.1 我国传统的社会保障体系

20世纪80年代以后,传统社会保障制度因丧失了计划经济与乡村集体经济的基础,加之其自身也存在着某些缺陷,便成了需要改革的重点。经过20多年的改革、调整,新型的社会保障体系已经浮出水面,虽然新型的社会保障体系尚未最终形成,仍在建构

---

① 郑功成:《社会保障学——理念、制度、实践与思辨》,商务印书馆2004年版,第297页。

中。不过,总体而论,从相互分割、相互封闭的板块结构走向相互协调、相互衔接的社会化保障体系已势在必然。尽管迄今仍存在着城市和乡村壁垒,但各种制度安排却是按项目的保障性质来划分,体现了新制度的社会性与公平性。

1993年中国共产党十四届三中全会通过的《中共中央关于建立社会主义市场经济体制若干问题的决定》把我国社会保障体系的内容规定为以下六个部分:社会保险、社会救济、社会福利、优抚安置、社会互助和个人储蓄积累保障。也有专家提出,中国现阶段的社会保障体系由社会保险、社会福利、社会救助、医疗保障、军人保障和特殊津贴六大系统构成。目前,国内多数专家和学者普遍认为,社会保障的主要内容包括社会救助、社会保险、社会福利、社会优抚等四项。

根据中华人民共和国国务院新闻办公室2004年9月颁布的《中国的社会保障制度状况和政策》白皮书,中国的社会保障体系包括社会保险、社会福利、优抚安置、社会救助和住房保障等(参见图1.2)。①

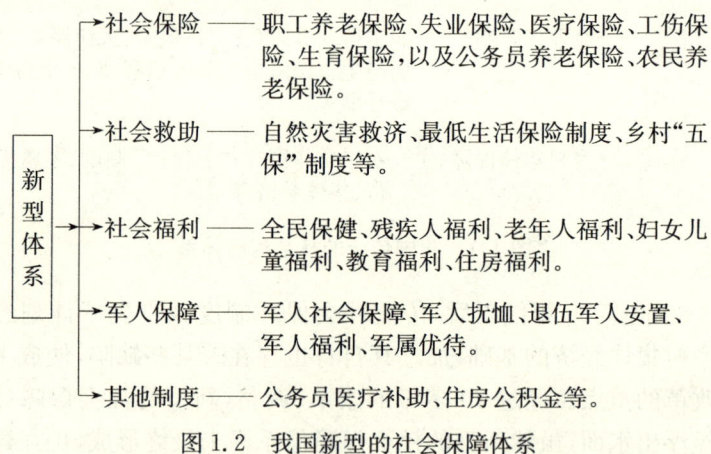

图1.2 我国新型的社会保障体系

---

① 郑功成:《社会保障学——理念、制度、实践与思辨》,商务印书馆2004年版,第298页。

第四节 社会保障理论

社会保障理论是一门涉及多门学科的综合性学科,它不仅涉及经济学,又涉及政治学、社会学、法学、人口学、心理学等学科。

社会保障是对国民收入进行分配与再分配的一种手段,社会保险基金从筹集到支付,理应属于经济学研究的范畴。社会保障的直接目的是为了维护社会安定和稳定,是为一定政治目的服务的,这显然属于政治学研究的范畴。社会保障是从社会总体出发,以人为中心,为解决有关社会问题而采取的社会政策和预防性措施。合理运用社会保障手段,对于调节和缩小社会成员收入差距、消除贫困、避免贫富悬殊和两极分化具有重要意义。从这种意义上讲它属于社会学研究的范畴。社会保障具有义务性和法制性,要求社会公民必须参加,并通过立法规定保障人和被保障人的权利和义务,这又属于法学研究的范畴。除此之处,与社会保障有关的还有人口学、心理学、行政管理学等学科。因而,社会保障理论不能简单地划归经济学或政治学或社会学或法学,它应该是一门相对独立的学科。

总的来看,社会保障理论由三大部分构成,即社会保障的基本理论、社会保障资金运行理论和社会保障制度理论。

社会保障的基本理论,主要阐述社会保障的基本概念、基本范畴以及最基本的社会保障关系。其主要内容包括:社会保障的概念,社会保障的范畴及其产生发展,社会保障的功能和作用,社会保障体系及其构成,社会保障的理论依据,社会保障与经济发展和社会稳定的关系等。

社会保障资金运行理论,主要阐述社会保障资金筹集、支付,储备基金投资等资金运行的理论和方法。其主要内容包括:社会保障资金筹集原则,不同筹资模式的特点及适用条件,社会保障储备基金规模的确定和结构优化,社会保险基金支付的原则、方式及程序,社会保险、社会福利、社会救助等不同的社会保障资金的运行特点及相互间的区别与联系,社会保障储备基金投资的理论和方法等。

社会保障制度理论,主要阐述有关社会保障制度的原理和国家关于社会保障的法律法规、方针政策。其主要内容包括:社会保障制度的概念、构成要素及构成内容,建立社会保障制度的原则,社会保障制度的历史、现状和目标模式,各国社会保障制度的评价和比较等。

一、社会保障的理论基础

社会保障理论的研究对象是国家实施社会保障过程中形成的种种分配关系及其规律,因此,它与经济学有与生俱来的密切联系。当今,西方不少国家已号称为社会保障的"福利国家",各项福利支出占国家财政支出的很大比例,构成一个国家的不可逆向的社会福利政策体系,甚至成为政治竞选的资本或工具。为什么它具有如此魔力?因为社会保障的实施,有其经济学方面提供的理论基础。

西方学者有关社会保障的学说主要是从福利的角度来探讨的。在社会保障学说形成过程中,西方出现了所谓"福利国家论"、"福利国家制度"和"福利经济学"三种理论,这三者之间有不少联系。"福利国家论"是"福利国家制度"的前驱或者理论基础。它首先出现在德国,只是到了 20 世纪 40 年代才发展成为"福利国家制度"。

1. 福利经济学

西方经济学的精英,如马歇尔、埃奇沃思、沃尔拉斯、帕累托以及费雪等人,他们的著作包含了福利经济学的萌芽。1920 年,庇古《福利经济学》一书出版,标志了福利经济学的产生,"福利"一词从此变得非常流行。这一著作与他的《产业波动论》(1927 年)和《公共财政研究》(1928 年)一起,构成了他的福利经济体系的三部曲。

庇古在他的经济学说中特别强调两个观点：一是国民收入总量越大，福利也越大；二是收入越平均，福利也越多。他认为，在国民收入分配方面，同等数量的收入或货币，对于穷人的"边际效用"要比富人的大。即同一英镑，在穷人手里会比在富人手里有更大的效用。因此，他主张实行收入均等化政策。收入均等化不仅是着眼于分配关系本身，还有利于调节分配和生产的关系，使生产资源得到合理的配置和利用，使经济获得最大的增长，使福利源远流长。

20世纪30年代大危机对社会福利的理论和学说带来了极大冲击。在这种情况下凯恩斯经济学派应运而生，并形成了主张通过国家干预经济以实现充分就业的经济增长理论。根据凯恩斯理论，国家把经济干预和调节的范围，扩大到再生产领域，而且也扩大到再分配领域。比如，实行社会福利制度，就是国家干预国民收入再分配的一种表现形式。

1930年前后，以卡多尔的《经济学的福利命题和个人之间的效用比较》一文的问世为标志，新福利经济学产生。该学派的代表人物还有希克斯、西托夫斯基、伯杰森等人。他们以研究"社会福利"为宗旨，提出一些新的论点对旧福利经济学加以修改、补充、发展，从此新福利经济学在西方各主要国家得到广泛传播。

2. 福利国家论

和新福利经济学相联系的是战后福利国家论的兴起。1942年11月，英国社会学家威廉·贝弗里奇在英国政府的委托下提出了《社会保险及相关服务》的著名报告。报告主张："社会保险应旨在维持生存的最低限度的收入"，"社会保障就是对收入达到最低标准的保障"，"国家所组织的社会保险、社会救济的目的在于保证以劳动为条件获得维持生存的基本收入"。至于有些阶层要求保障超出最低生活标准的需要，那可以通过参加私人举办的自愿保险计划去解决。①

福利国家论主张：① 收入均等化,通过对不同收入阶层的赋税差别来实现再分配。萨缪尔森在其名著《经济学》中明确指出,"个人所得税是累进的,具有把收入从富人那里再分配给穷人的倾向"。② 社会福利化,即通过国家提出一整套津贴补助、社会保险和公共救济制度,包括失业救济、退休金、养老金、家庭补助、医疗保险、卫生保险、住房补贴、以及文化、教育等社会服务和设施等,以期实现"现代自由民主"的国家,即高福利型的国家。③ 充分就业化。④ 国有化和计划化、工程社会化。⑤ 混合经济论。

"福利国家论"比"福利经济学"更接近于社会保险福利的实践活动。贝弗里奇报告的实践即为"福利国家制度"。1945年,英国工党执政,以部分工业国有化、实现充分就业和社会福利为纲领,并先后施行了社会保险、工业伤亡、家庭补助、社会保健四种社会福利法案。1948年,英国工党正式提出"福利国家"的口号,从此,福利国家论就在西方世界广为传播。

在上述理论中,庇古(代表作为《福利经济学》)的福利经济学理论为整个西方国家的现代保障制度奠定了系统的思想基础;而凯恩斯(代表作为《就业、利息和货币通论》)和贝弗里奇(代表作为《社会保险及相关服务》)等的理论与主张,则是西方国家建立本国社会保障制度的直接理论依据。其中,贝弗里奇被誉为"福利国家之父",并被西方誉为"20世纪世界上最有影响的人物之一"。

二、主要的理论流派

现代社会保障制度的发展及其影响力的日益扩张,促进了西方社会保障(福利)理论的繁荣。20世纪下半叶以来,有代表性的理论流派有:

1. 民主社会主义

---

① 黄素庵等:《重评当代资本主义经济》,世界知识出版社1996年版,第245页。

民主社会主义是在"讲坛社会主义"与"费边社会主义"的基础上发展起来的一种学说,其最大的特点就是用社会主义的旗号来实施福利国家政策。第二次世界大战以后,英国工党作为欧洲最大的社会民主党,提出了"民主社会主义"的理论与纲领,同时制定了"政治自由、混合经济、福利国家、凯恩斯主义和平等信念"等五大原则,并于1951年在德国法兰克福召开的"社会党国际"成立大会上公开提出。在这次会议上,各国社会民主党共同发表了《法兰克福宣言》,英国工党的混合经济、平均分配收入等主张被接受,英国工党总书记菲利蒲斯当选为该国际委员会主席,并在西欧社会民主党中居于主导地位。

民主社会主义者始终坚持认为人类社会必将从自由放任的资本主义社会进化到更文明的社会,认为民主社会主义是资本主义发展的一个高级阶段,而福利国家则是从自由的资本主义到社会主义过渡的一个重大步骤。经过法兰克福会议,民主社会主义被传播到许多国家,不少社会民主党在取得执政党的地位后,即将福利国家的理论变为执政的纲领和政府的现实政策。如瑞典等北欧国家的社会民主党在福利国家的实践方面就起到了示范作用,瑞典被称为"福利国家的典范和橱窗"。可见福利国家风靡一时,与民主社会主义学说的传播及其被西、北欧国家社会民主党奉为执政纲领是分不开的。

民主社会主义主张用国有化和计划经济来推进福利国家政策(瑞典等北欧国家的社会党除外),提倡劳资合作,强调通过高额累进税对收入和财富进行再分配,以实现收入均等化和社会公平。

在社会理想方面,民主社会主义主张社会发展是一个循序渐进的过程。他们拒绝暴力革命,主张通过社会改良来实现社会主义。他们认为市场具有重要作用,但市场的副作用也很大,从而必须加以限制并进行再规范。在民主社会主义者看来,资本主义的特征即是剥削和无政府状态,所以社会主义社会必须由政府掌握生产资料和收入分配的所有权,经济须由中央计划。在此,社会主义变成了国家集体主义与中央政府的同一语,国家干预成为政府的当然政策取向。同时,民主社会主义者提倡混合经济和多元化的社会主义经济,认为是一个有效的且能够进一步提高社会平等机会的经济模式。

在对待社会福利方面,民主社会主义强调平等与民主化,认为福利国家的发展是工业文明和政治民主发展的必然结果,因为工业化不仅带来了前所未有的财富和大量的社会问题,也造成政治力量的压力而迫使资产阶级做出必要的改革。作为福利国家的辩护者,民主社会主义认为,福利国家能够消除资本主义社会的痛苦,可以不通过暴力革命的方式就能够达到消除贫困和实现平等的社会目标;能够培养利他主义、互助精神和社会一体化思想,符合人类建立更平等、更公平的社会理想。民主社会主义者还认为,福利也是一个以国家的经济繁荣为目的的投资,可以充当刺激消费和生产的手段,从而能够促进经济发展。因此,民主社会主义主张实行全面的社会保障计划。在对待私人服务方面,民主社会主义者也并不是完全排斥,而是认为教育和卫生领域可以有私人服务,但个人的社会保障领域则不宜提倡,因为私人服务的繁荣可能导致政府忽视国家福利的提供,并不可避免地在社会上产生不平等以及破坏社会的整体化。不过,近几年来越来越多的民主社会主义者也提倡公共参与和消费者选择的意识,从而表明了社会保障观念的某些变化。

在道德价值观方面,民主社会主义一致推崇平等、自由和博爱。在此,平等意味着减少大量的不平等与不公正,自由是指人们拥有社会的、政治的和法律的权利,而博爱则是强调利他主义的同时自己从中受益。

2. 新自由主义

与民主社会主义相反,新自由主义是明确反对福利国家政策的。哈耶克、弗里德曼等新自由主义的代表人物认为,以个人自由为基础的私人企业制度和自由市场制度是迄今为止所能选择的最好制度,国家过多地干预经济是忽略了市场的能动作用,也妨碍了个人的自我独立;集权主义和社会主义是违背"人的本性"的一种制度,实行计划经济更是一条"通向奴役的道路"。这些思想的出现首先是基于哈耶克等人的自由价值取向,因此,既得到了各种反社会主义右翼势力的喝彩,也自然地遭到赞成"社会主义"的左翼人士的痛斥。不过,在哈耶克1944年出版《通向奴役的道路》一书时,新自由主义理论还未能在欧美国家尤其是欧洲国家起到阻碍社会保障政策的作用。直到20世纪70年代以后,一方面是福利国家暴露了一些前所未有的问题,另一方面则是经济发展遇到了困难,在这样一种社会经济背景下,人们很自然地要对国家干预与福利国家进行反思,再加上撒切尔、里根等政治人物的推动,新自由主义理论在西方国家越来越有市场,进而成为影响国家社会经济政策及社会保障政策的重要理论因素。

新自由主义的哲学基础是自由、公正和不干涉主义,其核心思想是个人自由的至高无上;在经济上立足于经济自由主义,极度推崇自由市场经济,反对社会主义、计划经济和国家干预经济,强调市场机制的作用,将自由竞争当作大多数人生存的基本条件,主张限制政府权力。由于这种经济思想的指导,新自由主义对社会保障问题有一套与民主社会主义相反的看法。

新自由主义者认为,在社会保障方面,福利服务的市场化是最好的选择,应当降低并转移国家的作用,让市场发挥主导作用。对政府而言,一方面是应当提供最基本的福利,如安全网的建立;另一方面则是必须放弃那些不可能实现的关于建立平等和公正社会的目标。同时认为,国家在社会保障制度方面的作用应当受到制约而不总是无限制,是推进而不是提供,是鼓励竞争而不是垄断,进而主张国家应当建立内部的竞争市场,在购买和出售服务上让不同的经济成分参与竞争。

对福利国家的否定既是新自由主义的一个重要特征,也是新自由主义理论的重要思想内容。他们认为,由于社会上不可能达成一个共同的目的,福利国家只不过是理想主义者的政治神话;危机、不稳定感和失败的危险对于人类来说都是必要的,而福利国家的政策否定了这些社会法则,从而对人的本性和社会特征的认识发生了错误。他们认为,经济增长对提高国民福利和促进社会公平比任何平等的政策更重要,而福利国家错误地理解了自由的特征及社会正义、权利和需求的概念,把追求平等和再分配看得比经济增长和福利的创造更重要,这实际上是削弱了个人的选择和个人对自己的责任。不仅如此,新自由主义者还罗列了福利国家的如下缺陷:一是对个人自由构成了威胁。即福利国家是政府的特权,制定福利政策是政府和专业权威人士的权力,从而使政府的权力增长,而人民没有选择的权利,个人的自由与责任遭到削弱。因此,通过福利国家来寻求社会公正和平等完全是对自由的威胁,在分配政策上更是和理想自由的社会相悖。二是福利国家导致效率低下。新自由主义指责福利国家导致了福利体系更多地倾向政治目的而不是服务对象的利益,进而导致了福利的供给过剩或不足,从而是一种效率低下的方式。三是对经济发展具有破坏力。即福利国家限制了自由市场经济,高税收政策使企业者和成功者缴纳了高额税收,从而扼制了福利创造者的积极性,降低了个人积累,助长了懒惰,破坏了经济成长的动力和竞争力。四是对社会发展具有破坏力。新自由主义理论认为,尽管福利国家政策的出发点是保护人民,但它的集体主义和国家负责的特征导致了人民习惯于依赖政府,是对自立、自主、自足以及自我负责这些社会进步成分的破坏;同时,福利国家对单亲家庭等的保护,破坏了家庭的稳定,导致了家庭的迅速解体。五是对政治具有破坏力。即福利国家政策扩大了政府权威,但政府仍然不可能成功地消灭贫困,改进国民健康水平等等,这种失败使政府失去了信誉;此外,福利领域的泛政治化也导致了权力利益的增长。由此可见,新自由主义理论对福利国家是否定的,从而可以引申出对现代社会保障制度的否定态度。

3. 中间道路

中间道路是基于三个基本假设建立起来的一种介于民主社会主义和新自由主义之间的一种理论，其代表人物主要有马克米廉、凯恩斯、贝弗里奇、马歇尔等人。中间道路的三个基本假设是：第一，资本主义的最全面的管理，比其他任何可选择的体系更有可能产生最有效的经济结果，即资本主义是最好的体系，这个体系导致了经济的高速增长；第二，不管资本主义有什么优点，它本身仍然产生了许多自己不能解决的问题，导致了贫困、不可忽视的不平等和失业，这些问题很自然地与自由市场经济体系有关；第三，他们相信政府的行为能最大可能地解决这些问题，能结束贫困，降低不平等，实现充分就业。

作为一种学说或思潮，中间道路理论在20世纪50年代至70年代晚期，曾作为英国、德国和美国在不同时期确定有关经济政策的依据，并在一定程度上促进了经济繁荣。进入20世纪90年代以后，曾在80年代广受推崇的欧美新保守主义的经济政策宣告失败，左翼社会社会民主党因此得以走向前台成为执政党。在传统理论上，左翼社会民主党是主张国家干预的，但90年代以后尤其是90年代末期，各国社会民主党却不约而同地选择了淡化左右之争、取自由主义和民主社会主义之长的"第三条道路"策略。英国的布莱尔首相出版了《第三条道路》一书，更引起欧美国家的强烈共鸣。2007年6月27日布朗在布莱尔任首相十年后接替他出任英国新首相。工党在其历史上首次连续赢得英国三届大选，并很有可能第四次赢得大选。所以布朗虽不会回归老工党，但他肯定会沿用并进一步发展"第三条道路"政治思考的主要框架。[①]

所谓"第三条道路"，亦是"中间道路"（但又并非中间道路的简单翻版），它在内政上取左右中和的态度，主张将刺激经济增长与保持社会公平有效的结合起来。因此，"第三条道路"可以看成是

---

① "布朗将沿用并发展'第三条道路'"，《参考消息》2007年7月2日。

中间道路理论的发展。不过,"第三条道路"与中间道路理论相比,涉及的范围更宽,见解亦不尽一致。如中间道路理论只是一种研究并解决国内问题的理论,而"第三条道路"却在外交上强调"共同的价值观"与"命运共同体",并籍此巩固美欧同盟等。

中间道路理论基础是建立在对自由市场的辨证认识之上的,持这种理论观点的人认为,自由市场是最佳的经济运行方式,它能够带来高效率和经济增长,但并非在经济和社会生活各个方面都是最好的组织方式,且不能自动地实现社会公平,还会带来许多社会问题和矛盾。因此,中间道路理论者反对集体主义但不反对干涉主义,对国家干预取实用主义的价值判断,即自由市场是需要管理的,它的负面影响也是需要加以控制的,进而主张政府有责任而且必须对自由市场进行干预,使其在经济运行和社会发展之间求得一种平衡,但政府也不能干预太多,从而试图在资本主义与社会主义或集体主义之间寻找一条中间道路。

在社会保障方面,中间道路论者不怀疑国家在福利领域的主导作用,他们十分强调社会稳定和秩序,认为稳定和秩序是全部社会生活的基础,而不公平和贫穷不仅剥夺了个人的自由和保障权利,而且对国家和社会的稳定构成了威胁和挑战。因此,国家的主要责任应当是保障社会稳定和维护社会秩序,从而必然导致对贫穷与不平等问题的关注,进而需要提供相应的社会保障,这是维护社会稳定和社会秩序的重要条件。然而,中间道路者对此表现出一种矛盾的心态,既渴望国家提供保障又希望限制国家行为,不赞成国家过多地提供福利,认为这样会造成社会成员对国家的依赖,并侵蚀人们的生活意志和自我负责精神。因此,中间道路论者主张国家负责应当与个人负责并重,福利的提供者应当是政府、非政府组织与个人共同参与,其中国家应当提供的并非普遍的社会服务而是有选择的服务,以帮助最需要帮助的社会成员,同时提倡发展私人的和志愿的福利事业作为对国家福利的补充,以便社会成员有一定的选择服务的权利。

在对待福利方面,中间道路论者持既赞同又批评的态度。一方面,他们认为福利国家是对自由市场消极影响的一个回应,是人民和国家之间民主发展的一个自然的产物,而不能简单地认为是工人阶级政党努力的结果。国家发展社会福利首先是因为自由市场经济条件下许多社会问题的客观存在,而福利国家的实践也确实证明它是医治许多社会疾病的一个很有效的方法,它可以缓和社会矛盾、满足国民的特殊需求。因此,市场需要在政府的干预的条件下才能走向平衡,市场的副作用及不公正也需要政府干预来修正。另一方面,他们对福利国家的性质和内涵又持批评态度,如认为社会救济不可能在更大的范围或从实质上达到社会平等的目标,而国家提供过多的福利也会产生负面影响,从而主张国家的行为也应当受到限制。

三、其他理论

自20世纪70年代以来,以往的社会保障模式在许多发达国家遇到了挑战。一些发展中国家随着社会经济的发展,亦在考虑自己的社会保障发展道路问题。因此,现在的社会保障理论较之过去比较单一逐渐向多样化、复杂化方向发展。下面本书列举有代表性的几种理论观点[①]:

1. 个人积累或自我保障论

该理论基于西方发达国家尤其是福利国家所遇到的社会保障财政危机,认为传统的社会保障是政府过多地包揽了社会成员的福利,以致影响了发展效率,从而主张社会保障走社会成员个人积累或自我保障的道路。换言之,在社会保障中更多地由社会成员与企业缴费,政府则不承担直接责任。但现在,只有很少国家(如新加坡)将社会保障制度建立在这种理论基础之上。

2. 管理私营化

---

① 郑功成:《论中国特色的社会保障道路》,武汉大学出版社1997年版,第33~34页。

该理论是基于政府管理社会保障事务效率不高等,主张由私营机构来管理并自主地将社会保险基金进行各种投资,目的是让政府从日益沉重的社会保障压力中走出来。智利的社会保障制度就是基于这种理论。

3. 水平节制论

该理论是在社会保障水平过高(即高福利)所带来的负面影响进行反思后,认为需要对社会保障的规模与水平进行节制,即对社会保障支出进行削减。一些发达国家20世纪80年代以来对社会保障制度进行改革,就是以这种理论为依据的。但由于社会保障的刚性,这种理论在实践往往处于矛盾的境地。

4. 基金运行论

该理论是基于以往各国的社会保险基金基本由政府统一控制、难以自主运行并保值增值而提出的,其主要内容就是主张对社会保险基金独立营运,以基金营运的收益来弥补社会保障的亏损,并壮大基金。但不少人对这样运作是否能确保基金安全提出质疑。

第二章 社会保障的历史进程

在人类社会的发展进程中,社会保障是伴随社会经济的发展而不断发展起来的。追溯社会保障的历史进程,我们大体可以把它划分为传统社会保障和现代社会保障两个时期。在其发展过程中,社会保障由非正式制度安排发展到正式制度安排,从政府不介入到政府积极介入,从为统治者服务到为整个社会的长期稳定和协调发展服务,从一种社会政策演变成社会政策与经济政策等交互协调的混合政策,这本身就是社会文明发展进步的重要标志。

第一节 传统社会保障时期

传统社会保障时期,是指社会保障从萌芽到形成制度之间这段时期,大体从原始社会一直延续到工业社会出现,经历了漫长的岁月。这段时期又可为三个阶段:萌芽阶段、慈善阶段和济贫阶段。

1. 社会保障的萌芽阶段

社会保障的萌芽阶段,大体涵盖了整个原始社会。在生产力极其低下的原始社会,人类为了繁衍生息,过着共同劳动、相依为命的群体生活,这本身就是一种社会保障的生活方式。在原始群体部落及氏族中,都把抚老携幼,照顾老弱病残,以及人们之间的互助共济,作为世代承袭的习俗,这就是社会保障的萌芽。

2. 社会保障的慈善阶段

社会保障的慈善阶段从原始社会末期私有制产生一直延续到封建社会末期。在这个时期,先是互助共济的习俗被社会用成文或不成文的社会规范固定下来，于是就有了世俗的慈善事业。继而宗教又把这类社会规范纳入自己的教义，作为实行宗教精神统治的物质基础之一，于是就有了宗教的慈善事业。与此同时，这种本来属于人类亲和行为的东西逐渐变成自上而下的恩赐，君主对臣民的恩赐，富人对穷人的恩赐，或者是救世主对芸芸众生的恩赐。而在恩赐的背后，受惠者不得不付出人身依付的代价。这样，随着社会的不断发展，原始的救济逐渐成为统治阶级维护政权，缓解社会矛盾，保持社会安宁的一种重要手段。如中国三千多年前，周朝就提出保息六政的治国安民方针，即："一曰慈幼，二曰养老，三曰振穷，四曰恤贫，五曰宽疾，六曰安富"。

"慈善"一词在古希腊文中的含义是神对人的爱。在古代欧洲，较大规模的有组织的通过所谓"慈善"事业而采取的社会自我保护措施，始见于公元6世纪兴起的罗马城邦社会。在罗马帝国灭亡之后的城邦社会里，经济上和政治上占统治地位的统治者，以神的名义或直接以统治者的名义，对他们的统治对象和剥削对象承担最低的生活保障的义务，换取被统治者和被剥削者的劳动和顺从。

在罗马不再有皇帝统治时，在罗马帝国内部生长出的另一种权威——中世纪的天主教会仍然存在。罗马的总主教即教皇，他拥有了皇帝的称号和权力，欧洲一并进入"黑暗的中世纪"。这时，欧洲社会的保障形式仍然以低下的生产力为基础，由教会或教区主办和管理的各项"慈善"事业来推动，在本教区内为丧失劳动能力者提供最低限度的生活保障，在灾荒年为贫困农户提供种籽和口粮。由于这些保护措施没有也不可能有法律的保证。保障的实施存在着相当大的不可预测性和"施舍者"的主观任意性。

值得一提的是，在这个时期，适应人们憧憬安居乐业的社会心理，东西方文化中先后出现了诸如"大同世界"、"理想国"、"乌托邦"一类构想，对后世影响很大。孔子在《礼记·礼运》"大同篇"中写道："大道之行也，天下为公。选贤与能，讲信修睦，故不独亲其亲,不独子其子,使老有终,壮有所用,幼有所长,鳏寡孤独废疾者皆有所养……是谓大同。"墨子写道:饥者得食,寒者得衣,劳者得息。要使"老而无妻子者,有所侍养,以终其寿,幼弱孤童之无父母者,有所依放,以长其身"。

英国空想社会主义者托马斯·莫尔在他1516年出版的《关于最美好的国家制度及其乌托邦岛意趣盎然的全书》(后来被称为《乌托邦》)中对未来的社会保障作了描述。按莫尔的构想,"乌托邦"里没有游手好闲之辈,也不见懒汉,寄生现象全然绝迹,人人都向社会竭尽劳动义务。孕妇、产妇、哺乳妇女以及婴儿受到社会保护,享受专供饮食。医疗服务完全免费,一切病患者均可得到治疗和所需营养。老人是一家之主,备受尊敬。

3. 社会保障的济贫时期

慈善事业是与自然经济相联系的,它不是真正意义上的社会救助。在社会从自然经济向商品经济过渡期间,逐渐摆脱了人身依附关系的农民开始向城镇流动,造成了日益增多的贫困现象和社会问题。与此同时,家庭的原有功能变得越来越薄弱。面对社会上日益增长的保障需求,家庭和慈善机构已力不从心,必须由国家出面、国家介入,使救助行为成为政府的一项社会政策。

16世纪30年代开始的法国的"福利改革"就是由法国社会城市化引发的,也是教权衰落、王权兴起的反映。这场改革适应了资本主义生产关系发展的需要,宗教团体掌握的"慈善"事业逐步由世俗政权接管。由非神职人员主持的社会福利事业应运而生,由乡村走向城镇,由分散走向统一。除了发放赈济物质以外,还实行劳动培训、儿童教育、统筹资金、统一管理等一系列改革措施,并使社会保障从单一缓解社会冲突转变为同时向社会成员提供劳动机会,以维护生产关系,从而具有了既实行福利救助又保障生产的双重性质和功能。

但是,这种社会保障仍然是一种自上而下的由政府发放赈济物质、而不是以社会保险为基本内容的国家、单位和个人同舟共济的保障方式。

英国是工业革命的摇篮。16世纪,英国开始了"圈地运动"。圈地运动的结果之一就是农村人口大量涌进城市,并且聚集在城市中。"大量的人突然强制地同自己的生产资料分离,被当作不受法律保护的无产者抛向劳动市场"。由于在摆脱了土地束缚的同时,也失去了土地的生活保障,无产者的失业、伤残、疾病、老年不能劳动等等就成了重要的社会问题。

为此,英国政府从抓救济贫民入手,于1530～1597年间通过了13个有关处理流浪者的法案。1601年英国女王伊丽莎白一世在原有法案的基础上颁布了《济贫法》(后称旧《济贫法》)。该法案用征税的办法去向圈地运动中流离失所的贫民实行救助,包括各教区负责向居民和房地产所有者征收济贫税,用以救助无力谋生的人,并负责组织失业者从事劳动,安排孤儿当学徒等。

以法国的"福利改革"和英国的《济贫法》为代表的欧洲中世纪末的社会保障方式的改革,说明了当时变动的社会结构和生产方式已使旧的保障方式无法行使稳定社会的职能,社会保障不能不由个人和教会的"慈善"事业,转变为国家的职责,这一转变使社会保障开始走上国家化、社会化的轨道。这是历史进步的反映。

然而,工业化以前的济贫法以及与之类似的法规,仍带有传统救助事业的特征,大多出于宗教信仰和人道主义的动机,不承认救助事业是一种社会义务和责任,也不承认公民要求救助是一种公民权利。因而直至后来新《济贫法》颁布,才逐步实现了从慈善事业向现代救助事业的过渡。

第二节 现代社会保障时期

现代社会保障时期是以160多年前社会保障开始形成制度为起点的。一般来说可以分成三个阶段,即从最低保障——社会救助、基本保障——社会保险,发展到最高保障——社会福利,直至形成完整的社会保障体系。

1. 社会救助事业的出现

社会保障制度的雏形最早可追溯到19世纪上半叶英国颁布实行的新《济贫法》(1834年)。正因为如此,工业化鼻祖——英国也成了现代社会保障制度的开创国。尽管新《济贫法》对申请救助的贫民要求的条件较苛刻,以致于难以推行下去,但它较旧《济贫法》还是向前推进了一大步。新《济贫法》规定,社会救助属于公民的合法权利,政府实行救助是应尽的义务。也就是说,人人有生存的权利,政府负有保障公民生存的责任。新《济贫法》还认定救助不是消极行动,而是一项积极的福利措施,因而要求经过专门训练的社会工作人员从事这一事业。同时,成立济贫法管理局,负责济贫工作。新《济贫法》把社会救助第一次以立法的形式确定下来,从而使社会救助成为一种制度。但新《济贫法》仅仅满足社会成员的最低生活需要,因而只是社会保障的最低纲领。

新《济贫法》对英国获得19世纪中叶经济高速发展起的作用很大,它对贫民实行社会救助,安定了英国的社会秩序。新《济贫法》也为欧洲其他工业化国家建立社会保障制度提供了立法基础和制度借鉴,如瑞士1847年与1871年制定的《济贫法》,丹麦于1803年颁布的《济贫法》,挪威于1845年通过的《济贫法》。法国则发布了一些济贫法令。

2. 社会保险事业的出现

19世纪80年代,社会保障制度进入质的飞跃阶段,标志是作为社会保障制度的基本项目——社会保险事业出台。

德国是世界上第一个实行社会保险制度的国家。19世纪中叶以后,德国的工人运动和社会主义运动高涨。当时德国处于"铁血宰相"俾斯麦时期,为了取得德国当时对内对外政策的胜利,俾斯麦采取了"胡萝卜加大棒"的作法,在镇压工人运动的同时,希望通过社会保险立法来安抚工人,以缓和社会矛盾。虽然俾斯麦把实行社会保险看作是"一种消除革命的投资",这体现了他建立社会保险的阶级实质。但从客观效果上看,它对改善劳资关系,解除劳动者对各种风险的担扰,促进经济发展确实起到了一定的积极作用。

1881年11月,德皇威廉也向国会发了一个有名的阐述社会保险和社会援助的必要性的诏书,这个诏书被称为德国社会政策的"大宪章"。在"社会改革"的旗号下,德国于1883年制定了世界上第一部《疾病保险法》。此后,又分别于1884年和1889年分别颁布了《工伤事故保险法》和《老年、残废、死亡保险法》。上述法令的颁布标志着世界上第一套完整的社会保险体系建立,社会保险制度由此诞生。

德国这三部社会保险立法中所体现的重要原则——权利和义务统一的原则、以缴费为享受保险的原则、保险费用多方分担的原则,为以后各工业国家建立和发展社会保险制度奠定了基础。英国于1911年通过了《失业保险法》和《国民健康保险法》,前者是世界上第一个全国性的强制性的失业保险法,并规定,保险费由雇主、工人和国家三方共同负担。在1890年至1991年间,建立养老保险的有丹麦、奥地利、英国等16国;实行疾病生育保险的有比利时、瑞士、英国等9国;实行失业保险的有英国、法国、西班牙等9国;实行工伤保险的有美国、波兰、南非等37国。

值得一提的是,德国社会保险制度的产生还与当时德国新历史学派的政策主张有关。新历史学派又称讲坛社会主义学派,它一方面反对自由放任的经济模式,主张搞些社会主义的措施,另一方面又竭力反对马克思主义,处处维护刚刚统一的德意志帝国。该学派的中心是鼓吹劳资合作和社会改良,这些政策主张深得德国统治者赏识,成为俾斯麦着手建立社会保险制度的理论依据。

3. 社会福利事业的出现

从20世纪中叶开始,社会保障进入了新的发展阶段,其主要标志是"普遍福利"政策的广泛实施及"福利国家"的纷纷出现。这说明社会保障从内涵上已扩展到以普遍福利型为主的社会保障制度。

福利国家的初步形成,首推第二次世界大战后的英国。1942年11月,牛津大学经济学教授贝弗里奇在经过18个月的认真调查研究、广泛征求各界意见后,将写成的《社会保险及相关服务》这个著名报告送交政府,这对英国政府乃至西方各国实施"普遍福利"政策产生巨大影响。

贝弗里奇在报告中提出了三项立论原则:一是在计划未来时应参照过去的经验,但又不受过去经验的局限;二是社会保障是消灭贫困的有效武器,而贫困、疾病、愚昧、肮脏、懒惰等五种社会病害是重建新社会的障碍;三是实现社会保障理想,有赖于政府与个人的合作。① 基于这三个原则,贝弗里奇建议新的社会保障制度应以社会保险为核心形成一整套改革措施:(1)凡有收入的人都必须参加社会保险,按照同一标准缴纳保险费,也按同一标准享受保险给付;(2)把分散管理的制度改为全国统一的制度;(3)保险给付应以保障国民的基本生活为目标,享受时间应以领取人的需要为准;(4)社会保险应包括国民生活基本需要的各个主要方面;(5)因无收入而不能参加社会保险的人,国家应制定公共救助法来保障他们的基本生活需要,使其生活水准达到国民最低生活标准。

在通过并实施了一系列社会保障立法之后,1948年英国首先宣布建成公民"从摇篮到坟墓"均有保障的"福利国家"。随之,西欧、北欧、北美、大洋洲和亚洲许多发达国家纷纷宣布实施"普遍福利"政策。随着社会福利事业的兴旺发达,社会保险也进一步加强,社会优抚工作也因第二次世界大战造成的伤残、牺牲更加广泛地开展起来。与此同时,东欧和亚洲的社会主义国家则依照苏联

---

① 陈立等:《社会保障》,中央党校出版社1996年版,第7页。

模式，建立了以国家保险为特征的社会保障制度。接着，世界上许多发展中国家也先后建立起社会保障制度。这样，社会保障也成为全世界公认并为各国共同采用的经济社会政策。

需要指出，从时间顺序上看，现代社会保障建立的标志当数1935年美国颁布的《社会保障法》。因为这是世界上第一部《社会保障法》，也是美国第一个由联邦政府承担义务的全国性的社会保障的法律。

本世纪30年代，以美国为中心的世界性经济危机及劳资矛盾的尖锐化，极大地影响了社会安定。《社会保障法》是配合罗斯福新政的实施而出台的。罗斯福的主要论点是：(1)社会保障是大机器生产的客观需要；(2)将以"普遍福利"为核心的社会保障制度作为建国方略；(3)初期的社会保障项目应包括失业、养老、家庭保险，实行"家庭平安、生活保障、社会保险"；(4)实行"以工代赈"的现代社会救助，反对消极的救助行为；(5)实行以地方为主的失业保险和强制性多层次的养老保险；(6)社会保险必须以促进自我保障意识的确立为前提；(7)社会保障项目应该逐步展开。①

战后，美国的社会保障措施也进一步扩大和完善。美国政府的社会保障政策，与其奉行凯恩斯主义相联系，着眼于扩大社会总需求，以引导经济走出衰退，促进经济复苏。到60年代，美国已经形成比较完善的社会保障体系，各种保障项目约有300多种。美国社会福利开支及在整个经济中的比重(占GDP的百分比)不断增长，最快速的增长发生在1965～1975年间，1970年中期以后的福利开支变化不大。20世纪下半叶部分国家不同年份政府社会福利支出(除教育外)占GDP的百分比可参见表2.1。

---

① 陈立等：《社会保障》，中央党校出版社1996年版，第6页。

第二节 现代社会保障时期

表2.1 不同年份政府社会福利支出(除教育外)占 GDP 的百分比

	1960	1970	1980	1990	1995
奥地利	15.9	18.9	22.6	24.2	26.2
比利时	—	19.3	24.6	25.6	27.1
加拿大	9.1	11.8	13.2	17.6	18.2
丹　麦	—	19.1	27.6	28.1	32.0
芬　兰	8.8	13.6	18.9	25.2	32.0
法　国	13.4	16.7	23.5	26.7	30.1
德　国	18.1	19.5	23.7	23.2	28.0
意大利	13.1	16.9	18.4	23.1	23.7
日　本	4.0	5.7	9.9	11.2	13.8
荷　兰	11.7	22.5	28.5	29.7	27.8
挪　威	7.9	16.1	18.5	26.5	27.6
瑞　典	10.0	16.8	29.8	32.2	33.0
英　国	10.2	13.2	18.3	19.5	22.5
美　国	6.8	9.5	13.4	13.5	15.8
平　均	10.9	15.8	21.6	23.3	25.6

资料来源：Neil Gilbert，Paul Terrell 著，黄晨熹等译《社会福利政策导论》，华东理工大学出版社 2003 年版。

4. 社会保障制度的改革

"普遍福利"的社会保障，有利于社会公平与社会稳定，有利于缓解经济危机。但是当这种社会保障超过经济承受能力时，危机就显现出来。尤其是 20 世纪 70 年代，由石油危机所引起的经济危机使世界经济出现了"滞涨"，导致失业率和财政赤字大幅度上升，福利国家先后陷入困境，出现了被称为"福利病"的现象。自诩为"福利国家"的英国得了"英国病"；有"福利国家橱窗"的瑞典得了"瑞典病"；美国并非福利国家，因为改革之前的社会保障是以大政府、小社会、高税收和高福利为背景，采取的也是扩大社会保障规模与开支来促使社会福利增长，所以也存在着与福利国家相同的某些问题。"福利病"最集中地体现在高额的社会保障支出超过了国家的经济实力,出现了入不敷出的现象。为了消除"普遍福利"政策的种种弊端,西方发达国于20世纪70年代末相继走上了改革社会保障制度道路。改革的主要措施有:(1)减少社会福利开支;(2)强调社会保障中的个人责任;(3)实行积极的就业政策,促进就业增长;(4)社会保障私营化与地方化政策。此外,各国还进一步采取防范措施,以避免社会保障待遇被骗取。通过上述改革,福利国家虽然并未动摇其社会保障制度的根本,但事实上已经取得了一定的成效,即社会保障支出的膨胀速度有所缓和,行政效率亦有好转。

　　总之,社会保障对现代社会而言,首先是必要的,其次是应当适度化,再次是需要加强调控。无论是福利国家或是其他模式的社会保障制度,在建立之初均明显地促进了社会经济的发展,但也都不是完美的制度安排,其缺陷到一定阶段便明显暴露出来。社会保障制度的普遍改革,也绝不意味着社会保障制度走向终极,而是现代社会保障制度将因时代发展之需而更加理性地得到发展。这样一来,努力实现社会保障与整个社会经济长期稳定协调发展,便成了许多国家正在进行或准备进行的重要工作,而个人责任的回归、市场机制的适度引入等将成为新的发展趋势,但政府的主导责任从根本上不会发生改变。

第三节　中国社会保障制度的发展

　　中国社会保障实践,古已有之。但作为社会保障制度,则是从20世纪50年代陆续建立起来的。1957年,"三大改造"完成后,中央政府对社会保障制度进行了调整和完善。"文革"期间,社会保障受到了严重的干扰和破坏。党的十一届三中全会后,我国社会保障事业开始全面恢复与健康发展。20世纪80年代以后我国进行了社会保障制度的改革。

一、中国社会保障制度的创建

1. 中国社会保障的初创时期(1949～1956年)

新中国的社会保障制度,始建于1951年2月政务院颁布的《中华人民共和国劳动保险条例》(简称《劳保条例》)。该条例具体规定了职工在疾病、伤残、伤亡、生育及年老后获得必要物质帮助的办法,同时规定职工供养的直系亲属也可享受一定的保险待遇。开始只在部分企业实行,后来扩大了实施范围。至1956年,全国国营、公私合营、私营企业中有94%的职工实行了劳动保险,或签订了含有社会劳动保险内容的集体合同,人数达2300万人。以后的补充修改,都是以《劳保条例》为基础的。

在对企业职工实行劳保条例的同时,国家还致力于国家工作人员社会保险制度的建设。由于工龄计算、工资标准和社会保险费用开支渠道与企业不同,国家机关、事业单位工作人员执行一套与企业不同的社会保险办法。在原有战时供给制待遇的基础上,国家以单项法的形式逐步对机关、事业单位人员的疾病、养老、生育、死亡抚恤等做了具体规定,先后制定和颁布了《革命工作人员伤亡褒恤暂行条例》(1950年)、《关于各级人民政府工作人员在患病期间待遇暂行办法》(1952年)等,对机关,事业单位工作人员的保险作了较详尽的规定,范围和待遇水平略高于企业保障。

新中国建国初期,社会救助及社会优抚是在吸取解放区传统办法的基础上创建起来的。社会福利很大一部分内容包含在企事业单位和政府机关的职工福利中。在社会上,福利是和社会救助合在一起的,统称救济福利事业。

2. 中国社会保障的初步调整时期(1957～1966年)

新中国建国以后,我国基本上实行了两套社会保险制度:一是企业职工的社会保险;二是政府机关、事业单位中实行的社会保险。加之,中国社会保险的对象只是城镇劳动者,不覆盖全体公民,因此,为适应计划经济发展的需要,1958～1966年间,中国社会保障制度进入初步调整期。这一阶段以建国初期创立的各项基本制度为主要依据，不断完善社会保障制度的项目，改进管理，修订不合理的待遇标准等。例如1958年，为了把企业、事业单位职工和国家机关职工退休制度统一起来，国务院公布了《关于工人、职工退职处理的暂行规定》。

在此期间，我国社会保障制度在调整中得到初步发展。到1966年，全国享受保险的职工已近4000万人，支付保险福利费用30.5亿元。但由于受"左"的思潮的影响，中国社会保障事业出现了"过热"的倾向，周恩来总理提出的修改《保险条例》的任务也没有完成。

3. 中国社会保障的停滞时期(1966～1976年)

"十年动乱"期间，我国社会保障事业受到了严重摧残和破坏。由于政治上混乱所带来的冲击，1969年2月财政部不得不颁发了《关于国营企业财务工作中几项制度的改革意见(草案)》，规定"国营企业一律停止提取劳动保险金，企业的退休职工、长期病号工资和其他劳保开支在营业外列支"。由此造成的后果是严重的：一是社会保险的统筹工作停止；二是社会保险沦为企业保险；三是影响了社会保险资金的积累。"十年动乱"不仅使我国的社会保障事业受挫而陷入困境，而且给今后的发展留下了许多隐患。

4. 中国社会保障制度的恢复时期(1976～1986年)

1978年，党的十一届三中全会的召开为中国社会保障事业的全面恢复和健康发展提供了良好的政治、经济条件。同年通过的《中华人民共和国宪法》在第48条、第49条、第50条分别对劳动者的福利、养老、疾病医疗或者丧失劳动能力的物质帮助以及对残废军人、烈士家属等的生活保障问题做出了原则规定。与此同时，国家还恢复了"文革"以前的社会保障制度的有关政策法规，同时也对原来的制度进行了补充和修订。1980年10月7日，国务院发布《关于老干部离职休养的暂行规定》，一项待遇特殊的退休制度——离休制度由此确立，并与一般退休制度一起构成了中国的退休养老制度。1982年12月4日五届人大五次会议通过的《中华人民共和国宪法》,第43条规定了国家发展劳动者休息与休养的设施及休假等福利问题;第44条规定了国家机关与企事业单位职工的退休保障;第45条规定了公民在年老、疾病或者丧失劳动能力的情形下有从国家和社会获得物质帮助的权利(包括社会保险、社会救济、医疗卫生、优抚事业、各种社会福利等);第46条规定了公民受教育权利;第48条规定了妇女权益问题;第49条规定了老人、妇女、儿童保护等。因此,1982年通过的《中华人民共和国宪法》对公民的社会保障权益规范是相当广泛的。1984年10月20日,党的十二届三中全会通过了《关于经济体制改革的决定》,打开了社会保障制度改革的大门。

二、中国社会保障制度的改革

1. 社会保障制度改革的背景

始于50年代初计划经济体制下我国的社会保障体系有两个主要特征:一是把城市和农村作为两个具有不同组织和利益的分离体系;二是在城市又根据居民的就业状况和单位性质或隶属关系作了多层次的划分。城市地区的社会保障与工作单位紧密地联系在一起,即企业式保险、单位式保障。就业就是获得社会保障的前提,工资虽低,却有企业包揽的福利。

20世纪80年以后,中国进入了改革开放时代。1986年4月12日,六届人大四次会议通过的《国民经济和社会发展第七个五年计划》不仅首次提出社会保障的概念,而且单独设章阐述了社会保障的改革和社会化问题,社会保障社会化作为计划经济时代国家负责、单位包办保障制度的对立物,被正式纳入国家发展计划;同年7月12日由国务院发布《国营企业实行劳动合同制暂行规定》和《国营企业职工待业保险暂行规定》,不仅明确规定国营企业用劳动合同制取代计划经济时代的"铁饭碗",规定合同制工人的退休养老实行社会统筹并由企业与个人分担缴纳保险费的义务,而且初步构成了失业保险制度的框架，从而初步具有显著的制度创新象征；同年11月10日，由劳动人事部颁发的《关于外商投资企业用人自主权和职工工资、保险福利费用的规定》，因强调外资企业必须缴纳中方职工退休养老基金和待业保险基金，亦意味着国家在承认经济结构多元化的条件下对劳动者社会保障权益的维护，并开始消除社会保障单位化的烙印。1986年发生的上述标志事件，显示了中国社会保障制度自此进入了制度重构时期。

2. 社会保障制度改革的简要历程

第一阶段（1986～1993年），重点是为国有企业改革配套和缓解乡村贫困问题，原有的社保障制度在延续，但新型的社会化保障机制开始生长。国家在这一阶段提出了社会保障社会化原则并通过中央政府的推动取得了进展，国家责任得到适当控制和调整，改变单位办社会保障事务的做法成为改革的重要内容，个人亦开始承担有象征意义的缴费责任等，这些变化预示着社会保障社会化开始替代社会保障单位化。这一阶段社会保障改革的重点是为国有企业改革配套和缓解贫困地区的乡村贫困问题。但单纯强调为国企改革配套亦使城镇社会保障改革目标走向片面化，正是这种片面化造成了社会保障制度改革日益滞后于经济改革与社会发展的需要。因为社会保障制度不可能只为某项改革配套，也不可能只为国有企业和国有企业职工服务。

第二阶段（1993～1997年），社会保障成为市场经济体系的重要支柱，新旧社会保障制度并存但此消彼长。这一阶段以1993年11月14日中共十四届三中全会通过的《关于建立社会主义市场经济体制若干问题的决定》并以其中对社会保障改革提出明确要求与原则规范为主要标志。社会保障社会化自此成为改革中追求的主要目标，并越来越多地体现在政策实践中，但原有的社会保障制度并没有明确宣布废除。因此，这一阶段是原有社会保障制度和新型社会保障制度并存但此消彼长的时期。这一阶段的背景是，国家已经确定经济改革的目标模式是市场经济体制，社会保障制度被确认为市场经济正常运行的维系机制,社会保障亦被称为市场经济体系的五大支柱之一。中共中央在《关于建立社会主义市场经济体制若干问题的决定》的第16～28条中明确要求"建立多层次的社会保障体系",并确认了"社会保障体系包括社会保险、社会救济、社会福利、优抚安置和社会互助、个人储蓄积累保障"及"城镇职工养老和医疗保险金由单位和个人共同负担,实行社会统筹和个人账户相结合"等重要内容。1994年1月23日,国务院颁布《农村"五保"供养工作条例》,农村"五保"供养工作自此走向规范化。同年4月14日,经国务院批准,国家体改委、财政部、劳动部、卫生部联合发布《关于职工医疗制度改革试点意见》,在城市开始推进职工医疗保险制度改革,医疗保险开始取代公费医疗和劳保医疗制度。同年还先后制定并公布了《国家八七扶贫攻坚计划》(1994～2000年)、《关于深化城镇住房制度改革的决定》,扶贫工作与住房制度改革步入一个新的发展时期。与此同时,劳动部、民政部等还颁布了一系列有关社会保险、最低工资保障、福利彩票管理等方面的行政性法规。此外,国务院先后颁布了《关于深化企业职工养老保险制度改革的通知》(1995年)、《关于建立统一的企业职工基本养老保险制度的决定》(1997年),使新型养老保险制度建设取得重要进展。国务院还发布了《关于在全国建立城市居民最低生活保障制度的通知》(1997年)、《关于卫生改革与发展的决定》(1997年)等,促使城镇贫困救济政策走向制度化,卫生体制改革亦被列入改革日程。劳动部、民政部等中央部委亦发布了一系列政策法规推进各项社会保障制度改革。因此,这一阶段的社会保障改革随着经济改革的步伐加快而加快,它体现了为市场经济改革服务,以养老保险改革和医疗保险改革为重点的特色。

　　第三阶段(1998年以来),社会保障逐渐成为一项基本的社会制度。进入这一阶段的主要标志有:一是1998年3月新一届中央政府在保留民政部的同时,新组建了劳动和社会保障部,相对统一了社会保障管理体制;二是社会保障全面走向社会化,成为改革旧的社会保障制度和建设新型社会保障制度的明确目标；三是超越了片面为国有企业改革配套和单纯为市场经济服务的观念，开始将社会保障作为一项基本的社会制度安排来建设。1998年以来，国务院先后颁布了《关于实行企业基本养老保险省级统筹和行业统筹转移地方管理有关问题的通知》(1998年)、《关于建立城镇职工基本医疗保险制度的决定》(1998年)、《失业保险条例》(1999年)、《城市居民最低生活保障条例》(1999年)、《住房公积金管理条例》(1999年)、《社会保险费征缴暂行条例》(1999年)、《关于完善城镇社会保障体系试点方案》(2000年)、《工伤保险条例》(2003年)、《劳动保障监察条例》(2004年)、《国务院关于完善企业职工基本养老保险制度的决定》(2005年)、《国务院关于解决农民工问题的若干意见》(2006年)等一系列法规和法规性文件，并成立了全国社会保障基金理事会。劳动和社会保障部、民政部亦制定了一批有关社会保险、社会福利、社会救助方面的法规性文件，它们共同规范与指导着社会保障制度的全面转型。尤其是在2004年3月，十届全国人大二次会议通过宪法修正案，正式将建设同经济发展水平相适应的社会保障制度写入宪法，更明确标志着社会保障制度正在成为国家发展必要的基本制度安排。在这一阶段，国家仍然继续主导着社会保障改革并承担着直接的、重要的责任，但构成社会的各个方面（如企业、机关事业单位、慈善公益团体等）及社会成员均共同分担着社会保障责任，包括社会保险、社会救助、社会福利在内的整个社会保障制度的规范性建设和管理、服务社会化取得了显著的进展。

3. 社会保障制度改革面对的新挑战

回顾20年来的中国社会保障制度改革，我们会发现这样一个客观事实：一方面是各项社会保障制度均在改革，均在发展中取得了很大的成就；另一方面则是整个社会保障制度改革却长期处于不稳定的试验状态，全国绝大多数人仍然缺乏必要的或者说应有的社会保障。正当我们全神贯注地建设"统账结合"的城镇企业养老金制度、纠缠于个人账户是做实还是做空时,社会保障改革和发展的新任务却接踵而来:(1) 如何推进机关事业单位社会保障改革,这个问题伴随着事业单位改革的全面铺开而日益紧迫;(2) 如何解决城乡结合部特殊人群的社会保障问题,主要涉及乡镇企业职工、进城农民工和失地农民的社会保障。这个群体很大,绝对数超过 2.7 亿,每年增量不少于 600 万人;(3) 如何对待农村社会保障建设问题,目前主要是进行农村养老保险、新型合作医疗和农村最低生活保障等试点。经过 20 多年的改革开放,我国已不再是从前的城乡二元结构,社会保险原本是针对城市居民设计的,并且只适应有单位的组织化就业人群,现在却要全面推向进城务工人员、乡镇企业职工、被征地农民甚至农民,我国的社会保障制度的改革与发展已走到了"十字路口"。

4. "覆盖城乡居民的社会保障体系"的构建

"十一五"(2006~2010 年)期间,劳动保障事业发展的主要目标是:建立健全与国民经济和社会发展相适应的比较完善的劳动保障制度及运行机制,逐步实现就业比较充分,收入分配比较合理,劳动关系基本和谐稳定,社会保障体系比较完善,管理服务规范高效的发展目标。到"十一五"期末,城镇基本养老、基本医疗、失业、工伤和生育保险参保人数分别将达到 2.23 亿人、3 亿人、1.2 亿人、1.4 亿人和 8000 万人以上,参加农村社会养老保险和企业年金的人数逐步增长。[①]

党的十六届六中全会通过的《关于构建社会主义和谐社会若干问题的决定》将社会保障体系的完善摆在了构建和谐社会中非常突出和重要的位置。在我国,要构建和谐社会必然要高度重视社会保障制度的建设,通过建立完善社会保障制度来免除全体国民的生存恐惧和生存危机,进而缩小贫富差距,化解劳资矛盾,实现社会发展成果的共享。《决定》将社会保障体系的建立与完善作

---

① 《劳动和社会保障事业发展"十一五"规划纲要》(2006—2010 年)。

为实现和保障社会公平正义的六大制度安排之一,突出了社会保障在实现社会公平和社会和谐中的重大作用,是对社会保障制度的回归。《决定》提出到 2020 年要建立"覆盖城乡居民的社会保障体系"的目标,也就是人人享有社会保障。因为经济发展的根本目的是为了社会的发展,社会发展的核心是人的全面发展,人民对福利的追求是无止境的。因此,构建一个覆盖全民的社会保障体系,不仅是解除人民后顾之忧,不断增进国民福利,实现共享国家发展途径,同时也是我国政府的重大职责所系。

中国社会保障改革的任务并未完成,改革的内容主要已经不是计划体制下的问题,而是以往改革中的不足或缺漏,并非只是体制问题,同时还应包括结构调整、规模扩大、水平提升等方面。一套体系完整、制度健全、水平适度并有序发展的社会保障制度,将是中国经济、社会协调、和谐、持续发展的必要且重要的条件,也是满足全体人民共享国家改革发展成果的基本途径。

在价值追求上,社会主义国家政治制度与社会主义市场经济体制具有独特性,它决定了共同富裕是我们追求的根本目标,与过去用牺牲效率来换取公平会导致经济失败一样,今天对效率的追求再不能以牺牲公平为代价了。因此,中国社会保障制度的建设与发展,要充分地体现出公平、正义、共享的核心价值观,真正让社会保障制度以维护社会公平为己任,同时成为国民走向共同富裕的基本途径。

在制度结构上,家庭保障与集体保障的传统不能丢,承认并尊重家庭保障功能持续弱化这一客观事实是必须的,但中国数千年的家庭成员相互保障传统却是需要在社会保障体系建设中加以维护的,社会保障政策应当考虑与家庭政策有机结合起来。

在发展道路上,要在稳妥有序改革的条件下加快改革、发展步伐。一方面,今天中国经济社会发展的不平衡格局很大程度要归于人口基数过大等历史原因,无论是城乡分割,还是地区差距以及各项制度之间的不协调、各群体利益的不协调,均非短期内可以调整好的。因此,中国渐进改革与渐进发展的大背景,决定了社会保障体系建设与发展道路也需要坚持循序渐进。另一方面,基于中国相关社会问题的日益显性化和经济发展达到了较高的平台这样的客观事实,循序渐进不仅要稳妥有序、避免失误,而且要加快发展。因此,不能把"渐进"当作不发展社会保障与福利事业的理由,更不能因"渐进"而对社会保障严重滞后于经济社会发展需要的现实视而不见。如果将"渐进"等同于"慢进"或者"不进",我国社会保障体系建设就必然还需要走更长的路,并必然损害整个社会经济的健康发展。

在责任机制方面,政府要承担主导责任。中国现行的政治架构仍然是行政主导模式,再加上世界上许多国家对公共事务管理的行政主导取向,表明中国在社会保障领域只能坚持和维护政府主导。政府主导,当然不仅是指主导立法,而且是财政主导、管理主导乃至于实施主导。强调政府主导不等于政府包办,而是政府必须尽到自己的职责,解决国民后顾之忧并不断增进国民福利是政府最大的也是最根本的职责,同时也只有政府才真正具有这种能力、权力与资源。当然,在政府尽到主导责任的同时,我们确实需要利用社会机制、市场机制或者私人机制,但对这些机制的利用,不是为了减轻政府的责任,而是为了让社会保障制度建设得更好,让全体国民的福利更有保障,让社会保障制度更可持续。

中国的社会保障体系建设还需要采取"统分结合"的模式。即中央确立统一的制度框架、基本法制并具体负责有关社会保障事务(如军人保障、基本养老保险等),并对这些事务实行垂直型管理,同时让地方承担起其他社会保障主导责任,中央政府亦可以通过财政转移支付的方式来分担一定的责任,但各项社会保障事务必须明确责任层级与主导者。

第三章 社会保障基金

从社会保障制度的运行状态看,社会保障基金的筹集和分配构成了整个社会保障制度运行的主线。因此,努力开辟筹资渠道,讲究融资策略,强化基金管理,就成为各国建立和实施社会保障制度的关键。社会保障基金作为社会保障制度正常运行的重要物质基础,其筹集模式的适应性直接影响到整个社会保障基金的收缴状况以及未来的各种社会保障项目的给付情况。在一般通用模式中,如何选择符合我国特点的最为适用的社会保障基金筹资模式,不仅事关整个社会保障体系的可持续发展,更是整个国家经济与社会和谐发展的重要支撑点。

第一节 社会保障分配

一、社会保障有关的再分配关系

如果对社会保障制度进行抽象,可以发现它是一种收入再分配机制。建立和实施社会保障制度,首先需要有可供分配的社会财富,可供分配的财富愈多,通过社会保障制度实行再分配的可能与规模就愈大;其次需要服从于现实的收入分配政策,如分配制度与分配机制的合理性、强制性程度等均直接影响着社会保障再分配。

社会保障从本质上讲是社会保障分配。马克思在《哥达纲领批判》中指出,社会总产品在实行个人按劳分配之前,必须进行社会必要扣除,包括"用来应付不幸事故、自然灾害的后备基金或保险基金"以及"为丧失劳动能力的人等设立的基金"。[①] 这个扣除,实际上就是社会保障所涉及的内容。也就是说,社会保障的本质就是社会保障分配。

社会保障分配是指政府或社会按照法律规定的标准和安排征缴和使用社会保障基金,以完成社会保障制度所设定的目标的各种活动。社会保障分配贯穿于社会保障的全过程,其规划实施的第一步是组织社会保障收入,其最终举措是组织社会保障支出。社会保障分配关系,主要是指再分配关系,表现为因社会保障基金的筹集和支付引起了政府与企业及个人之间、企业和企业之间、企业和劳动者之间、劳动者相互之间、地区之间对国民收入占有和支配份额或比例的变化。现将这种再分配关系分述如下:

1. 国家与企业、个人之间的再分配关系

这种再分配关系主要是由国家社会保障支出占国内生产总值的比重和社会保障支出占政府财政收入的比重这两个指标而体现出来。众所周知,社会保障基金是由国家、企业(用人单位)、个人三方共同负担的,其中,国家财政不仅托起了社会救助和社会福利两部分,而且也是社会保险基金的重要支柱。政府通过公共财政拨款建立社会保证基金或用于弥补社会保险基金可能出现的赤字,即财政保底。在三方付费制的社会保障模式中,政府用于社会保障的支出在国家与企业、个人之间形成了一种物质利益再分配关系。政府社会保障支出越多,国家福利的程度就越高,反之亦然。另一方面,政府用于社会保障的支出最终来自于纳税人缴纳的各种税款,而税收负担在各个微观经济主体之间的分配往往是不均衡的。这就是说,政府用于社会保障的支出也在纳税人(企业和个人)之间形成了一种物质利益的再分配关系。

2. 劳动者之间的再分配关系

这种再分配关系集中体现在社会保险方面。现在凡参加社会

[①] 《马克思恩格斯选集》第3卷,人民出版社1972年版,第9页。

保险的劳动者,都要按规定的比例,用自己工资的一部分缴纳社会保险费。而由于"统账"结合,个人缴费不一定与其将来可能享受的保险待遇一致。当某一受保人从社会保险中得到的收益大于其对社会保险基金的缴纳时,实际上他就得到了其他社会成员的资助;而当一受保人从社会保险中得到的收益小于其对社会保险基金的缴纳时,实质上他就对享受社会保险的其他社会成员提供了帮助。由于社会保险待遇的享受和社会保险费的缴纳之间并没有完全对等的联系,所以实现了不同收入水平的劳动者之间的再分配。这种再分配是社会保障分配的一种基本形式,它实现了劳动者之间的互助和富济贫。

3. 企业与劳动者之间的再分配关系

企业参加社会保险,为其职工缴纳社会保险费,实际是继工资分配之后对职工劳动贡献进行了又一次分配,或者说等于社会以社会保险的形式间接地增加了劳动者的收入。显然,社会保险费是劳动者工资外收入的一部分,只是这部分收入并不按月发给劳动者,而是由社会保障部门集中控制使用。在世界上绝大多数国家的社会保障制度中存在着这种再分配,它也是中国社会保障分配的主要形式和主要渠道,因为中国劳动者的大部分社会保险费是由企业承担的。

4. 企业与企业之间的再分配关系

这种再分配关系集中体现在养老保险基金的统筹上。政府按企业的工资总额征缴职工退休养老统筹基金,而社保经办机构按同一时期企业实际发生的退休费用支付退休金,结果是那些退休职工少的企业替那些退休职工多的企业承担了一部分退休费用。

5. 地区与地区之间的再分配关系

这种再分配关系突出反映在那些由县级统筹逐步向市级、省级统筹过渡的社会保险项目上。江西省是我国第一个在养老保险方面实行统一比例、统一管理和统一调剂的省级行政区。实行省级统筹,就等于在一个省的范围内,经济较发达地区分摊了经济欠发达地区的部分社会保险费用,从而引起了地区与地区之间的再分配关系。

二、社会保障基金的筹资渠道和方式

所谓社会保障基金,是指为实施社会保障制度而通过各种渠道所建立起来的、法定的、专款专用的经费。在社会保障分配中,社会保障基金的筹集具有头等重要的意义。那么,怎样拓宽筹资渠道,把蛋糕做大呢？从目前世界上实行社会保障的一百多个国家的情况来分析,社会保障基金的来源主要有以下五条渠道：(1)中央和地方财政安排的预算拨款；(2)企业(用人单位)按制度规定的缴费；(3)个人的缴费；(4)社会保障基金的结存和增值；(5)国内外各界的社会保障捐赠。

筹集社会保障基金,有一个基本原则,即"收支平衡"的原则。不言而喻,筹集的基金和按规定需支付的费用,要有一个大体平衡的关系,否则就会失去经济上的保证,使保障制度无法维持。这种平衡原则,可以有两种理解：一种是"横向平衡",即当年费用总和保持平衡；另一种是"纵向平衡",即对某些社会保障(特别是养老保障)而言,受保人在投保期间提取的基金总和(包括银行利息和运营利润等),应与其在享受该项保障待遇期间(如养老期间)所需支付的费用总和保持平衡。根据平衡原则的不同理解和运用,社会保障基金的建立主要有三种不同的方式：

1. 现收现付式

现收现付式以"横向平衡"原则为依据,先作出当年或近一、二年内需支付的社会保障费用的测算,然后以支定收,将这笔费用按一定的提取比例分摊到参保的各单位,当期提取当期支出,不为以后时期提供储备资金。这种方式的特点是简便易行,也可避免物价上涨而造成基金贬值的危险；但缺点是稳定性差,难以应付突发的经济波动,而且由于缺乏长期规划,随着保障总量(如养老金)不断增加,可能出现企业、国家负担过重的难题。

2. 完全积累式

完全积累式以"纵向平衡"原则为依据，先对一些有关的人口健康和社会经济发展指标（如退休率、伤残率、死亡率、通货膨胀率等）进行宏观上的长期测算，在此基础上预计保障对象在保障期间内所需享受保障待遇的总量，再按一定比例将提供保障待遇所需的费用分摊到保障对象的整个投保期间，并对不断提取而已经积累的保障基金进行有计划的管理和运营。这种方式充分体现了基金的储备职能，使社会保障有一个较为稳定的经济保证，因而不会出现寅吃卯粮、入不敷出的问题。但长期测算和科学管理的专业性很强；特别在实行保障的初期就要产生大量储备金，难度很大；还得考虑基金保值增值的投资安全和可能遭遇通货膨胀等各种问题。

3. 部分积累式

部分积累式是一种兼容近期"横向平衡"原则和远期"纵向平衡"原则的基金筹集方式，即保障费用一部分采取现收现付的方式以保证当前开支之需要，另一部分采取积累的方式以满足未来支付需求的增长。换言之，部分积累式是在满足现时一定支出需要的前提下，留出一定的储备资金以适应将来支出的需要。部分积累式可以吸取现收现付式和完全积累式两种方式的优点，削减各自的弱点，但同样会遇到管理难度大等问题。特别是半途采用这种方式，由于过去未提留积累，过渡期政府势必要面临承担转型成本的巨大压力。在中国的社会保障制度的改革中，从现收现付制到部分积累式，为支付这一成本，政府有必要从国有资产中切出一部分进行处置，形成养老保险等的启动基金。另外就是社会保险费的按时足额征缴以及基金的保值增值等问题，要真正做到也很不容易。

三、社会保障税和社会保险费

社会保险基金的筹集方式包括征税制和征费制两种。

税收是国家财政基本的、稳定的来源,其特点是标准统一、强制征收、统收统用。通过征税方式形成社会保障基金,是许多国家尤其是西方国家的惯常做法。一方面,财政性社会保障基金必然来自税收(少数情况下,国家亦可以通过发行特种债券筹集社会保障基金);另一方面,实行现收现付制的国家(尤其是福利国家)也可以采取征税方式来筹集社会保险基金。因此,征税方式成为社会保障最为重要的筹资方式之一。征税方式的好处在于强制性强,负担公平,有利于提升社会保障的社会化程度;不足之处在于税收形成财政资金后只能通过年度预算来安排,且通常以年度收支平衡为基本目标,从而事实上无法积累社会保障基金,进而无法抗拒周期性的社会保障风险。如一旦遇到经济危机导致大批工人失业,或者人口老龄化趋势加快,均可能因缺乏社会保障基金积累而对国家财政造成巨大冲击。

征费方式一般限于社会保险。但因社会保险在现代社会保障体系中占有特别重要的地位,其收支规模甚至占到一些国家社会保障制度收支规模的 80% 以上,从而使这种筹资方式与征税方式几乎享有同等重要的地位。征费方式的特点是在强制征收的同时具有一定的灵活性,如可以采取类别费率,也可以采取综合费率;既可以混合筹集,也可以分项筹集。

尽管社会保险费与社会保险税都是社会保险制度的筹资手段,并均为实现社会保险制度的特定目标服务,但它们又取决于特定的社会保险制度模式,并在理论与政策实践中表现出很大的差别。通过表 3.1,我们可以看出两者之间的基本区别。有一种观点认为,通过征收税比费会增进社会保险筹资的强制性,这其实是一种误解。因为对社会保险制度而言,征费与征税均应当是依法进行,强制性的强弱,并不取决于"费"与"税"的名称,而是取决于社会保险法律的规范、执法的力度和当时经济发展状态。例如,一些国家采用征税的方式完成了筹资的任务,另一些国家采用征费方式也完全能够实现筹集社会保险基金的目标。而无论采取征税方式还是征费方式，一旦遇到大的经济危机，均将难以完成社会保险制度筹资任务。征税方式的好处在于，税率统一对于实现公平负担、待遇平等的社会保障目标有直接的促进作用。但对于发展中的大国，尤其是像中国这样一个国家财力有限、地区发展很不平衡的国家，征税可能导致所筹资金逆向流动、保险待遇与地区发展水平不相适应的现象，而征费方式却可以有一定的灵活性。而最关键的在于国家对社会保险制度模式的选择，如果实行普惠制与现收现付制，则采用征税方式应当是水到渠成之事；如果实行选择制与部分积累或完全积累制，则采用征费方式显然要优于征税方式。

表 3.1　社会保险费与社会保险税的基本区别

	保　险　费	保　险　税
征收方式	依法强制征收	依法强制征收
资金性质	劳动者公共后备基金	政府财政资金
适应的制度模式	部分积累或完全积累	现收现付型
个人的权利义务	清晰对应	模糊或非对应
与财政的关系	保持适当距离或分离状态	与政府预算一体化
与个人账户的关系	兼容	不兼容
政府扮演的角色	最后出场与责任分担角色	直接出场或完全责任角色
筹集的资金	可以积累或基金制	不能积累或非基金制
征收的标准	允许差别，有灵活	必须同意平等
保险对象范围	可选择性与阶层性	普遍性或全民性

资料来源：郑功成《社会保障学——理念、制度、实践与思辨》，商务印书出版社 2004 年版，第 341 页。

四、社会保障基金支付的基本形式

社会保障基金的筹集是实现基金支付的前提，而社会保障基金的合理支付是基金筹集的目的。在社会保障基金既定的情况

第一节　社会保障分配

下,如何科学、合理地支付这笔基金呢?社会保障基金支付是社会保障分配的归宿点,它在社会保障分配的全过程中是一个起支配作用的重要环节。只有享有社会保障待遇的社会成员按标准及时足额地领取了保障金,才能最终实现社会保障的目的。

社会保障基金支付形式是指社会保障经办机构在支付社会保障基金时所采取的具体方式或方法。社会保障基金支付有两种基本形式,即现金补助和实物补助。

现金补助是社会保障基金支付的主要方式。其中,社会保险基金完全采用现金补助形式,社会救助基金、社会福利基金、优抚安置基金等支付的一部分乃至大部分往往也采用现金补助形式。如前所述,现金补助有多种实现方式。

实物补助是指政府直接为保障对象提供特定商品或劳务。通常社会福利基金、社会救济基金和优抚安置基金支付中程度不等地采用实物补助形式。中国的福利、医疗、救灾、救助等支出中不同程度地采用提供某种特定商品或劳务,由受益人无偿享用的支付方式。

社会保障基金作为社会保障制度的物质基础,其构成是与社会保障体系相一致的(见图 3.1)。由于社会福利基金、社会救济基金和优抚安置基金等主要来源于国家财政拨款,所以也可以把它们统称为社会保证基金。而社会保障基金的主体是社会保险基金。社会保险基金不同于社会保证基金,它是依靠政府信誉,以立法形式强制建立起来的。弄清了社会保险基金的筹集、使用和管理,社会保障分配的所有问题也就迎刃而解了。

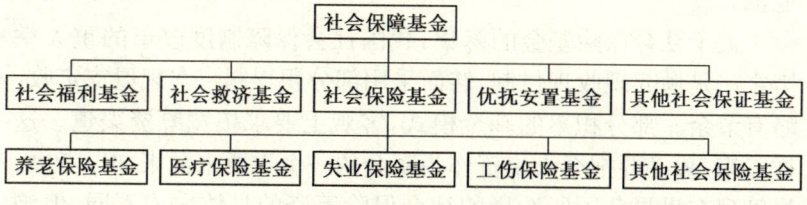

图 3.1

第二节　社会保险基金的筹集

一、从现收现付式向部分积累式转变

社会保险本身是个大体系,由养老、生育、失业、医疗、工伤、遗属(死亡)等险种所组成。与此相对应,社会保险基金由养老保险基金、生育保险基金、失业保险基金、医疗保险基金、工伤保险基金、遗属(死亡)保险基金等要素构成。但是,在不同国家或在一个国家的不同时期,由于社会经济发展水平不同,社会保险体系的完善程度也不相同。正因为如此,在一些国家、或者一个国家的某个时期,社会保险基金往往不由上述全部要素构成,而仅由其中几项基金构成。比如,在社会保险制度诞生的德国,第一个出台的是疾病社会保险,接着是工伤社会保险,而后又出台了老年、残疾、死亡社会保险。迄今,实行社会保险制度的国家,尤其是发达国家,大多建立了由老年保险、失业保险、工伤保险、医疗保险等要素组成的社会保险基金。

我国传统的社会保险基金的筹集采用现收现付的方式。由于现收现付式没有长远规划,事先也无必要的储备积累,因而随着我国的市场经济发展和国有企业改革,其弊端日益暴露出来。如"现收现付式"的社会养老保险制度,形成了"在职职工掏钱养活离退休职工,下代人养活上代人"的局面,随着人口老龄化的到来,引起国家、单位和个人负担急剧加重,甚至出现了费用征缴与支付危机。

关于社会保险基金的筹集,我国社会保障制度改革的重大举措之一是抛弃现收现付制,转而采用部分积累制。实现以支定收,略有节余。部分积累的基金模式,客观上要求拓宽筹资渠道。这样一来,势必要把个人出资作为基金的一个重要来源来加以考虑。尽管现在世界各国所选择的社会保险筹资的具体方式不同,但绝

大多数国家却都坚持政府、企业、个人三方出资的原则。主要基金的来源是企业和个人的双投保,国家则"扮演最后出台的角色",即在企业和个人负担的基础上,保险费用收不抵支的部分由国家财政负担。

二、三方付费制

在三方付费制中,企业在征收所得税前提取的社会保险费上交,是社会保险基金的主要来源。由于社会保险属于劳动者必要劳动的范畴,因此企业职工的保险费应列入生产成本,无需交税。企业缴纳的社会保险费,取决于企业的投保费率与其所雇用劳动者的工资总额。企业投保费率由国家规定。例如国务院于1997年7月作出了《关于建立统一的企业职工基本养老保险制度的决定》,规定企业的养老保险缴费一般不超过企业工资总额的20%。

$$企业(用人单位)投保费率 = \frac{企业投保费}{企业职工工资总额} \times 100\%$$

个人从工资收入中的缴纳,也是社会保险基金的重要来源。在许多实现个人缴费制度的国家,社会保险费用由企业和职工各负担一半。如美国老年、残废、遗属保险投保费率规定为薪资的9.9%,被保险人与企业主各负担4.95%。在我国由于个人缴费还处于起步阶段,职工的工资水平还比较低,因此个人投保费率不高,但呈一定上升趋势。例如国务院1997年7月作出的上述决定,规定养老保险个人缴费比例1997年不低于个人缴费工资的3%,以后每两年提高一个百分点,最终达到8%。国务院2005年12月3日颁布的《关于完善企业职工基本养老保险制度的决定》规定个人账户的规模统一由本人缴费工资的11%调整到8%,全部由个人缴费形式,单位缴费不再划入个人账户。

$$个人投保费率 = \frac{个人投保费}{个人工资总额} \times 100\%$$

此外,许多实行社会保险制度的国家,都对劳动者缴纳社会保险费的工资规定了下限,工资低于此下限的劳动者免缴社会保险费。例如,新加坡在20世纪80年代规定,凡是工资收入每月低于200新元的雇员,一律免缴社会保险费,而由其所在企业的雇主代缴。

关于个人投保费率,有的国家还实行累进费率制,即对收入低者征收的费率较低,收入高者征收的费率较高。当一个人工资增加,个人投保费率也依次递增。如乌拉圭的乡区年金制度,规定收入不满100比索者,个人投保费率为4%;超过100比索者,每年增加1至100比索,其费率增加1%;至600比索以上者,则费率增至10%为止。这种少获少缴、多得多缴的规定,旨在增强社会保险的互济性和公平性,但也在一定程度上会挫伤劳动者为获得高工资而努力工作的积极性。

国家在社会保险基金形成方面的贡献,除在于制定优惠的财政政策,即"扮演最后出台的角色"外,还表现在制定优惠的税收政策、利率政策等方面。税收政策上的优惠,表现为社会保险费按税前收入提取,结果职工和企业收入中的一部分未被课征所得税。而未被课征所得税的部分既是国家有意让予的财政收入,又是国家对社会保险基金的资助。利率上的优惠表现为国家对社会保险基金的储蓄给予高于一般储蓄的利率,这高过的部分显然由国家财政专款拨付。

从原则上讲,社会保险基金由国家、企业、个人三方共同负担。但三者负担的比例,则视各国的具体情况而定。即使一个国家,在不同时期,也会因经济、社会条件和政策的变动而调整。另外,三者负担的比例也与险种及危险程度等有关。

三、社会统筹和个人账户结合

坚持由国家、单位、个人三方共同负担社会保险基金的原则,一方面有利于在现有经济发展水平上,通过拓宽筹资渠道和调动各方面积极性来增加社会保险基金,以尽可能满足社会成员对社会保险待遇需求的增长。另一方面,坚持三方出资、合理分担,有利于各方将权利和义务紧密地结合起来。

进入90年代,结合我国的具体国情,在养老保险和医疗保险这两大基础上的改革中,我国针对过去国家和企业对保险费用包揽过多、缺乏个人参与和积累的缺陷,选择了社会统筹与个人账户相结合(简称统账结合)的筹资模式,从而体现出中国特色,同时有效地调动了各方的积极性。

统账结合是"社会统筹与个人账户相结合"的简称,实质上作为一种社会保险基金的筹资模式,它是社会统筹账户(简称统户)与个人供款账户(简称个户)的相辅相成的有机统一体。其中统户由政府和企业充当出资者,从社会公平的目的出发,强调基金的横向平衡流动,具有共济互助的作用;而个户由个人和所在单位出资,归个人所有,突出了分配中效率优先的原则,直接与个人收入一定比例挂钩,体现个人贡献大小,实行基金的纵向积累,这是对劳动者积极性、自我保障意识的呼唤。两个账户的结合,即是社会责任与个人责任、效率与公平的有机结合。

值得注意的是,统账结合的方式与比例直接制约着两账户所发挥的作用。以此为标准,我们可以从统筹账户、个人账户及两者结合关系三个方面对目前养老保险与医疗保险(参见本书第250页)中所采用的统账结合筹资模式进行比较(参见表3.2、3.3、3.4)。[①]

与社会保险基金筹集相对应的是社会保险基金的发放。及时足额向参保对象按规定支付社会保险待遇,是建立社会保障制度的主要目的,也是衡量社保机构工作好坏、管理水平高低的重要标志之一,更是体现社会保障功能和取信于民的首要条件。这就要求我们在社会保险基金管理中注意克服重收轻支的不良现象,充

---

① 钟建威:"对两个统账结合的思考",《中国社会保险》,1998年第9期。

分体现缴费义务与享受待遇权利对等的原则,严禁擅自扩大或随意缩小支付范围,提高或降低支付标准,以维护公民的合法权益,提高社会保险的信誉度。关于社会保险基金各险种的支付,我们将在下篇各章中提到,在这里就不作赘述了。

表 3.2　养老保险统筹账户与医疗保险统筹账户比较

项　目	养老保险	医疗保险
1. 账户作用	保障劳动者退休后的收入,属于收入保障。	保障劳动者医疗费用的支出,属于支出保障。
2. 账户构成原理	已退休人口费用由当前的劳动人口承担,收入在代际间进行再分配,实际上是对劳动者必要劳动的延期支付。	运用大数法则平均分摊每人面临的具不确定性的疾病风险,分摊额即组成统户。
3. 费率制定	以居民最基本生活水平为依据,按照事先设定的养老金目标替代率估算得出,主观性强。	以疾病发生概率与基本医疗保障水平为基础厘定,较为客观。
4. 账户特点	① 账户表现出长期性、积累性和后继性,有代际转移性;② 人人都面临养老问题,每人都能从账户中获得程度基本相同的回报,自愿性较强。	① 在较短时间区间内,缴费与受益为同一批人,账户表现出即期性;② 因社会成员的疾病风险分布不平均,健康者要为多病者提供援助,受益程度差异大,账户体现出共济互助性,强制力度较大。
5. 基金平衡的制约因素	人口老龄化、费率测算依据变化(如人均预期寿命变化等)和物价上涨等会冲击账户基金的平衡。	医疗消费过程环节复杂,随机行为多,道德风险大,影响账户的基金平衡运作。

第二节 社会保险基金的筹集

表 3.3 养老保险个人账户与医疗保险个人账户比较

项　目	养老保险	医疗保险
1. 账户构成	个人出资较多,企业或用人单位负担相对较小。	个人出资少,企业或用人单位负担相对较大。
2. 账户作用	体现效益差别,调动个人积极性,增强自我保障意识,增加了基金来源。	体弱多病者支出自然多,缴款额大小不能体现个人效率。
3. 账户特点	① 账户总基金在形式上具有内部调剂功能,每户储存额可衡量将来所得水平,具有经济意义;② 长期积累,平时不开支,退休后享用。	① 只体现了个人所得的纵向积累,相当于个人银行存款;② 虽可积累,但因人皆会生病,故而随时可能使用,从而只是受保人在年度间调节而已。

表 3.4 养老保险和医疗保险中统筹账户与个人账户结合关系的比较

项　目	养老保险	医疗保险
1. 两户对应关系	代际转移性质的统户与具有自我积累性质的个户之间对应的比例应此消彼长,且个户增长比例要大于统户减小比例。	为减缓医药费用的时重时轻,在两户结合中应增大统户比例,同时增加个人自负额。
2. 结合的特点	① 两户相互独立,又相互补充,这种关系是内生的,使两户紧密结合;② 统户的支付与个户的支付同时进行,受保者退休后可同时享受双份利益。	① 两户可以绝对独立,也可结合,但结合时只存在统户对个户的补充,这种关系是外生的,使结合相对松散;② 统户与个户分工负责或分段负责,而非同时兼用。

续表

项 目	养老保险	医疗保险
3. 基金平衡的制约因素	"老人"与"中人"未建立个户或虽建户但存额太小,却按新标准参加养老金统一发放,在总基金短缺情况下挤占"新人"个户的基金,造成其账户上有账无款,阻碍了个户的壮大,影响了个户对统户在养老中主要角色的替换。人口老龄化高峰会造成基金失衡。	个户与统户相通则会因个户对费用控制的失灵易将非正常的医疗需求引至统户,对统户形成巨大压力。个户与统户完全独立则降低了统户的共济力度,同样会影响统户基金平衡。因此基金平衡的制约因素是不良医疗费用能否控制而非两户的结合方式。

第三节 社会保险基金的保值增值

一、社会保险基金的投资

随着社会保障筹资方式由现收现付式向部分积累式转变,势必有一部分已经筹集起来而尚未支付的社会保障基金,面临着如何营运的问题。这笔基金,由于以货币的形式存在,在物价不断波动的市场经济条件下,其价值——总购买力——有可能上升,也有可能下降。而且由于可能存在的通货膨胀的压力,随着时间推移,其价值更有可能下降。这样一来,社会保险基金的保值增值就成了社会保险基金管理的核心问题。社会保险基金,说到底是一笔远期消费基金,也就是长期储蓄。这是一笔难得的财富,不仅要专款专用,还必须保值增值。如果发生社会保险基金贬值的情况,不仅无法实现各个时期社会保险费用均衡负担的目的,而且有可能出现支付危机,从而使社会保险制度发生动摇。

社会保险基金的保值增值受到世界各国的广泛重视。1977 年,法国社会保险基金的利息收入占基金来源的 1.2%,英国、荷兰、西德分别为 2.8%、4.5%、1.6%。而到了 1982 年,法国升至 2.6%,增加 1.2 倍;英国升至 8.5%,增加 2 倍;荷兰升至 16.7%,增加 2.7%;西德升至 8.5%,增加 4.3 倍。新加坡、马来西亚、印度等发展中国家的社会保障不存在统筹部分,由国家立法,强制个人储蓄,成立中央公积金局,作为基金法人来委托经营社会保险基金。

一般来讲,社会保险基金保值增值的基本途径是投资,其中储蓄存款是一种人人皆知的手段。任何一笔资金,如不进行别的投资而存入银行,都可以得到无风险的利息收入,利息收入等于本金乘以利率。但这是名义利率。实际利率是名义利率扣除通货膨胀率后所剩的部分。当实际利率等于零时,社会保险基金存入银行只能保值,只有当实际利率大于零时,才能实现一定程度的增值。所以储蓄存款只是一种保守的保值增值手段,一般难以使社会保险储备基金大幅度增值。社会保险基金投资在更大的意义上是指要寻求积极的保值增值手段。我们可以把社会保险基金投资定义为:社会保险管理机构或受其委托的机构,用社会保险基金购买国家政策和法律许可的特定的金融资产或实际资产,以期获得适当预期收益的投资的投资行为。社会保险基金通过投资运营获取收益。反过来,这些收益又被充实到基金中去,从而使社会保险基金达到保值增值的目的。

二、社会保险基金投资的原则

社会保险基金投资虽与一般投资行为相同,目的都是为了获取投资收益,实现资金的保值增值。但是,社会保险基金由于其性质,决定它的投资必须遵循以下三个原则:

1. 安全性原则

安全性原则是指社会保险基金的投资必须在投资本金能够及时、足额地回收的前提下,力求获得理想投资收益。社会保险基金投资作为一种金融性投资行为,必须首先考虑安全性原则。这就使投资项目的选择要在严格遵守国家有关政策法规下进行。

2. 收益性原则

收益性原则是指社会保险基金的投资必须要实现基金的保值增值,并且以增值为目标。简单地说,如果一笔资金要保值,其投资收益就要等于通货膨胀率;如果要增值,其投资收益就要高于通货膨胀率。当然,因为安全性的要求是第一位的,所以社会保险基金的投资绝不能为追求高收益而冒大的风险。

3. 流动性原则

流动性原则是由社会保险基金内在运动的特点所决定的。由于支付保险金或保险费用的需要,投资必须要能迅速地融通、变现和周转。如果投资冻结于某个项目的固定用途而无法脱手变现,那就无法应付支付的需要,也违背了投资的宗旨。因此,社会保险基金的投资要能够在需要时及时地抽回。

自从我国的社会保险制度采取"部分积累"式的基金组织形式后,社会保险基金的保值增值的问题就凸显出来了。我国社会保障基金的规模,2005 年已经达到 18435 亿元,超过 GDP 的 10%。但就目前来看,在安全性、收益性诸方面执行的情况不甚理想,主要表现在:一将社会保险基金结余主要用来购买国库券,兼之以在银行定期存款赚取一定数额利息,收益有限,难以确保其保值增值;二有的地方以保值增值为名,将基金用来进行与国家规定相违背的如炒股、搞房地产、拆借等高风险投资,使社会保险基金的安全受到威胁,损失相当惨重。国内有关部门对 13 个国家社会保障基金投资赢利情况所作的研究发现:9 个亏损,1 个持平,3 个略有赢余——但低于存款利率。①

三、拓宽投资渠道和具体运作

社会保险基金的保值增值,是目前我国社保基金管理中存在

---

① 胡爱娣:"养老储备金的投资与管理——以加拿大为例",《中国社会保障》,2006 年第 1 期。

的一个突出问题。将社会保险基金用于购买国债和存入国有商业银行,这样做固然保证了基金的安全,但基金投资渠道受到限制。在要么通货膨胀严重要么储蓄利率和国债收益率不断下降这两种情况下,社会保险基金很难实现保值增值。所以,我们一定要借鉴国外做法,在保证投资安全的前提下,通过多样化、提高灵活程度及政府协助等方法,闯出一条新路子。在适当的时候,也可以考虑建立独立的基金运营机构。

在发达国家,美国和加拿大的社会保险基金管理很有特色。美国的做法是将社会保险基金投资于共同基金。共同基金是指将基金聚集在一起,由一些投资专家操作基金的营运,采用科学的方法,将基金分散投资于债券、股票等各种渠道,以取得最高投资收益为目标。投资于共同基金既避免了基金投资的高风险,又使基金获得了较高收益。加拿大为保证社保基金保值增值,也成立专门投资机构,配备或聘请投资专家来专门从事基金投资。为降低风险,他们的做法不是把所有的蛋放在一个篮子里,而是分散投资,其中50%基金委托政府或购买政府债券,其余投资分别是股票、债券等,并把银行存款视为没有办法的办法。英国于1980年专门成立国民投资与贷款办事处,接受卫生和社会保障部委托储托和经营社会保险基金,一部分按国家规定用于公共设施建设投资、购买政府发行的债券,另一方面用于短期信贷,特别是借给政府急用。从世界各国的情况来看,社会保险基金的投资渠道主要有以下几种:(1)银行存款;(2)信托存款;(3)不动产投资;(4)有价证券(债券、股票等)投资;(5)直接贷款或委托贷款。

当然以上几种投资渠道的风险性是不相同的。例如股票的风险性一般要大于银行存款。但投资收益与风险相伴随行,且呈很高的逆相关关系。没有风险的投资,收益往往很少(参见图3.2)。除此之外我们还应该看到,实际上投资风险并不完全由投资渠道所决定,还和其他许多因素有关。例如在金融市场健全的条件下,股票投资的风险实际是不大的。再加上如果成立专门机构由专家来操作,风险又会进一步减小。正因为如此,经济学家认为,普通股票是真正能够抵制通货膨胀影响的投资方式之一。1999年初,美国总统克林顿在他发表的国情咨文中提出,今后15年内,将从联邦政府预算盈余中拿出2.7万亿美元用于社会保障计划。而其中的25%即6750亿美元将投入股票市场以提高投资收益。据有关专家计算,20世纪投资美国股市获得的实际收益率平均达7%,比社会保障信托基金投资的对象即国库券的收益率高出一倍。

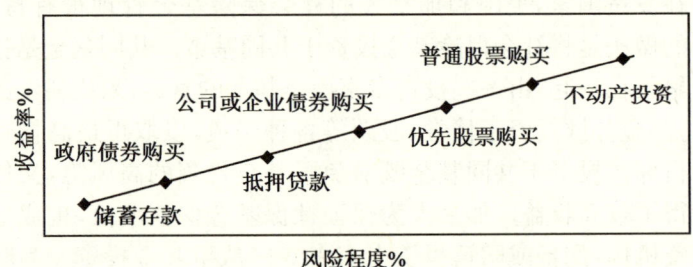

图3.2 投资收益与风险的相关性

但是,社会保险基金是一项比较特殊的资金。因此,国家一般对它的投资渠道的选择有严格的政策或法律规定。储蓄存款和国家债券属于所有国家都允许选择的投资渠道。有些国家规定,不能选择股票、企业债券尤其是不动产作为投资渠道。另外,不少国家除对投资渠道作出规定外,还往往对基金投放于不同渠道的数额作出规定,以分散投资风险。

第四节 社会保险基金的管理

一、服务管理和基金管理

社会保障基金的管理模式有公营和民营两种形式。所谓公营,即由政府有关部门直接进行管理,包括行政管理和经营。而民

第四节 社会保险基金的管理

营是指将基金的经营委托给基金管理公司等其他机构进行,受托机构可以在法律规定的范围内自主地进行投资运营,政府有关部门和基金会处理基金的行政事务。

社会保险基金是依法强制筹集的,这并不意味着基金一定要由政府直接管理。大多数国家将基金委托专门机构管理。社会保险基金的管理机构不仅要有资本市场基金投资的经验,而且要有充分的社会保险各项业务的经验。同时,对社会保险基金的管理机构要建立相应的监察和监督机构,要防范风险于事前。

由于业务性质存在的区别,社会保险的经办可以分为服务管理和基金管理。前者直接面对受益人,包括登记、资格审定、档案管理、信息处理、待遇支付、咨询服务等业务。失业项目还包括促进再就业等一系列服务。社会保险管理的各项职能中,服务管理是业务量最大的工作,耗费的人力物力最多,其实质是为参保者提供一种社会服务。

基金管理与服务管理不同,它不直接面对受益人,在经办业务的流程中,主要发生在"上游"和"中游":通过收缴形成基金,通过运营而进行保值增值,待把基金划拨后,基金管理便与服务管理相衔接。

我国的社会保险经办,迄今大致仍呈服务管理和基金管理合一的局面(参见图3.3)。由于养老保险等采用部分积累制,前几年基金保值增值的压力很大,基金运营的问题凸现出来。加之同时出现了挪用挤占基金的严重情况,引致各界对基金管理的关注。根据财政部对有关省、自治区、直辖市劳动部门的社保机构1995年8月到1996年6月企业职工养老保险基金和失业保险基金检查的情况看,在不到一年的时间里,这些地方发生的违纪金额就高达92.2亿元。2006年审计署报告披露基本社保资金违规71亿元,其中1999年以前发生23亿,2000年以后发生48亿。面对这种情况,近些年来要将基金管理和服务管理分开(即"收支两条线")的呼声不绝于耳。

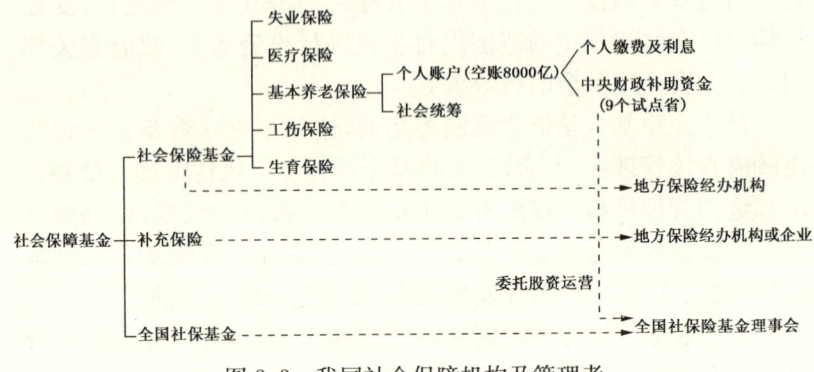

图 3.3　我国社会保障机构及管理者

二、社会保险基金的行政监督

社会保险基金管理的任务,除了包括基金的收缴及保值增值以外,还包括监督。监督是由一定的机构或个人用一定的规范去衡量与社会保障或社会保险相关的行为,看它是否符合规范。当发现违规行为后,即向有关部门反映或公开。社会保险基金是劳动者的"养命钱",基金管理的好坏,直接关系到改革、稳定、发展的大局,也是社会保险工作能否正常运行的关键。我国在社会保障改革过程中,比较强调经办及行政体制的建立,对监督工作则没能给予足够的重视。起步较晚的基金监督工作在 1998 年以后得以加强,其标志是:劳动保障部于 1998 年 12 月成立了基金监督司,从 1999 年开始,各省、自治区、直辖市的劳动保障厅(局)纷纷成立基金监督处;1999 年 1 月 12 日,国务院发布《社会保险费征缴暂行条例》规定,国务院劳动保障行政部门负责全国的社会保险费征缴管理和监督检查工作,县级以上地方各级人民政府劳动行政部门负责本行政区域内的社会保险费征缴管理和监督检查工作。近些年出现社会保险基金严重挪用挤占的情况,在一定程度上与监督机制的缺乏有关。完善我国社会保障的监督体系,是一个亟待解决的课题。

第四节 社会保险基金的管理

最经常的监督是行政主管部门的监督。对于社会保险经办,政府有关部门行使行政管理,同时也起到很强的监督作用。行政监督的特点是效率高成本低。政府职能部门与经办机构建立的行政联系,可以发生经常性的信息沟通,能对经办机构的情况比较了解,因此可以节约沟通及信息收集所需要的时间。而按照法律程序进行的监督,缺乏与经办机构经常性的联系及信息,因此成本会比较高。

但行政监督也有其局限性。在我国社会保险虽然政事是分开的,然而主管部门与经办机构在组织关系上的联系很紧密,主管部门由此就可能成为经办机构的代言人,而不能真正代表受保人的利益及公共利益。在这种情况下,来自政府其他部门的监督就会十分必要。

社会保障涉及到大量的基金活动,对财务的监督至关重要。实践证明,对社会保险基金实行财政预算管理,是建立健全有效的监督制约机制的客观要求。[国发(1996)2号]文件明确规定,"社会保险基金在国家财政建立社会保障预算制度之前,先按预算外资金管理"。也就是说财政部门要建立相对独立的社会保险基金专户,对暂不能纳入预算管理的社会保险基金实行专户管理,待条件成熟后向社会保障预算过渡。

在我国实施社会保障财政专户管理,专门核算社会保险基金的收、支、余,做到"专款专用",结果是形成了收支两条线运作的格局。当然,现在来看,这只是一种阶段性的分立:在缴费阶段,基金业务与服务业务都由社会保险机构执行。此后分开,把基金存入财政专户后再下拨给社会保险机构办理开支。这样做的主要目的是通过财政参与,在不增加管理成本的情况下,建立起社会保险基金管理的制衡机制,保证基金的安全和正确使用。如果实行税务部门代收社会保险费的办法,对基金便可以真正实行征、管、支三分离。即财政部门负责基金的统一管理,税务部门负责基金的征收,社会保险经办机构负责基金的支出结算及离退休经费社会化管理和服务。

为保证社会保险基金安全和正确使用,还要实行社会保险经办机构的经费和社会保险基金严格分开的制度。现在,我国社会保险机构人员经费和管理服务费,一般在年初一次性从保险基金中按 2.5%～3%(失业救济金的提取比例约为 9%)的比例直接提取,存入财政预算外资金专户。虽然如此,由于财政部门缺乏必要的监督和制约手段,这个规定没有得到很好地贯彻,而是出现一些经办机构根据本单位"实际"需要,不经过有关部门规定的审核和批准手续,自行确定提取比例,随意地从收取的基金中提取服务管理费,由此导致社会保险经办机构管理费严重超支。无疑,这也需要通过社会保障制度的改革加以解决。

三、法律监督及受保人监督

除了政府行政监督外,还必须发挥法律监督的作用。西方国家社会保障法律机构的参与是很强的,如德国建有专门的社会法院,负责实施社会保障立法。企业受保人以及社会保险经办机构之间的纠纷,可以诉诸法律程序解决,法院起一种执行规范的作用。

法律监督的特点之一是公正性。由于法律程序建立了当事人、法官与律师之间的制约关系,更有可能准确地反映法律赋予当事人的权利。法律程序的公开性则把法律过程放在公众的监督之下,从而强化了公正性。法律监督的另一个特点是强制性,具有最强的约束力。因此,法律手段成为监督的最后保证。当别的监督手段不能起到作用时,最后可以诉诸法律力量。

从国外的情况看,受保人及企业的监督作用也很重要。列宁曾说过:"各种保险都由统一的保险组织办理;这种组织应按区域和被保险者完全自理的原则建立。"要求受保人和企业参加管理,从监督的意义上,是建立内部控制机制。海南省在社会保障法制建设过程中,就设立了监事会机构。国外则普遍存在有企业及受保人参与的组织。建立内部控制机制,不仅有利于公民确立现代社会保障意识,而且使社会保险的监督由单纯的"官纠",转变为效率高、反应灵敏的自组织控制。

总之,科学的社会保障管理体制是社会保障事业顺利发展的重要条件。就社会保险而言,这涉及到"政事分开"、"钱事分开"、"收支两条线"、"征、管、支三分离"及监督的"三制并存"等一系列制度上的安排,同时要大力压缩社会保险管理成本,从而确保社会保险基金全部用于社会保险事业。

第四章 世界主要类型的社会保障制度

世界各国的社会保障制度从一开始建立到现在,已经有一百多年的历史。无论是制度建立较早的发达国家(如德国、英国、美国等),还是刚建立不久的发展中国家(如新加坡、智利等),各个国家在制度类型、实施方式及运营管理等方面,都有各自的特点。从各国社会保障制度的主要方面加以提炼和分析,总结出主要的特色,可以将世界各国实施的社会保障制度大体上划分为福利国家型、社会保险型、个人储备积累型三种类型。深入比较各国社会保障制度,对改革和完善我国社会保障制度具有重要的借鉴价值和现实意义。

第一节 福利国家型的社会保障制度

所谓福利国家型,是指主要以英国、瑞典为代表的一些欧洲国家实行的由国家高度统一管理和支配的社会保障制度。其目标在于对每个公民由生到死的一切生活及危险,诸如疾病、灾害、老年、生育、死亡以及鳏、寡、孤、独残疾都给予安全保障。英国最早宣布建成"福利国家",随后瑞典及其他斯堪的那维亚国家也纷纷效仿,相继建立"福利国家"。特别是瑞典后来居上,以其完整的社会保障及福利制度,成为"福利资本主义国家的橱窗"。下面我们首先来看英国的社会福利制度。

一、英国的社会福利制度

(一)英国社会福利制度的历史进程

英国的社会保障制度起源于教会组织的慈善济贫活动,后随着英国两部《济贫法》的颁发,逐渐成为制度化、规范化的社会救济。20世纪初,英国失业及贫困人口数量剧增,社会福利事业首先在民间发展起来。教会团体创办医院、收养孤儿、救济贫民,工人阶级自发组织了一些私人互助机构,如"友谊社"、"工人俱乐部"等。它们是由工人自愿组织起来的,每个成员按规定缴纳一定的互助金,建立互助基金,以帮助成员化解生活和工作中可能出现的风险——疾病、失业、意外伤亡等。英国保守党政府也于1905年对贫民救济状况进行调查,提出了实行社会救济与社会保险相结合的建议。随后,一系列社会保险法案相继出台,如1908年的《养老金法》和《儿童法》、1909年的《劳工介绍法》、1911年的《伤残保险法》和《国民保险法》。

1920年英国剑桥学派的主要代表人之一阿瑟·塞西尔·庇古的《福利经济学》问世,他提出通过"收入的均等化"达到增大社会福利的目的,其学说为英国福利国家的建立提供了理论基础。

30年代初的全球资本主义经济危机给西方国家带来了巨大灾难,大批工厂、银行倒闭,物价飞涨,失业人员骤增,社会动荡不安。英国政府不得不在1933和1934年连续发布两个失业救济法,扩大失业救助的范围。1936年凯恩斯发表了《就业、利息和货币通论》,主张国家干预经济。认为在社会有效需求不足的情况下,要通过扩大政府开支,实行赤字财政,从而刺激经济回升,达到增加社会总需求、实现充分就业的目的。凯恩斯的国家干预经济理论同样成为二战结束后英国实施社会福利制度的重要理论依据。

二次大战期间,为鼓舞士气,顺应民心思安的大势,1941年,英国内阁决定采用坎特伯雷大主教在其《公民与教徒》一书中首次提出的"福利国家",作为战后重建的目标。同年6月,伦敦经济学院院长威廉·亨利·贝弗里奇受战时内阁委托,负责制定战后社会福利计划。1942年11月他提交了《社会保险及相关服务》(Social Insurance and Allied Servives)的报告,引起了很大反响。

1945年英国工党上台执政后,逐步推行"贝弗里奇报告"中的社会保险计划。先后颁布了一系列以国民保险制度为核心的重要法案。1946年的《国民保险法》规定,凡是就业年龄的每一个公民,都要依法参加国民保险。参加国民保险的公民在足额缴纳保险费的前提下,遇到失业、患病、伤残及其他意外事故而失去生活来源时,可以享受社会保险,得到有关津贴或救济。同年出台的《国民医疗保健法》,对全国医院实行国有化,全体公民接受免费医疗,同时允许医生私人开业。当年还颁布了关于住房和房租管理办法,规定由地方当局集资建房,用以解决战后房荒;同时为有利于低收入者租房,对私人出租房屋的租金实行管制。1948年颁布的《国民救济法》,对没有收入或收入较低而无力缴纳国民保险金者,可申领国民救济金,在其生病、伤残、无房等情况下也可申请救济,但金额要少于参加保险的国民。《国民救济法》是对《国民保险法》的必要补充。1948年7月,随着这些法案渐次生效,工党政府首相艾德礼向全世界宣布,英国建成第一个"福利国家"。经过历年的修改、补充和完善,英国的社会福利体系日臻完备,成为资本主义国家竞相效仿的对象。1951年以艾德礼为首的工党政府下台,丘吉尔再次组成保守党政府,但已不可能改变已经建立的社会保障制度,相反,反而进一步扩大和完善了原有的福利制度。其结果是工党政府的下台进一步证实了工党社会保障制度的胜利,这被称为是"一个带喜剧色彩的结局"。

(二)英国社会福利制度的主要内容

作为福利国家的创造者与典型代表,英国社会福利制度所包括的项目有40多种,项目众多、体系庞大,对国民的保障非常全面,几乎涵盖了"从摇篮到坟墓"。这套制度到20世纪70年代完全定型,此后虽然有所改进,但基本框架和基本内容并未改变,主要涉及社会保险、社会救助、福利津贴、社会服务、医疗保健等方面。

1. 社会保险

(1) 养老保险

最早立法是1908年的《养老金法》,该法规定70岁以上的老年人每人每周可以领取 5 先令的养老金,其覆盖面非常小。1925年的《老年补助养老金法案》规定享受养老金的年龄条件为男 65 岁,女 60 岁。1946 年的《国民保险法》规定凡达到退休年龄的参保者,均可每周领取养老金。1961 年起,实行与收入相关的以缴纳保费为前提的附加养老金制度:对周收入在 9 英镑以下者,发给定额养老金,周收入在 9～15(后提到 30)英镑者,分 6 个等级给予附加养老金。后又在 1966 年把国民救济金改称为补充养老金,对养老金领取水平较低者,都由补充养老金补充其不足部分。现行立法于 1986 年通过实施。

保险范围:所有居民。周收入低于最低水平(1990 年为 46 英镑[①])的雇工、年收入低于法定最低标准的独立劳动者,以及非受雇人员可自愿参加保险。

资金来源:由受保人、雇主和政府共同承担。受保人缴纳收入的 5%～9%(社会保险金计征的基数是受保人的周收入,不同的周收入缴费比例不同。一般来说,低收入者缴费比例低。已婚劳动妇女和遗孀可按低标准即周收入的 3.85% 交纳社会保险金)。按就业关联年金制度,若保险费总额超过社会保险所规定的数额,年金保险可交给私人保险公司"承包"。如收入关联的保险部分承包出去,缴费则为周收入 46 英镑的 2%,另加周收入 46～350 英镑的 7%。独立劳动者每周缴纳 4.55 英镑,另加年收入 5450～18200 英镑的 6.3%。非受雇人员每周缴纳 4.45 英镑。雇主缴纳工薪总额的 5%～10.45%。若收入关联保险部分承包出去,则缴纳其周收入 46 英镑的 10.45%,另加周收入 46～350 英镑部分的 1.2%～6.65%,350 英镑以上的 10.45%。政府约负担社会保险部分费用的 13% 和收入调查津贴的所需费用。

享受条件:男年满 65 岁,女年满 60 岁是法定退休年龄。养老金的享受条件是企业和个人必须缴费满 156 周,且达到法定退

---

① 林闽钢:《现代社会保障》,中国商业出版社 1997 年版,第 115 页。

休年龄。达到法定退休年龄后如继续工作满 5 年,可在领取工资的同时领取退休金。公务员年满 60 岁,特殊行业的公职人员如狱吏、疯人院或管制所的工作人员 55 岁即可退休。[①]

养老金待遇标准:养老金分基本养老金和附加养老金两块。1978 年,英国政府开始实行新的退休金制度,养老金由基本养老金(分 A,B,C,D 四类)和附加养老金两部分构成,前者为每周 57 英镑,后者为原平均工薪收入的 1.25%。[②] 凡是达到法定退休年龄的公民都可得到基本养老金,而附加养老金必须是按照有关规定交纳保险金的投保人才能领取。养老金每年随物价指数和平均工资的变动而变动。附加养老金金额的多少和公民交纳保险金的时间长短成正比。延期退休的人员(男 65~70 岁,女 60~65 岁)发给延期养老金增额,每周增发养老金 0.147%。延期退休者本人不再交纳保险金,而由雇主代他交纳。对 80 岁以上的高龄公民每周另外补贴 0.25 英镑。未缴足社会保险费而不能领取附加养老金者,每周领取 21.5 英镑。如果丈夫已经退休,而赖其收入生活的妻子还未到退休年龄,丈夫可以领取较多的养老金。60 岁以上的文职退休人员,按年限发给退休金和一笔一次性的退休补贴,服务年限以 10 年为一级,每多一级增发原薪金的 1/6 的退休金。

(2) 失业保险

现行英国《失业保险法》的基础是 1992 年的《社会保障法》,英国失业保险的突出特点是其强制性。

保险对象:周收入在 58 英镑及以上的雇员必需参加。独立劳动者和交纳减额保险费的已婚妇女和遗孀除外。

资金来源:受保人和雇主缴费比例同养老保险缴费比例,政府除负担和养老保险相同的费用外,还承担收入调查津贴的全部费用。

---

① 夏永祥等:《英国市场经济体制》,兰州大学出版社 1995 年版,第 135 页。
② 颜莹舫:"英国的就业与社会保障政策",《社会》,2004 年第 1 期。

享受条件:任何纳税年度交纳的保险费,至少为该年度周收入的 25 倍,即连续工作 6 个月并交足保费;在职业介绍所登记失业,能工作并适应工作;失业非因个人自动离职、产业行为不端、不接受适当的工作介绍、或错过工作机会与培训机会、或介入行业纠纷等引起。

失业保险待遇标准:到了 1995 年规定失业者每周可领取 46.45 英镑,如果有受供养的人,每周增加 28.65 英镑。① 一年后如继续失业,则改为领取社会救济金。失业者必须在当地劳动机构登记申请领取失业保险金,领取失业保险金的人必须在人力服务委员会登记寻找工作。

(3) 医疗保险

1911 年首次立法,现行立法为 1948 年的国民保健制度和 1975 年的社会保障法。

保险范围:疾病补助金和生育补助金的对象是周收入在 46 英镑及以上的雇员和交足保险费用的独立劳动者。医疗照顾的对象为全体居民。

资金来源:雇员、雇主和政府缴费办法同养老保险。政府另负担国民保健费的 85%。

享受条件:享受疾病现金补助的条件是在 1975 年 4 月前交足 26 周保险费,或在以后任何一年交足 26 周保险费或患病前一年交足保险费 50 周者,都有资格领取疾病现金补助。享受生育现金补助的条件是任何纳税年度交纳的保险费至少为该年度较低周收入限度的 25 倍。另外,享受医疗补助无最低合格期限规定。

医疗保险待遇标准:医疗服务的对象为全体国民,每个社会成员均可得到免费或低价的医疗救治。医疗保险的主要项目是发放疾病和生育补助金。疾病补助金分固定标准补助金和收入关联

---

① 谢德成:"20 世纪 80 年代以来英国福利制度改革述论",《理论导刊》,2003 年第 12 期。

补助金两种：固定标准补助金，受保人一周为35.70英镑，妻子或受供养的丈夫16.8英镑，每一子女7.65英镑；收入关联补助金，周收入在125英镑以上者每周领取52.5英镑，周收入在46～124.99英镑者领取39.25英镑。有3天的等待期，至多支付28周，之后改为支付伤残恤金。生育补助也分两种：一是一次性补助，产妇每生育一个婴儿，一次发给25英镑的生育津贴；另一种是产妇从事过一定工作、交纳过有关保险费用，同时在补助期内未从事有报酬的劳动的，每周可领取生育补助金，领取期限18周（产前11周、产后7周），数额与疾病补助的固定标准补助金相同。此外，凡交纳过社会保险金、并且到怀孕26周时已为雇主连续工作6个月以上者，可获得产妇福利补助。该补助由雇主向产妇支付，补助金有高低两个标准：高标准是产妇正常工作周收入的90％，低标准为每周32.85英镑（1987年标准），期限为18周。

（4）工伤保险

1897年首次立法，现行的是1975年的立法。

保险范围：所有受雇人员。矿工另有附加补贴制度。独立劳动者除外。

资金来源：雇员、雇主和政府共同交纳保险费，缴费比例同养老保险。

享受待遇：职工因工作中的意外事故或某些规定的疾病而受伤或残疾者可得到临时伤残补助金，每周44.05英镑。若继续残疾，可领取永久残疾补助金，金额视伤残程度而定，最高每周可领取62.5英镑，另发给供养亲属补助。因工伤亡者，其遗孀和供养子女可领取相应的补助金。

2. 津贴补助和社会服务

这是英国社会福利制度的重要组成部分，主要是对社会脆弱群体如妇女、儿童和老人提供的生活和健康保障，并对有特殊困难的居民提供各种福利设施和各类服务。

儿童津贴，是给予儿童的主要社会保障补贴，无需交纳保险费。每个 16 岁以下的儿童,每周可领取 6.85 英镑,如果是在校学生,可领至 19 岁。对单亲家庭的儿童发放特别补贴,对负责抚育孤儿或失去照管儿童的监护人发给儿童监护补贴。

孕妇津贴。头 26 周每周领取 50.10 英镑,供养子女,每人加发 7.65 英镑。26 周后如满 50 岁、伤残或照料子女者,每周补助 36.35 英镑,供养的子女,每周每人加发 7.65 英镑。

住房补贴。有两种办法,一是由地方当局出面兴建大批公房,然后向居民低价出租,并鼓励居民以 30%～50% 的折扣优惠购房,或以抵押贷款方式购房;另一种是实行住房津贴制度,给租房户提供房租补贴,补贴最多的可完全用来交付房租。

免费教育。公办的初等教育和中等教育是免费的,由国家拨付教育基金专款,学生书本和学习用具也是免费的。学校食堂提供廉价午餐,有的学校还用校车免费接送学生。在聋哑、低能儿童等特殊学校就读的学生还可享受免费午餐。私立学校是自费的,但其学生只占学生总数的 4%。高等教育不免费,但 90% 的大学生可得到政府设立的奖学金和其他津贴。对义务教育结束后未能升入高等教育的青年,政府仍提供免费继续教育。

社会服务。由英国政府设专门机构及组织社会志愿者对有特殊困难的人提供福利设施及相关服务。资金来源于地方政府拨款,具体事务由社会服务部或社会工作部负责。服务对象是老年人、残疾人、失去父母照料的儿童及精神病人。主要服务项目有为老年人开设养老院,提供家庭助手和膳食服务;国家设残疾人康复中心,配置各种训练器材,指导残疾者进行康复训练,就业部还为他们提供技术培训,帮助其就业,对精神残疾者,还有一些特殊福利;对于儿童,政府建造了托儿所、幼儿园,并给予各种津贴和补贴。地方政府还提供单亲儿童和孤儿的收养、残疾儿童康复护理和教育、儿童保护等有关服务。

3. 社会救助

它是对社会保险、津贴补助和社会服务的必要补充。英国的社会救助是根据1948年的《国民救助法》建立起来的,1976年,经修订后更名为《补充救助法》。规定救助对象为:16岁以上的英国居民,收入不足以满足最低生活需要者;低收入雇员需要治疗牙科疾病、配眼镜、外科手术等时,付不起这些费用,可申请救助;失业者领取失业保险金期满后可申领社会救助金;其他一些特殊对象如被丈夫遗弃且需抚养未成年子女而无法参加工作的妇女,未婚母亲及其孩子,不受社会保险计划保护的穷人及四处流浪的无业游民等。社会救助金来源于政府拨款,救助标准低于保险金领取标准。对申请救助的人要进行生活状况的调查,证明其合乎救助条件后方可领取社会救助金。

(三)英国社会福利制度的积极作用、存在问题及改革

战后半个多世纪,福利国家一直是英国政府奉行的基本国策,它作为"社会安全阀"在英国的政治、经济和社会稳定中起着极其重要的作用。首先,它保证了英国大多数公民的基本生活需求,增强了广大劳动者的体质,从而为英国社会的安定和经济的发展创造了较好的外部环境。从20世纪50年代至80年代,英国人口由5020万增加到5630万,男性人均寿命从20世纪30年代初的58.4岁延长至80年代初的69.8岁,女性平均寿命从62.4岁延至76.2岁。其次,英国的福利政策是通过国家干预经济,进行国民收入再分配,调节社会需求的有效措施,也是一种鼓励先消费后生产,重视消费胜于生产的政策措施,在一定程度上扩大了市场需求,刺激了经济增长。第三,福利政策的推行,促进了英国第三产业的发展,尤其是医疗、职业培训、老年服务等产业部门的发展,不但提高了全体社会成员的素质,而且培训了大批一、二产业的失业工人,改善并提高了劳动者的素质结构。第四,福利制度为英国市场经济体制的健全和发展提供了公平竞争的良好前提条件,对市场经济建设中可能出现的风险进行有效防范和化解。在公平和效率这个天平上,较多地关注公平,确保竞争失败者同样享有现代生活,追求一定程度上的收入均等化。

但是,英国福利制度在给人们提供社会安全保障的同时,也面临着许多问题:首先,福利支出持高不下,政府财政负担过重(见表 4.1)。

表 4.1 英国社会福利支出的攀升

单位:百万英镑

	1949~1950	1959~1960	1969~1970	1979~1980	1984~1985	1994~1995
支出	6576	9829	17393	28353	36298	61500
指数	100	149	264	431	552	935

资料来源:转引自林闽钢《现代社会保障》,中国商业出版社1997年版,第122页。

其次,来自人口老龄化的压力,使社会福利支出日益庞大。从1981到1991这十年间,英国60岁以上的老龄人口以每年50万的增长速度上升,几乎等于每年上升1个百分点。1991年的人口结构中,64岁及其以上人口占总人口的16%。尤其是高龄老人在老龄人口中所占份额越来越大,养老、医疗费用的上升也就在所难免。第三,失业率居高不下,一方面减少了政府的税收来源,另一方面又增加了失业救济的负担。特别是过高的税收负担和较高的失业保险待遇,使人们形成一种对社会福利制度的依赖,宁肯失业在家也不愿再次工作。20世纪80年代中期英国个人所得税的基本税率为30%,最高达60%,在西欧诸国所得税率表上位居第二。在业工人的工资增长缓慢甚至还呈下降趋势,这样影响了人们工作和投资的积极性,导致人才外流、资本外流。第四,办事机构臃肿,经济效率低下。福利国家庞大的机构体制运转耗费了国家巨额的财政开支,健康与社会保障部有8000名工作人员,还有上百万的雇员分布在全国各地的服务机构,仅机构管理的费用每年高达16亿英镑。有一段时期,国家保健局的开支增长速度超过了通货膨胀率,给财政带来巨大支付压力。[①]

---

① 夏永祥等:《英国市场经济体制》,兰州大学出版社1995年版,第150页。

对于社会保障制度面临的日益严重的问题,英国政府于1985年发布了《社会保障改革》绿皮书,设想逐步取消国家负担养老金制度,建立私人企业负责制,并规定不低于国家最低标准;失业津贴改由私人企业承担,标准为不低于原工资的70%;增加企业、公司在国民医疗费中承担的份额,并最终过渡到公民交纳保险费的形式自行承担全部费用,医院也逐步实行私有化,等等。但是,这一方案遭到许多人的反对。改革总是修修补补,没有实质性的变革。1997年,以布莱尔为首的英国工党以"新工党"的形象取代保守党上台执政,并已完成了跨世纪执掌英国政府的重任。布莱尔政府社会保障制度改革的基本目标依然是提高社会保障制度的实际效果和增强个人在社会保障制度中的责任。布莱尔的社会保障思想集中体现在他的《新英国》一书中,在这部新工党新政策的宣言书中,布莱尔提出了"第二代福利"的思想和主张,其基本内容包括以下几个方面:首先,强调社会保障的功能应该由仅仅提供救济发展到为民众创造和提供发展的条件;其次,现代社会福利的目标应该是鼓励人民从事工作以改变自己的处境,提高人民的进取意识和自立精神,而不是仅仅依靠社会救济生活;再次,改革社会保障管理体制,减少政府在社会保障制度方面的过多干预,发挥其他各种社会组织在英国社会保障制度中的作用和影响;最后,强调健全各种具体的社会保障措施,并为民众提供合理的社会保障。可见,布莱尔第二代福利思想的基本主张是转变社会保障观念,提高社会保障的实际效果,增强个人在社会保障制度中的责任和义务,适当限制政府在社会保障制度中的作用,同时还要保证向民众提供合理的社会保障。①

---

① 丁建定等:《英国社会保障制度的发展》,中国劳动社会保障出版社2004年版,第171~172页。

二、瑞典的社会福利制度

瑞典因为长期的和平环境和民族统一,形成了互助的文化传统,并且经济持续发展,为瑞典继英国之后成为新的"福利国家典型"奠定了良好的物质和文化基础。瑞典的社会保障主要包括:养老保险、医疗保险、生育补助、儿童津贴、免费教育、住宅服务等方面。可以说,已将生老病死全部纳入社会保障体系。就缴费来说,个人一般不缴费,社会福利费用大部分由政府承担,而雇主更由于要承担高税收而成为最大的缴费者。

(一)瑞典社会福利制度的历史进程

早在17世纪前,瑞典就有了社会福利制度的萌芽。当时主要由天主教会负责对贫民的济贫事业。到19世纪,济贫工作逐渐转由中央和地方政府承担。

20世纪30年代至第二次世界大战,是瑞典社会福利制度的形成时期。当时,全球性的经济危机阴影笼罩着许多资本主义国家,瑞典虽未有象其他西方国家那么严重的经济社会问题,但大量的失业现象困扰着政府,迫使人们开辟新的路径。此时瑞典的斯德哥尔摩经济学派和英国凯恩斯的国家干预经济发展理论,为瑞典建立全面的社会保障系统提供了理论基础。社会民主党提出一项富有建设性的纲领,主张通过国家干预,实行膨胀性的经济计划和积极的劳工政策,使瑞典摆脱经济危机。社会民主党的社会大臣古斯塔夫·莫勒提出建立"人民之家"的计划:人民可把社会视为自己的家,社会在就业、医疗、养老等方面尽力满足其需求。计划包括两方面的内容:一是建立失业、养老、疾病等保险项目,二是在住房、教育、医疗等方面提供各种免费或低费社会服务,扩大对家庭的福利补贴。

二战结束后,瑞典社会福利制度进入了快速发展时期。20世纪40~50年代,瑞典社会福利制度的改革和发展无论在理论上还是在实践上都深受"贝弗里奇报告"的影响,以致瑞典福利制度的一些改革均与英国有很多类似之处，1947年后颁布了一系列有关社会保障的立法，其中以年金立法和家庭津贴立法最为突出。此时的社会福利战后纲领由社会民主党财政大臣魏格福希主持制订，他既是瑞典独特福利理论的倡导者，又是使福利理论具体化的实践者。1956年政府通过了《社会援助法》以取代《济贫法》，更明确了社会救助中的公民权利和政府职责。战后福利的明显特征是强调"普遍原则"，任何人不管其收入如何，都能享受年金、病假工资和儿童津贴，均有同样的保障。

1969年瑞典社会民主党在大选中提出"为建立一个更加公正的社会而争取更大平等"的口号，大选后首相更迭使福利政策更为激进。新首相帕尔梅执政后立即采取更加激进的措施扩大社会福利，扩大年金、医疗、失业保障的覆盖范围，还实行了更为激进的税收累进制，以争取更大的平等。

1976年，社会民主党在执政44年后下台，由中央党、自由党和保守党组成联合政府，基本沿袭前政府制订的福利政策。1983年社会民主党重新执政，并于当年12月通过了建立雇员投资基金的法案。该法案以立法手段将企业年利润的一定比例转化为雇员基金，基金归全体雇员所有，用以购买私人企业的股票，从而使雇员作为股东进入董事会，参与企业的经营管理。这一方案被瑞典雇主联合会称为是"西方世界从未目睹过的最大规模的没收举动"，在那年瑞典召开秋季例会时，瑞典的主要企业家们为向议会施加压力，于10月4日组织了一次进军议会的游行，反对建立雇员投资基金，游行人数多达7.5万人，开创了资本家阶级示威游行的先例。但最终仍未能阻止基金方案的公布实施。尽管如此有关雇员投资基金的去留争论仍在继续。

雇员投资基金实施三年后，社会民主党的经济学家斯梯哥·卡尔松发表了《三年来的雇员投资基金——评估报告》，认为雇员投资基金有助于完善"团结一致的工资政策"，"制约权利和财富的集中"，并在"扩大工人的发言权"方面也取得很大的进展，对瑞典推行的"第三条道路与稳定化政策"起积极作用,"是对 1982 年大选以来成功的经济发展做出了积极贡献的一种工具,而且是一种必要的工具。"①

(二) 瑞典社会福利制度体系的主要内容

1. 社会保险

(1) 养老保险

1913 年首次立法,对国民实施普遍年金保险法。1959 年增加了国民补充年金保险,1976 年开始实行部分年金,1990 年实施遗属年金。

保险范围:瑞典对年过 65 岁的老年人实行退休与养老制度。全体瑞典公民以及住满规定期限的外侨都可得到基本养老金。雇员和独立劳动者可领取收入关联年金。

资金来源:雇员无须缴纳,独立劳动者缴纳评估收入的 9.45%;雇主缴纳工薪总额的 9.45%,政府负担普遍年金的 25% 左右的费用。

享受条件:两种年金(基本养老金或称普遍年金,附加年金)均要年满 65 岁。如在 60～64 岁提前申领养老金,每提前一月减发 0.5%(特殊情况下如不能胜任工作或失业后无望再就业者,仍可发给全额养老金);延期退休者(66～70 岁),每延后一月增发养老金 0.7%。普遍年金或基本年金的领取条件是只要他是常住瑞典的公民,或符合规定居住期限的外侨。附加年金的领取者必须是已受保 3 年。另外,在基本养老金内,还有丧失能力抚恤金和家庭抚恤金,前者是对年龄在 16～64 岁之间丧失劳动能力者可享受全额、2/3 或半额伤残恤金;后者包括寡妇抚恤金和儿童抚恤金,对丈夫去世而家中尚有 16 岁以下的子女及寡妇提供恤金。有报酬的受雇用者年龄在 60～64 岁之间,因工作时间减少,可领取部分年金。

---

① 张平等:《瑞典:社会福利经济的典范》,武汉出版社 1994 年版,第 120～135 页。

支付标准：基本养老金，单身享有现行基数的96%，老年夫妇为157%（1991年基数为3200克郎）。附加养老金，其全额为年平均投保收入数与基数差额的60%，享受全额养老金的条件是须投保30年以上。部分年金，对改做非全时制工作者由政府补贴其收入损失的50%。

养老金制度改革：现时和潜在的养老金支付危机迫使瑞典1994年进行养老金制度改革，在两个方面实行重大调整：一是年金计算的基础由30年收入中最高的15年收入的平均数改为终生收入的平均数；二是基数按价格指数化改为按工资指数化，使年金支付与缴费收入的配比性加强。

(2) 失业保险

1934年首次立法，现行立法是1956年《工会关联方案》和1973年《劳动力市场支持方案》。

工会关联方案：受保对象是加入工会自愿捐助并经批准建立的失业基金会的会员。工会会员参加失业基金会，通常带有强制性，但必须允许与工会有关产业的任何雇员，自愿加入基金会。参保人每月交纳1.5~40克郎（因各基金会而不同），雇主交纳工薪总额的0.4%，政府负担基本补贴和各种费用的46%。享受条件是：失业基金会会员会龄12个月，包括失业前一年内的5个月；在公立职业介绍所登记失业，能工作，非个人原因如自动离职、犯错误、参加劳动争议或拒绝适当工作介绍等失业。失业救济金领取标准：根据基金会和雇员工资等级而定，每日80~315克郎。必须有5天的等待期，每周支付5天，一年最多支付300天。

劳动力市场支持方案：雇员和16岁以上愿为雇员的但不符合工会关联方案规定条件的人员。受保人不交纳保险费，雇主交纳工薪总额的0.4%，政府负担劳动力市场支持方案费用的1/3。享受救济须经馈赠所得和经济情况的调查。领取标准为每日130克郎，55岁以下者，5天等待期后支付，至多支付150天；55~59岁者，最多支付300天；60~64岁者，最多支付450天。救济金亦要交纳保险费。①

瑞典的失业保险及就业政策改革很有特色。瑞典政府推行"积极的劳动力市场政策",将失业保险的重心从单纯补助救助向创造就业机会转移,使失业保险的内容中增加保障就业的成分,从根本上解决失业保险支付的危机。其具体措施包括:对短期失业人员进行就业培训;为失业人员和雇主提供见面机会;为求职者提供职业咨询和指导;为从业人员转岗提供便利。瑞典政府从2005年起开始实施一项新的就业政策——带薪休长假。之所以实施此项政策,其目的在于利用由自愿休假者"腾"出的工作岗位安排长期失业人员上岗,为他们最终获得一份稳定的工作创造机会。

(3) 医疗保险

首次立法是1891年(现金补助)和1931年(医疗补助),现行的是1962年的立法。医疗保健是瑞典社会保障的一个重要组成部分。按照规定,所有瑞典公民,无论其经济状况如何,无论其居住地是农村还是城市,在医疗方面都享有平等权利。政府负责提供大部分医疗保健服务。在瑞典,将近90%以上的医疗服务是由公立医院与其他公立卫生设施提供的。医疗保健费的2/3来源于地方税收,1/3来源于中央政府。在公立医疗服务保健机构工作的医生占全国医生总数的95%。在实际操作中,医疗保健服务由地方具体组织实施。

瑞典医疗保险的主要内容包括医疗现金补助和医疗补贴两个方面。医疗现金补助包括病人津贴、怀孕津贴、父母津贴。补助对象为从事有收益的工作,年收入在6000克郎以上者,大多数家庭主妇,以及受供养的丈夫。资金主要来源于雇主和政府,雇员无须交纳。雇主按工薪总额的9.5%缴费,独立劳动者交纳同雇主相同的比例,政府负担费用的15%。职工的病休津贴一般为工资的

---

① 美国社会保障总署:《全球社会保障制度》,华夏出版社1989年版,第600~605页。

90%,但最多不能超过相当年收入12万克郎的日补助或月补助。病休津贴分全休和半休两种,从因病失去能力的第二天起计算病休津贴,因此职工生病一旦不能上班,最要紧的是马上向当地社会保障局报告。病休超过一周者须出示医生证明。父母津贴是为生育、护理婴儿和病孩的父母提供的家长津贴。孕妇在分娩前一个月停止工作并领取家长津贴,婴儿出生后,父母可分享6个月的护婴假,并领取家长津贴,数额与病休津贴相同。另外,父母在孩子出生至入学前的任何时期还可分享6个月的假期,并领取特别家长津贴,前三个月的津贴相当于病休津贴,其余三个月的津贴,为病休津贴的25%~50%,具体视父母收入不同而不同。护理12岁以下的孩子或年龄在16岁以下的慢性病患者或残障者的父母亲,可请护理假,并向当地社保局领取家长津贴,金额与职工自己的病休津贴相同。每个符合规定条件的子女每年可领取两个月的家长津贴。各项医疗现金补助,由于其数额均可高达原工资收入的90%,因此都要依照法定税率交纳所得税以及各项保险费。

医疗补贴包括医疗保证、医药保证、家庭保健计划、牙医补贴、急救车交通补贴。政府向全国居民和外籍居民提供医疗服务和医药保证,几乎全部医疗卫生事业(医院、诊所和药房)都由政府主要是地方政府举办,私人开业医生仅占全国医生人数的5%,且集中在几个大城市。按全国行政区划分医疗服务区,设有地区医院、省医院、地方医院及门诊所,每个居民均可在居住地区指定的医疗单位就诊。瑞典法律规定,有正式收入的家庭成员,只要将收入的12.8%交纳医疗保险税,全家就可在指定的公立医院享受免费医疗。去医院或门诊所看病只须交纳挂号费和少许医药费,许多省、市规定每人一年只须交五次挂号费,以后即可免挂。药费和医疗处理费(含手术)也只是象征性地付费。为保证医疗保健实施的规范性,病人无论是门诊还是住院,都不能自行选择医院和医生,但在享受服务方面是平等的,医院设备一般都较为先进和完备。家庭保健计划是指流产手术和绝育手术都是免费的。病人为看病或看牙等所付的交通费,也能得到一定的补偿。[①] 牙科治疗通常由病人支付 60% 的费用,超过 2500 克郎的支付 25% 的费用,学龄儿童免费。年金领取者住院治疗免费一年,超过一年者,每天自付 30 克郎。

(4) 工伤保险

1901 年首次立法,现行的是 1976 年的立法,这是一项通过公营保险公司的强制保险。

保险范围:所有雇员和独立劳动者的居民。受雇于瑞典雇主的人员、驻国外期间雇主负责其保险一年。受雇于外国雇主的外籍人员,驻瑞典第一年未投保者也在保险范围之内。

资金来源于雇主交纳工薪总额的 0.6%,雇员不缴费,政府不负担(但提供疾病保险津贴)。伤残补助金分暂时伤残补助和永久伤残补助。暂时伤残补助在工伤后的头 90 天内按疾病保险规定支付,之后按工伤保险规定支付。永久残疾者,据残疾程度按比例发给恤金。因工伤死亡者,其遗属和 18 岁以下遗孤均可领取抚恤金。恤金随物价变动自动调节。工伤者的医疗补助和一般疾病相同。

2. 社会福利

瑞典的社会福利主要由子女津贴、免费教育、老人福利和住房补贴组成。

子女津贴。子女津贴从 20 世纪 30 年代便开始实行,现在它主要有三方面的内容:一是对有子女家庭实行补贴,凡有未满 16 岁子女的家庭,不论其收入多少,均可免税得到对每个孩子的年度津贴,费用完全由政府承担。补贴数额随子女数量的增加而递进,一个子女,月补贴 750 克郎;二个子女,1500 克郎/月;三个子女,2625 克郎/月;四个子女,4125 克郎/月;五个子女,6000 克郎/月;六个以上子女家庭,每月每个子女的津贴是基本补贴的 160%。二是对新生儿父母的家长津贴(医疗保险中已述)。三是对需要入托的儿童实行补贴,婴儿入托费用主要由国家补贴。如一个月收

[①] 张平等:《瑞典:社会福利经济的典范》,武汉出版社 1994 年版,第 21~24 页。

入在 13700 克郎以上的家庭,只须为小孩交纳月托费 90 克郎,相当于其工资收入的 0.66%。

免费教育。所有中小学生在公立学校就读,均免交学费、书本费,并有免费午餐。每个 16～18 岁的在校学生每月可领取 250 克郎的补助,家庭住处离学校 6 公里以上者,每月可得 150 至 450 克郎的补贴。高等学校的学生免交学费,还可获得国家提供的奖学金和无息贷款。瑞典政府对教育的投资大大超过国防,如在 1982～1983 财政年度中,教育经费开支占国家预算的 12%,国防开支仅占 7%。[1]

住房补贴。瑞典自 1969 年起实行家庭房租补贴制,对社会特殊成员如领取残疾恤金、遗属恤金和基本养老金的人员及其家庭,经经济状况调查后,由地方政府发给数额不等的住房补贴。补贴金额多数可以支付房租。对自建住宅和修缮住宅提供低息贷款。

老年人福利。政府建立了许多养老机构,如养老院、退休老年人之家、服务楼等,具备生活、医疗、娱乐设施。家居老人可从国家获得贷款和住房补贴,用以改善老年人的居住条件。退休老人还可在购买助听器、残疾人专用车、眼镜架等方面得到资助。老年人看戏、电影、参观博物馆、乘坐公交车等均可享受半费优待。

3. 社会救助

瑞典的社会救助是依据 1957 年的社会救济法开展的。主要为那些家庭收入无法满足或不足以维持最低生活需要的居民设置的,特点是尽量采用现金形式。主要救助对象是失业者和残疾者。如规定每个残疾者的就业都由政府支付其工资的 75%,其余由雇主负担,政府创办工厂,为残疾人提供更多的就业机会。对完全丧失劳动能力的残疾人,国家提前发给养老金。

(三) 瑞典福利制度的积极作用、"瑞典病"及其改革

瑞典推行的福利型社会保障制度,其基本特点是国家通过立

---

[1] 龚莉:《就业和社会保障》,人民出版社 1996 年版,第 203～204 页。

法,对全体生活成员的基本生活保障提供普遍享有的福利待遇。其实施结果是一方面提高了瑞典公民的生活水准,缩小了人们之间的贫富差距,较好解决了困扰许多资本主义国家的失业问题,使经济和社会在相当长时期内持续稳定和发展。其积极效应可归为以下三点:

(1) 人民生活质量普遍提高。首先,实施"从摇篮到坟墓"的福利制度后,劳动者彻底摆脱了贫困状态,即使是最贫穷的人,在瑞典的全面福利制度下生活得也相当不错。美国到处有乞丐现象,但在瑞典是绝对看不到的,"那种为每日的面包而斗争的时代已经一去不复返"。瑞典居民的生活质量首先表现在丰富的闲暇上,劳动者每周工作40小时,上下午的工作时间内各有一个小时的休息,工作的紧张度不高。职工每年可享受两个月的带薪假,加上各种节日,闲暇是较多的。其次,表现在物质的富有。按人口统计,瑞典国民拥有的汽车、游艇、电话通讯和家用电器等都是列世界前茅的,住房条件也很好,目前几乎100%的人拥有夏季别墅。第三,完善的医疗制度延长了瑞典居民的人均寿命,保证了居民的身体健康。瑞典是世界上最长寿的国家,婴儿死亡率是世界上最低的(7‰)。第四,瑞典的大学教育属于普及性教育,因此瑞典人口的素质是很高的。

(2) 居民收入的均等化。瑞典社会福利资金的主要来源为累进制的所得税及其他税收,使财富在各家庭间再分配,趋于收入的均等化。在工资政策上,瑞典社会民主党奉行"团结一致的工资政策",即同工同酬,职工内部的收入差别较小。如1986年,瑞典工业工人的平均年薪为10.98万克郎,交完所得税后7.07万克郎(税率35.6%),工业职员年薪14.1万克郎,交税后剩下9.37万克郎(税率约39%)。至于雇员和雇主间的收入差距,政府主要采取激进的个人所得累进税制度,即收入越高纳税越多。瑞典年薪最高的前10位企业家,平均年薪411万克郎,与工人的收入差异,税前为37:1,税后降为14:1。瑞典基尼系数从60年代起下降,到70年代中期降到了0.2以下的水平,80年代中期略有回升,但也没有超过0.22,可见收入分配是相当平均的。收入均等化政策,极大地缓和了社会各阶层的利益冲突,有利于稳定发展经济。

(3) 经济和社会稳定。经济稳定表现为"充分就业",社会稳定体现在"阶级合作"。瑞典政府运用财政和货币政策,举办大量公共工程,用以解决失业问题,所取得的成就是令人瞩目的。整个战后时期的失业率一直被控制在1%～2%的水平,最高不过3%。充分就业是瑞典福利国家建立的主要原因,也是福利国家给予人民的最大回报。瑞典劳资双方以共同"做大蛋糕"为目的,劳资矛盾得到极大缓解,各利益集团通过合作谈判的方式处理利益之间的冲突,工人很少罢工,政局和社会稳定。①

瑞典作为战后建成的普遍福利国家,一度声誉鹊起,备受世人关注。其独特的制度安排被称之为既不同于资本主义,又不同于社会主义的"中间道路"。但其高福利靠的是高税收,并必然导致国家承担过多,包袱过重。特别是70年代中期以来,经济发展滞缓,福利支出拮据,引发"瑞典病",病症表现如下:

(1) 公共福利支出膨胀。公共支出是支持包括诸如教育、健康等各个公共福利部门的活动的经费开支。瑞典的公共支出从50年代到80年代中期,一直呈直线上升之势(参见表4.2)。1986年,瑞典公共支出占GDP的比重已达60%,而欧共体的欧洲国家该指标仅为45%。

表 4.2　1950～1988 瑞典公共支出的比重(%)

年　份	1950	1960	1970	1980	1982	1988
比　重	25	33	45	63	67	60

注:1950～1982年数值为占GNP的比重,1986年的是占GDP比重。
资料来源:张平等《瑞典:社会福利经济的典范》,武汉出版社1994年版,第67页。

---

① 张平等:《瑞典:社会福利经济的典范》,武汉出版社1994年版,第9～16页。

(2) 税负过重。政府为维持浩大的公共福利支出而实施高税负的政策。瑞典的税收分为直接税和间接税,前者主要有个人所得税、公司雇佣税、财产税等,后者为增值税。按税法规定,个人所得税的平均税率在 43%～61%之间,边际税率为 74%～85%。沉重的纳税负担影响了人们的储蓄和投资,也限制了人们的劳动积极性的发挥。如经济学教授不愿从事兼职,因为兼职所得要按85%的边际税率纳税,个人实际所得甚少。

(3) 高通货膨胀。尽管瑞典税率很高,但仍不能赶上公共支出的增长的速度,国家财政预算连年赤字。1950～1960 年政府财政赤字从 3.1 亿克郎增加到 6.5 亿克郎;1960～1970 年赤字由 6.5 亿增加到 32.3 亿;到 1980 年赤字已达 429.1 亿克郎。巨额财政赤字的必然后果就是通货膨胀,政府不得不靠大肆举债和增发货币来应急。一方面职工工资费用不断上升,另方面政府希望靠克郎贬值以增强产品在国际市场上的竞争力,但也带来了进口产品的成本上升,特别是象石油等基本原材料价格攀升。以上供给和需求的"推"、"拉"作用使瑞典的通货膨胀率每年都有 10%以上的两位数水平。高通货膨胀导致使瑞典经济发展的后劲不足,降低了人们的实际收入水平,产品的国际竞争力下降,还导致了资本外流和专业技术人员的外流。

20 世纪 70 年代中期以后,瑞典社会保障制度开始面临严重的困难,瑞典社会经济和政治也发生了明显变化。瑞典社会保障制度从 80 年代进入改革时期,紧缩社会保障支出是其基本改革措施,推行社会保障地方化是其主要改革政策,在社会保障制度中引进竞争机制和实现部分社会保障项目私营化是其辅助性改革措施。瑞典社会保障制度改革既体现出与其他西方国家社会保障制度改革的一致性,如实行社会保障支出紧缩政策,也有不同于其他西方国家社会保障制度改革的独特性,例如,社会保障制度地方化改革成为瑞典社会保障制度改革的重要政策措施,瑞典政府也没有像英国那样将社会保障制度私营化作为改革的重要目标,而是通过在社会保障制度中引入竞争机制来实现提高社会保障制度效果的目标。

第二节　社会保险型的社会保障制度

社会保险是应用保险技术应对劳动者生活中可能出现的风险的一项社会制度。该制度为德国首相俾斯麦所首倡,后为不少资本主义国家所竟相效仿。这是一项与就业紧密关联的社会保障制度,以劳动者及其家属为主要保障对象,保障提供的待遇标准也和劳动者原来的收入水平相关。本节主要探讨德国、美国和日本的保险型的社会保障制度。

一、德国的社会保障制度

（一）德国社会保障制度的历史演进

德国是西欧工业化进程较慢的国家之一。19世纪30年代起资本主义在德国才有了较快的发展,此时的大英帝国已是殖民全球的"日不落"王国。1871年德国结束了数百年的封建割据状态,首次建立了统一的德意志帝国,俾斯麦出任首相。此时,德国工人阶级队伍迅速成长起来,并在马克思主义理论的指导下,为争取工人的合法劳动、生存权利,与资产阶级展开针锋相对的斗争。俾斯麦为巩固帝国专制政权,实行"大棒加胡萝卜"政策,一方面以《反社会党人非常法》,残酷镇压工人运动,另一方面加快社会保险立法,安抚工人阶级。他通过德皇威廉一世在1881年11月发布了《黄金诏书》,提出要建立社会保险基本法:"医治社会弊病,不能单纯诉诸武力,对社会主义工人党的越轨行为进行镇压;与此同时,还必须积极增进工人阶级的福利。"他还认为,"一个期待养老金的人是最守本分的,也是最容易被顺服的","保险是消除革命的投资"。①

---

① 郭崇德:《社会保障学》,北京大学出版社1992年版,第6页。

1883~1889年,德国相继颁布了疾病、工伤、老年残疾和遗属三部保险法规。1911年三项保险合并为《帝国保险法》,被确定为德意志帝国统一的法律文本。1924年的《职员保险法》把职工的退休金计划与工资收入者的退休金计划分开。1927年通过了《失业保险法》。1938年又制订了《手工艺者养老金法案》。

二战结束后,作为战败国的德国,面临战后重建,决定以振兴国民经济为发展目的,延续并拓展战前社会保险制度。1957年和1972年两次对养老金制度进行了改革,实行养老金额随雇员工资增长而相应调整的政策,还制订了《农民养老金法案》。至此,德国社会保障体系就形成了由社会保险、社会救助和社会服务三大主干组成的较为完整的制度体系。1990年10月两德合并后,原西德(联邦德国)的社会保障制度被逐渐推行到东德(民主德国)。

(二)德国社会保障制度的主要内容

1. 社会保险

德国社会保障制度的核心内容是社会保险,其社会保险制度由养老保险、医疗保险、失业保险和工伤事故保险四部分组成。

(1) 养老保险

1889年首次立法,现行的是1973年的立法。

保险对象:主要是薪金劳动者和独立劳动者。其中脑力劳动者和独立劳动者的收入水平在全国平均水平的1.8倍以下者,强制其参加保险;高于该标准的,可自愿参加。薪金体力劳动者,无论其收入水平高低,都必须参加保险。政府工作人员(警察、教师等,不包括政府机关的普通雇员)不参保,退休时由国家发给养老金,且支付水平高于一般养老金领取者(为其原工资的80%以上)。非工作的家庭妇女、侨居国外的本国公民及长期侨居德国的外侨均可选择自愿参加保险。

资金来源:受保人和雇主交纳相同比例的保险费率。费率根据情况一年一定,1994年至1997年费率分别为19.2%、18.6%、

19.2%和20.2%。① 现在的费率为20.30%。② 政府按年补贴全部年金保险费的15%,并为产假和失业期间的受保人,交纳18.7%的保险费。交纳保险费有最高和最低限额。自愿投保人和自主经营者如参加保险,保险费由个人全额交纳。

享受养老金的条件:男性公民年满65岁、投保期满15年,女性年满60岁、并在最近20年内保险期满10年方可享受养老金。按弹性退休制度,投保满35年者可从63岁起领取养老金;交足保险费35年并丧失职业能力的或最近18个月失业一年以上、并年满60岁者可提前退休。

养老金计发办法:雇员只要符合领取养老保险金的条件,退休后就可以领取法定的养老金,养老金待遇的高低取决于投保年限和缴费工资的多少,一般雇员退休后可拿到相当于退休前净收入70%左右的养老金。如果雇员所得养老金低于社会贫困线,则可以在社会救济金中得到补助。此外,德国保险法律规定,法定养老金的调整与净工资增长率挂钩,养老金调整的原则是基本保持法定养老金占净工资的比例相对稳定,即与净工资的增长同幅调整。

(2) 失业保险

1927年首次立法,现行的是1969年的立法。

保险对象:所有受雇人员,包括农业工人和家务工人,学徒和接受培训的人员。临时工和家庭手工业工人除外。

资金来源:雇员交纳工资的3.25%,雇主交纳工薪总额的3.25%。政府根据就业促进法给予补贴,承担任何亏空;负担失业援助的费用。一般劳资双方交纳的保险金占失业保险筹集额的

---

① 财政部社会保障司考察团:"德国、西班牙社会保障制度考察报告",《财政研究》,1998年第6期。
② 吕学静:《现代各国社会保障制度》,中国劳动社会保障出版社2006年版,第11页。

3/4以上,政府主要承担失业救济金。

失业保险金的享受条件:受保人最近3年内受雇360天;在失业介绍所登记失业,能工作并愿意接受工作介绍;一周工作少于20小时;失业非因个人原因如自动离职、犯错误、不接受培训或再培训等引起。

失业保险金的待遇标准:保险金的数额根据失业者失业前的净工资(扣除工资税和各种保险费后的净收入)水平来计算,单身者领取净收入的60%,抚养子女的领取67%。领取时间视受保人受雇时间的长短,从16周至78周不等。年老的失业者最长可领取二年零八个月。对无资格享受失业保险金的失业者或领取失业保险金期满后仍然失业的,政府提供其需经收入调查的失业救济金,数额为原净工资的57%(单身者53%)。无领取期限的限制。

近年来,德国失业保险工作重点已经转向"以防为主",即逐步从发放保险金转向职业介绍、职业培训和创造新的就业岗位等。为此,建立了很多职业咨询中心,同时还建立了一套职业教育体系。

(3) 医疗保险

1883年首次立法,现行立法是1911年《保险法规》和1927年《生育补助法》。

保险范围:德国医疗保险包括法定医疗保险和自愿医疗保险两类。法定医疗保险是由有关法律规定的,具有强制性,必须参加法定医疗保险的人包括:所有工人,不论其收入多少;所有收入在一定限度以下的职员;所有学生、实习生、失业者、残疾人、养老金领取者、自谋职业者等。自愿医疗保险属于私人健康保险,投保者多为高收入者,其特点是缴纳保险费用昂贵,享受的医疗服务质量高。

资金来源:根据法律规定,法定医疗保险和自愿医疗保险的保险基金,由雇主和雇员各负一半,政府不给予补贴。保险费按工资收入的一定百分比缴纳,各州费率不同,一般在11%~15%

之间。

医疗保险享受条件：疾病现金补助和医疗补助的享受条件是必须是疾病基金会的会员。得到生育现金补助的前提条件是投保12周，或产前4～10个月有雇佣关系，预产前6周尚在工作。医疗补助和生育补助无最低合格期限的规定。

医疗保险待遇标准：疾病补助金，头6周由雇主支付收入的100％。此后，由疾病基金会支付投保收入的80％，3年内最多支付78周。生育补助，按投保收入的100％，产前支付6周和产后支付8周。此后4个月内，每天最高17马克。无权享受正规补助者，一次支付150马克。8岁以下的子女患病需要受保人照料，疾病基金会给予带薪假——每一子女一年至多5天；受保人及其配偶住院期间，家中有8岁以下子女需请人照料的，疾病基金会给付佣工工资。医疗由医生、医院和药商向患者提供，疾病基金会支付费用，包括综合治疗和牙科治疗、预防检查和处治、化验、助产士或医生接生、住院、外科手术、辅助器械、药剂处方、伤残康复的费用以及5马克以上的交通费等，无期限限制。

在医疗保险中还附加了护理保险，这是根据人口老龄化加剧的趋势而新增加的项目，保险费率为1.7％。一般情况下护理病人一个月需要费用4000～6000马克，但护理保险金只提供最高限额为2800马克的补贴，其余费用由被护理人自己承担。

（4）工伤保险

首次立法是1884年（工伤事故）和1925年（职业病），现行的是1963年的立法。

保险对象：受雇人员、多种类别的独立劳动者、学徒、学生、幼儿园幼儿以及家务帮助者。对政府雇员，则另有专门制度。

资金来源：受保人无须缴费，雇主按保险类别交纳平均为工薪总额的2.15％，政府对农业事故保险基金、学生和幼儿园的保险，给予补贴。无享受条件的最低合格期限规定。

保险待遇：分暂时伤残补助和永久残疾恤金两种。暂时伤残补助金的头6个月与疾病补助相同,由雇主支付,6周以后,由事故保险基金会负责支付。永久残疾恤金中,对完全残疾者,补助最近一年收入的66.6%;严重伤残者(丧失谋生能力50%以上)而无其他年金者,除发给同比例的伤残恤金外,加发基本年金的10%的补助金。长期护理补助每月394~1573马克。工伤保险范围内的康复与重新工作的职业培训费,由保险基金支付。因工伤死亡者的遗孀或鳏夫抚恤金为受保人的40%,18岁以下的子女和受供养的父母,补助受保人收入的20%。

2. 社会救济

救济对象分为两类:一是生活贫困的人,他们收入低或领取的养老金不足以维持最低生活;二是遇到特殊困难的人(如对长期患病者的护理,对残疾人和老年人的生活照料,对受培训者、计划生育者、孕妇和产妇、盲人教育等的救济,对危及健康的预防性健康救济,为无家可归者、流浪者和罪犯等特殊社会困难者设立的救济等)。

救济的形式有以下几种:第一,通过咨询和照顾,给予人道帮助;第二,物的帮助,如进养老院、休养、医疗帮助、孕妇帮助、盲人帮助、康复帮助等;第三,资金的帮助,是对养老院和医院之外生计所需的帮助,吃、穿、住、医疗卫生等的资金需求,还包括交纳医疗保险费、养老保险费,支付丧葬费。另外,提供用于建立和保障生计基础的信贷。社会救济的费用全部由国家财政负担。

3. 社会福利

德国的福利项目不象前面所看的福利国家那样面面俱到,其重点放在母亲保护和儿童补贴、住房补贴及青少年福利上。母亲保护是对所有妇女从怀孕到分娩后的时期内享受一系列保护和照顾:申报怀孕到分娩后4个月的妇女不得解雇;分娩前6周的产妇可自己决定是否继续工作;孕妇分娩后的8周内必须休息;产前6周、产后8周的保护期内的妇女,可领取相当于分娩前3个月净工资的现金;分娩后可享受6个月的休假期,休假期间有一定量的现金补贴。

20世纪70年代以来,德国社会各界普遍意识到,对儿童的培养和教育关系到国家的发展,政府有必要把儿童津贴以法律形式确定为社会保障的重要内容。1975年联邦德国政府颁布了《联邦子女补贴费用法》,规定:每个有抚养义务的公民,均可领取一定数量的儿童补贴;每个儿童自出生至16岁(超过16岁但仍在读书或接受职业培训,可延长补贴至27岁)都能享受儿童补贴;补贴具体数额视家庭孩子的多少和家庭收入的高低。孩子越多,每个孩子享受的补贴就越高,家庭收入越低,可领取的补贴越高。第一个子女,月领取50马克;从第二个子女起,补贴额依据家庭收入状况分若干个等级,金额为70～100马克;第三个子女,140～220马克。所有智力正常的青年人,不管其出身及父母收入状况如何,都能得到适当的教育。包括大学教育在内的整个教育都是免费的。

住房补贴,是专门为解决低收入、多子女家庭及残疾人、老年人的住房而实施的。《联邦住宅补贴法》规定,凡收入不足以租住适当面积的公民都能享受国家提供的住房补贴。适当面积为成人每人12平方米,孩子4平方米。另外,政府还实行保证公民住房需要的政策,如鼓励个人建房和购房的优惠政策、保护住房政策、规定房主不得无理或随意废止住房合同、房租不得高于当地同样住宅的租金等。

(三)德国社会保障制度的作用及问题

德国社会保障制度是以社会保险制度为核心内容并辅以社会救济和社会福利为特征的。资金来源上是自保公助方式,保障的水准不高,保障项目也不如福利国家那样完备。实施这样的社会保障制度,对德国经济发展和社会稳定产生了积极的促进作用:

(1)促进了经济的发展。二战结束初期,百孔千疮,政府缺乏资金,不可能筹集更多的资金,因此只能是一些应急措施。20世纪50年代后,德国经济出现奇迹,为社会保障制度体系的建立和完善奠定了经济基础。反过来,社会保障体系的形成和发展,又对国家经济德发展、社会的稳定起到了促进作用。如通过社会保障的实施,使90%以上的家庭得到了数额不等的福利补贴,工人工资也有较大幅度的提高,这样对增加社会需求、创造就业机会特别是加快第三产业的发展起了极大的推动作用。职业教育和职业培训为经济发展提供了质量较高的劳动力成员。

(2) 有利于社会的稳定。社会保障为中下层人民提供了基本生活保障,为普通劳动者解除了后顾之忧,实现了社会政策的公平原则。社会保障制度还扩大了工人阶级的民主权利,缓和了劳资双方的矛盾,工人罢工次数少而造成的损失小,对整个社会的稳定发展有着十分重要的作用。

社会保障在德国的积极作用是主要的,但也还存在一些棘手的问题:

(1) 社会保障的支出增长率超过国民生产总值的增长率,加重了联邦政府的财政困难,使政府利用财政手段来刺激经济发展的能力大大削弱。为维持已有的保障制度,政府不得不靠提高税率来增加财政收入,这样又会加重企业主的负担,影响投资和职工个人实际收入的提高。

(2) 社会保障费用持续上升,使劳动力成本上升,产品价格上涨,其国际市场的竞争力下降,并最终影响主要依赖国际市场的国民经济。对于德国的企业主来说,除了付给工人名义工资外,还要支付各种保险费。如工人小时工资为41.96马克,其中直接付给工人的为22.5马克,余下的19.46马克就是用于支付保险费的。因此,工人的间接劳动成本过高,对企业和国家经济的发展有很大影响。

(3) 两德统一后,由于东部的社会保障体系、资金来源、组织管理方式、保障水平等与西部存在很大不同,故在将西部所实施的社会保障制度推广到东部的过程中遇到了不少的问题。例如,东部的个人不缴纳养老保险费,职工退休后的生活费用完全由国家负担,但保险金比西部低得多。东部原来几乎没有失业,两德统一以后,东部地区的经济结构随即调整,国有企业也进行了大规模的改造,这就不可避免地引起大量人员失业。为了帮助东部地区体制转轨,政府采取了许多措施。例如,为了帮助建立社会养老保险和失业保险制度,向东部投入了大量资金。为减缓东部地区的失业,政府除了以优惠政策鼓励企业主到东部投资外,还加强了对失业者的职业培训和转业咨询。

(4) 职工的负担日益加重。德国正在进入"老龄化社会"。据统计,2000年,德国4.5个职工负担1个退休者;预计到2040年,将由2个职工负担1个退休者。退休者数量的增加以及生产者数量的减少使社会保险费率逐年上升,职工收入相对减少,对劳动者的热情和消费起到了抑制作用。

为了克服社会保障中出现的矛盾和弊病,自20世纪70年代以来,德国对社会保障制度进行了改革:

(1) 在养老方面的改革有:首先,逐步将退休年龄由65岁推迟到70岁,控制提前退休人数;其次,将计入领取养老金工龄中的受教育时间由原来的13年缩短为7年。

(2) 医疗保险方面的改革有:首先,适当增加投保者个人对医疗费的负担,逐步提高医疗保险费用的自付率;其次,严格限制医生的收入;再次,减少投保者选择保险机构的灵活性。医疗保险改革成绩显著,抑制了医疗费用的持续上升。

(3) 适应人口老龄化的需要,建立一种社会保险分支——护理保险。20世纪90年代,德国60岁以上人口数量已占人口总量的21%,依发展趋势比重还要增长,到21世纪30年代可能达到38%。人口寿命的增长,出生率的下降,造成了德国老龄化的问题。以前对老年、病弱人员的护理主要是由家庭进行的,而现今的德国已找不到所谓"大家庭"的踪影。在这种情况下,德国在1995年采取行动,建立了一种针对德国年老、病弱人员的新的保险制度——护理保险,以保证他们在需要受护理的情况下的权利。

(4) 在失业保险方面的改革。德国在西方主要发达国家中属于高失业率的国家。2002年9月10日,施罗德政府通过了有关解决失业问题的决议,决定采纳并立即实施名为《劳动力市场上的现代化服务》的建议,同时成立以施罗德总理为首的领导小组,以便逐项检查和督促以上建议的落实情况。施罗德政府制定的目标是,通过实施这些建议,在3年之内把失业人数降低一半。

(5)改革福利制度:施罗德政府上台后实施的"2010年议程"的改革计划,几乎涵盖了社会的各个方面。主要的措施包括:通过降低税率增加个人和企业的收入,以刺激消费和投资;改革失业保险和救济制度;增加个人在医疗费用方面的支出等等。

二、美国的社会保障制度

(一)美国社会保障制度的发展进程

美国是世界上最早实行系统的社会保障法律制度的国家。早在1896年和1914年,美国的新泽西州和亚利桑那州就分别出台了《教员年金法》和《老年退休计划》,实行养老退休制度。但直到1929～1933年的世界性大危机前,美国政府是很少关心整个社会成员的保障问题的。随着美国资本主义经济的发展,贫困已不仅仅由于个人原因造成,而且因为产业结构调整、家庭变故等许多客观原因而引起。

1929年10月24日是美国纽约证券市场陷入严重恐慌和崩溃的日子,从此经济大萧条席卷了整个资本主义世界。1931年美国有2294家银行倒闭,1932年又倒闭1456家。1933年,一般工商业下降到正常营业额的60%以下,1/4的民用劳动力失业。当年有1700万工人失业,传统的社区救济犹如"杯水车薪",根本无法解决新的问题。老年人的养老储蓄化为乌有,当时的失业救济水平大概为每个失业家庭每周2.39美元,老人的养老金每月16美元。1934年加利福尼亚的一个退休医生弗朗西斯·E.汤森发起了争取老年人更多养老金的"汤森运动",要求对每个年过60岁的老年人每月200美元的养老金,他的建议得到人们的普遍支持,影响颇大。在大危机中,美国总统胡佛认为救济应由地方政府和社区、私人慈善团体去做,政府要把救济的重点放在对大工业资产者、金融家和大农场主上,并主张缩小和限制救济的规模。

1933年3月4日,罗斯福就任美国新总统。早在1930年,罗斯福还是纽约州州长的时候,他就公开主张建立社会保险制度。上任后立即建议国会通过《联邦紧急救济法》,拨款5亿美元资助各州实行劳动救济和失业救济,后又建立民间工程局和公共工程局。显然,政府最初的社会保障着重在进行"以工代赈"和实施失业救济。其后,罗斯福总统在施政改革中逐步系统提出"安全保障社会化"的理论,强调政府在社会保障中的责职。1935年8月14日,罗斯福总统签署了《社会保障法》,美国历史上第一部社会保障法典生效。

继罗斯福之后,美国各届政府又提出许多新建议,建立医疗保障、教育保障、住宅保障等。1965年美国国会通过老年医疗保险法案,对老年人及享受未成年子女家庭补助和残疾人补助的穷人以医疗救助。同年,颁布中小学教育法,对贫困学生,优秀学生提供援助和借款保险等。政府为老年人和残疾人提供贷款修建住房,向低收入家庭发放住房津贴,对房屋抵押贷款予以担保等等。经过70余年的发展和完善,美国的社会保障体系已形成多样化和全面性的特点,保障项目达到300多个。

(二)美国社会保障制度的主要内容

1. 社会保险

美国社会保障制度的特点是侧重于保险形式,社会保险是整个社会保障制度中最基本、最核心的部分,其主要项目有以下几种:

(1)老年、残疾、遗属保险

保险范围:从事有收益工作的人,包括独立劳动者。但农业和家庭雇佣的临时工、少数收入低于规定标准的独立劳动者不需参加。铁路员工、联邦雇员及州和地方政府雇员,另有专门制度。

资金来源:受保人交纳收入的 5.7%,独立劳动者交纳收入的 11.4%,雇主交纳工薪总额的 5.7%。政府对高龄老人以特别补助,并承担经济状况调查的全部费用。

享受条件:年满 65 岁方能领取养老金。提前领取者(62~64 岁),减发养老金领取额,每提前一月减发养老金 0.56%。延期退休者(65~69 岁),每延期一月增发 0.25%。受保人自 1950 年起至 62 岁期间,每年至少交过一个季度保险费,最高交纳 40 个季度。领取伤残恤金的条件是伤残难愈,经一年观察后仍不能从事有收益的主要工作,或最终死亡者。必须每年交纳一个季度的保险费,最高交纳 40 个季度;残疾前 10 年已交纳过 20 个季度的保险费。对年轻人或盲人,条件适当放宽。遗属恤金同前述条件。

养老金的计发办法:65 岁退休并足额交纳保险费的工人领取养老金的金额由本人指数化投保工资决定。基本养老金的计算方法是,先计算出平均工资,再用加权平均法计算出基本养老金。具体给付办法是:退休前的年收入为 2 万美元者,退休后每月养老金 752 美元,相当于原工资收入的 45%;退休前年收入为 4 万美元者,每月养老金 1076 美元,相当于原工资的 32%;原工资超 6 万美元者,养老金 1147 美元,相当于原工资的 23%。[①] 由此可以看出,美国养老金的水平是较低的,其工资替代率是累退的。为保证养老金不受通货膨胀的影响,每年均按上一年消费品物价指数的上涨而自动调整。另外,美国还有由联邦政府和州政府共同举办的辅助养老保险:对投保者退休时的年龄在 65 岁以上的配偶提供被保险人一半的养老金;被保人去世后,其无工作的配偶年满 60 岁时可领取与保险人基本保险金等额的保险金,其 17 岁以下的子女也可领取保险金的一半。因此,这一保险目前已覆盖全美 90%以上的人口。

(2) 失业保险

---

① 龚莉:《就业和社会保障》,人民出版社 1996 年版,第 157 页。

美国失业保险的法律依据是 1935 年颁布的《社会保障法》。法案规定,对具有工作能力、并在职业介绍所登记表示愿意接受职业介绍的非自愿失业者发放救济金,提供失业保障。失业保险金的主要来源是雇主交纳的失业保险税,分成联邦税和地方税两种:联邦税为工薪总额的 1%,州保险税由各州自定,平均为工资总额的 5%。享受条件是失业前受雇满一定周数。在失业的第二周就可领取失业保险金,保险金一般为原工资的 50%。领取期限各州规定不一,一般为半年,也有一年的。联邦法律规定,在失业高峰期,可延长一半的失业救济期限,即从 26 周至 39 周。目前,美国失业保险的覆盖面已到 90% 以上的人口,每年有 300 万失业者领取保险金,政府每年发放的救济金达 300 亿美元。

(3) 医疗保险

根据 1965 年美国国会通过的老人健康保险和 1972 年的残疾者健康保险这两项法案,强制雇主为雇员交纳月工资的 1.4% 作为住院费用的保险,受保者年满 65 岁住院治疗可免费两个月。凡自愿参加投保的居民每月交 3 美元,年满 65 岁后可享受 80% 的医疗费用。对残疾人、有未成年子女家庭的贫困者实行医疗援助。随着社会和经济的发展,医疗保险的覆盖范围逐渐扩大,成为公共健康保险。按规定,凡参加老年、残疾、遗属保险的雇主和个人,必须同时参加住院保险。资金来源于雇主和雇员按相同税率交纳住院保险税。如 1994 年的纳税标准为,雇主和雇员均交纳 1.45% 的住院保险税。政府仅负担某些未投保老人的住院费用。对自愿保险的其他医疗服务费用,政府补贴其差额部分。

医疗保险的保障待遇分疾病与生育的现金补助和医疗补助两部分:因病可得的现金补助因各州规定不同,从收入的 50% 到 66.67% 不等,有一周的等待期,最多支付 26 周。生育现金补助和疾病补助相同。医疗补助包括:报销住院期间病房、药品等各项医疗费用;报销由医院转至疗养院后的各项费用;家庭保健服务费的报销;在济贫院等社会服务机构中的服务护理费。另外,还有补充医疗保险,规定 65 岁以上的老人,可自愿参加医疗补充保险,每月交纳保险金(1994 年为 41.1 美元)或购买此种保险证。服务内容有:外科手术服务、精神病人护理、急救等。

(4) 工伤保险

保险对象为一般工商业雇员。目前这项保险的覆盖面约占工薪阶层的 87%。资金来源在大多数州规定由雇主负担全部费用,少数州由雇主负担大部分费用,雇员交纳少量保险费。费率约为工薪总额的 1.7%。政府承担自己雇员的那部分费用。

工伤保障的待遇分两种:暂时伤残补助金和永久残疾恤金。暂时伤残补助金的数量为收入的 66.67%,有 1/5 的州对其供养的亲属另有补助。大多数州规定有 2 或 7 天的等待期;永久残疾恤金对完全残疾者,补贴收入的 66.67%。因工伤亡者,除发给一次性丧葬费外,遗属可领取遗属年金,为参保人保险费的32.5%～66.6%,需抚育子女的,为 60%～80%。

2. 社会救助

社会救助一般是由政府财政拨款,对生活贫困的社会成员进行救济和援助。美国社会救助的主要对象有:未参加社会保险的老人、残疾者、抚育多个未成年子女的贫困家庭、失业保险金领取期满而仍未找到工作者。救助的主要内容有:提供救济金、医疗补助或食品券补贴。政府还对贫困家庭的中小学生免费或降价供应牛奶、早餐和中餐;对贫困家庭的大学生、职业和技术学校学生,提供助学金、无息或低息贷款,等等。费用全部由政府承担。

3. 社会福利

(1) 住房保障

在美国一间房屋超过 1 人以上居住被认为是"过于拥挤",1940 年美国 1/5 以上的家庭处于该境地。另外,还有不少家庭居住在不合格的住房中,如没有浴室、厨房或与其他家庭合用等。美国国会从 40 年代末到 60 年代先后通过《1949 年住房法》、《1954 年城市重建法》、《1961 年国民住房法》和《1968 年住房与城市发展法》,立法的主要目的是解决低收入家庭的住房和贫民窟问题。这些法律的保障措施有:扩大房屋抵押贷款保险,买房时人们先付房价的25％的现款,其余部分以房屋为抵押向银行或储蓄放款协会贷款支付,期限30年;提供低租的公共住房,公共住房的租金一般不到普通住房租金的一半;提供低利建房贷款;提供房租补贴,补贴额为租户收入的25％与租金之差额;帮助低收入家庭获得房屋所有权。

(2) 教育保障

美国重视教育由来已久,早在1852年,马萨诸塞州就率先实施义务教育。到本世纪40年代末,各州基本实现了义务教育,一些州实现了11~12年的义务教育。60年代美国对人权、就业机会、中小学教育等进行专项立法。不同种族、不论贫富,凡学龄儿童和青少年都能免费进入公立中小学读书。各州政府还创办州立大学,收费较低,并设有奖学金、助学金制度。

政府在推行义务教育和高等教育的同时,鼓励职业教育与职业培训,使教育和就业紧密结合起来。美国教育保障经费主要来源于各州和地方政府的财政拨款。如1985年教育保障方面的投入为1659亿美元,联邦政府投入经费占8％,州和地方政府投入占92％。

(三) 美国社会保障制度的特点、作用及存在问题

美国社会保障制度具有以下特点:

第一,社会保障制度内容丰富,项目繁多,但保障程度不高。美国的社会保障项目多达300多种,有七大类:社会保险、公共援助、健康医疗保障、退伍军人福利、教育保障、住房保障和其他社会福利。每个类别下又包含若干大项。可以这样说,美国的保障项目是包罗万象的,涉及人的生老病残、衣食住行、工作学习等各个方面。但和欧洲一些发达的资本主义国家相比,其保障的水平较低。我们可以从它与福利国家型的保障制度比较中很清楚地看到这一点。如养老金的领取标准大大低于福利国家,甚至低于德国。

不少项目把农业工人、临时工等排除在外。其主要原因是美国国会历来存在反对政府举办大量社会福利事业的力量,几乎每项社会保障法案的通过,都遭到反对派的猛烈抨击。因此,其实施的面、提供的补助标准都相应地降低了不少。不过,这也使美国所出现的福利支出膨胀问题不象瑞典等高福利国家那样不堪重负。

第二,资金来源多渠道,有来自联邦、州、地方各级政府的,也有来自各种非盈利组织的,如工会、基金会、慈善机构、宗教组织、社区组织和居民团体;有雇主出资的,也有雇员个人承担的,还有政府、雇主和个人三方共同分担的。

第三,多层次的保障管理体系。总体上,政府举办各种社会福利事业,但政府总是尽量将项目管理权下放到各州、地方和基层机构。由此,可减少经费发放的中间环节,杜绝贪污、浪费、官僚主义的现象,提供工作效率。还能减少联邦政府在福利事业上的开支,而由地方政府去承担更多的职责。因此,美国社会保障的管理是一个由中央、地方、企业、社会团体、私人机构、个人等多层次的体系,各层次各司其职、相互配合,形成庞大的社会保障管理网。

第四,强制和自愿相结合。对一些影响面大、风险性高的项目如养老、失业实行强制性保险,对另一些项目如医疗保险则实行自愿保险。对各项目的享受条件都有严格规定,如养老金领取的年龄限制、投保期限的满足条件,伤残保险的一年观察期等。对低收入的人群则一律由政府提供最低生活保障。

美国社会保障制度的积极作用主要是:第一,保障了全体美国公民特别是处于社会底层的贫困者的基本生活,在一定程度上缓解了社会阶级矛盾,从而为经济发展和社会稳定提供了较好的社会环境;第二,社会保障制度的推行,可在一定程度上起到调节美国经济运行、缓解经济危机压力的作用。当危机来临时,政府通过社会保障提供给失业者基本生活,保证一定的社会需求,刺激经济复苏。当经济出现快速发展时,政府采取征收社会保障税等办法,把社会上部分资金控制在政府手中,又可延缓经济危机的到来；第三，社会保障制度还通过职业技术培训和免费教育，很大地提高了劳动力的质量结构，对国家经济建设和社会文明程度的提高也都发挥了非常重要的作用。

美国社会保障制度存在以下问题：

第一，随着美国人口老龄化的加剧和高龄老人在老年人口中所占的比例越来越高，社会保障中用于养老和医疗的费用支出日益庞大，加上失业人员的失业救济压力，政府在这些方面的包袱越来越沉重，继而不得不推行赤字财政。2004年，美国65岁以上老年人口已达3220万，80岁以上的老年人占退休总人数的17%以上，在职职工与养老金领取者的比例为3∶1，到2030年，该比例将减少到2∶1。[①] 近年来的失业率也一直徘徊在6%，因而政府在失业救济方面的开支仍然很大。

第二，社会保障的费用主要来源于征税。项目齐全、内容繁多的社会保障制度，在提供人们基本生活保障的同时，也产生了一些副作用：使部分成员失去了工作的主动性，形成对保障制度的依赖心理，产生"惰性"；过全的福利保障，改变了人们的传统"家庭价值观"，一些人得以逃避家庭责任，而将它推给国家来承担。据统计，1970年美国只有母亲的单亲家庭在有子女家庭中所占比例为12%，到1993年此比例已上升至26%。因为国家有关法律对单亲家庭的子女提供补贴，使得一部分父亲可以不履行自己的家庭责任，致使这些单亲家庭的子女虽然在基本生活上不存在问题，但其家庭教育和双亲亲情是个很大的空白，极易走上堕落和反主流文化之路。

为解决已经和将要出现的社会保障制度建设中的诸多问题，美国政府正在研究改革和发展的有效措施，包括：第一，延长退休年龄，设想从21世纪初到中期，即"二战"后"婴儿潮"时期出生的人进入人口老龄化高峰期时，退休年龄从目前的65岁逐步推延到

[①] 乔谦："美国社会保障制度给我们的启示"，《大众日报》2004年1月26日。

67岁直至70岁。这样做,一方面可以减少养老金的支出,另一方面增加了养老保险的供款,缓解社会养老保险金的支付压力。第二,提高社会保障税率和交纳保险税的工资基数,增加社会保险金的总量。第三,加强对社会保障的管理,提高保障工作效率。第四,家庭成员间重建亲密合作关系,强调家庭责任,更好地发挥家庭在社会保障中的作用。第五,将一些社会保障项目委托给私营机构或群众团体办理。

美国社会保障制度的改革不仅是一个经济问题,也是一个政治问题。共和党和民主党都自称是社会保障制度的"保护神",希望以此扩大政治影响。小布什上台后,将改革社会保障制度列为政府工作的一项重要内容,并于2001年5月下令专门成立了一个由16人组成的"强化社会保障总统委员会",负责研究以允许部分社会保障税投资金融市场从而获得较高回报率为核心的改革计划。该委员会于2001年12月提交一份名为《强化社会保障,为所有的美国人创造个人财富》的报告。该报告指出:通过引入自愿性的个人账户,使社会保障计划得以强化。通过为参保人提供属于自己且能被继承的资产,个人账户能提高参保人的退休保障能力,而非仅仅提供一种获得退休津贴的权利,而这种权利(在现收现付计划下)往往要通过政治谈判得以实现。个人拥有投资选择权,将能自由地投资运营其供款,从而获得较高的投资回报。此外,通过个人账户强化社会保障能为寡妇(鳏夫)、离异人员、低收入家庭及其他贫困老年人提供保护。从理论上讲,小布什的改革计划是一个部分私有化的方案。[①]

三、日本的社会保障制度

日本社会保障的宗旨是:"对于疾病、负伤、生育、残疾、死亡、

---

① 王利军:"世界各国社会保障制度改革及其对我国的启示",《经济经纬》,2004年第2期。

失业、多子女及其他原因造成的贫困，从保险方面和国家直接负担上寻求经济保障途径，对陷入生活困境者，通过国家援助，保障其最低的生活。同时，谋求公共卫生和社会福利的提高，以便使所有国民都能过上真正有文化的社会成员的生活。"根据1950年日本政府"关于社会保障制度的建议"，日本的社会保障制度主要包括社会保险、国家救济、社会福利和公共卫生四个方面。

（一）日本社会保障制度的历史发展进程

日本的社会保障制度萌芽于1874年的《恤救规则》，但作为比较成体系的社会保障制度的建立则是在第二次世界大战以后，并于20世纪70年代基本完成了社会保障制度的建设，在社会保障方面跨入发达国家的行列。

战后的日本在美国占领军的指导和监督下，进行了民主改革，为对战后贫困的人民进行救济，日本政府遵循了美国占领军提出的社会救助的四项原则：国家的救济必须是无差别的、平等的；国家有对生活贫困者实施救助的责任；这一责任不得向其他个人或团体转嫁；用于救护的国家预算必须十分充足，不得加以任何限制。1947年《儿童福利法》、1949年《残疾人福利法》、1950年《生活保护法》先后出台，被称为"福利三法"。

随着战后经济的恢复发展和高速成长，日本逐渐建立了项目繁多、形式多样、内容广泛的社会保障制度体系。20世纪50年代先后建立雇员年金保险和国民年金制度，到60年代，日本在经济条件并不充分具备的条件下，实现了全民皆年金（养老金）、国民皆保险（医疗）的目标。同时，又相继制订了《精神障碍者福利》（1960年）、《老人福利法》（1963年）、《母子福利法》（1964年），和上一时期的"福利三法"合并形成"社会福利六法体制"。

1973年的石油危机使日本经济进入低速增长阶段，但一直到20世纪70年代末，日本的社会保障制度依然不断扩充，终使日本政府财政陷入困境。20世纪80年代，日本对社会保障的各项制度进行大幅度修改，目的是减轻国库的负担，由中央政府、地方政府、个人及保险者共同承担,目前这一改革仍在延续。

(二) 日本社会保障制度的主要内容

1. 社会保险

(1) 年金保险(老年、残疾、遗属保险)

日本年金制度的建立和发展,在一个很长的时期内,是借鉴并采用了欧洲大陆模式即以全体国民为对象,实行普遍的年金制度。不过,这样的发展过程是比较缓慢的,先后经过对军人、官员、国有骨干产业的年金保险,最后才是普通人民。日本在明治维新后开始(1875年的《海军退隐令》、1876年的《陆军恩给令》、1884年的《官员恩给令》)以军人及官员为对象的年金制度是最早的保险制度。以民间劳动者为保险对象的年金制度始于1939年的《船员保险法》和1941年的《劳动者年金保险法》,并以此建成厚生年金制度。60年代实行国民皆年金制度后,日本的年金制度主要包括三个组成部分:国民年金、厚生年金和共济年金。

① 国民年金

国民年金的保险对象是全体日本国民,通常被分为两种类型:一种是根据法律必须加入的被保险者;另一种是可根据本人意愿,自愿参加的被保险者。前者主要包括:年龄在20~59岁、从事个体经营的劳动者及其妻子,无职业或失业者及其妻子,专科以上学校的在校生等;工薪阶层和公务员;工薪族和公务员们的妻子。后者主要对象有:年满60~64岁的居住在日本国内的个体经营者;在海外居住,年满20~64岁,有日本国籍的人;加入年金制度较晚,达不到领取年金的规定年限的人。

国民年金保险的资格认定:按日本法律规定,凡符合国民年金条件的人,只要履行完有关手续后都具备了保险资格。具体手续是在其达到法定条件(如年满20岁或新近移居日本等)情况下,在规定的时间内向住处所在地的市、区、町、村政府提出申请,申请时除提出申请书外,还需交验已有的年金手册。每一被保险者都有一本供个人终身使用,有暗号和编号,并记载被保险人资格的取得、变更、丧失的详细情况的年金手册。

国民年金保险的资金来源：法定被保险者（如个体经营者和自愿投保者）交纳的保险费、厚生年金和共济年金按规定分摊并承担的部分、国库负担部分（约1/3）、部分年金运营后的收益。

国民年金的支付：国民年金是日本国民的基础年金，由老年年金、残疾年金和遗属年金构成。老年年金的领取条件是：加入国民年金制度满25年，被保险人年龄达到65岁（实际执行中，实施弹性退休制度，提前领取者减额，延后者多得。如提前在60～64岁支取的，其领取额相当于65岁足额支取的58％、65％、72％、80％、89％；延后到66～70岁支取的，则分别可领取足额数的112％、126％、143％、164％、188％）。足额领取的年金金额一直在随生活费指数而自动调节，如以参加国民年金制度已满40年（现行规定最低年限为25年）的被保险者为例，1991年可得702000日元，月领取58500日元，1992年可得725300日元，月额60422日元，1993年可得737000日元，月额61442日元。[①] 残疾年金的年金额采用定额制，以残疾二级为标准，数额同老年年金，其他依级增加或减少。领取残疾年金者有未成年子女要抚养的，视其情况追加年金。遗属年金一般为受保人年金的50％，有未成年子女需抚养的，视子女数量的多少追加年金。

② 厚生年金

厚生年金保险制度的前身是1942年建立的劳动者年金保险，1944年改为厚生年金保险。它是被雇佣者的年金，是在国民年金之上，按收入比例对受雇者支付年金的保险制度。其保险对象是企事业单位。分强制和任意参加两类：凡常年雇佣1～2名就业人员的法人企事业单位，为强制性参加的企事业单位；不符合强制性加入条件，但雇主获得本单位1/2以上就业人员的同意，并经

---

① 陈建安：《战后日本社会保障制度研究》，复旦大学出版社1996年版，第215～216页。

都、道、府、县知事的认可,也可加入厚生年金保险。加入厚生年金保险的企事业单位内工作的人员,凡年龄未满65岁的就业人员,不论国籍、地位、性别都是厚生年金的被保险者。

资金来源:由雇主、投保人、政府共同承担。1993年厚生年金的保险费率是:普通男性14.5%,女性被保险者14.45%,井下作业人员或船员等被保险者16.3%,个人辞职后自愿加入的被保险者14.5%。厚生年金的保险费由雇主和被保险者各负担50%,但个人辞职加入保险者则由本人全额承担。[①] 政府每年补贴实际开支的20%。

享受厚生年金资格和待遇标准:按新厚生年金制度的规定,厚生年金的参加者合并领取国民年金和厚生年金的时间应从65岁开始[②],交纳保费满25年,就具备条件领取国民年金中的老年基础年金和老年厚生年金。一般来说,日本雇员退休后,其所得总养老金相当与本人平均工资的40%。另有残疾厚生年金,与残疾国民年金同。遗属厚生年金,可领取投保人年金的一半。

③ 共济年金

共济年金始建于明治末期。现在,日本的公务员、教员等特定职业的被雇佣者都参加共济年金制度。共济年金的具体操作是由作为公共法人的共济组合承担的。目前日本的共济组合被分为四类:国家公务员共济组合;地方公务员共济组合;私立学校教员共济组合;农林渔业团体职员共济组合。

参加共济年金制度的被保险人,与厚生年金制度的参保者一样,其享受的年金由两部分组成:国民年金和共济年金,形成二层结构。共济年金的金额主要由两部分组成:一是收入比例年金,

---

[①] 陈建安:《战后日本社会保障制度研究》,复旦大学出版社1996年版,复旦大学出版社1996年版,第237~238页。

[②] 但实际情况并非如此。因为老的厚生年金制度规定60岁可支取年金。因此,为解决新老交替的问题,厚生年金可提前到60~64岁支取,但与65岁领取的厚生年金有所区别,称为"特别支付的老年厚生年金"。

二是职业加算年金。职业加算年金与收入比例年金之比为1/5。共济年金的支付种类分成退休共济年金、残疾共济年金、一次性残疾补贴和遗属共济年金等。

共济年金制度和厚生年金制度可以看成是对不同部门的工作者而实施的两种并列的制度,在年金制度的实施方法上,有很多类似之处。

(2) 失业保险

1947年首次立法。1974年日本国会通过《就业保险法》,取代原来的《失业保险法》,并使政策的重点由消极的失业对策转向积极的就业对策。

适用范围:就业保险原则上强制适用于所有行业的所有企事业单位。但对农林水产业中职工在5人以下的个体经营的企事业单位暂定为任意适用,任意适用的企事业单位需满足一定条件并经批准。

经费来源:就业保险所需经费的来源是雇主和被保险者共同负担的保险费和国库资金。保险费率原则上为1.45%(部分行业为1.65%或1.75%)。其中,1.1%(部分行业1.3%)用于支付失业保险金,劳资双方各负0.55%(部分行业0.65%)。其余的0.35%(部分行业0.45%)用于三项事业:改善事业、能力开发事业和就业福利事业,经费由雇主承担。国库资金负担的部分是:支付求职者的1/4~1/3的保险金及就业保险的行政管理经费。

失业保险金的支付按其目的和性质可分为三类:求职者保险金、促进就职保险金和继续就业保险金。支付求职者保险金的目的是确保失业者的生活稳定,支付促进就职保险金的是促进失业者再就业,支付继续就业保险金的目的是促进老年人和妇女就业。求职者保险金的支付标准为失业前工资的60%~80%,与失业前收入成反比。支付期限依据被保险者找工作的难易程度和加入保险的期限长短从300天至90天不等,并有七天的等待期。领取求职保险金的失业者需有工作能力并愿意工作、在公立职业介绍所登记失业、且并非因本人错误如自动离职、拒绝接受适宜的工作或培训安排而失业,每隔4周汇报情况一次。促进就职保险金是对享受求职保险金未满规定期限而重新就业、或为了从事职安所介绍的职业而必须搬家的搬家费、跨地区求职的活动费等,均可申领再就职津贴。

(3) 医疗保险

日本推行的是保障全体公民身体健康的国民皆保险的社会政策。其保障对象分为两类:一是以各企事业单位的雇佣者为保险对象,对他们在工作时间以外所发生的生病、伤残、死亡及分娩等情况下的医疗提供一定的费用补偿,同时对被保险者的家属生病等也给予一定的补偿;二是对除了参加健康保险(即第一类保险)以外的一般国民实施国民健康保险制度,他们在发生生病、伤残、死亡、分娩等情况时也可得到一定的医疗保险补偿。

医疗保险经费的来源:健康保险费用由被保险人、企事业业主和国家三方承担。目前健康保险的费率为8.2%,由被保险人和企事业主各负担一半,即个人交纳工资额的4.1%,业主也按工薪总额的4.1%缴费。公务员和教师,交纳工资的0.5%～12.86%,单位和个人各负担一半。政府国库支付保险支出的10%以上加管理费。应该说明的是,保险费率经医疗保险审议会的审议后,厚生大臣可允许它在6.6%～9.1%的范围内调节。国民健康保险的经费来源是征收保险费或保险税。对一些低收入家庭,日本政府规定其家庭可减少缴费40%左右。国库负担实际费用的50%和管理费。①

健康保险的支付:对参加健康保险的投保者来说,如其生病、受伤等时可去指定的医疗保险机构接受治疗,自负医疗费用的10%,并且可得标准日工资额60%的补贴(无被抚养者的40%),

---

① 陈建安:《战后日本社会保障制度研究》,复旦大学出版社1996年版,第122～126、139～148页。

补助期最长一年半。生育补助：产妇可得到产前 42 天至产后 56 天的补贴，补贴额同生病补贴；每一小孩可领取不低于 24 万日元的分娩费和配偶分娩费；小孩出生后，被保险人可得到每月 2000 日元的育儿补贴。被保险人在非指定的医疗保险机构但经厚生大臣核定或指定的机构就诊，如镶牙、接受先进设备的治疗、在疗养院疗养等，被保险者也只需承担医疗费用的 10%。健康保险还支付被保险人及其家属死亡后的丧葬费。被保险人家属生病、受伤等时，也一样享受医疗保险，只是自付比例提高为住院 20%、一般治疗 30%。

国民健康保险的支付：被保险人生病或负伤，到医院接受治疗时，只需向医院出示其保险证并交纳 30% 的诊疗费。一般对被保险者的疾病或负伤都实行实物支付的原则，即让被保险者在医疗机构直接接受治疗。但在万不得已的情况下，可采取支付现金的方式。

（4）工伤保险

保险对象为所有受雇于企事业单位的雇员。分为六类：私营企业雇员、船员、国家公务员、地方公务员、中央和地方直属企业雇员、公共企业雇员。

经费来源：被保险人不交费，雇主费用交纳标准，按不同行业所定的等级和比例，分别按工资总额的 0.6%～14.9% 缴费。另外，为防止工伤事故发生，节省保险费用开支，国家每 3 年对单位考评一次。事故率升高者，提高征缴费率，反之，降低征缴费率。

工伤保险支付：工伤者享受免费医疗直到治愈为止。因工伤不能劳动而停发工资时，开头 3 天由雇主发给原工资的 60% 作为补贴，从第 4 天起由保险机构支付病伤补贴，金额为病假前 3 个月平均工资的 60%。三年后仍未治愈者享受长期病伤补偿，继续享受免费医疗，领取永久残疾补助。因工死亡者的遗属可领取丧葬费（25 万日元加上 30 天的日平均工资）和遗属恤金，遗属恤金的数额按遗属人数的多少给予相当于被保险人原基本工资的30%～67%。如遗属不具备领取抚恤金的条件,发给一次性的补偿额,最多支付相当于死者生前1000天的收入。

2. 社会救助

这是日本政府为所有贫困的国民提供最低生活保障的一项制度,救助的目标是不仅帮助贫困者维持最低生活,而且促使其尽快告别贫困,走向富裕。救济标准由厚生大臣按地区、年龄、性别、家庭人口等因素来确定,同时参考被救济人的资产、本人独立生活的能力及抚养负担等,向被救济人支付其收入不足以维护生活的部分。救济项目包括:生活救济、医疗救济、教育救济、住宅救济、分娩救济、谋生救济、安葬救济等七项。

3. 社会福利

主要面向老年人、残疾者、儿童、精神病患者等需要特别照顾和保护的人群。福利项目包括:① 残疾人福利——残疾者的保护和机能恢复及相关设施的费用、残疾人职业训练和促进其就业的费用;② 老年福利——老年福利设施的配备及运行费用、老年医疗费用;③ 儿童福利——兼顾母亲和婴儿的母子保健、为儿童身心健康发展提供的保护措施和儿童津贴、福利设施、学校免费供餐和九年制义务免费教育(包括支付书本等学习用品和上学交通费用)、对家庭困难的学生设置奖学金和贷款;④ 身心残疾者福利——提供辅助工具的费用、残疾儿童设施、培育医疗、严重身心不健全者设施的运行和配备费用、特别儿童抚养津贴等;⑤ 住房补贴——政府建造达规模住宅团地、吸收社会资金建房、低息贷款鼓励企业多建民房、鼓励私人购置住宅。

(三) 日本社会保障制度的特点、积极作用和存在问题

日本社会保障制度的主要特点是保障的普遍化和制度的多元化。战后日本在其不长的发展过程中逐步实现了国民皆保险和全民皆年金的保障目标。其保障体制揉合了福利国家型和社会保险型这两种不同的社会保障制度,既包含对全民的公共救助、社会保

险和社会福利，又体现劳动者或雇员对社会保障体制的贡献，是能力主义原则和平均主义原则的结合。

因此日本的社会保障制度，除了像其他一些国家的社会保障制度一样发挥了保障全体社会成员的基本生活和身心健康、稳定社会、为社会培养高质量的后续建设力量等作用外，战后日本的保障制度和日本经济的高速增长之间形成了良性循环：一方面，战后经济的迅速复苏和快速发展，为日本推行全民社会保障奠定了良好的经济基础；另一方面，日渐完善的社会保障制度又反过来推动日本经济的高速增长，使日本成为世界经济强国。当然，随着经济社会的发展，特别是人口老龄化现象的加剧，日本的社会保障制度也并非是完美无缺的。80年代以来，日本社会保障制度处于不断的改革和完善之中。

日本社会保障制度面临的主要问题有：社会保障制度不断扩充，社会保障的开支在政府财政支出中所占的比重越来越大。1973年的石油危机使日本经济进入低速增长阶段，但日本的社会保障制度却一直到20世纪70年代末仍在不断的扩充中。因此，70年代末日本政府的财政危机已经出现，对国债的依赖比率已是世界之最，重建财政已是当务之急。20世纪80年代日本社会保障制度的改革重点是：大幅度减轻国库的负担，把社会保障的负担从中央政府转到地方政府、个人及被保险者，降低社会保障的支付水平。改革一直延续到现在，是对日本经济高速增长时期形成的过度社会保障进行的改革，也是为应对日本老龄化社会所做的积极反应。①

随着日本人口老龄化的快速发展，老年人的医疗和年金负担越来越沉重。日本老龄化的速度在全世界是非常少见的。1970年人口老龄化的比率为7.07%，1980年就达到9.1%，特别是进入20世纪90年代以后，日本的老年人口比例每两年上升1%，

---

① 陈建安：《战后日本社会保障制度研究》，复旦大学出版社1996年版，第53页。

1990年为12.1%,1995年为14.54%,1997年为15.66%。据推测,到2010年将达到22.04%,2020年为26.85%。按照这个推算,50年后每3个日本人中就有1个老人。人口老龄化带来的直接后果是社会保障费用支出的增加,其中以养老金、医疗保险金最为显著。据统计,社会保障负担与国民收入的比重,1985年为10.7%,预计2010年将达到18.55%,2025年将达到24%,与1980年的9.5%相比增加2.5倍。

此外,日本社会保障制度中的受雇者保障主要是按行业和地区来分设的,体系不完整、项目繁多,且各企事业单位各自为政,有碍于统一制度的形成和劳动力的流动及保障待遇的公正。如同样的厚生年金,一般雇员的缴费费率高(15.3%),公务员的缴费费率低(12.24%),但后者的年金给付却比前者高20%。

日本社会保障制度改革的主要走向是:① 努力抑制社会保障费用支出的过度膨胀,减轻中央财政的负担;② 在考虑国民承受能力的前提下,逐步提高保险金缴费率,引进"受益者负担"的原则,实行费用征收多元化;③ 倡导社会保障事业的社会化,重视个社会团体和家庭在社会保障中发挥作用;④ 实施充分就业,促进重新就业。

第三节 个人储备积累型的社会保障制度

当全世界特别是发达的工业化国家在为人口的老龄化和由此带来的国家社会保障的巨大财政包袱而愁眉不展之时,以新加坡为典范的个人储备积累式的社会保障制度成为人们关注的焦点,我国也有不少学者把新加坡的中央公积金制度介绍给国人。我国城镇职工的医疗、养老保险制度所进行的"统账结合"的改革,正是借鉴了新加坡实行中央公积金制度的成功经验,并已取得了初步成效。

新加坡国土由58个岛屿组成,面积646平方公里,人口近

300万。20世纪50年代初,新加坡是一个由华人、马来人、印度人等组成的移民社会,经济非常落后。英国殖民政府为稳定社会秩序,在1953年通过公积金法案,1955年成立了中央公积金局颁布了《中央公积金法》。规定由雇主和雇员共同按工资的一定比例缴纳款项,中央公积金局负责该基金的保值和增值,待工人退休或失去劳动能力时一次性支付给个人或家庭,以保障其基本生活。1965年新加坡独立后,继续将建立和完善公积金制度作为经济发展的战略重点,1968年在公积金养老计划推行后,又推出公积金购屋计划。进入80年代,又对公积金计划进一步完善,先后出台公积金家庭保障计划、保健储蓄计划、健保双全、家属保障计划,实行公积金投资、教育、住宅产业、非住宅产业、最低存款、公积金法令提款等投资及提款办法。这些计划的实施,使新加坡在不长的时间内解决了人民"老有所养、病有所医、居者有其屋"的三大难题,又促进了新加坡经济的快速增长。截至2000年4月底,中央公积金计划共有285万成员,这其中有125万在职工作人员,23万向医疗账户中自我缴费的自我雇佣人员。

(一)中央公积金制度的具体内容

保障对象:凡受雇雇员,其月收入在800新元以上者,一律参加公积金;雇主及个体经营者也一律参加。加入公积金的成员必须依法向中央公积金局CPF(Central Privadent Fund)按时足额缴纳公积金,小摊贩也概不例外。否则,有关部门将对之处以罚款和滞纳金,乃至不发营业执照、警告、强制关闭及向法院起诉。

缴费办法:雇主和雇员均按一定比例缴纳公积金。公积金的提取比例随经济情况的发展而不断调整,一般每年确定一次。最早在制度建立初期,公积金缴费率是工资的10%(雇主和雇员各缴纳5%),1968年上升到13%,最高在1984、1985年达到50%(雇主和雇员各缴纳25%)。2000年4月,中央公积金缴费率是32%,雇主缴纳工资的12%。同时,政府还对缴纳公积金的基数有了最高限制,雇主和雇员每月缴纳的公积金最高不超过1200

新元。

公积金安排：加入公积金的成员每人都有三个账户，普通账户、特别账户和保健储蓄账户，用途各不相同，不得串支。普通账户占公积金的75%，用于参加以下保障计划：公共住屋、住宅产业、非住宅产业、家属保障、家庭保障、教育计划、基本与增进投资计划等。收入较低的公积金成员可取出普通账户的全部存款购买国家优惠供应的一套居室，存款不够，可加上现金先支付房款的20%，以后用中央公积金月存款在25年内分期付清。还可以把存款用于特准股票和证券（这些证券是中央公积金局经过专家推荐认为可获得公平市场利润且风险最低的）的投资，投资所得红利和利息记入个人账户。保健账户占公积金的15%，主要用于自己以及为新加坡公民或永久居民的配偶、子女、父母和祖父母支付住院和门诊费用。中央公积金成员需要就医时，可根据自己的存款额和可以允许的支付额选择有支付能力的医院和病房，不足支付的须用现金补足。保健账户的存款，在55岁前必须保留1.3万元以备急用。特别账户占公积金的10%，主要用于老年生活费和特别急需之用。成员年满55岁时，在特别账户上需保留至少4万新元的最低存款以作基本养老费用，目的是为确保老人基本生活。余额可一次提取，也可由本人选择购买年金保险或继续存在公积金账户上。

此外，公积金成员如因意外而成为永久性伤残，可在任何时候取出CPF的所有存款。如死亡，可由其指定受益人领取全部公积金及利息，再发给死亡补助金。

与许多发达国家明显不同的是，新加坡没有对失业问题的公积金安排。政府认为"新加坡必须避开福利国家综合症的一个特征，即那里的每个人都指望别人，而不是自己去更加努力工作，以承担个人所需要的服务费用"[①]。政府对失业者的惟一帮助，是为

---

① 郭崇德：《社会保障学》，北京大学出版社1991年版，第113页。

失业者提供就业岗位,并投入大量资金用于员工技能和转岗培训,使失业者尽快重新就业。这样,长期不就业的劳动者是很少的,相反劳动者都十分珍惜自己的岗位,勤奋工作。因此,新加坡的失业率一直较低,如 1996 年的失业率仅为 2.6%。当然,1997 年夏季爆发的东南亚金融危机也给新加坡带来了失业人员大幅攀升的局面。1998 年 9 月,新加坡的失业率已经上升至 4.5%,失业总人数超过 6 万,劳动力市场出现了 1986 年经济萧条以来的最严峻的情况。但是,其解决危机的办法仍有其特色:一方面削减 105 亿新元(64 亿美元)工商成本;另一方面推出 2.2 亿新元的全国技能提升计划,鼓励人们从事过去都由外国劳工干的那些苦累和报酬低的活。正如一位从前在豪华办公室任高级经理但眼下做出租车司机的潘先生所说:"在新加坡,只要你干,总会有办法生活下去;你不干,政府决不会把钱送到你手里,连去要饭都会遭到政府的取缔。"[①]

(二) 新加坡中央公积金制度的积极作用和存在问题

新加坡的中央公积金制度在其近 50 年的运行过程中,对新加坡经济发展和社会稳定起到了积极的促进作用。首先,制度的推行使新加坡人民有了老年、疾病、住房、子女教育等方面的切实保障,而且这一目标的实现是在国家财政不背上沉重的福利包袱的前提下完成的,所以其独特的制度安排为许多发达国家所注目。其次,中央公积金制度实际上是一直强制性的长期储蓄,公积金除用于支付会员利息和正常提取外,积存的部分大都用于购买政府发行的公债、修建道路、机场、港口、码头等公共设施、建设公共住房,并向国外投资,这些都为新加坡经济以年平均 10% 的增长率递增,同时确保了累积基金的增值。对当前许多国家都缺乏发展建设资金的共同状况来说,公积金制度功不可没。第三,这种公积金制度,其本质是强调个人最多是家庭自助互济,有利于激发劳

---

① 朱昌都:"白领下岗开出租",《中国社会保障》,1999 年第 2 期。

动者的生产积极性,不会出现象前面所述的福利国家型、国家保障型甚至社会保险型的社会保障制度的固有弊端:对社会保障制度的依赖心理或称之为"惰性"。因为社会没有提供可以依赖或产生"惰性"的温床,没有"免费午餐",人人都要为自己及家人负责。

新加坡的中央公积金制度虽然取得了很大的成功,但也存在一些问题和不足:第一,从严格意义上说,它不能称得上是现代社会保障制度,而只不过是一项强制性的储蓄计划,是对雇员及其家人在年老、患病、教育、购房等方面的资金援助计划。它在社会成员之间,没有互济特征,与社会保障的本质特性即社会性和互济性不相吻合。第二,其提供的保障水平参差不一,特别对年轻雇员和低薪雇员的生活保障水平较低。因为个人公积金帐户上积累额的多少完全取决于个人和雇主的等比例投入,年轻雇员和低薪雇员收入低,雇主补贴金额也少,高薪和工龄较长的雇员投入多,雇主补贴也多。如新加坡南洋理工大学一位系主任月薪1万新元,每月自己交20%即2000元,单位补贴2000元,一年下来就已积累4.8万新元。而如果以最低投保标准月收入800元来计算的话,每月自己交160元,补贴160元,一年下来只有积累3840元,可见差距之大!第三,过度的储蓄,降低了人们的当期消费,限制了国内有效社会需求的满足。并且,这一未来消费的数量和质量在很大程度上讲是不确定的,因为它取决于该基金的管理运营情况,还取决于到期的社会经济发展情况,特别是国家宏观经济的运行状况。如果出现金融风暴,就很可能使未来消费水平和质量下降。因此,没有健全的基金运营机制及良好的宏观经济社会环境,基本生活保障变现将有相当的风险。第四,过高的缴费比率,降低了新加坡人民储蓄的可能性。因而老年时的退休金来源单一,不利于形成多层次的社会保险体系。同时,高额投保费增加了企业产品的成本,削弱了产品的国际市场竞争力。有数据表明:新加坡产品的国际市场竞争能力比香港弱 50%，比台湾弱 15%，比韩国弱 35%。① 特别是亚洲金融危机后，新加坡经济进一步陷入衰退，因此减少强制性退休金供款之举迫在眉睫。如 1998 年末，新加坡全国雇主联合会希望将 20% 的雇主供款减少一半。总理吴作栋敦促新加坡高级公务员和企业管理人员在接受减薪和削减退休金供款方面起带头作用。②

第四节　各国社会保障制度对中国的启示

在和谐社会建构的过程中，中国社会保障体系的模式如何选择是一个大问题。通过三种类型的社会保障制度的介绍与比较，我们可以发现每一种类型的社会保障制度都有成功与不足之处，各国的社会保障制度都是相对于本国国情的选择，即与一国的经济政治体制、市场运行模式、历史文化传统以及经济发展水平等相适应。当今世界上，不存在一种最佳的一成不变的社会保障模式。所以，创新和完善我国的社会保障制度必须充分考虑要切合中国特殊的国情。

上述各国的社会保障制度不仅历史悠久，而且也是当今世界各国社会保障制度中比较典型的制度。深入比较和研究这些社会保障制度，特别是找出它们成功经验的共性和教训及问题的代表性，这对当前我国社会保障体制的改革少走弯路无疑具有重要的启发意义。

1. 改革要以社会主义初级阶段理论为思想基础

如果说新自由主义、新历史学派、福利国家思想构成了各个发达国家社会保障制度的理论基础的话，那么构建中国的社会保障体系，就要以建设有中国特色的社会主义理论为思想基础，阐明诸

---

① 陈文龙等：《新加坡公共行政》，时事出版社 1995 年版，第 111 页。
② "新加坡拟全民减薪"，《新华周末》1998 年 11 月 13 日。

如处理政府、市场与社会,公平与效率,目标与过程,理想与现实,社会保障与个人自由等一系列关系的原则。如果脱离了以社会主义初级阶段理论为指导,就不会对这些原则有系统而正确的认识,社会保障体系中的各种具体设计就可能脱离实际,顾此失彼,甚至导致事与愿违。

2. 正确认识社会保障中政府、市场与社会的关系与作用

首先,现代社会公民享受社会保障是法律赋予的权利,国家是对社会进行管理的最高权力机关,政府是具体执行国家权利的行政机构,保障社会成员的基本生活就成为国家和政府义不容辞的责任。西方国家政府制定政策法规的功能非常强大,改革进程中政府也不断加强自身的监督监管功能。而我国的社会保障立法滞后,法律体系有待完备。虽然已经颁布了《失业保险条例》、《工伤保险条例》等,但仍没有统一的《社会保障法》,没有足够权威的法律保护规范。因此必须通过政府严格加强社会保障立法,明确界定制度主体的责任,强化刚性和约束力,并且由政府严格监督监管社会保障制度中各方的责、权、利,保证社会保障制度的顺利运行。

现代型的社会保障,国家或者政府是首要责任主体。在市场经济条件下,政府的职能是满足社会公共需要,社会保障是一项重要的社会公共需要,承担社会保障事务就必然成为政府不可推卸的责任。因此,社会保障必须由政府出面组织实施,并以公共财政的保障做后盾。

其次,社会保障不能依靠市场机制来有效提供,但又是市场经济正常运行的外部条件。"给人以鱼还是授人以渔"? 社会保障制度应该侧重于后者,通过将就业作为实现社会保障权利的条件,将保险金额度与个人的工作收入、交费额度和年限挂钩等措施,激励国民努力工作,尽量避免不劳而获的福利病。同时,在基金运作方面,为了分散风险,要继续进行并完成社会保障社会化管理的目标,将社会保障资金不断投资增值,强化市场运作,补充社会保障基金(尤其是养老保险基金)的缺口。但要选择良好的投资主体,

注重科学投资组合,并且规定最低收益率。

第三,政府在社会保障中的主要职责应是制定和颁布社会保障法律法规,并依法监督社会保障制度的实施;具体操作与管理社会保障的事务,则本着政企分开的原则,可由各类保险公司负责。事实证明,将立法者与执法者分开,行政管理与基金管理分开,不仅有利于执法的公正性,更有利于政府加强对社会保障的宏观管理。

3. 确立社会保障模式的普遍性原则

改革开放之前,我国的社会保障很明显地以个人身份和职业为基础,是农村户口还是城镇户口,是在全民所有制还是在集体所有制单位就业,这些个人身份和职业标志很大程度上决定了个人享受社会保障的状况。这种以个人身份和职业为基础的社会保障模式,在二元结构的社会背景下,巩固和强化了社会不平等。因此,中国的社会保障不应当是基于身份和职业享受不同标准的社会保障,而应当确立社会保障的普遍性原则。在社会保障制度的改革与完善过程中,应该把重点放在农村社会保障体系的建立上。与发达国家不同,我国人口众多,农业人口比重相当高,而占总人口60%以上的农村人口长期与社会保障无关,仅靠家庭保险。如果不解决这一部分人的社会保障问题,社会保障制度改革的成效很难评判。特别是近年来农民收入的提高和部分农村城市化进程的加快,农民的保障要求也在逐步提高。同时,外出打工人数的增多又使身处异乡的农民工的保险问题成为一个新课题。鉴于我国农村地域的广阔性及地区差异,我国可以逐步地、有选择地推进农村社会保障。

4. 社会保障水平要适应生产力水平和经济实力

社会保障水平是指一定时期内一国或地区社会成员享受社会保障的高低程度。西方国家一般把社会保障总支出占国内生产总值(GDP)的比重作为衡量社会保障水平的主要指标。许多国家社会保障制度发展与改革的事实都说明,社会保障的给付具有刚性

(或曰不可逆性)。在实践中表现为项目、水平都只能上,不能下,从而使社会保障的规模不断扩大,保障支出不断膨胀。所以即使今天西欧各国在"福利陷阱"之累下纷纷提出要施行新政,但改革之举每每因公众的强烈反对而无一不困难重重。我国是发展中国家,虽然改革开放使国民经济有了较快增长,但生产力整体水平仍然不高,加上人口众多,城乡差别较大,应当在社会保障水平的设定方面充分考虑这一国情,遵循社会保障水平应与经济承受能力相适应的客观准则,科学合理地界定社会保障分配层次和总体水平。例如推进农村社会保障,我们不能一开始就超前地瞄准城乡一体化,而应循序渐进,量力而行,针对不同地区的不同社会群体提供不同的制度安排。农村社会保障体系只有实现多元化,其规模和水平只有始终与农村社会经济发展的承受能力相适应,农村社会保障的推进才是稳步的和可积累的。

5. 重新定位我国社会保障制度改革的价值取向

随着中国市场经济转型和受经济全球化的影响,中国社会保障制度正经历着重大的改革与制度转型。但是,过去 20 年里的改革由于受新自由主义的影响,围绕着以经济建设为中心,注意力通常集中在提高效率上,结果社会公平受到了一定的影响。如果说取自由主义和民主社会主义之长的"第三条道路"策略,已经在欧美国家引起强烈共鸣,那么今天我国则必须从构建和谐社会的更高层次目标上对社会保障制度改革的价值取向进行重新定位:应该将"效率优先、兼顾公平"的原则改为"兼顾效率与公平",或"以公平为基础、以效率为导向"的原则。在构建社会主义和谐社会的目标下,积极探索公平与效率的"共赢机制"。

下 篇
社会保障实务

第五章 社会救助

社会救助是社会保障体系的传统内容,因为社会保障发展到现在虽然已经成为一个项目众多、内容复杂的庞大体系,但它是在历史上的社会救助制度的基础上,经过建立与工业社会相适应的社会保险制度以及适应社会发展而兴起的各种福利事业而不断发展、壮大的。随着社会形态的变迁以及人们对"贫困"认识的逐渐深入,社会救助制度向深度和广度两方面不断推进。它不但是保障社会成员基本生活水平的"安全网",而且在经济、社会、文化等诸多领域发挥着不可替代的作用。

第一节 社会救助的涵义和范围

一、社会救助的涵义

社会救助,又称社会救济,或社会援助,它是对因自然灾害或者其他经济、环境、社会原因而无法维持最基本生活水平的社会成员,由政府主导或在政府的倡导和推动下,通过再分配的形式给予救助,以保障社会成员最基本生活水平的一种社会制度。这一概念至少可以从以下几方面来理解:

第一,社会救助是现代国家和社会的一项义不容辞的职责,也是公民拥有的一项基本权利,国家以立法保证所有社会成员均能得到最低生活保障。现代社会救助已由历史上的统治集团的恩赐转变为各国政府的一项法定责任,而享受社会救助也成为符合法定资格者的一项法定权益,从而表明了社会救助的提供者和受助者之间是一种以相关法律制度为依据的平等关系。我国宪法第四十五条明文规定:"中华人民共和国公民在年老、疾病或者丧失劳动能力的情况下,有从国家和社会获得物质帮助的权利"。因此现代社会救助和传统的贫民救济是两个完全不同的概念,它克服了传统济贫时代的被动性、主观随意性和临时性,也不再是施救者居高临下、被助者感恩戴德的恩赐与叩谢的关系,而成为现代社会保障制度的一个重要组成部分。

第二,社会救助的对象由法律加以规定,只有符合条件且真正陷入生活困境的社会成员才有资格享受救助。按照国际惯例,社会救助的申请者首先要经过"经济情况调查"的法定工作程序,只有其家庭的人均收入水平低于规定的"贫困线",才有资格得到社会救助。这种制度设计能够保证社会救助资金运用的效率与公平。

第三,社会救助具有义务的单向性。社会救助只是强调国家和社会对社会成员的责任和义务;社会成员享受社会救助是他们的权利,并不需要承担相应的义务。社会救助的资金一般由政府财政拨付,社会成员不用缴纳任何费用。

第四,社会救助保证的仅仅是满足最低生活需求的资金和实物,因此它在社会保障体系中的保障水准是最低的,和社会保险、社会福利所提供的社会保障水准不在一个层次上。它一方面强调社会公平,面向全体社会成员,即不需要象社会保险那样要事先参保且有年限、职业等限制,不管是谁,只要他符合社会救助的条件即可得到社会和国家的援助;另一方面,社会救助又要兼顾社会效率,其保障水平不能定得太高,以免社会成员产生惰性,同时挫伤其他劳动者的积极性,影响社会效率的提高。

第五,社会救助实现的根本手段是政府主导的"收入再分配"。在宏观领域,收入分配主要包括"初次分配"和"二次分配"。随着认识和实践的逐步深入,"收入再分配"已经由传统的"二次分配"扩展到整个社会意义的"收入第三次分配",即所谓的"慈善捐助"。

那些在政府积极倡导和组织推动下,用于救助贫困的慈善捐助(包括资金、服务、实物,以及捐助的慈善项目等),都属于社会救助范畴。例如,由中国政府发起的"向台湾地震灾区慈善捐款"、近年来在上海、广州、武汉、苏州、太原、北京等城市纷纷出现的社区慈善超市,等等。这体现出社会救助行为已经不仅仅局限于政府的单方行为,而是扩展到在政府领导下,整个社会献爱心,扩大扶贫济困的范围。这更体现了社会救助概念中,"社会"的实际内涵。

二、社会救助的对象

社会救助的对象主要是那些陷于生活困境的社会成员,按照他们致贫的原因,大概可以分为以下几类:

1. 无依无靠无生活来源的人,简称三无人员。其共同特点是无劳动能力,主要包括孤儿(尚未有劳动能力)、残疾人(终身无劳动能力)、长期患病者(较长时间无劳动能力)、未参加社会保险且无子女和配偶的老人(已丧失劳动能力)。这类国民大部分属于长期救助对象,国家和社会要向他们长期提供维持最低生活水平的资金和实物,但对于其中的孤儿来说,给予救助的期限是未成年阶段,一旦成年并找到适当工作,社会救助便告完成。

2. 各种自然灾害造成的生活暂时困难的人。这类国民有劳动能力本来也有生活来源,只是因突遭自然灾害而一时陷入生存困境,因而需要国家和社会给予救助。这里所说的自然灾害,是指水灾、旱灾、风灾、雹灾、雷灾、霜冻、虫灾、地震、瘟疫等来自自然界的破坏力量对人们的生产、生活所造成的损害。生活暂时困难则指人们因不可抗拒的自然灾害而造成经济财产损失,衣食住等基本生活方面无法解决,如粮食欠收、家园被毁等,需要国家和社会给予临时性救济。严重自然灾害并非短期内可以消除,因此自然灾害救助将是社会救助的一项长期的和主要的内容。

3. 城乡贫困者。这类国民有劳动能力有收入来源,但收入较少,以致于不能维持最低生活水平或低于政府颁布的最低生活保障线。所包括的情况有：因地处贫困地区而收入过少,不能保证每个家庭成员过上法定的最低生活;有工作能力的劳动者找不到合适的工作或失业而造成家庭收入失去来源、生活水平低下;家庭人口过多、缺乏劳动力及劳动技能或家庭主要劳动者生病伤残等而使生活发生困难,迫切需要社会援助。

社会救助的对象除了按上述致贫原因进行划分外,还可按地区、人群、救助期限来划分。如贫困地区即指按人口平均收入低于一定量标准的地区。按人群划分社会救助对象可分为儿童救助、老人救助、妇女救助、残疾人救助、失业者救助、病人救助等等。按救助期限划分则可根据受助者贫困持续时间的长短分为定期救助(针对长期贫困)和临时救助(针对暂时贫困)。

三、贫困和贫困线

如上所述,社会救助的核心范畴是贫困,确定该地区或该社会成员应否进行救助的关键是界定贫困,即确定所在地的最低生活标准。因此在深入探讨社会救助之前,有必要对贫困和贫困线作一番论述。

1. 贫困

贫困在国际社会有两层涵义,一是在绝对意义上的贫困(生存贫困),即缺乏满足最低生活需要的条件和手段,没有生活必需的食物、衣服、住所,所谓饥寒交迫、陷于绝境是也。二是在相对意义上的贫困,即相对于社会平均生活水平的差距而言的贫困。前者是19世纪末20世纪初欧美国家的官方文件中普遍采用的概念,它是根据人体健康发展所必需的营养成份而确定的一个标准。在一定收入水平上测算一个家庭满足每个成员起码的生活需求所需的费用。它包括必需的食品支出和衣服、燃料及住房支出,由此组成一组收入数字,在此收入标准下即为贫困。这就是绝对贫困。相对贫困则是在前一概念的基础上进一步完善而来的。1979年英国著名学者彼得·汤森在他的《英国的贫困》一书中指出:"当某些个人、家庭和群体没有足够的资源去获取他们所需的那个社会公认的、一般都能够享受到的饮食、生活条件、舒适和参加某些活动的机会,那么就可以说他们处于贫困状态。他们由于缺少资源而被排斥在一般的生活方式、常规及活动之外"①。所以贫困在这里已不是原来饥寒交迫、无法解决温饱的问题了,而是相对被剥夺、相对被侵占的概念。贫困者相对于社会的大多数成员来说是生活在较低水平线上,他们被排斥在社会生活的主流以外。上述两个贫困概念,都可用来描述世界上任何社会的贫困现象,只不过所反映的贫困程度不同。对于发达国家而言主要是相对贫困问题,而对于发展中国家而言,则仍然是绝对贫困问题。

2. 贫困线

按照国际惯例,衡量贫困状况的标志是贫困线,或称为"最低生活保障线"。贫困线是指政府按照一定的方法,将社会成员为购买维持最低生活水平或满足基本生活需要的物品或服务,而必须获得或花费的一定数量的货币金额确定为一条具有法律参照意义的标准线,这条标准线就是贫困线。贫困线的测算,从国际经验来看有以下四种方法:

第一,以恩格尔系数为依据确定贫困线。德国统计学家恩格尔经过大量调查研究发现,一个家庭用于食物支出的比例越大,表明这个家庭越穷,因为其家庭收入的绝大部分只能用于糊嘴度日,不可能满足更多更高的需求;反之,该家庭用于食物支出的比例很低,则表明家庭收入水平较高,可有较高的生活水准和满足更高的生活需求,应归富庶。二战后恩格尔系数被用来作为确定一个家庭乃至一地一国的生活形态的重要指标。一般认为,一个家庭的饮食支出占家庭支出的百分比即恩格尔系数超过59%的,属于生活绝对贫困的家庭;界于50%～59%的属于基本解决温饱的家庭;在40%～49%之间的则可算上是小康家庭;该指标在20%～

---

① [英]安德鲁·韦伯斯特:《发展社会学》,华夏出版社1991年版,第4～5页。

39%之间则是富裕型家庭；在20%以下则为极富。

美国就是参照这一指标来划定贫困线的。1965年美国社会保障总署即以恩格尔系数来确定最低生活保障线，它把三口及三口以上的家庭食品支出占收入的33%或二口之家该比例占27%以上的家庭均视作贫困家庭，因此那时美国的贫困线就是饮食支出的绝对额乘以3。美国一般每年颁布一次贫困线，作为确定社会救助对象的依据。可见美国的贫困线标准较之上述贫困标准，已经够得上富裕水准了，显然其贫困概念是相对意义上的。但就大多数人发展中国家而言，由于收入和消费结构不同，很难用恩格尔系数来作为划定贫困线的指标。

第二，一些发达国家用相对的方法来衡量贫困，最常用的是将贫困标准和一个地区人均收入水平保持一定比例。1976年国际经合组织以一个地区人均月工资的1/2或1/3作为贫困线标准，不少国家都是按中位收入的1/3确定救助标准的。

第三，市场菜篮子方法。1978年美国有人提出一整套划定贫困标准的具体生活消费指标，包括食品、房租、衣服、家具、交通、卫生保健、水暖电气、税收和文化娱乐，依据市场上这些生活必需品和有关服务项目的价位，计算出维持人们生存和发展所必不可少的基本需求的开支，从而得出最低生活保障线。1990年，世界银行也提出一个设想，以人们日常最起码消费支出的总费用作为划定贫困的标准，具体包括人们的食品、生活必需品和参与社会日常生活的费用。但是这种方法带有很大的不确定性，因为不同的国家和地区人们的生活水平参差不齐，生活必需品在不同的地方也有不同的界定，因而很难进行国际比较。

第四，生活形态式方法。以当地大多数人的主观判断来确定哪些人生活形态上是属于贫困的，并在此基础上作进一步的调查确认，进行有关救助。如20世纪80年代初香港学界有人对326位各界人士进行调查，得出的"贫困生活状态"是：无力为子女上学提供必须的学习用品，过年过节无力送礼，生大病买不起补药，子女9年义务教育后立即就业,家中无电话,过年过节开不起舞会等等。这种方法类似于进行社区阶层分析的主观声誉法,只能在一个较小的范围内进行,并带有很大的主观随意性。

以上四种方法各有特色,具体到一个国家一个地区,到底用哪种方法,或是兼用几种方法,那就要根据这个国家或这个地区的基本情况来决定了。世界银行编撰的《1990年世界发展报告》,根据若干个发达国家和发展中国家的贫困线和平均生活水准用数理统计的方法,确定了一个贫困范围,它的上限是370美元,下限是275美元。制定这个贫困标准是为了进行国际比较,照此标准,发展中国家有11.2亿人处于贫困状态,其中6.3亿人口属赤贫。我国存在两套贫困线体系。一是城镇贫困线体系,二是农村贫困线体系。城镇贫困线体系是我国城镇最低生活保障制度的基础,而农村贫困线体系则是制定我国扶贫开发政策的基础。根据经验数据,我国的两个贫困线体系存在着相对固定的比例关系,即城镇贫困线一般是农村贫困线的2倍左右。

第二节 世界社会救助的发展

一、社会救助的世界发展进程

社会救助是一项古老的社会保障内容,一般认为,它起源于原始社会末期,当时的原始共产主义制度对氏族内的所有成员均给予生活保障。恩格斯在其《家庭、私有制和国家的起源》中是这样描述"易洛魁人的氏族"的:"不会有贫穷困苦的人,因为共产制的家庭经济和氏族都知道他们对于老年人、病人和战争残废者所负的义务","同氏族人必须相互援助、保护……个人依靠氏族来保护自己的安全,而且也能做到这一点。"[1]可见在那时候已经萌发了

---

[1] 《马克思恩格斯选集》第4卷,人民出版社1975年版,第92~93、83页。

社会保障的思想幼芽。进入奴隶社会特别是封建社会以后，人们出于恻隐之心或宗教信仰而对老弱贫病者施以救济，统治阶级也出于巩固其统治地位的需要，进行一定的赈灾恤贫。我国历代由乡里、宗族和政府设立的养老、助残、济贫机构如唐时的"悲田院"、宋代的"居养院"、明朝的"惠民药局"、清代的"普济堂"等等，都是对鳏寡孤独废疾者进行援助的极好写照。国外有关古老的社会救助思想也有不少，古希腊的经典文学作品都把老人描绘成智慧之星，慈善事业在当时的希腊城邦国家已经制度化。古罗马帝国也很早确定了所有人均可在贫困时得到贵族分发的谷物。

但是，将社会救助作为一项制度并以立法的形式加以确定下来，是工业化革命以后的事情。英国是最先进行工业革命的，15、16世纪，以诺维奇（Norwich）为首邑的东央格尼亚，因发展纺织业而暴富，人们纷纷弃农从纺："从前60人赖以生活的地方，现在由一个人和他的羊群统统占领了"，"人人养羊，各行各业被打入冷宫，只有饲养业单独兴旺"。① 成千上万的农民被迫失去了土地，只能到处流浪，这就是"羊吃人"的圈地运动。无地可种的农民只能进城打工，靠出卖自己的劳动力谋生，贫穷、失业和灾难伴随着他们。社会上的"游丐"、"流民"、"恶棍"数量大大增加，物价昂贵、骚动不断，社会动荡不安。1530～1597年，英国议会通过了13个有关处理流浪者的法案。1601年女王伊丽莎白一世颁布世界上第一部救济贫民的法案，即旧《济贫法》，它集英国各种济贫法案之大成，把救济对象分为三类：一是有劳动能力的贫民。强制他们进贫民习艺所，进行极其艰苦的劳动，因为当时的新教教义认为，贫穷是由个人原因特别是个人懒惰造成的，如果对贫民宽容仁慈，只会让他们更加堕落，一辈子受穷，死后灵魂也升不了天堂；二是

---

① ［英］伊丽莎白·拉蒙德：《论英国本土的公共福利》，北京商务印书馆1991年版，第98页。

丧失劳动能力的贫民。这些人由各教区设立贫民救济院进行收养,或者施以院外救济;三是无依无靠的孤儿,由贫民教养院和贫民习艺所安排孤儿习艺。

《济贫法》的颁布实施,成为世界各国社会救助立法化的先例。但是当时这种带有传统救济特征的济贫不可能从根本上消除贫困问题,相反这种"惩诫性"的济贫倒使贫民终身被关闭在贫民习艺所内,无法摆脱贫穷。因此引起贫民的极大不满。1782年,英国议会又通过了以倡导人吉尔伯特命名的法案,此法案的主要内容是扩大济贫面,增加为教区以外的贫困者实施救济。这样一来,英国政府的财政支出急剧增加,其救济费用从1801年的410万英镑升为1818年的787万镑。1825年,英国发生了资本主义世界的第一次经济危机,危机所至,大批工人失业,济贫面扩大,财政不堪重负。1834年,英国议会根据1817年和1832~1834年"济贫法"委员会的调查报告,通过了《济贫法》修正案,即新《济贫法》,新法案将原来的分散管理改为相对集中,对被施救对象来说,条件更为苛刻,强迫贫民回到环境恶劣的贫民习艺所,并接受三个前提即丧失个人尊严、丧失个人自由、丧失个人政治权利。有些人不愿接受如此苛刻的条件,宁愿饿死也不接受救济。20世纪初,以"自助助人"为旗帜的现代社会救助制度逐渐取代传统的社会救济。人们开始认识到,贫困的主要原因不在个人,而是由社会多方面、多因素造成的。社会救助应成为国家和政府的一项义不容辞的职责,贫困者得到社会的救助也是国民的基本权利之一。

19世纪80年代,德国俾斯麦政府首创了社会保险制度,这种以预防为主应对社会经济风险的社会保障制度很快为其他工业化国家所效仿,到20世纪20年代,欧洲各工业化国家都不同程度地建立了社会保险制度。二战结束后,以英国和北欧为代表的一些国家纷纷将建立普遍社会福利作为努力的目标。随着经济的高速发展和就业率的普遍提高,社会救助的地位和作用直线下降,当时甚至有人预言,社会救助将完全被社会保险和社会福利所替代。

但是事实证明这样的预言为时尚早,作为社会保障制度的第一道防线,社会救助所起的作用是其他社会保障制度所不能替代的。因为社会保险要求先参保后享受,如果一个人终生无劳动能力那就不可能参加社会保险。再如发生金融危机,那么原来的保险金就不可能保证参保者能维持象样的生活。而社会福利则需建立在较高社会经济水平和社会成员较高素质的基础上,否则就会发生财政支付危机。所以在可预见的未来,社会救助制度仍然是整个社会保障制度的重要内容,即使在西方发达国家,它在整个社会中仍起"保底"的作用。无论在发展中国家还是在不发达国家,社会救助则还是一项主要的社会保障制度。

二、世界社会救助发展的启示

从世界社会救助的发展进程来看,我们可以有以下两方面经验可资借鉴:

1. 社会救助是许多国家所共同经过的发展阶段,尤其是在一个国家经济发展的初始阶段,社会救助所发挥的作用是其他社会保障制度所无法比拟的。对于我们中国这样一个尚处于社会主义初级阶段且要建立社会主义市场经济体制的国家来说,我们的社会保障目标不应该定得过高,去追求高而全的社会保障制度,而要和我国目前的经济发展程度相适应,尤其要铺设好整个社会的第一道安全网,切实保障社会每一个成员在激烈的市场竞争下的生存和发展。社会救助是稳定社会的最有效和最基本的措施之一。

2. 就社会保障制度的发展历程来看,整个保障水平是由低到高递进而上的。也就是说,一国的保障水平并非越低越好,而要随着社会的进步和人们生活水平的提高而不断推向新的境界。因此,就有了我们今天所看到的社会保障的多层次。即社会救助提供国民的最低生活保障,是整个社会的第一道防线;社会保险提供劳动者及其家属的基本生活保障,是社会的第二道安全网;而社会福利则是全体社会成员更高生活水平和质量的国家保证,是社会的普遍津贴和福利设施,构成整个社会保障的最高层面。世界上许多国家的社会保障体系的发展,都经过了这样一个由低到高的进程。我国目前的首要目标应该是铺设好社会保障的第一道安全网,改革和完善原有的社会保险制度,并在此基础上逐步发展社会福利事业。

第三节　中国扶贫解困和最低生活保障制度

社会救助即扶助处于社会生活底层的那部分成员,帮助他们度过难关、摆脱贫困。而贫困问题是一个全球性的问题,不论是发展中国家还是发达国家都存在贫困现象。我国是世界上最大的发展中国家,贫困问题较为严重,而且主要是绝对贫困问题,即人们缺乏维持最低生活的物质条件和资金来源,生活陷入困境。比较相对贫困,解决绝对贫困问题其任务要艰巨得多。

一、中国贫困现状

1. 贫困者的数量

从我国目前贫困人口的致贫原因来看,主要是两个方面:一是自然灾害致贫,一是非自然灾害致贫。从贫困群体的分布来看,主要是区域性贫困和阶层性贫困。我国目前因贫困而需社会救助的对象主要有以下几种:

第一,灾民,也称成灾人口,指遭受自然灾害并造成直接经济损失或农作物减产减收三成或三成以上的地区人口。我国是一个自然灾害频发的国家,全国每年受灾人口在2亿以上,造成的经济损失少则1000亿元,多则达3000亿,这一数值约占国民生产总值的5%~9%。但由于中国地域辽阔,灾民众多,在国家财力有限的情况下,能得到国家救助的灾民只有一部分,约占40%~50%。现在国家每年约安排特大自然灾害救济补助费10多亿元,救灾粮30多亿斤,转移安置灾民1000多万人,救济1500万人(灾害救助详见本章第四节)。

第二,"三无人员"(即孤寡病残者),主要是城乡无法定扶养人、无劳动能力、无可靠生活来源的老年人、残疾人和未成年的孤儿(参见本书第十章)。据统计,1991年全国共有三无孤寡病残人员447万人,其中101万人在城镇,316万人在农村,得到救助的有348万人,占总数的78%。这些人员主要通过社区"五保"即保吃、保穿、保住、保医、保葬(对老人)或保教(对孤儿),来保证其基本生活需求。目前"五保"制度有集中供养(住敬老院)和分散供养(住农户家中)两种形式,主要经费靠城乡基层社区筹集和国家民政部门的的部分经费划拨。

第三,城乡贫困者。很明显,改革之初中国反贫困重点在农村。按照一些正式公布的数字来看,1978年中国农村的贫困人口为2.5亿;经过以承包责任制为主要内容的农村经济改革,到1985年已下降到1.25亿;又经过20世纪80年代以来的扶贫开发及相关措施的实施,1998年这一数据已下降到4200万;目前我国农村的贫困人口约为3000万。中国城市贫困人口20世纪80年代中期以前确有下降趋势,但后来经济转型、企业改制引发职工大量下岗等,城市凸现新贫困现象:城市贫困人口中"三无"人员的比例在减少,但城市新贫困人口的比例却在迅速攀升,并在20世纪90年代突破千万大关。如果以"吃低保"为标准,至2006年第三季度我国城市贫困人口达2228万。下面是就这一数据民政部公布的我国城市低保人员的构成:在职人员98万人,占4.4%;下岗人员360万人,占16.2%;退休人员56万,占2.5%;失业人员416万人,占18.7%;"三无"人员92万人,占4.1%;其他人员1206万人,占54.2%。

第四,特殊的社会救助对象。这包括具有特定政治身份的社会成员,如生活困难的红军失散人员、原国民党起义投诚的生活困难人员、宽大释放的原国民党党政军特工作人员中的生活困难人员、外侨中生活困难人员等。20世纪60年代初期我国对被精简退职的职工,由民政部门按相当于其原标准的 40％发给救济费,并给予医疗补助。目前符合国家有关政策规定的特殊救助对象有十多种,共约 76 万人,他们也构成了一个社会脆弱群体。

因此可以这样说,改革开放 20 多年来,中国的贫困问题虽然在快速缓解,但其绝对数仍然庞大,离基本解决贫困问题的社会发展要求仍有很长一段距离,即我国未来扶贫解困的任务依然十分艰巨。

2. 贫困者的贫困程度

改革开放以来,我国国民的整体生活水平大大提高了,国家综合国力不断增强。2006 年我国人均国内生产总值达到了 15973 元,是 1978 年 381 元的 42 倍(按现价计算,不扣除价格因素)。2006 年我国国内生产总值为 209407 亿元,按照可比价格计算是 1978 年的 13.3 倍,2006 年城镇居民人均可支配收入和农村居民人均纯收入分别达到了 11759 元和 3578 元,按照现价计算比 1978 年增长了 33.2 倍和 25.8 倍。居民实际消费水平由 1978 年的每人每年 184 元,提高到 2005 年的每人每年 5439 元。城乡居民储蓄存款由 1978 年的 210.6 亿元增加到 2006 年的 161587.3 亿元。但是不能不引起人们注意的是,在城乡人民生活水平普遍提高的同时,反映一国居民收入差异程度的基尼系数在提高,城乡收入差距也在进一步拉大。1978 年我国城乡居民收入的基尼系数分别是 0.15 和 0.22;到 20 世纪 80 年代中期以后,1986 年城镇居民收入的基尼系数是 0.19,而农村居民收入的基尼系数已达 0.30;1994 年城乡居民收入的基尼系数分别是 0.37 和 0.41。而实际上这一指标可能更大,因为低收入阶层(特别是工薪阶层)的收入水平一般是比较透明的,但高收入阶层的收入(特别是灰色收入等)情况却不甚为社会所知。所以一些民间调查机构在对现实进行调查后,认为中国的城镇基尼系数 2006 年已达 0.529,位居最不公平国家之列。① 从城乡差距来看,1996～2005 年的 10 年间,全国农村人均纯收入与城镇居民可支配收入的比率从 1：2.51 上升到 1：3.22,且呈缓慢增长趋势(见表 5.1)。

表 5.1 1996～2005 年城乡居民家庭人均收入及恩格尔系数

年份	农村居民家庭人均纯收入（元）	城镇居民家庭人均可支配收入（元）	城镇：农村	农村居民家庭恩格尔系数（%）	城镇居民家庭恩格尔系数（%）
1996	1926	4839	2.51：1	56.3	48.8
1997	2090	5160	2.47：1	55.1	46.6
1998	2162	5425	2.51：1	53.4	44.7
1999	2210	5854	2.65：1	52.6	42.1
2000	2253	6280	2.79：1	49.1	39.4
2001	2366	6860	2.90：1	47.7	38.2
2002	2476	7703	3.11：1	46.2	37.7
2003	2622	8472	3.23：1	45.6	37.1
2004	2936	9422	3.21：1	47.2	37.7
2005	3255	10493	3.22：1	/	/

资料来源:《中国统计年鉴——2005》。

中国的贫困人口还存在着突出的精神贫困现象,它主要表现在接受教育程度低、轻视科学与技能、盛行迷信等方面,贫困往往与愚昧混合在一起。

二、建国后 50 年的扶贫解困

在 1949 年新中国诞生到 20 世纪末的 50 年里,我国扶贫解困工作经历了以下四个时期:

---

① 何平、华迎放:《城市贫困群体社会保障政策与措施研究》,中国劳动社会保障出版社 2006 年版,第 2 页。

1. 建国初期，1949～1953年，当时主要是面对战争遗留下来的一系列问题进行社会救济，需要救济的对象和数量很多，有城市贫民、失业人员、孤老残幼、国民党散兵游勇及烟民、妓女等等。当时的救济方针是"在自力更生的原则下，动员与组织人民实行劳动互助，实行自救、自助、助人"。救灾方针是"生产自救，节约度荒，群众互助，以工代赈，并辅之以必要的救济"。根据这些方针落实的一系列社会救助措施，妥善解决了旧社会遗留下来的问题，维持了社会的正常秩序，巩固了新中国的人民政权。

2. 社会主义改造和社会主义建设时期，1954～1965年，主要是解决社会主义改造和社会主义建设时期出现的新贫困者的生活困难问题，诸如家庭中人多而劳动者少、年老体弱者、失业店员及灾区灾民。值得一提的是，在这一时期形成的农村五保供养制度成为我国社会救助的一大特色并延续至今。1956年的《高级农业生产合作社示范章程》明确规定：农村合作社对于社内缺乏劳动力、生活没有依靠的鳏寡孤独的社员，应当统一筹划，在生活上给予适当照顾，做到保吃、保穿、保烧（燃料）、保教（儿童、少年）、保葬，使他们生养死葬都有依靠，以后的五保又增加了保住和保医的内容。到60年代初，三年严重的自然灾害致使整个国民经济受到巨大损伤，农村人民的温饱难以维持，城镇近2000万职工被精减退职回乡，城乡急需社会救助的对象大幅度增加，社会救助工作也进入一个严峻期。

3. "文化大革命"时期，1966～1976年，这一时期的社会救助工作和社会保障的其他项目一样，陷于停顿状态，大批符合社会救助的对象得不到及时的救助，基本生活得不到保障，一些贫困对象重新四处乞讨，流浪街头。

4. 改革开放以后，社会救助事业进入新时期，迎来其发展的第二个春天，扶贫解困工作得到了前所未有的重视。从1981年起，国家就有计划地开展了"反贫困"工作。1984年9月，中共中央、国务院联合发出《关于帮助贫困地区尽快改变面貌的通知》，号召各级党委和政府采取切实可行的措施,帮助贫困地区的人民摆脱贫困。从那时到现在,我国扶贫解困走过了三个阶段:从1978年到1985年,贫困人口大幅度减少的第一阶段。7年内乡村贫困人口由2.5亿减少到1.25亿,平均每年减少1786万人,农村贫困发生率即绝对贫困人口占农村总人口的比例从1978年的30.7%下降到1985年的14.8%。1986~1993年,贫困人口稳定减少的第二阶段。中国农村的贫困人口进一步减少到8000万,平均每年减少640万人,农村绝对贫困的发生率8.8%。1986年4月,扶贫列入国民经济"七五"计划,同年国务院成立贫困地区经济开发领导小组,国家科委、民委、农业部等开始定点对口扶持。1987年国务院下发《关于加强贫困地区经济开发工作的通知》,要求提高开发资金的使用效益,实现"七五"期间解决贫困地区大多数群众温饱问题的目标。此后国家在26个省(区)贫困县实施以工代赈,帮助贫困地区修建道路和水利工程,促进贫困地区经济开发。从1993年起中国进入消除贫困的第三个阶段也是最艰难的阶段。1993年9月,国务院批准制定、实施全国"八七扶贫攻坚计划",即从1994年到本世纪末,用七年时间基本解决那时尚未完全解决温饱的8000万人口的温饱问题。通过以上三个阶段的扶贫解困工作,农村绝对贫困人口从改革开放初期的2.5亿下降到2007年的3000万左右,可以说取得了巨大的成绩。

然而20世纪90年代以后,我国城市贫困矛盾凸现。从世界范围考察,可以发现发达国家的贫困人口主要集中在城市(如美国人口普查局1999年的统计表明在各大都会地区,市中心地区居民的贫困率是18.5%,比郊区居民的贫困率8.7%高出一倍多),而发展中国家的贫困人口则主要集中在乡村,中国现在却出现了城市贫困与乡村贫困并存的局面。到1998年时乡村的贫困人口比率为4.6%,城市贫困人口比率则为5.3%,城乡贫困人口在总量指标上虽然存在着一定差距,但从贫困发生率来看,城市与乡村均在4%以上,从而表明城市贫困问题日益突出。为此国家相继出台了一系列有针对性的措施,如以国有企业下岗职工基本生活保障、失业保障和城市居民最低生活保障制度为内容的"三条保障线"制度等,城市反贫困也被摆上各级政府的重要议事日程。

三、我国传统社会救济制度的不足

考察我国扶贫解困的历史进程,不难发现,我国在计划经济体制下形成的社会救济制度,存在着救济范围窄、救济标准低、工作随意性大等问题,需要在社会主义市场经济体制的发展与完善过程中加以解决。

1. 救济范围窄

如前所述,我国每年因各种因素导致贫困而需要得到社会救助的对象近3亿人。我国宪法也明确规定得到社会救助是每个公民的不可剥夺的权利。但按照我国当时的有关政策规定,真正能得到社会救助的人员不足1/3。实际工作中,有关部门将社会救助的对象限制在"三无"人员上,即具备"无法定继承人、无生活来源、无劳动能力"等限制条件的人员。城镇的社会救济主要是针对社会孤老残幼、社会困难户和60年代精减退职职工及其他特定对象来进行的。有工作单位的劳动者及其家庭发生生活困难,则由所在单位帮助解决,即所谓"谁家的孩子谁抱走"。农村中农民的生活困难由政社合一的以队为基础的人民公社来帮助克服。20世纪80年代初,农村实行联产承包责任制后,农村农民的收入差距拉大,困难群众的生活问题成为上下共同关心的焦点,所以有了农村的扶贫工作。步入20世纪90年代,随着传统计划经济体制向社会主义市场经济体制的转变,城镇单位救助的不足也逐渐显现出来。即单位效益好的一般需要救助的人员较少,而整体效益差、工资水平低乃至开不出工资的单位,需要救助的对象又较多,不可能沿用"谁家的孩子谁抱走"的传统救助办法。因此,城镇社会救助制度的改革提上议事日程。那种主要针对城镇单位保险和农村集体保障以外的极少数"漏网"对象而进行的社会救济显然已不能适应建立市场经济体制的要求了。

2. 救济标准低

因社会救济经费不足,而救济对象较多,"僧多粥少",我国的社会救济标准一直偏低。以国家财政拨款为例,包括军人的抚恤费在内,1985、1990、1995年分别是31.2亿、55亿、95.1亿,哪怕只按1亿救济对象来计算,年人均可得救济费也只有31.2元、55元、95.1元,依靠救济无论如何都无法维持最低生活。拿1992年来看,全国城镇社会救济费用(包括临时救济)总共只有1.2亿元,占当年国内生产总值的0.005%(十万分之五),不到国家财政收入的0.03%(万分之三)。城镇困难户的定期定量救济经费是8740万元,救济对象人均月救济金额38元,仅为当年城镇居民人均生活费收入的1/4,还不到当年城镇居民人均食品支出的1/3。农村的救济水平更低,20世纪80年代初月救济标准为3～9元,到90年代,农村绝对贫困人口虽减少了一半,但社会救济费没有与物价上涨和国民经济的发展同步增长,因而农村脱贫效果下降。可见,原先的社会救济,除了"三无"人员可勉强维持温饱需求,其他对象只能得到"送温暖"性质的帮助,救急却不能救贫。

3. 社会救济工作随意性大

计划经济体制下的社会救济工作也缺乏规范的工作流程,社会救济的对象到底有多少,谁可得到社会救济,可领多少救济金,应该通过什么渠道和程序? 等等,都比较模糊和随意。如在城镇,有工作单位的劳动者,若发生生活困难,照例是由单位给予困难补助,补助数额是由各个单位根据自己的经济状况自行确定的,因此不可能形成一个统一的标准和规范化的工作程序。农村中更是问题多多。党中央和国务院反复强调,扶贫要攻坚到户,但在实际工作中常常走样,扶贫资金用不到刀刃上。例如,有的基层干部利用职权随意挪用扶贫资金,将它用于与解决群众温饱没有多大关系的项目上。再如,应该给贫困户的钱却给了并不贫困的关系人,甚至用到了富裕户和县乡干部身上。一些地方,扶贫十年,面貌未改,群众仍不得温饱。① 缺乏严格的工作规程和制度化的救济法则,社会救济工作难免变味走样,暗箱操作频发。这样,扶贫济困的目的达不到,还引起了群众很大的不满。

四、城市居民最低生活保障制度的建立

在社会保障体系中,新时期对贫困者给予社会救助的新的制度形式是最低生活保障制度。如上所述,在我国这样一个发展中的大国,社会救助工作面广量大,任务繁多。我国政府从千头万绪的工作事务中,首先选择在全国城镇普遍建立城市居民最低生活保障制度,以此来解决传统社会救济制度存在的问题,在使城镇社会救助走上规范化和制度化轨道的同时,带动农村社会救助上路前行。

1. 城镇居民的新贫困问题

在计划经济体制下,我国曾长期在企事业单位实行低工资、高就业的福利政策,城市贫困问题不突出。但是伴随着市场经济体制的改革,当人们告别了"大锅饭"和"铁饭碗"后,在20世纪90年代城镇新贫困问题渐成社会关注的焦点。除了老的社会救助对象以外,城镇新贫困问题主要起因于部分国有企业和集体企业的职工因企业效益滑坡而被减发甚至停发工资,离退休人员因企业不景气而无法正常领到养老金,特别是大量职工因经济转轨、产业调整、企业改制而下岗、失业。与此同时,20世纪90年代中期市场物价大幅度上升,据朱庆芳研究员分析,我国城市居民消费价格总指数从1993年到1996年连年上升,平均每年上升18%。特别是和居民生活密切相关的食品类,4年涨幅达110%。据《1997年社会蓝皮书》批露,物价上涨使大中城市近四成居民生活费收入下

---

① "我国消除贫困时间紧迫",《报刊文摘》1998年6月22日。

降,少数城市减收户高达 65%。① 再加上城镇原有的公费医疗得不到可靠保证,城镇职工医疗费用不能及时报销的情况十分普遍,一些城市所欠职工医疗费已达好几个亿,极少数地方甚至到职工已不在人世几年了,才开始报销或仍无钱全数报销。正是在上述双重压力的挤压下,少数城镇人口的贫困程度已和农村贫困户无大差异,甚至超过农村。据国家统计局城调总队调查测算,1995年我国城镇居民贫困者占城镇非农人口的 8.6%,约 2428 万,城镇贫困户约 659 万户,占非农户的 7.6%。

2. 城市居民最低生活保障制度的建立

1993 年 6 月 1 日,为筑起城市居民的第一道生活防线,上海市率先对城市居民建立了最低生活保障制度,当年有 2680 个月人均收入不足 120 元的城市居民得到救助,由此拉开了城市困难居民救助制度改革的序幕。1995 年 5 月民政部在厦门、青岛分别召开了全国城市居民最低生活保障工作座谈会,号召将这项制度推向全国。到 1997 年 5 月全国已有 206 个城市建立了这项制度,约占全国建制市的 1/3。1997 年 8 月,国务院颁发了《国务院关于在各地建立城市居民最低生活保障制度的通知》,要求各地在 1999 年底以前必须在全国所有的城市建立这项制度。为了规范城市居民最低生活保障制度,保障城市居民基本生活,1999 年 9 月 28 日国务院发布了《城市居民最低生活保障条例》,全面地规定了城市居民最低生活保障的内容,并于 1999 年 10 月 1 日起施行。各省、自治区、直辖市人民政府可以结合本行政区域城市居民最低生活保障的实际情况,规定实施办法和步骤。

3. 城市居民最低生活保障的主要内容

《城市居民最低生活保障条例》规定,城市居民最低生活保障标准,按照当地维持城市居民基本生活所必需的衣、食、住费用,并

---

① 唐钧:"最后的安全网——中国城市居民最低生活保障制度的框架",《中国社会科学》,1998 年第 1 期。

适当考虑水、电、燃煤（燃气）费用及未成年人的义务教育费用来确定。直辖市、区、县城市居民最低生活保障标准，由相关政府民政部门会同财政、统计、物价部门制定，报人民政府批准执行。享受城市居民最低生活保障的对象，主要是家庭人均收入低于当地最低生活保障标准的持有非农业户口的城市居民，具体有三类：第一，"三无"人员，即无生活来源、无劳动能力、无法定赡养人或抚养人的居民，这些是传统的救济对象；第二，领取失业救济金期间或失业救济期满仍未能重新就业、家庭人均收入低于最低生活保障标准的居民，这些人是有劳动能力但因各种原因而一时无法就业者；第三，在职人员和下岗人员在领取工资或最低工资、基本生活费后以及退休人员领取退休金后，其家庭人均收入仍低于最低生活保障标准的居民，这类人员都有一定的收入来源，但因收入较低或者家庭赡养或抚养系数高而负担较重，家庭人均收入达不到当地政府颁布的最低生活保障线。第一类保障对象按最低生活保障标准全额发放，如其原来享受的生活救济标准高于最低生活保障标准的，则按原救济标准发放；对二、三类保障对象均按其家庭人均收入与最低生活标准的差额发放；但根据国家有关规定享受特殊待遇的优抚对象等人员，其抚恤金不计入家庭收入。实施城市居民最低生活保障制度所需资金，由地方各级人民政府列入财政预算，纳入社会救济专项资金支出科目，依托基层社区实施专帐管理。

城市居民最低生活保障制度建立以来，享受低保的人数2001年达到1170万，2002年达到2064万，2003年达到2200万。各级财政尤其是中央财政的投入也不断增加，2001年，中央财政投入23亿元，2002年中央财政投入了46亿元，2003年中央财政投入达到92亿。2004年，各级财政对低保的投入为170亿，其中中央财政投入维持在2003年水平。城市居民最低生活保障制度的制定和实施，对于保障贫困家庭的起码生活，维护宪法赋予每个人的生存权利，保持稳定的社会生活秩序，改变传统的社会救助办法等等都有着积极的作用。与此同时,在经济比较发达的东南沿海农村地区,城镇居民的最低生活保障制度也开始向农村拓展延伸。

五、低保制度向农村推进

农村社会救助体系是农村社会保障体系的主体。其中包括以下一些制度:其一是"五保户"制度,这是改革以后保存较好的农村社会救助制度。但随着农村税费改革,由村集体负责费用的制度正在受到严重挑战。其二是农村特困户救助,从2002年以来民政部门在农村中推行以大病、重残者等特殊困难户为对象的农村特困户救助,但目前在资金来源和管理体制等方面尚未较好地规范化。其三就是建立农村居民最低生活保障制度。

我国农村最低生活保障制度始建于20世纪90年代中期。1994年民政部开始了农村最低生活保障制度的试点探索,1996年民政部办公厅下发了《关于加快农村社会保障体系建设的意见》,其中明确指出:"农村最低生活保障制度是对家庭收入低于最低生活保障标准的农村贫困人口按最低生活保障标准进行差额补助的制度。"

在经历了20多年的改革开放和经济发展的基础上,中国工业化已经进入中期阶段,工业反哺农业、城市支持农村的条件逐渐成熟,建立覆盖全民的最低生活保障制度由此被提上议事日程。浙江作为经济大省,1998年在全国率先实行了城乡一体的最低生活保障制度,全省对低保对象实现了动态管理下的应保尽保、应补尽补。此后,全国许多省市相继对农村特困群众的救助实现了从临时救助、低水平救助向低保制度的转变。2005年后,在中央的大力推动下,全国建立农村低保制度的步伐大大加快。到2007年年底,我国31个省区市都将建立起农村最低生活保障制度,生活常年困难的农村居民也能像城里人一样吃上低保了。[1]

---

[1] CCTV新闻频道(360度),www.cctv.com,2007年5月23日。

第三节 中国扶贫解困和最低生活保障制度

2007年中各地民政部门历时一年多的摸底调查表明,全国农村大约有3000万人需要依靠农村最低生活保障,他们主要是身患疾病残疾、年老体弱、丧失劳动能力或者由于生存条件恶劣等原因造成生活常年困难的农民。以前政府通过特困户救助等方式保障这些人的基本生活,但随着物价的变化,每年只有100多元钱的补助已经不能满足温饱。如今贫困农民纳入低保后,各地的低保标准虽然不同,但原则上低保标准不低于国家贫困标准693块钱,部分东部发达省份甚至能达到每年2000多元,可以说这些钱能维持贫困农民全年基本生活所必需的吃饭、穿衣、用水、用电等方面的费用。

六、城乡低保制度的完善

总结十几年来城乡最低生活保障制度建立与实施的实践,我们可以看出,我国城乡居民最低生活保障制度的完善还存在着几个亟待研究和解决的问题:

1. 最低生活保障标准的界定

最低生活保障制度是一项生命线工程,是全体社会成员的第一道生活防线。制度能否顺利实施的关键在于最低生活标准的确定。它既不能太高,因为太高容易加重国家和地方财政的负担,又可能诱导人们形成惰性,躺在救济的摇篮里,而不愿通过自身努力尽早摆脱贫困;但是也不能太低,因为太低不足以给贫困者提供最低生活保障,导致"贫困烙印"问题,从而有违建立这一制度的初衷。就目前来看,各地各级政府在划定这条线时,都本着实事求是的原则,在调查研究、分析测算的基础上合理界定,而且在目前起步阶段都坚持就低不就高,贫困地区不盲目跟从发达地区,因地制宜制定最低生活保障线。至于制定城市最低生活保障标准的具体方法,各地大都采取"菜蓝子法",即选择若干生活必需品,依据其最低消费作为确定最低生活水平的标准,并在实施过程中对特殊人群如社会优抚对象和"三无"人员以适当的救助倾斜,因此这一制度实施以来产生了很好的社会效应。

但是也应该看到,目前各地颁布的城市居民最低生活保障标准,还是很低的,多数是解决生活救济的问题,难以顾及贫困者实际的需要。而一般对社会贫困者的最低保障要包括七个方面:生活救济、医疗救济、教育救济、住宅救济、分娩救济、求职救济和丧葬救济。由此看来,我国目前已经建立的城市居民最低生活保障制度仅顾及了 1/7 的工作,对于后六个方面的救济,各地步子不一,有的提出了一些原则性的意见,有的提请有关部门酌情处理,有的地方还无暇顾及。这个问题实际上还是如何科学合理地界定贫困的问题,我国目前主要力量还是用于解决绝对贫困问题,即首要解决群众温饱。

但无论是从理论还是从实践上说,生活救济的最终目的是帮助贫困者摆脱贫困,而要摆脱贫困,必须建立在贫困者通过自身的努力和辛勤劳动,改变其生存环境与生活条件。这也是改革开放以来我们所一贯倡导的原则:社会救助应由对贫困者的简单"输血"变为扶助贫困者自身形成"造血"机制,从而在根本上摆脱贫困。因此,要达到这样的目标,光有生活救济显然是不够的,还要通过医疗救济、住宅救济特别是教育救济和求职救济等来扶助贫困者从根本上消除产生贫困的原因,那样才算真正完成社会救助制度的使命。

2. 最低生活保障经费的来源

这个问题是城乡最低生活保障制度的核心问题,也是制约最低生活保障制度的瓶颈。较早建立这一制度的城市筹集经费有两种办法:一种办法是由各级地方财政按一定比例分级负担,所需经费列入财政预算。另一种办法是各方出力,财政保底。也就是在原有单位保障即"谁家的孩子谁抱走"的前提下,有些单位无力保障或仅有一部分保障,仍不足以解决问题,再由当地主管部门解决,主管部门还无力解决的最后由地方财政兜底。两相比较,第一种办法是比较理想的,因为它将传统的企业或单位负责救济的任务重新交给社会,也就消除了传统救济体制下的弊端。《国务院关于在全国建立城市居民最低生活保障制度的通知》中肯定了这一筹资办法。并规定建立这项制度所需资金,由地方各级人民政府列入财政预算,纳入社会救济专项资金支出科目,专帐管理。每年年底前由各级民政部门提出下一年的用款计划,经同级财政部门审核后列入预算,定期拨付,年终编制决算,送同级财政部门审批。目前最低生活保障资金由财政和保障对象所在单位分担办法的城市,要逐步过渡到主要由财政负担的方式上来。

农村低保所需资金,在一些经济发达地区,地方政府完全可以自行筹集解决。但在西部贫困地区和其他经济欠发达地区,资金筹集则更多地需要中央财政来支持。因此,建立相关的制度来明确中央财政和地方财政相应的拨付比例就显得非常必要了。农村低保资金的保管、使用以及防止被挪用、被侵占,还需要相关的法律制度作保障。

从长远看,城乡居民的最低生活保障资金必须有一个可持续的稳固的供款渠道。如本书第三章所述,针对社会保险基金征缴的困难,有不少理论工作者和实际工作者提出,要以开征社会保障税的办法来代替原先收费的做法。对于社会救助的经费来源,"费改税"显然也是一种选择。美国经济学家劳埃德·雷诺兹在《微观经济学》提出了"负值所得税"概念:"超过一定收入水平的家庭交给政府所得税,收入低于一定水平的家庭,则从政府取得现金支付。负值和正值的税金,由国内税务局管理。""不论其个人特征如何,给一切穷人有保障的最低的收入"的现金转移支付制度,叫做"负值所得税"。[①] 这一理论要付诸于实践,当然是要有一定的前提条件的:首先必须建立起普遍的个人收入申报制度;其次是要合理确定所得税税率;第三是要科学划定"一定水平"这个临界点;第四要形成一整套新型的社会救助管理和运行体制。短期内我国

---

① 唐钧:《市场经济与社会保障》,黑龙江人民出版社 1995 年版,第 83 页。

还不具备上述条件,但长期来看,它不失为从根本上解决城乡居民最低生活保障经费来源的出路。

3. 城乡居民最低生活保障的管理体制和运行机制

从管理体制上看,主要是要使城乡居民的最低生活保障工作规范化和制度化,并明确界定中央与地方、政府各部门、国家与企业及其他组织之间的职责,合理分工。城市居民最低生活无法维持,需要救助,要经过个人申请、居委会调查、街道办事处审核、区民政局审批、市民政局备案五个程序。农村居民要得到最低生活保障金,也要有相应的步骤。具体工作过程中要做到保障对象、资金和标准三公开,以公开、平等、民主的管理原则落实最低生活保障制度。中央在宏观决策上负主要职责,包括颁布有关政策法规如《社会救助法》等,地方政府因地制宜制定并落实城乡居民的最低生活保障。政府各相关部门如民政、财政、劳动、统计等之间要加强合作,共同做好城乡居民的最低生活保障工作。如各地的最低生活标准,要由民政会同统计部门一起划定,所需经费要会同各地财政部门协同解决等。国家和企业之间也应各负其责,所有实际生活水平达不到最低生活保障标准的城乡居民,都由政府负责解决其最低生活。特别象目前我国的中西部地区,在城乡普及最低生活保障中可能遇到的资金缺口,得由中央财政给予保证。企业通过纳税、缴社会保险费、给职工最低工资及履行其他法律义务,表明对城乡最低生活保障制度的支持。充分发挥基层组织在城乡居民最低生活保障制度中的积极作用,由基层组织继续对救济对象实施管理,让居委会、村委会这些基层群众自治组织承担起城乡居民最低生活保障工作社会化的重任。

在具体运行中,还要做好最低生活保障标准的衔接工作。目前在城市贫困居民的基本生活保障方面,有好几条"最低标准"同时并存:一是在职职工的最低工资标准;二是下岗人员的基本生活费标准;三是离退休人员的离退休工资标准;四是失业人员的失业保险金及失业救济金;五是城市居民的最低生活保障标准。按照国务院第29号文件规定,城镇居民最低生活保障制度保障的对象主要有三类,除传统的救济对象外,新增的救助对象必须是在领取最低工资、基本生活费、离退休工资、失业保险金及失业救济金等其中之一后,家庭人均收入仍低于最低生活保障标准,才有资格从民政部门领取最低生活保障金。最低生活保障是整个社会救助制度的最后一道防线,民政部门不应把最低工资或下岗生活费也一起"兜起来"。

另外,在确定社会保障对象时,还有一些特殊情况。如一个家庭因主要劳动力拒绝接受合适的工作介绍、或因犯法服刑、或因违反计划生育政策而多生小孩等因素而导致家庭贫困的,要不要列入最低保障对象?按民政部门的有关解释,任何一个家庭均平等地享有社会救助的权利,家庭主要劳动力拒绝接受合适的工作,那么先视他为已经享有最低工资,然后再测算其家庭人均收入水平,低于当地最低生活保障标准的,其家庭成员应得到其差额。同样,家庭主要劳动力犯法或违反计划生育政策等,其余家庭成员的人均收入低于当地最低生活保障标准的,应补足其差额部分。

第四节 慈善救助及其他

一、慈善事业:社会救助的重要补充

如前所述,社会救助实现的根本手段是政府主导的"收入再分配"。改革开放至今,毫无疑问,社会救助已经成为政府公共财政重点倾斜的一个领域。但是,由于我国有2200万城市低收入人口享受低保,还有7500多万农村绝对贫困人口和低收入人口需要救助,另外还有6000万残疾人、1.4亿60岁以上的老年人需要帮助,面对这么庞大的人群,社会救助光靠国家财政显然是不行的。中国自古以来就有乐善好施、扶贫济困,慈心为人,善举济世的优良传统。在今天我国要建成全面小康社会的大背景下,国家为了

能保障每个社会成员最基本生活水平,慈善事业发展的重要性自然凸现出来。在现代社会救助体系中,慈善事业正以其独特的功能,发展成为一种由民间推动并能够获得政府支持的国际性潮流。

1. 慈善事业在中国

在社会保障发展的世界进程中,从原始社会末期私有制产生一直延续到封建社会末期,传统社会保障曾经经历了一个慈善阶段(参见第二章),中华民族也大致如此。在孔子的大同思想中,"使老有所终,壮有所用,幼有所长,鳏寡孤独废疾者皆有所养"就是今天我们所倡导的慈善理念最早的完整论述。

在官方的救济政策和活动方面,《礼记·月令》中有"天子布德兴惠,命有司发仓廪,赐贫穷,振乏"的记述;《孟子·尽心篇》中也有战国时期"齐宣王亦尝发棠邑之仓,以赈贫民"的记载。3000多年前的西周时期,当时的地官司徒提出并实行了"慈幼、养老、赈穷、恤贫、宽疾、安富"六项社会救济政策。西汉初的"休养生息"政策中规定了赈穷和养老之政,其社会救济办法有"恤鳏寡孤独"。

在政府治理之外,慈善事业亦是民间社会关系建构的基本形式之一。长辈对晚辈的爱被称为"慈",人与人之间的互助友爱被称为"善",二者的联系与结合便形成了慈善这种基本的人际互动的社会关系形式。民间的、私人的行善多称为"义"举,如"义舍"、"义仓"、"义米"、"义聚"、"义学"等。宋代范仲淹办的"义田"、朱熹办的"社仓"、刘宰办的"粥局"等都较为典型。明清时,中国具有现代慈善事业萌芽特征的民间组织开始出现,它既不同于宋以前的官办慈善事业,也不同于各种宗教济贫活动,是现代慈善机构的雏形。到了近现代,我国的慈善机构有较大的变化,随着外国宗教如天主教、基督教大量进入中国,各种教会兴办的慈善机构占了很大的比重。

在我国,慈善救助虽源远流长,但是现代慈善事业发展仅仅是近几十年的事情。特别是进入21世纪,在党和政府的直接关怀和积极倡导下,我国的慈善事业发展出现了前所未有的大好局面。

第四节 慈善救助及其他

2004年9月,党的十六届四中全会决议明确指出,要"健全社会保险、社会救助、社会福利和慈善事业相衔接的社会保障体系"。在党的文献中,这是第一次明确将发展慈善事业作为社会保障体系的重要组成部分,也是第一次把发展慈善事业提高到构建和谐社会的高度来认识的。在2005年3月的"两会"上,温家宝总理第一次在《政府工作报告》里写进了"支持发展慈善事业"。同年11月,中华慈善大会在北京召开。这一切都表明,中国慈善事业发展的春天到了。

现代慈善事业,从意识上来讲,是一个新的社会价值观,比较于传统的慈善意识,已经产生了很大的飞跃:① 从个人之间的行善飞跃到社会化、规范化、组织化的行为;② 从金钱物质的单一救济飞跃到扶助受助人的生存能力;③ 从对穷苦人的施舍飞跃到关注弱势群体的发展权;④ 从暂时、短期的阶段性救济提高到全社会群众组织起来经常进行帮助、搞好社会互助。

2. 慈善事业的地位和特征

对于慈善事业在社会救助体系中的地位和特征,有以下几个要点需要我们加以清楚地认识:

首先,从现代慈善事业的性质看,它是建立在社会捐助基础上的社会救助事业,它的资金来源不是政府拨款,而是建立在自愿基础上的无偿捐赠,大家把自己生活当中多余的款子或者在生活当中挤出的款项捐出,用以帮助社会上需要帮助的人。这可以说是属于社会行为或民间行为。所以,慈善事业是动员社会力量参与社会救助的重要载体,是全社会献爱心的事业,是我国社会保障制度的一个重要补充。

第二,慈善事业具有再分配的性质和特点,对此有人提出了"三次分配"的概念。所谓社会"三次分配"主要是从经费的来源和用途来理解的:第一次分配以市场分配、劳动所取得报酬为主,讲的是效率;第二次分配是以国家财收税收再分配为主,实施国家的社会福利和社会保障,讲的是公平;第三次分配即社会慈善救助,是以道德、爱心为基础的社会互助性分配,也就是社会上比较富裕的有爱心的人,拿出钱财帮助困难的人们,讲的是奉献。

早在1993年9月,邓小平同志就富有远见地指出,"十二亿人口怎样实现富裕,富裕起来以后财富怎样分配,这都是大问题。题目已经出来了,解决这个问题比 解决发展起来的问题还困难。分配的问题大得很。我们讲要防止两极分化,实际上两极分化自然出现。要利用各种手段、各种方法、各种方案来解决这些问题"。发展慈善事业,是解决分配问题的一种方法。在社会出现新的社会利益分化的情况下,更需要新的社会整合方式和新的社会团结,来凝聚人心和调动各方面的积极性。

第三,如果说第二次分配是第一次分配的补充,即政府弥补市场不足,那么第三次分配则是第二次分配的补充,即民间捐赠弥补政府之不足。"第三次分配"这种不是通过利益驱使或行政手段,而是个人自愿地以慈善、志愿或互助为形式的资源流动,不但可以从物质上缓解某些群体的困境,还可以从心理上、情感上消除不同阶层的隔阂和对立,进而在价值上形成一定的共识。

由此可见,慈善事业不仅有物质上的重要作用,也有精神上的重要作用。慈善是高尚的德行,它倡导和培育爱人类、爱社会、爱他人、爱自然、爱生命的善良意识和道德精神。一个社会充满爱,这本身无论对捐助者和受助者都有非常大的精神上的作用。在新的历史时期,发展社会慈善事业一定要把高尚的精神与物质捐赠结合起来,互助互济,扶危济困,使受助者感受到人间真情、社会温暖,激发感恩良知,感召回报社会的情怀;使捐助者爱心充实,情感升华,增强奉献社会的责任。

第四,慈善是一个神圣的事业,容不得半点污垢。善物善款募集上来后去向是个大问题。慈善机构的形象是以诚信度、公信力为基础的,所以要透明,要建立完善的信息披露制度。例如,每年度和每一个阶段进行审计并向社会公布;每一项大的慈善活动完成后都向社会公布,接受社会舆论和人民群众的监督;每一笔善款的使用情况都要向捐赠者反馈,听取他们的意见,接受他们的查询。

3. 慈善事业的组织基础和实施主体

慈善事业不同于政府举办的社会保障,其组织基础和实施主体不是政府,而是民间公益社会团体,是社会中介组织,是独立于政府之外的"第三部门"。正是慈善事业的民间运作提出了专司慈善的非政府组织在中国如何发展的问题。慈善在现代既然是一项事业,就需要有专门的组织来运作,以保证能够根据社会的需要最有效地开发和运用慈善资源,同时面向所有需要帮助的社会成员,并保持它的经常性、持续性、规范性和相对稳定性。

西方理论界对慈善组织或机构一般称作"非营利性组织或机构",它的原义指由私人为实现自己的某种非经济性愿望或目标而发起的各种社会机构或组织。众多的西方学者认为,慈善组织、基金会以及社会福利等社会组织机构是独立于作为公共部门的政府和作为私人部门的企业之外的第三部门,是一个社会部门。中国人民大学郑功成教授认为:慈善机构是指独立于政府组织之外的,以向公众提供扶贫济困、救灾助孤及各种社会福利服务为宗旨的非营利性社会救助组织、扶贫组织等。非营利组织应该是以公共利益为目的、独立运作、享有税法优惠但盈余不作分配的民间组织,而且必须在法律所规范的权利、义务下,运用大众捐款与政府补助款、自我生产所得等,按照该组织的宗旨所标明的服务,使受服务的民众受益。

1994年4月12日,中华慈善总会在北京成立,标志着我国民间慈善组织从分散走向联合。经过十余年的发展,我国慈善事业已经初具规模化和组织化发展的特点。截止到2006年底,专门从事慈善活动的中央慈善总会和各级慈善总会(协会)有近800家,从事救死扶伤人道主义救助的红十字会有7万多家,还有其他的基金会等公益组织。慈善组织在我国慈善事业中扮演的角色越来越重要。

毫无疑问,慈善事业靠政府包揽是肯定不行的,政府的社会救助与慈善事业应该是一种合作、互补、伙伴、共进的关系。但是由于历史的影响,我国当代慈善组织从一产生就与政府有着密切的关系,这种关系还不是一种成熟的合作关系。现在,要使慈善事业真正成为社会保障制度的一个重要补充,政府就要担当起使合法的慈善机构和慈善组织壮大、成熟起来,并使之成为慈善事业实施主体的历史责任。在这方面,由官办民助向民办官助过渡是大趋势。

在现阶段,政府的责任包括:① 政府负有为慈善组织提供体制环境的责任。要将慈善事业的发展列入政府的发展规划和年度计划中,列入政府社会救助体系中,鼓励社会慈善团体和政府部门平等合作,共同参与各类社会公共事务。② 政府负有为慈善组织提供政策环境的责任。要统一制定扶持各类慈善组织发展的相关政策与法规,实行积极的财政政策和税收政策,更加有效地激发企业和个人参与慈善事业的积极性。③ 政府应在财力上给予支持,不仅慈善机构不用纳税,慈善捐助免税,而且起始阶段财政应负担必要的行政开支。④ 政府应推动慈善组织逐步向相对独立的方向发展,可以用福利项目招标等多种形式向慈善组织提供资源或称"购买服务",既引进了市场机制,又延伸了政府的工作。⑤ 政府应当积极引导并协助慈善组织建立一套科学规范的慈善捐赠机制和有效的社会监督评估体系,使慈善组织建立高度的社会信用。

4. 使现代慈善事业具有"足够的行动能力"

中国有丰富的慈善资源和互帮互助的传统美德,但在现代慈善事业中还"缺乏足够的行动能力"。据中国慈善总会统计,2004年我国100多家慈善机构募集到的慈善资金仅有50亿元,占全国GDP的0.05%左右。① 2004年美国慈善机构募集到的资金为

---

① "中国慈善事业新势头——建立新型慈善事业发展机制",《人民日报·海外版》2007年1月2日。

2450亿美元,在全国 GDP 中的比重为 2.23%。① 最实在的数据展示了这样一个事实——与经济发展速度相比,目前我国社会救助和慈善事业的发展还很不尽如人意。

中国慈善事业要和社会经济发展的需要相适应,必须普遍唤起公众的慈善意识,在这方面,大力宣传乐善好施的高尚精神与典范当然重要,但是更重要的还是制度跟进,推进慈善立法,完善税收减免政策。

美国税法规定,公司法人捐赠享有经调整后毛所得10%的税金扣除额的优惠。在加拿大,公司向慈善机构的捐赠,如果在其应纳税所得额的75%以内,则可以在所得税税前扣除。无论是向经营性慈善机构捐赠,还是向公共慈善基金会捐赠,也不论是以现金还是不动产进行捐赠,捐赠者都能得到同样的税收优惠。印度税法规定,任何个人和团体向免税组织捐赠,都可获得其捐赠额50%的减免税权。

现在有一种说法,中国企业家不"乐善好施",缺乏社会责任。我们不能否认有这样的企业家,但只要深入分析就不难发现,我国现行的税收政策才是企业家不热衷捐赠更重要的一个原因。

与其他一些国家相比,我国仅有的一部公益事业捐赠法条文过于简单,难以满足社会救助的实际需求。《中华人民共和国企业所得税暂行条例》规定,纳税企业用于公益、救济性的捐赠,在年度应纳税所得额 3% 以内的部分,准予扣除。但是超过资金数额还要按照国家规定的标准征收税金。也就是说,企业捐赠超过规定,捐 100 元钱还要缴纳 33 元的税。正是我国慈善捐赠的税收优惠政策未健全,就形成企业捐赠越多,纳税就越多的矛盾,这在很大程度上抑制了企业家捐赠的积极性。同时,慈善享受全额扣除的范围太窄,目前只有对教育的捐赠享受全额扣除,这样很容易产生

---

① Giving USA 2007, the Annual Report on Philanthropy, AAFRC Turst for Philanthropy.

捐款项目上的不平衡。

党的十六届六中全会后,这种状况正在迅速改变。因为中国新的捐赠免税政策已经出台,明确将地方性的非营利公益性社会团体和基金会纳入税收优惠范围,并将捐赠税前扣除资格的确认权限下放到省级财税部门。这份由财政部、税务总局签发的《关于公益救济性捐赠税前扣除政策及相关管理问题的通知》2007年1月18日正式公布,纳税人通过符合有关规定、且经税务机构确认的公益救济性公益组织进行捐赠,可按现行税收政策,在缴纳所得税之前扣除。此前,财政部和税务总局虽曾出台了向中华慈善总会、中国红十字会等公益组织慈善捐赠的全额免税的专项优惠政策,但这类组织还主要限于大型的"国"字号慈善基金会。

比税收优惠政策更重要的是慈善立法。因为有了《慈善法》,才能规范慈善事业的各个环节,增强各个环节的规范性、权威性和公信力,进而鼓励更多企业家和公民明明白白捐款。制定法律不是老百姓能解决的问题。目前我们国家对捐赠的优惠政策是有,但还没有到位,缺乏细化的可操作性,跟国际上的一些公益国家政策相比还应该进一步调整和改进。

最早对慈善事业立法的国家是英国。1601年,英国颁布了《济贫法》和《慈善事业法》,其立法目的是强制有钱人出钱帮助穷人。美国有一个对慈善部门发展有利的法律环境,政府实行减免税收政策,鼓励社会办慈善,鼓励个人、企业和各种机构向慈善组织捐款。政府颁布实施了《美国慈善法指南》等法律法规。同时,慈善不仅仅是富豪的事,民众更是慈善活动的主体和基础力量。慈善已经成为美国一种日常生活和民间传统,一种高度普及的大众文化。

慈善事业搞募捐的最基本原则是自愿。为了最广泛地激发社会慈善救助的热情,需要国家为企业家和公众提供宽松的慈善捐赠环境,包括可选择的捐赠方式、免税程序的简便化、慈善组织的准入资格、对捐赠款物管理的强化等等。对此,全国人大内务司法委员会委员郑功成在接受记者采访时透露：我国 2008 年审议通过、颁布《社会救助法》后，《慈善事业法》将立即进入立法程序。这部法律将细致规定慈善活动的法律责任，有慈善行为或从事慈善事业可享受减免税政策。

当然，在进行慈善制度设计时，还要充分考虑满足人们的声誉动机。美国俄勒冈大学经济学教授 Harbaugh 在其《慈善捐款的声誉动机》一文中指出，慈善捐款的动机主要来自捐款数额给捐款人带来的满足感。这种满足感虽然包含像"教徒捐奉那样的内心得益"，但更取决于从捐赠中获得预期的"声誉享受"。因此，我们可以采取对独家捐助的专项基金、项目允许以个人、家族名义冠名，对有突出贡献的个人和组织由当地人民政府予以表彰等方式，以满足捐赠人在捐赠中获得预期的"声誉享受"和社会荣誉感。

5. 慈善事业的社会救助功能

慈善事业是以社会捐助为其经济基础的。慈善事业首先是通过合法的社会中介组织，以社会捐献的方式，按特定的需要，把可汇聚的财富集中起来，再通过合法途径，用于无力自行摆脱危难的受助者。

尽管我国的慈善事业尚处于发轫时期，而且自身也面临着发展中突显出来的一些问题。然而我们也要看到，就拿 1996 年到 2005 年这短短 10 年来说，有关机构收到社会捐助款物共计 280 多亿元人民币。事实上，这种集纳社会资金帮助困难人群的民间慈善捐助，正在成为政府社会救助体系的重要补充。由此，慈善事业已展开的四项重点工作是：救灾扶贫；支教助学；扶残助医；安老救孤。

例如 1998 年的大水灾、2003 年的"非典"、2004 年的东南亚海啸，面对这些大的自然灾害，我国广大的群众和有爱心的单位普遍进行捐款，通过中华慈善总会等向灾区提供帮助。又如"希望工程"实施 10 年来，先后有 1 亿多人次捐款，募集资金累计 17.82 亿元人民币，通过救助使 220 万名因贫失学少年儿童重返校园，为贫困地区援建了 7500 多所"希望小学"。

慈善活动不仅局限在为社会中不幸的困难的人群捐钱捐物，还包括为社会脆弱群体提供各种社会服务。例如现在大量志愿者、义工是以社会服务工作（如助医、助学、扶孤助残、支教扫盲、环境保护、社区建设）这种特有的方式为为老年人、残疾人、孤残儿童、下岗职工等提供帮助的。如果说，在当代慈善事业发展中，捐赠者付出的是金钱或物资，那么广大青年志愿者奉献的是他们的精力、时间和劳务。金钱、物资也罢，时间、精力也罢，同样是慈善事业中最可宝贵的爱心善念的表达，是我们这个社会中弥足珍贵的慈善资源。

所以，慈善事业不仅是捐钱赠物的事业，更是人们奉献志愿服务的行动。在一些发达国家，公民志愿从事的义工服务在价值含量上已经和慈善捐款额相当，占国民总产值的 2‰～5‰，为社会整体发展做出了重要贡献。在我国，各种志愿服务组织蓬勃发展，仅青年志愿者提供的支援服务已经超过 1 亿人次、60 亿小时，党和国家领导人、各级党委和政府主要领导人每年都参加义务劳动活动，为社会主义各项事业的发展作出了重要贡献。

二、对城市"盲流"的新政

中国社会转型时期面临的危机同时也是宪政发展的机会。由孙志刚案引发的 2003 年 5 月 14 日三个法学博士（俞江等）上书事件，其非同寻常之处在于，这是公民依照《立法法》规定，向全国人大常委会提出对有关法规进行违宪审查的举动。在书面请求中，他们要求全国人大常委会审查 1982 年国务院《城市流浪乞讨人员收容遣送办法》的合宪性，最终促使政府废除了一个法规，这在中国是前所未有的。

过去，对于城市生活无着的流浪乞讨人员，我国一直实行的是收容遣送制度，即将这些人员收容后遣送回家。"孙志刚事件"引发的社会大讨论促使国务院果断废止了《收容遣送办法》，并于

第四节 慈善救助及其他

2003年6月20日颁布了《城市生活无着的流浪乞讨人员救助管理办法》。

1982年5月《城市流浪乞讨人员收容遣送办法》由国务院颁布施行，其目的是"为了救济、教育和安置城市流浪乞讨人员，以维护城市社会秩序和安定团结"。但在实际操作中，"救济、教育、安置"的目的并未达到，收容遣送单纯成为了城市管理控制的一种手段。该办法在1991年进行了修改，将收容对象从原来的"乞讨者和其他露宿街头生活无着落者"扩大为无合法证件、无固定住所、无经济来源的所谓"三无"人员。《遣送办法》多为对受助对象权利的限制。其明确规定被收容人员必须服从收容、遣送。根据《收容遣送办法》，民政和公安部门可以将"三无"人员押在收容所里，限制其人生自由，省内一般不超过15天，外省一般不超过1个月，在实际执行过程中，超过规定时间的也时有发生。

《城市生活无着的流浪乞讨人员救助管理办法》完成了以下几个方面的改革：一是从强制收容到自愿受助的改变，根据"救助办法"，只有流浪乞讨人员请求并愿意接受救助的，救助站才可实施救助，受助者在受助期间人生自由不受限制；二是从有偿收容到无偿救助的改变，根据"救助办法"，受助者有免费获得救助的权利，受助期间的财产不受剥夺；三是从封闭运行到开放管理的改变，"救助办法"把救助完全变成了一种自愿行为，实行来去自由的开放式管理。

在很多国家，收容站属于"想来就来，想走就走"的救助模式。在寒冬季节，流浪汉和乞丐们因外面太冷，纷纷投奔政府的收容站，等到天气变暖，他们就又开始到外面享受自由去了。如果说，这一新一旧两个《办法》还有相同之处，那么应该为，二者都是出于对城市流浪乞讨人员的救助，至少初衷是这样。但二者根本不同之处却在于对受助对象权利的态度上。旧《办法》多为对受助对象权利的限制，而新《办法》却是以尊重和赋予权利为核心。也正因此差异，才使得新《办法》处处以权利为本位，处处体现出人道主义的关怀。

新型救助管理工作的社会功能包括两个层次：一是直接的社会功能，即保障城市生活无着的流浪乞讨人员的基本生活权益；二是间接的社会功能，即维护城市社会秩序，促进社会稳定。

应该指出，新《办法》的受助对象不包括以流浪乞讨作为生活方式、甚至作为其生财之道者，而是严格限于在城市中因生活无着而流浪乞讨的人员。该救助在内容和方式上也与城市最低生活保障及其他社会救助有重大区别，这就是它的临时性。

"救助站"是新《办法》中出现的新名词，与国外的"济贫院"、"贫困院"等不同，救助站只是流浪乞讨人员的暂时庇护之所与危险缓冲地带，并不为受助者提供就业机会。因此办法中将它定性为一项"临时性社会救助措施"，即它只是解决流浪乞讨人员临时的生活困难，应该有时间限制，受助人员不可能长时间住在救助站。他们离开救助站的标准应该是"心理稳定、情绪恢复"，并且身体达到一定的健康标准。这些人最终的出路是要回归家庭，并与其他社会保障制度有效结合起来，例如有法定赡养人、抚养人的老年人、残疾人、未成年人，应通知其法定赡养人、抚养人接回，由家属担负起赡养、抚养职责。对于无法查清法定赡养人、抚养人和户籍所在地的，由救助站所在地政府安置；对于回到户籍所在地但无家可归的，由户籍所在地政府安置。这种临时性的原则，充分考虑了国情和流浪乞讨人员自身的特点，避免助长一些人不劳而获，产生道德风险，实现社会公平和社会效率的结合。

另外，在新《办法》中儿童受到了特别的关注。目前，中国已建立了130个流浪儿童救助保护机构，为无人认领的流浪儿童提供基本的生活帮助，同时还给他们提供受教育的机会，或者教给他们一些生存的技能。

对城市流浪乞讨人员由收容遣送制度到社会救助制度的历史性转变是我国民主和法制建设历程中具有里程碑的一件大事，是我国社会救助制度的重大改革与创新，体现了党和政府对城市生活无着的流浪乞讨人员的重视和关怀,为保障他们的合法权益作出了制度性的安排,树立了人民政府爱人民的形象,对于建设和完善具有中国特色的社会保障制度和社会救助制度具有重要的促进作用。

三、灾害救助

我国是一个自然灾害频发的国家,洪涝、干旱、台风、风雹、地震、雪灾、山体滑坡和泥石流等自然灾害每年都在各地不同程度地发生。近年来,伴随着经济的快速发展,各种自然灾害发生的频率和造成的损失呈上升趋势,给许多地方带来了严重的人员和经济损失,已成为制约社会稳定和经济发展的障碍。2006年全国各种自然灾害造成3186人死亡,紧急转移1384.5万人次,农作物受灾面积4109.1万公顷,绝收面积540.9万公顷,倒房193.3万间,直接经济损失达2528.1亿元。因此,加强和完善社会灾害救助机制势在必行。2005年2月,民政部副部长贾治邦在福州召开的全国救灾救济工作会议上提出:我国将全面构建完善灾害救助体系。

1. 灾害与与灾害救助

灾害是对人类社会造成物质财富损失和人身伤亡的各种自然现象的总称,它作为人类社会发展的破坏性因素,一直伴随着人类社会的发展而发展,并迫使人类社会不得不考虑建立灾害救助机制来应付其后果。因此,各种灾害构成了灾害救助的风险基础。

所谓灾害救助,是指国家和社会对在遭遇各种自然灾害及其他特定灾害等袭击,并因此而陷入生活困难的的社会成员给予一定的现金或实物援助,以帮助其度过特殊困难时期的一种社会救助,它是社会救助体系不可缺少的重要组成部分,也是整个社会保障体系中最具紧迫性的特殊保障制度安排,其目的是通过对遭遇灾害袭击的社会成员的救助,使其尽快恢复正常化、秩序化。

在人类社会发展进程中,自然灾害种类繁多,可以分为四种类型：① 气象灾害，指由于大气的各种物理现象和运动引起的灾害，如干旱、洪涝、台风等；② 地表灾害，指构成地表形态的各种自然运动变化造成的灾害，如雪崩、滑坡、泥石流等；③ 地质构造灾害，如地壳内部巨大能量的急剧释放对人类造成的危害，如火山爆发、地震、山崩等；④ 生物灾害，指自然界中有害生物或其毒素的大量繁殖扩散形成的灾害，如病虫害、畜疫、烈性传染病的爆发等。

自然灾害的严重后果，不仅在于造成社会财富的灭失，更在于造成众多灾民的伤亡并直接影响到遭遇灾害的社会成员的生存条件。而如果国家和社会缺乏有效救助灾民的保障措施，灾民便可能难以自救，灾区社会就会失去控制，中国历史上历次农民起义与朝代更替均以大灾害爆发为背景，表明灾害问题的破坏作用会产生连带效应。因此，在中国历史上，统治者就实施了相应的救灾措施，如仓储后备和以工代赈等，在某些年代这些救灾措施确实发挥过很好的作用。进入现代社会后，各国政府更是积极建立灾害救助制度，利用公共资源和社会力量，通过为灾民提供衣、食、住、行、医疗等基本生活资料，帮助其脱离灾害和危险。在发达国家，政府负责的灾害救助主要是灾时紧急救助，灾后也帮助灾民实施灾后重建，但商业保险发挥着非常重要的作用；在发展中国家，各国也建立有自己的灾害救助制度或措施。

为了卓有成效地应对自然灾害，早在建国伊始，我国中央政府就确定了统一的救灾领导体制，成立中央救灾委员会，统一领导、组织和协调灾害救助事务。从1950年到1966年，中央用于救灾的投入共计55.08亿元。中央政府每年都要拿出几亿元用于救灾，特别是在1960年前后，中央的救灾投入几乎每年都在4亿元以上，1964年达到11亿元。而在这个期间，中央的财政收入每年只有300亿元左右。与此同时，国家针对长江、黄河、淮河、海河等水患严重的大江大河进行了有史以来最大规模的整治，取得了重要的成效。

1978年以后，根据新时期的需要，我国确定了新的自然灾害管理体制,其基本领导体制是:党政统一领导,部门分工负责,灾害分级管理。在这一体制中,党中央、国务院统揽全局,总体指挥,地方各级党委和政府统一领导,各个有关职能部门分工负责,并充分发挥人民解放军指战员、武警官兵、公安干警和民兵预备役部队突击队的机动作用。同时,为了更为有效地发挥有关职能部门的作用,我国还形成了灾害管理的综合协调机制。

进入 21 世纪以来,我国的灾害管理体制进一步得到健全,灾害应急管理体系也发生了重大的转型。主要体现在以下几个方面:① 灾害救助的目标,从计划经济体制下强调减少经济损失转向以人为本。② 灾害救助的内容,开始从事后救济转向全方位救助,特别是应急救助。③ 灾害救助的组织指挥,开始从依靠行政人员的个体经验转向系统的预案与应急行动。④ 灾害救助的组织过程,开始从封闭转向全方位透明。⑤ 灾害救助的标准,开始从传统的低标准转向保证基本生活并与国际接轨。⑥ 灾害救助的装备,开始从传统的以人力和手工为主的工作手段转向高科技装备的应用。

2. 灾害救助的基本特征

与其他社会保障项目相比,灾害救助因其面对的风险是各种突发性的灾难,其在实践中具有自己明显的特征。它主要体现在以下几个方面:

(1) 灾害救助的急迫性。由于各种灾害的发生大都具有突发性(除旱灾)和严重的危害性,遭遇灾害的社会成员可能迅速陷入生活困境之中,甚至倾家荡产、流离失所、人身伤亡。大面积的自然灾害或其他重大灾难(如美国"9.11"恐怖袭击事件)又极易造成疫病流行。如果国家和社会不紧急实施救助,遭遇灾害袭击的社会成员就可能非正常死亡、外出流浪等,灾区社会因此会陷入危机并波及其他地区。因此,灾害救助必须对灾民及时进行各种生活和医疗服务等救助,各种救灾实物或服务必须迅速到位,以及时解决遭灾社会成员的生存危机并将灾害造成的后果减少到最轻程度。

（2）灾害救助的非经常性。尽管灾害救助作为一种制度需要常备不懈，但由于灾害的发生具有偶发性与不平衡性，即灾害发生是不以人的主观意志为转移的。因此，与其他社会救助相比，灾害救助虽然在总体上也是一种经常性的社会救助安排，但具体实施却是非经常性的。因为只有发生需要国家与社会救助的灾害时才需要灾害救助，如果风调雨顺、平安无事，灾害救助就不需要了。

（3）灾害救助的预防性。由于灾害无法事先确定，灾害救助也就不同于其他社会救助，必须就所有可能性制定完备的预案。灾害救助在性质上是一种预防性的社会保障制度安排，必须未雨绸缪，准备越是充分，救灾的效果就越好。反之，临灾上阵，即使投入大量人力、财力，救灾效果也不会好。灾害救助需要财政专款和救灾物资储备作后盾，更需要常备不懈的应急机制和累积经验的临灾应变之策。

3. 灾害救助的内容和正确方针

对于灾害救助，其最直接的任务当然是救灾。救灾是在灾害发生后迅速采取的灾害救助行动。中国不仅自然灾害频发，而且门类齐全，影响较为突出的有地震灾害、台风灾害、水灾、旱灾、冰雹灾害、雪灾、霜冻灾害、雾灾、风沙灾害、滑坡与泥石流灾害、风暴潮、赤潮、海浪以及海冰灾害等等。各种自然灾害造成的后果概括起来有人身伤亡、财产损失、基础设施损毁以及疫病流行等等。由这些后果所决定，救灾的主要内容是：

（1）救助灾民生命。灾害尤其是突发性重大自然灾害的发生是以造成人员伤亡和财产损失为特征的，因此，尽最大限度地减少灾区人员伤亡是救灾的直接目的和基本内容。

（2）为灾民提供基本生活保障。灾害的发生往往使灾民的衣、食、住、医等生存条件丧失，这就要求灾害救助在抢救灾民生命的同时，还必须迅速解决好灾民基本生活问题，为灾民提供基本的生活资料，包括发放食物、水、搭建帐篷，以及提供必要的药品等救灾物品。

（3）安抚灾民情绪，实施精神救灾。大灾的发生不仅严重破坏灾民的生存条件，还冲击着灾民情绪和心理，从而产生不利于恢复的消极情绪和心态。实施精神救灾，安抚灾民情绪，重构被破坏了的精神世界，日益成为各国灾害救助的重要内容。

（4）帮助灾民确立自行生存的能力。灾民自行生存能力，是指灾民在大规模救灾活动停止后，依靠自己的力量，进行正常的物质和精神生活的能力。当然，这并不意味着政府在灾后不再帮助灾民，许多国家在灾后也会出面帮助灾区社会，但主要依靠灾民自己来恢复受创的生活与生产条件。因此，恢复或帮助灾民确立自行生存能力，既是灾害救助的重要内容，也是灾害救助的根本目的。

但是，灾害救助如果仅限于救灾，那是很被动的。要积极应对各种灾害的威胁，当今我们必须强调的方针是防灾、抗灾、救灾三结合。防灾是指对易发生灾害的地区在灾害发生前积极地采取预防措施，尽可能避免或减少灾害的发生（如建筑防洪坝和农田水利设施以防止洪水灾害、种植防沙林以防流沙袭击、加强病虫害预测预报以防病虫害、提高建筑物的抗震标准以防止地震灾害等等），均可以减轻灾害及其危害。抗灾是指为抵御、控制、消除灾害的影响，在灾情出现时，采取各种措施将损害降低到最低程度，包括紧急抢险、转移疏散灾区人口、抢种抢收农作物等。救灾是灾害已经形成后政府迅速采取行动，组织力量抢救生命财产，安排灾民生活，尽快恢复灾后社会成员的正常生活。

由于灾害是人类社会的共同敌人，因此灾害救助在慈善事业中也往往是重中之重。如2004年12月印度洋海啸发生，遭灾国家获得的国际援助高达数十亿美元，其中中国政府官方的援助近亿美元，民间的捐献也超过了5亿人民币。所以，现在各国的灾害救助往往还奉行官民结合的方针，即灾害发生时迅速发动社会各界参与到灾害救助中来，包括捐献款物、参加义工等。

第六章　社会养老保险

社会保险是以劳动者为保险对象,以劳动者的年老、疾病、伤残、失业、死亡等特殊事件为保障内容的一种生活保障政策,它强调受保者权利与义务相结合,采取的是受益者与雇佣单位等共同供款和强制实施的方式,目的是解除劳动者的后顾之忧,维护社会安定。从全球范围看,社会保险包括七大块保险内容:养老、残疾、遗属、疾病、失业、工伤、生育。从本章起,我们重点关注目前中国社会保险体系中的主要内容,即养老社会保险、医疗社会保险、失业社会保险、工伤社会保险和生育社会保险。在中国现行的社会保障体系中,社会保险所面向的对象虽然仍然基本局限于城镇劳动者,但从它所解决的问题和基金的收付规模来看,无疑已经在整个社会保障体系中占据了特别重要的地位。

第一节　社会养老保险概述

养老是人类社会存在与发展的必然问题。每一个人都会步入老年,每一个劳动者都会在达到一定年龄的时候退出工作岗位。因此,由年老导致的无劳动能力是一种确定性的和不可避免的风险,这种风险大都表现在年老后的经济问题和健康问题,所以需要有一个合理的养老方式提供帮助和支持,获得生活保障。在现代社会,由于走出家门参加社会工作的人数越来越多,人口的出生率大大下降,人口老龄化现象越来越普遍,养老保险制度如何建立与完善,就成为世界范围内的一个重要话题。

第一节　社会养老保险概述

一、社会养老保险的基本涵义

社会养老保险是由国家依法强制实施的、面向全体劳动者的一项社会保险制度，根据这项制度，劳动者达到一定的条件如年龄、身体状况、工龄或参保期限等，即可从有关国家保障机构领取养老金，从而使自己年老时的基本生活得到保障。

一般来说，社会养老保险具有以下特点：

1. 推行保险立法化。社会养老保险是由国家颁布有关立法，对全体劳动者强制实施的，用工单位和劳动者个人必须依法参加这一制度，及时足额缴纳养老保险费。这是对广大劳动者切身利益和合法权益的维护，也是保险的基本原则即"大数法则"的内在要求。只有通过强制征缴，扩大覆盖面，提高参保率，才能增强社会保险的抗险能力，真正实现养老保险的社会化。因此，它和商业人寿保险是完全不同的两个概念，后者以自愿参加为原则，参保者也未必都是劳动者，更不存在保障劳动者晚年基本生活的责任。

2. 筹资渠道多元化。社会养老保险所需费用由国家、单位和劳动者个人三方共同负担。一般情况下许多国家均在一定时期确定一个缴费比例，用工单位和劳动者定期缴纳保险费，国家设置专门机构负责基金的收支管理和节余资金的有效运营。这一点和商业人寿保险也有本质区别，后者投保费来源单一，主要是参保者个人缴纳，而且对缴费没有统一规定，所缴费用的多少完全由投保人根据自己的经济条件决定。

3. 享受待遇标准化。参加社会养老保险的劳动者，一旦达到国家有关规定的条件如到达法定的退休年龄或身体状况不佳、参保达到一定的年限等，就可退出劳动者队伍，领取由社会保险机构发放的养老金。养老金的领取一般都有一个统一的标准，如按我国现行的做法是每个人的养老金由两块组成，一是个人账户养老金，一是社会性养老金（具体内容后面详述），大体上养老金的水平是劳动者原先工资的 $40\%\sim70\%$。保障老年人的基本生活是社会养老保险制度设定的目标。商业人寿保险则无此特点,它不存在保障待遇标准化的问题,而是遵循"多投多保、少投少保"的原则,既无保底的要求,也无最高领取额的限定,完全按保险契约所定金额进行保险给付。

世界各国社会养老保险制度的建立,一般都遵循以下三项基本原则:

1. 保障基本生活的原则。如前所述,社会养老保险制度设定的目标是保障老年人的晚年基本生活。也就是说,养老金既不能定得太低,低了老年人无法维持正常生活,又不能定得太高,高了势必要求征收更多的保险费,提高缴费率,增加劳动用工成本,影响经济和社会的发展。虽然,各国之间的养老金水准存在差异,但相差不是很大,基本养老保险均是保障劳动者老年期间的基本生活水准。确定养老金待遇水平的方法有两种:一是收入所得基准,强调收入的作用,强调工龄或服务期限的的长短、缴费工资的多少,实际上就是被保险人对社会的贡献,养老金所得以过去的工资水平为基础,养老金实际上是退休者在职工资的延长;二是生活费用基准,也称"替代率",是社会平均的养老金水平与社会平均工资之比,它体现了养老保险的待遇水平,并间接反映养老保险的供给水平。

2. 权利和义务相统一的原则。社会养老保险必须考虑劳动者本人对养老保险所作的贡献。也就是说,劳动者领取养老金的水平要和他过去供款相挂钩,缴费多者领取水平相对高一些,缴费低者领取水平也要低一些。缴费期限长的和缴费期限短的也要有所区别。否则,不管贡献大小,一律领取相同待遇,就会造成平均主义的倾向,挫伤劳动者的积极性。当然,养老金的领取也兼顾将差别缩小,劳动者原先工资的差异度和养老金领取水平的差异度是不尽相同的,总体上养老金是从两头往中间靠,并适当体现出原有的收入差距。

3. 养老金与经济发展和居民生活指数同步增长的原则。养老金领取水平的高低是相对的,它要和特定时期该社会的平均生活水平相比较才能显现出来。一般来讲,养老金不是一成不变的,而要随着居民生活指数的上升而不断提高。因为养老金必须保证老年人的基本生活,如果社会平均生活水平提高而养老金水平原地踏步,那么老年人的生活待遇就下降了。另外,养老金还要与社会经济发展保持同步增长,让退出劳动者队伍的养老金领取者分享社会经济发展成果,以满足他们不断增长的物质与文化生活需求。

二、社会养老保险的作用

1. 保障老年人的基本生活,维护社会的稳定和发展。人的老化是不可抗拒的自然规律,老年人丧失劳动能力后,就必须依赖他人为其提供生活来源。在传统农业社会中,老年人一般要到生命的最后才完全退出劳动者队伍,由其家人或亲属负责老人的生活来源和日常照料。老有所养对于大多数人来说,还只是一个美好的梦。进入工业社会后,生产单位由家庭转向工厂,家庭成员成为各自独立的商品生产者。以老年人为主体的家庭财产共有制逐渐解体,家庭的养老功能日趋弱化,家庭养老急需转向社会养老。实施社会养老保险后,老年人的基本生活保障不再主要由家庭提供,转而由社会提供,因此更加稳定可靠。"老有所养"梦想成真,整个社会更加团结和稳定。

2. 强调劳动者的自我保障意识,使养老从家庭代际反哺方式转向自我保障。传统家庭养老的主要做法是上一代哺育抚养下一代,当上代人年老后,下代人就义不容辞地承担起赡养老年人的职责,即 $F1 \Leftrightarrow F2 \Leftrightarrow F3$。进行社会养老保险后,劳动者老年时的生活保障主要靠自己和单位及国家的保险金的积累,实行的是自我积累,家庭代际关系变为 $F1 \rightarrow F2 \rightarrow F3$。即上代人抚养下代人,下代人不必反哺上代人。这样不把养老包袱留给下一代,劳动者自我保障意识也可进一步增强,并使原先建立在家庭代际反哺基础上的养老风险降到最低点。因为代际家庭养老的先决条件有二:一有后代,在中国传统文化中强调要有子嗣,所谓"养儿防老"、"多生一个儿子多抓一把米"是也;二是子孙有出息、尽孝道,如果子孙"泥菩萨过河",连自己生活都难保,或者虽有成就但不愿尽养老义务,那家庭代际反哺就就很难有指望了。

3. 社会养老保险在当今全球人口老龄化的趋势下具有特别重要和现实的作用。当今社会,随着人们生活水平的提高和医疗卫生条件的改善,人均预期寿命大大延长。而人们在生活得到改善的同时,更加注重生活质量,追求自身价值的实现,因而人口出生率下降。这些要素变化的直接社会后果是全球人口的老龄化。我国人口众多,加上建国后几次人口生育高峰,从而形成巨大的人口压力。20世纪70年代末起我国开始有计划地控制人口增长的规模,实行计划生育的基本国策,人口出生率明显下降。与此相应,我国人口的年龄结构也发生了很大的变化,60岁及以上的老年人口的增长速度大大超过人口增长的速度,1982年第三次全国人口普查时,老龄化比重是7.64%。1990年第四次人口普查时,该比重已上升到8.59%。我国已于1999年进入老年型社会,即60岁以上老年人口已占社会总人口的10%以上。进入21世纪后,我国人口老龄化比例进一步上升。2006年全国平均人口增长率是0.66%,老年人的增长率是3.26%。这意味着现在老龄人口的增长是正常人口增长的5倍。预计到2050年我国65岁以上老年人口将超过3亿,几乎相当于现在法国、德国、匈牙利、意大利、挪威、波兰等国总人口,与现在美国总人口量一样多。到2040年,我国65岁以上的人口比重将超过20%,也就是说,那时每5人中就有1个65岁以上的老年人,西方发达国家65岁以上人口比重从7%到14%,大约要经过50~100年的时间,而我国只用了不到30年的时间(见表6.1和表6.2)。这样来势凶猛的"银发浪潮"迫切要求社会作出积极应对,实施预筹积累、自我保障式的社会养老保险制度,以便未雨绸缪,为将来的养老压力承重。

表 6.1 中国 60 岁及 60 岁以上人口构成情况

单位：万人

年 份	1953	1964	1982	1985	1990	1997	2000
全国总人口	58260	69122	100391	104460	113051	123626	127200
60岁及其以上人口	4212	4203	7660	8608	9700	12128	12720
所占比重(%)	7.23	6.08	7.63	8.24	8.58	9.81	10.0

资料来源：根据杨日章"2000年：中国如何迎接老年型社会"一文中数据整理而成，《中国社会保险》，1998年第12期。

表 6.2 2000—2050 年我国人口结构

年 份	65 岁以上(%)	14 岁以下(%)	总人口(亿人)
2000	7.0	25.3	12.72
2010	8.2	20.7	13.65
2020	11.4	19.7	14.43
2030	15.3	17.6	14.76
2040	20.1	16.5	14.68
2050	20.6	16.3	14.21

资料来源：同表 6.1。

第二节 社会养老保险制度的形成

一、社会养老保险制度的产生和发展

养老保险作为一种社会制度，是社会化大生产的产物，它的形成和发展，与一国的政治、历史、经济、文化有着密切的关系。一般认为，社会养老保险制度产生于德国，以1889年德国首相俾斯麦颁布《养老、残疾、死亡保险法》为标志。但德国还不是制度化养老的发祥地，早在1669年，法国制定的《年金法典》中就明文规定，对于不能继续从事海上工作的老年海员发给养老金。只不过受制于

当时的社会经济发展条件,而没有在很大范围内推行。在英国,17世纪初由政府颁布了世界上第一部社会救济法,18世纪在工人中成立了友谊社。虽然这些保障措施并不包涵社会养老保险,但当它日益发展成熟后,年老体弱者也从中得益。1885年,英国已经开始有人提出建立公共养老金的计划。计划所有17~21岁的男性工人,都向一个年金基金交付14英镑,用以向所有年老的患病者提供医疗费,或向70岁以上的人提供一定的养老金。但这一合理建议因遭到一致反对而被弃之不用。

18世纪开始的产业革命,以机器大生产代替工场手工业,社会生产方式发生根本变化,社会生产力大幅度提高。传统的自给自足的农业经济社会步入社会化大生产的工业经济社会,家庭的一些主要功能如生产功能、分配功能等发生了变化。原先的以老年人为一家之主的家庭经济及财产管理与支配的格局发生根本变化,家庭代际反哺式养老遇到了挑战,家庭养老功能弱化,失去劳动能力的老年工人迫切需要社会提供老年生活保障。

19世纪后半期,资本主义的自由竞争开始向垄断阶段发展。因为排挤和吞并,大量中小企业工人失业。工人阶级的失业保障、养老问题日益尖锐,工人阶级为争取社会保障而进行的社会民主运动此伏彼起。直接受马克思主义理论指导的德国工人运动更是空前高涨,这给当时的俾斯麦政权造成了很大的压力。俾斯麦政府在镇压工人运动失败后,转向采取软化政策以缓解社会矛盾。他提出用"胡萝卜加大棒"的办法对付工人运动,即在镇压工人运动的同时,对工人实施一些社会保险,给工人一些好处,使社会保险成为"一种消除革命的投资",借此维持社会的稳定。从1883~1889年,俾斯麦政府先后颁布疾病、工伤、老年残疾遗属保险三项立法,世界上第一部社会养老保险立法诞生了。

继德国后,丹麦(1891年)、沙俄(1903年)、瑞典(1903年)、奥地利(1906年)、澳大利亚(1908年)、英国(1909年)、法国(1910年)、新西兰(1911年)、荷兰(1913年)、意大利(1919年)、苏俄

第二节 社会养老保险制度的形成

(1922年)、比利时(1924年)、加拿大(1927年)、美国(1935年)、日本(1941年)等国家相继建立了社会养老保险制度。

一些发展中国家如新加坡、马来西亚、印度、缅甸、泰国、菲律宾、墨西哥、阿根廷、巴西、沙特、科威特、埃及、中国等也先后建立了自己的养老保险制度,并逐步改进和完善。

社会养老保险制度在发展过程中,有关国际组织着力推动积极促进,1947年,联合国发表了《老年问题专家小组会议报告》,要求各国以"提高全部老年人生活质量视为老年政策的目标,制定改进老年生活的短期和长期计划"。1952年由国际劳工组织召开的第35届国际劳工大会,通过了《社会保障最低标准公约》,公约强调要"使受保护者获得养老补助金而无虞"。1982年,联合国在维也纳召开的老龄问题世界大会提出:"必须解决保障、保护及维持老年人收入的问题",大会通过的《行动计划》建议各国政府采取适当行动保证所有年龄较长人士能有适当的最低收入……根据向所有老年人都提供保险的原则建立或制定社会保险制度。

由于国际社会组织和各国政府的积极努力,社会养老保险制度在全球各地区迅速推进,二次大战结束后,社会养老保险制度在整个社会保障体系中具有越来越重要的地位(见表6.3)。

表6.3 二战后世界社会保险发展进程表

单位:国家或地区个数

	1940年	1949年	1958年	1967年	1977年	1987年	1997年
有任一社会保险项目	57	58	80	120	129	141	172
老残遗保险	33	44	58	92	114	130	166
疾病和生育保险	24	36	59	65	72	84	111
工伤保险	57	57	77	117	129	136	164
失业保险	21	22	26	34	38	40	68
家属津贴*	7	27	38	62	65	63	86

资料来源:美国社会保障总署《全球社会保障(1997)》,转引自《中国社会保障制度》,企业管理出版社1998年版,第27页。

﹡家属津贴,主要是定期支付给有子女的家庭的现金,通常为两种:一为普遍性津贴,原则上它是对有一定数目子女的居民家庭普遍提供这种津贴;另一类为就业关联津贴,限于发给所有工薪劳动者。前者属社会福利性质,后者属社会保险性质。我国社会保障体系中没有家属津贴这一块,独生子女津贴可能类似于该项目。

说明:1987~1997这10多年间,实施社会保险的国家或地区增长较快,主要是因前苏联、东欧一些国家的解体而导致实施保险国家数量的增加。

由表6.3中数据可以看出,在整个社会保险体系中,最早建立的工伤保险和养老保险制度在全球推进普及的速度最快。在所有已经建立一个以上社会保险制度的国家中,这两项制度成为首选,相对来说养老保险的推进势头更猛。

二、社会养老保险的四种类型

从世界范围来看,养老保险一般可以分为自保公助型、福利国家型、国家保障型和强制储蓄型。由于历史文化传统及理论依据不同,政治体制不同,经济发展程度各异,加上对这一制度在理解和执行上的差异,不同类型的养老保险制度具有各自不同的特点。

1. 自保公助型社会养老保险制度。源自俾斯麦执政时期的社会养老保险制度,强调养老是国家、雇主和雇员共同的事情。因此养老保险金由劳资双方各负一半,国家对每个领取保险金的老人或残疾人补贴50马克。除此以外,当时的老年和残障法案还确定了养老保险覆盖的对象是工人和低职官员,享受养老金待遇的资格是年满71岁、交纳保险费30年以上者或被证明确实失去谋生能力者方可享受养老金或残障保险金。其待遇标准依工人原工资等级和地区等级而定,等等。这种依个人投保和雇主资助并辅之以国家援助为筹资来源,以先缴费、后享受为制度设计原则,并以国家立法强制推行的社会养老保险制度的产生,在社会保障史上具有划时代的意义,成为日后欧美及其他国家建立社会养老保险制度所效仿的对象。

2. 福利国家型的"全民保险",源于英国,后为瑞典等北欧国家所发展。英国于1908年推行的第一个普遍养老金制度,就是一个不缴费的养老金计划,后因财政支付困难和受益水准太低而几经调整。二战中英国政府为鼓舞士气,增强斗志,决定从解决悬而未决的养老金问题着手。1942年以贝弗里奇为首的社会保险与相关服务部际委员会,拟就了《社会保险与相关服务报告》。报告认为:社会保险是消灭贫困最有效的武器,而贫困往往和疾病、愚昧、肮脏、懒惰结伴而行,因此建立一整套完善的社会保障制度有助于消除贫困,共创美好的新社会。这套以全民为保险对象的制度提出:凡有收入的国民都须参加社会保险,按照同一标准缴纳保险费、享受保险金。保险给付以保障国民基本生活为目标,享受时间应以领取人的需要为准。无收入而不能参加社会保险的人,国家要制定公共救助法保障他们的基本生活需要,使其生活水平达到国民最低生活标准。新社会保障制度的建立有六项原则,它们是:统一的收益替代率(flat rate of subsistence benefit),统一的缴费率(flat rate of contribution),统一管理(unification of administrative responsibility),受益的适当性(adequacy of benefit),综合性(comprehensivenes),分门别类(classification)。

第二次世界大战结束后,以艾德礼为首相的英国工党政府把《贝弗里奇报告》付诸实践。相继颁布了国民保险法(1946年)、国民医疗保健法(1946年)和国民救助法(1948年)等一系列社会保障法规,1948年宣布建成"从摇篮到坟墓"的福利国家。

二战后,以瑞典为代表的北欧国家在边学边干中迅速赶超英国、德国,成为普遍享有社会保险金的国家的领头羊。

3. 国家保障型养老保险制度,源于前苏联,是建立在社会主义公有制基础上的一种社会养老保险制度。其基本特点是:国家宪法确定每个公民均能享有以养老为主要内容的社会保障,老有所养是公民的基本权利,由生产资料公有制保证;退休金支出,全部由国家和企业承担，个人不交纳养老保险费；工会组织参与养老保险事业的决策与管理，一方面劳动者通过人民代表机构对社会保障管理，施加影响，另一方面，工会从基层工会到中央理事会，都参加养老保险的实施与管理。①

20世纪90年代前，前苏联的这一社会养老保险制度为东欧各社会主义国家所普遍采用，中国、蒙古、朝鲜民主主义人民共和国等也参照这一模式建立了自己的养老保险制度。

4. 强制储蓄型养老保险制度，源于原英属殖民统治的澳大利亚、新加坡、马来西亚等国的中央公积金制度，是以强制储蓄的方式解决国民的老有所养的问题。新加坡现行国家立法规定，凡月工资达到800新元以上的薪金收入者都要参加中央公积金，否则就是违法。资金筹集上，由雇主和雇员各按工资的相同比例缴纳养老保险金，并记入个人账户，账户累积金额及其利息成为公积金成员购房、保健和养老的主要供款源。加入公积金者，不分男女年满55周岁即可领取养老金，领取水平和自己个人账户的积累额成正比。国家设中央公积金局管理有关事项。

20世纪70年代后期，西方福利国家的社会养老保险制度普遍因人口老龄化和福利支出过度，而陷入福利泥潭，形成"福利病"。由此，以强制储蓄型为特征的养老保险制度备受人们的关注。1980年，位于南美洲西海岸的智利，在皮诺切特军政府的独裁统治下，对传统的现收现付制养老保险进行改革，建立了一个由国家监控、由民营机构运营的强制型储蓄个人账户制度，被称为"智利模式"。这种类型的养老保险制度，是国家依法要求雇主和雇员缴纳定额保险费，建立特别基金，专款专用，分别计入每个雇员的账户，由国家设立的基金会管理这些资金。当雇员年老或发生危险事故时，把其全部储蓄和利息一次返还受保人，有时受保人

---

① 国务院研究室课题组：《中国社会保险制度改革》，中国社会科学出版社1992年版，第83页。

也可自行选择分期领取养老金或者储蓄存款分别交给遗属。

智利养老金制度的框架是：① 以强制性个人储蓄的"新制"为主导；② 同时保留原来社会保险的"旧制"；③ 建立了适应两种制度并存的政府管理监督体系。

(1)"新制"。有关法令规定,1983年以后就业的人员必须加入"新制"。"新制"规定养老保险费完全由个人缴纳,雇主不缴费,但雇主有责任代雇员扣缴养老保险费。缴费比例为本人工资的10%,按月缴纳,另外再按工资的3%缴纳伤残保险费和私人管理公司的佣金。所缴保险费均建立个人账户,由一家私营养老金管理公司管理,并按年计息。个人账户的基本用途是在缴费者达到规定条件后支付养老金。但缴费者也可以以个人账户储蓄做担保申请住房贷款,甚至可以取出部分现款,限定条件是必须保证个人账户的储蓄余额能够满足按退休前十年平均工资的70%支付养老金的需要。

对"中人"采取过渡办法,对于那些1980年以前就业的人员可以由本人选择继续留在"旧制",或转入"新制"。目前,全国700万经济活动人口中的514万加入了"新制"。在"中人"的从"旧制"到"新制"的转变中,智利采取了"认可券"的办法,对"中人"已就业但没有个人账户的年份,发行了124亿美元的"认可券"。这些"认可券"同样作为个人账户的储蓄额纪录,但只按固定利率4%计息,并且要在雇员退休时才兑现。

(2)"旧制"。1980年以前,智利全国有200万职工参加养老保险计划,退休人员有80万。实行"新制"后,大部分职工选择转入"新制",40万职工留在了"旧制",即有120万职工还在"旧制"。但现行的"旧制"也是完全由个人缴费(比例为15%),只是不建个人账户,实行统筹互济,退休人员的养老金75%由国家财政支付,25%来源于现收现付。

(3)养老保险的政府管理监督体系。国家对养老金实施严格的控制和管理,劳动和社会保障部作为政府管理社会保障的最高行政部门,负责研究制定有关社会保障的法规和政策。下设养老金管理公司总监署,负责管理"新制"中所有私营 AFP。设社会保障总监署,是和养老金管理公司总监署平行的一个政府机构,监督负责"旧制"的各社会保险公司。另外还设养老金规范化协会、风险鉴定委员会等机构监督"旧制"、指导养老基金的投资,规避风险。法令规定,个人账户由私营性质的股份制公司即养老基金管理公司(AFP)管理。缴费者可以选择任何一家 AFP 缴费,而且可以更换公司,条件是必须在一家公司缴费 6 个月以上。申请成立 AFP 要有一定数量的注册资本,而且要保持在 4000 人以上的客户。公司经营不善也可以破产,但破产不会给养老基金带来大的损失。若有损失,政府会承担应付的最低养老金及高于部分的 75%。AFP 的主要经营收入来源于缴费者按工资的 3% 交纳的佣金。

"智利模式"的优点在于:养老金待遇取决于个人账户的积累,透明度高,有助于在业者确立自我保障意识,促进雇员工作时努力工作、多缴费、多积累;基金积累模式是通过个人年轻时的多积累来满足年老时的消费需求,强调个人一生收入的自我平衡;积累的基金可用于长期投资,不至于妨碍经济增长。

同时,这种模式的问题与不足之处也比较明显:缺乏社会成员之间的互助互济,不能体现社会公平;对低收入者也无法提供基本的生活保障,保障力度不足;养老金比较单一,由于这种制度规定了高投保率,企业投保费用比较高,无力再出资筹办企业补充养老保险,这样雇员只能享受单一的基本养老保险;大量基金积累既存在投资回报低的风险,也存在高通货膨胀时期价值丧失的危险。

在这一模式运行了 25 年后,智利养老保障体系面临再改革。2006 年 3 月,新总统巴切莱特就职后的第六天就任命了由 15 名经济学家组成的养老保险改革总统咨询委员会。两个半月后,该委员会如期向总统递交了养老保险改革报告,提出了一系列改革建议。改革的核心是加入了一个"普享型"支柱,它将公民养老金权益建立在"公民资格"的基础之上,而不是单纯依赖以往的"缴费型"制度。目前,养老保险改革方案还没有被议会批准,至少要到2007年底才能通过。

三、养老金的筹集和给付

1. 养老保险基金的筹集模式

养老保险基金的筹集模式将决定养老保险的制度设计、运行和管理,主要有现收现付、完全积累和部分积累三种方式。选择一种合适的基金筹集模式需要考虑多方面因素的影响,比如该国的经济发展水平、政府和个人应承担的责任比例、人口老龄化程度以及资本市场的投资渠道等。

(1) 现收现付式,即从当年或近二、三年的角度考虑社会保险收支平衡问题,并据此确定费率,以支定收。体现在社会养老保险中就是养老保险负担的代际转移,即工作的一代养退休的一代,类似于家庭养老的代际反哺。采用这一方式的国家主要以征税的办法筹集资金,如德国、法国、瑞典等。其优点在于资金来源渠道稳定,管理相对简便,无须像完全积累式基金那样要建立庞大的信息管理系统,也没有累积资金的投资管理和保值增值问题,不必担心经济波动、通货膨胀、严重自然灾害和其他重大变故(如战争)等可能造成的基金损失。其缺点也是显而易见的,就是要求一定社会人口的代际结构比较稳定。就象家庭一样,上一代和下一代之间保持相对稳定的量和质的关系,家庭养老就不会发生危机。反之,若代际结构呈倒三角型的不均衡状态,就容易引发养老危机。当今全球普遍出现的人口结构老化现象对传统的现收现付制提出了挑战,因此下面两种筹资方式就备受关注。

(2) 完全积累式,即在长期测算的基础上,追求社会养老保险基金收支的长期平衡,并以此确定费率,同时尽力实现基金的保值与增值,它主要体现养老保险的自助性。上述新加坡、智利、马来西亚等推行公积金制度或个人强制储蓄制度的国家就是采用完全积累的模式。这种方式的主要优点在于,它强调每个保险受益人的自身责任,强调自己养自己。而非代际养老负担的转移。因此它不必考虑人口代际结构的均衡问题,不会引发由于人口老龄化而产生的养老危机。但是,以完全积累方式筹集的养老保险基金存在一个管理和投资的问题。首先要确保累积起来的数额庞大的资金保值,并在此基础上进行资金的有效投资,追求资金的较高回报即增值。如果做不到这一点,一旦发生经济危机、通货膨胀,就会出现基金的大幅度贬值,养老保险仍不保险。把第一、二方式进行有效融合,就产生了基金的部分积累方式。

(3) 部分积累式,即分阶段以收定支,强调略有节余,追求阶段平衡,并在此基础上确定费率,体现的是一、二两种方式的结合。即所筹资金,一部分用于支付已经退休者的养老金,另部分作为预筹积累资金留给现在的就业者——将来退休者的养老金。这种方式既可避免寅吃卯粮的问题,又不会遇到庞大累积资金的管理投资及保值增值问题,融合了前两种方式的优点,摒弃了两者的缺点,目前不少国家正向这一筹资方式转变。如美国1935年颁布的《社会保障法案》,确定养老保险的筹资方式是实行完全积累的"基金制",后因筹资规模过大,而在1939年通过国会立法改为现收现付制。到80年代,又遇到了收不抵支的问题,因而又改现收现付制为部分积累制。与此同时日本的公共年金也由最初的完全积累走向部分积累。

2. 养老保险金的给付办法

养老金的给付基准,即确定养老金给付待遇所依据的标准。美国在商业保险公司经办的企业年金中用了 Defined Benefit(固定受益)和 Defined Contribution(固定供款)这两个不同的计算基准,后被引入社会保险范畴。虽说养老保险金的给付基准因各国具体情况不同,而没有完全一样的计算办法,但仍可把各国的养老金给付办法分为两种类型:受益基准制(On Benefit Basis)和供款基准制(On Contribution Basis)。

(1) 受益基准制,是指受益人的养老金获得方式和数额取决于主管部门规定的标准或计算公式,如一定的年龄条件、身体状况、工龄长短及实际生活需要等。只要符合所定的标准即可领取养老金,其量的多少跟他过去对养老保险基金的贡献无关或关系不大。一般都以原来工资(或一定时期社会平均工资等)的一定替代率(60%左右)作为养老金领取标准。福利国家的普遍养老金、自保公助型的养老金制度、国家保障型养老金制度都是以受益基准为特点的。

(2) 供款基准制,受益人的养老金获得方式和数额取决于他对养老保险基金的供款量,一般都将个人所缴费用建立个人账户,缴费越多,领取养老金的水平越高,因此其养老金的领取额和他本人原先的工资高低不完全相关。强制储蓄型的养老保险制度(如新加坡、智利的养老金给付标准)即是以供款基准制为特点的。

两种养老金给付基准,各有长处与不足:受益基准制注重社会公正,具有显著的收入再分配职能。但它缺乏激励个人积极工作和缴费的机制,容易形成平均主义的分配倾向,影响社会效率的提高。供款基准制注重对个人的激励机制,有助于激发人的工作热情,提高社会的劳动生产效率。但它对收入再分配的作用很小,参保者之间缺乏互助互济职能。因而直到现在,仍有专家认为它不能算作严格意义上的社会保险制度。

在筹资方式上,受益基准制一般采用现收现付制,而供款基准制一般采用完全积累制。正像两种筹资方式的融合一样,受益基准和供款基准也正通过不同比例的组合,而产生不同的类型。我国目前在城镇职工中建立的基本养老保险制度,就是对这一新思路、新制度的有效探索。

3. 养老金给付水平

养老保险制度的一个重要原则就是保证退休者的基本生活水平,而养老金替代率就是一个合适的衡量指标,它是指劳动者退休时的养老金领取水平与退休前工资收入水平的比率。目前,一般使用的测算养老金替代率的方法归纳起来有如下三种：

（1）目标替代率，即职工退休后的养老金收入与退休前一年（或若干年）工资收入的比率。这一指标以个人为对象，研究目的是为了使退休者的养老金收入保持在其退休前收入的合适比例之内。目标替代率的求法是：从退休者退休前最后一年的工资总额中除出劳动者因退休而省去的工作性相关支出，如教育培训费、岗位津贴、交通费等，即可求出退休者所需的必要的生活费用。通过工资总额中的用于生活费用的支出与工资总额相除，就是该退休者的养老金目标替代水平。

（2）平均替代率，即社会平均养老金与社会平均工资的比率。其中，社会平均养老金是指全体退休者的人均养老金收入，社会平均工资是指全体在业者的人均工资收入。这一指标表明同一时期退休者与在业者的收入对比关系。

（3）总额替代率，即退休金总额与当年职工工资总额之比。它能够反映社会负担程度，但这一指标并不反映单个的退休人员的受保障的水平。一般说来，对养老金替代率的研究，更多的使用目标替代率和平均替代率两个指标。

（4）总和替代率，即就多层次养老保险体制而言，各层次的养老待遇加总后形成的总替代率。例如我国现行的基本养老保险替代率约为50%～60%，企业年金替代率约为15%～20%，其总和替代率应为65%～80%之间。

养老金替代率的确定，既要考虑社会的工资总体水平和退休人员的实际生活需要，又要考虑经济发展水平和社会承受能力；既要考虑物价变动情况和趋势，又要考虑退休者与在业者的收入差距及社会安定。一般地说，社会工资总体水平低、社会福利项目少，养老金替代率相对较高，反之就相对较低。然而养老金替代率究竟多高合适，要根据很多因素而定，其中主要有国家养老保险改革目标、养老金给付的指数调节、地区居民的生活水平、个人的经济承受能力等等。如果养老金替代率定得过高，就会对当前的在业者以及退休者本人在工作期间构成较大的缴款负担。而养老金替代率定得过低,又可能会形成辛勤工作一生的职工老无所养的局面。

根据社会保险原则,养老金标准的上限应该考虑退休人员已经形成的生活水平,下限应当高于贫困线。据此,国际劳工大会的文件规定:缴费和就业30年并有一个符合养老条件的配偶,正常的养老保险工资替代率不得低于40%～50%,国外的养老金替代率一般在40%～70%之间,如美国的养老金替代率为40%,法国为50%,日本最高为68%。

第三节　中国城镇社会养老保险制度的改革和发展

一、历史与现状

1. 养老保险制度初建时期

我国的养老保险制度始建于50年代初期。1951年2月颁布并于1953年修订实施的《中华人民共和国劳动保险条例》,成为中国社会保险制度的起点。《条例》全文共七章32条,包括总则、劳动保险金的征集与管理、各项劳动保险待遇的规定、享受优异劳动保险待遇的规定、劳动保险金支配、劳动保险事业的执行与监督等。《条例》规定:凡工人职员100人以上的国营、公私合营、私营及合作社经营的工厂、矿场及其附属单位、铁路、航运、邮电、工、矿、交通事业的基本建设单位、国营建筑公司等都要参加劳动保险。资金来源主要由公私企业按职工工资总额的3%缴费,职工个人不缴费。所筹资金,分作两个户头:一是劳动保险总基金,源于企业行政或资方开始缴费的头两个月内所缴劳动保险金,加上第三个月起每月缴费的30%,全数存于全国总工会户内,为举办集体劳动保险事业之用;二是劳动保险基金,即参保单位月缴费的

70％，存于各该企业工会基层委员会户内，用于支付工人与职员按照条例规定应得的抚恤费、补助费与救济费。符合条例规定的职员，退休后领取养老金的标准是，根据其工龄长短，满 10 年者发给相当于退休时标准工资 60％的养老金，满 15 年的发给 70％，满 20 年者发给 75％。《条例》是我国第一部全国统一的社会保险法规，它的设计是典型的国家保障型社会养老保险制度，是"国家保险"，劳动者不需缴任何费用，均能享受退休金，退休金从根本上说来源于国家预算。

国家机关工作人员的养老保险，因其筹资渠道、工资标准、工龄计算等与企业不同，实行的是不同于城镇职工的养老保险办法。1955 年颁发的《国家机关工作人员退休处理暂行办法》和《国家机关工作人员退职处理暂行办法》，标志着国家机关工作人员的社会养老保险制度基本建立。至此，城镇社会养老保险的两大板块基本形成，即机关事业单位职员的养老保险制度，其养老金从国家财政预算拨给各单位的行政管理费中支付，由财政部门、人事部门共同管理；企业职工的养老保险制度，其养老金来源于企业按工资总额的一定比例提取的社会保险费，由劳动部门统一管理。

2. "文革"始社会养老保险改为"企业保险"

但是，这一社会养老保险制度在"文化大革命"中遭到破坏。"文革"一开始，负责管理社会保险工作的工会、劳动部门、内务部门都被撤销，整个社会保险工作一度处于管理无序状态，社会保险金收支混乱，社会保险有关政策法规得不到有效贯彻执行。1969 年 2 月财政部发出《关于国营企业财务工作中几项制度得改革意见》，规定国营企业一律停止提取劳动保险金，企业的退休职工、长期病号工资和其他劳保开支都改在营业外列支。至此，社会保险失去了它的社会统筹功能，社会保险演变为"企业保险"。

此后到 20 世纪 70 年代末，企业的退休人员逐步增加，老新企业之间用于退休人员的保险费用极不平衡，养老负担畸重畸轻，但在计划经济体制下，企业是国家的，企业并不在意其成本的高低和盈利的多少,因为盈利多交给国家,亏损则由国家全包下来,养老负担轻重和企业的生存发展无必然的联系。

3. 进入 20 世纪 80 年代后"企业保险"制度的初步改革

20 世纪 80 年代后,中国经济体制改革进入以城市为重点的阶段,且以搞活企业为中心任务,企业要自主经营、自我约束、自负盈亏、自求发展,走向市场是其必然的选择。至此,企业间养老负担不均的矛盾显性化了,新建的企业因其年龄结构轻、退休人员少、劳动用工成本低而在竞争中处于优势地位;老企业则因为年龄构成老化,养老、医疗等保险项目负担重而在市场竞争中处于劣势,老企业要求均衡养老负担的呼声越来越高,他们迫切希望在同一起跑点上公平竞争。这样,以退休费用的社会统筹为主要内容的养老保险制度改革提上了议事日程。

从 1984 年起,国家开始在全民所有制企业范围内进行以退休费用的社会统筹为主要内容的改革试点,即在市、县一级行政区内的国有企业之间,按以支定收、略有节余的原则,对企业按职工工资总额的同等比例,进行养老金的统一收缴、支付及对职工养老保险的统一管理。这一改革实际上是恢复到建国初的社会保险上去,到 1991 年,全国实施退休费用社会统筹的市、县达到 2274 个,占全国市县的 96%。[①] 1991 年 6 月,《国务院关于企业职工养老保险制度改革的决定》明确实行养老保险基金统筹,统筹体制在全国范围内正式实施。

和以前的单位保险相比较,统筹体制的确立,提高了养老保险的社会化程度,在一定程度上解决了企业间养老负担不均的问题,较好地保障了离退休人员的基本生活。但是,基本养老保险模式仍然是受益基准制,养老金的筹资方式也仍然是现收现付,随着退休人员与在职人员的比例越来越高,在职工人的赡养系数也随之

---

① 葛延风:"改革与发展过程中社会保障制度的建设问题",《社会学研究》,1998 年第 1 期。

增大,养老金支付压力日益沉重,导致养老金缴费费率的持续上升,而且退休费用的社会统筹是按地区(省、市、县)进行的。在那些老工业城市或在职人员少而退休人员多的市县,当全国平均缴费水平不到20%的时候,他们的缴费比率已达到30%乃至更高。这在一部分缴费者心中形成了较大的抵触情绪,特别是退休人员少的企业,认为过高的费率侵害了企业自身的利益,它能带给企业的收益,要若干年以后才显现出来,而这还有一些未可预测的变数。因此好的企业(或称人员年龄构成轻的企业)拖缴、欠缴乃至漏缴、拒缴养老保险统筹费,差的企业(或养老负担重的企业)拼命要挤进社会统筹,养老金支付压力越来越大,只有再依靠提高保险费率,缓解收支矛盾。因而,在单位保险的情况下,主要是一些老企业不堪重负,进入统筹体制后,则几乎所有的国有企业都必须承担较高的保险费率,而这又加大了企业用工成本,削弱了企业的竞争力。而且,养老保险的覆盖面仍然限于城镇国有经济部门的职工,国有经济部门无法与其他所有制经济进行公平竞争。劳动力在不同的所有制之间流动难、企业破产兼并难、国有企业减员增效自求发展就更难。

4. 20世纪90年代企业职工社会养老保险制度的创新

步入20世纪90年代后,我国理论界和政府有关部门对企业职工的社会保险制度的改革和发展进行了全面的分析和研究,在一些主要问题上取得了共识:(1)养老保险的基本模式。我国目前不宜以现收现付的受益基准制作为制度的主体,而应选择基金预筹积累的供款基准制。因为就中国的现实情况来看,未来的人口老龄化压力非常大,没有预筹积累的话,养老危机肯定会出现。另外,我国目前经济发展水平不高,在社会保险的模式选择上首先应该是发展经济、提高生产效率,因此注重人的积极性的发挥、增强人们自我保障意识的供款基准制理应成为首选。(2)养老保险的管理及基金运营。以预筹积累代替现收现付,必然要形成大量的基金积累,那么建立安全、有效的养老保险行政管理体制和基金运营机制就刻不容缓,必须使社会保险的行政管理和基金经营两者分开,相互监督、相互制约。(3)社会养老保险的覆盖面。要进一步扩大社会养老保险的覆盖面,把计划经济体制下只覆盖国有经济部门的养老保险,拓展为全体城镇劳动者共同参加、各种所有制经济全面覆盖的统一的养老保险制度。它是建立社会主义市场经济体制的迫切要求,也是实现社会公平的要求。

1993年召开的党的十四届三中全会作出的《关于建立社会主义市场经济体制若干问题的决定》,对中国的社会保障制度改革提出了三个方面的原则规定:(1)建立多层次的社会保障体系,社会保障体系包括社会保险、社会救济、社会福利、优抚安置和社会互助、个人储蓄积累保障。社会保障政策要统一,管理要法制化。社会保障水平要与我国生产力发展水平以及各方面承受能力相适应。(2)城镇职工的养老和医疗保险金由单位和个人共同负担,实行社会统筹和个人账户相结合。(3)建立统一的社会保障管理机构。社会保障行政管理和社会保险基金经营要分开。社会保障管理机构主要是行使行政管理职能。社会保险基金经办机构,在保证基金正常支付和安全性流动性的前提下,可依法把社会保险基金主要用于购买国家债券,确保社会保险基金的保值增值。

《决定》中提出的改革目标和原则,成为后来中国社会保障制度改革的引航灯。特别是《决定》首次提出的"个人账户"概念,标志着社会养老保险制度的全面创新。

1995年3月,《国务院关于深化企业职工养老保险制度改革的通知》(国发[1995]6号)就企业职工养老保险制度的深化改革作了部署并同时出台了两个具体操作方案,即企业职工基本养老保险社会统筹与个人账户相结合实施办法一和实施办法二。它们都将企业和职工的缴费分为社会统筹和个人账户两块,只是具体比例不同。办法一是按照供款基准制设计的,基本养老保险个人账户按职工工资收入的16%左右计入,企业和职工共同缴纳养老保险费,开始职工按不低于个人缴费工资的3%的比例缴纳,以后每两年提高一个百分点,最终达到个人账户保险费率的一半。基本养老金的计发办法按不同对象,采用不同计发办法:"新职工"的养老金计算公式为,基本养老保险个人账户储存额除以120;"老职工"仍按原办法计发养老金;"中职工"的养老金计发办法是,视其在办法实施前的工作年限为缴费年限,以个人账户中的储存额推算出全部工作年限的储存额,再除以120,按月计发基本养老金。办法二只设计了一个比例不同的个人账户,养老金的计发办法分成两部分,即社会性养老金,按当地职工平均工资的20%～25%计发;缴费性养老金,个人及企业按缴费工资基数的1.0%～1.4%计发,个人账户养老金对应于个人账户储存额。办法二可看作是收益基准和供款基准的混合方式。两个办法有一个共同点,即都想通过个人缴费及建立个人账户的办法形成激励机制,缓解养老金支付压力。

此后,全国各地区、各部门均按国务院的部署和要求,实施了社会统筹和个人账户相结合的养老保险改革办法,进行企业职工养老保险制度的改革试点。具体实施过程中,各地对国务院推荐的两个办法进行比较和实践,形成许多养老保险办法并存的局面。经过多年实践,改革逐渐为广大群众所普遍接受。企业职工自我保障的意识增强了,他们关心个人账户,积极缴费并督促企业按时足额缴纳养老保险费,从而提高了养老保险金的收缴率。一些地方通过提高个人缴费比例,降低了企业保险费率,减轻了企业负担,收到了积极的社会效果。

但是,在改革过程中也出现了一些问题:一是多种养老保险办法并存,由于对新制度的认识有个过程,各地在设计"统账结合"时,出现了多种个人账户比例,有的个人账户是职工工资的16%,有的是3%,还有的是12%。这样职工工作调动时,个人账户的转移就成了问题,给管理工作带来困难,也不利于形成统一开放、竞争有序的劳动力市场;二是基本养老保险差距过大,存在攀比待遇水平的现象;三是基金统筹层次过低,调剂能力弱,少数经济效益不好的地区和企业,离退休人员的基本生活难以保障;四是个人缴费的速度慢,个人账户的功能得不到充分体现;五是国家关于基金管理的规定没有得到认真执行,挤占挪用养老保险金的问题比较严重。据财政部对 10 个省市的检查,1992 年到 1995 年挤占挪用等违纪金额达 60 多亿元。这些问题归结起来,主要问题在于制度的不统一和管理的分散化。① 形成统一的城镇职工养老保险制度势在必行。

5. 统一的企业职工养老保险制度的建立

1997 年 7 月,国务院颁布了《关于建立统一的企业职工基本养老保险制度的决定》,要求各地各级人民政府把社会保障事业纳入本地区国民经济与社会发展计划,贯彻基本养老保险只能保障退休人员基本生活的原则,把改革企业职工养老保险制度与建立多层次的社会保障体系紧密结合起来。社会保障的改革目标是,到 20 世纪末,基本建立起适应社会主义市场经济体制要求,适用城镇各类企业职工和个体劳动者,资金来源多渠道、保障方式多层次、社会统筹与个人账户相结合、权利与义务相对应、管理服务社会化的养老保险体系。《决定》在更高水平上提出了以下五个原则:

(1) 社会互济与自我保障相结合原则(或社会统筹与个人账户相结合原则)。它是在总结国内外经验的基础上,坚持从我国的实际出发所形成的具有中国特色的社会保障制度的重要组成部分。《决定》指出,新的养老保险制度按职工和企业共同缴费的办法筹集资金,企业所缴费率一般不超过企业工资总额的 20%,个人缴费比例,1997 年不低于本人缴费工资的 4%,1998 年起每两年提高 1 个百分点,最终达到本人缴费工资的 8%。所缴费用分为社会统筹和个人账户两部分,按职工个人缴费工资的 11% 建立职工的基本养老保险个人账户,个人缴费部分全部进入个人账户,

---

① 王东进:《中国社会保障制度》,企业管理出版社 1998 年版,第 212 页。

不足部分从企业缴费中划入。企业缴费的剩余部分作为社会统筹基金。

(2) 基本养老保险要保障基本生活的原则。合理确定基本养老保险的待遇水平一直是各国所关注的话题,也是养老保险制度改革能否成功的一个关键。建国初期的劳动保险条例拟定的退休待遇标准是职工原工资的50%～70%,1978年国务院规定的退休金水平(即工资替代率)是标准工资的60%～75%。但后来因种种原因,退休金水平持续攀升,现在已达到全部工资收入的80%左右,部分行业和部门的退休金水平比在职职工要高出许多。养老金给付水平偏高,既给国家和企业带来沉重负担,又容易引发在职职工的不满情绪,党的十四届三中全会明确提出,养老金的待遇水平要和我国社会生产力发展水平及各方面的承受能力相适应。按有关机构对实施个人账户制的测算结果,如果目标替代率为60%,进入个人账户的缴费占工资收入的比重平均达到16%左右,①1995年国务院出台的具体实施办法一即是按照16%设定个人账户的,目前统一制度后的养老金给付标准,大概也在工资替代率的60%左右。也就是坚持了基本养老保险主要是保障退休人员的基本生活的原则。提高养老金待遇水平,应靠多层次社会养老保险体系的形成和完善来解决。

(3) 新老办法平稳衔接、待遇水平基本平衡的原则。统一制度后,养老金的计发按不同对象设定不同办法,对决定实施后参加工作的新职工(即"新人"),采用新办法:个人累计缴费满15年的,退休后发给基本养老金,基本养老金由基础养老金和个人账户养老金组成,基础养老金月标准为省、自治区、直辖市或地(市)上年度职工月平均工资的20%,个人账户养老金月标准为本人账户累计储存额除以120。对实施决定前已经离退休的老职工(即"老

---

① 葛延风:"改革与发展过程中社会保障制度的建设问题",《社会学研究》,1998年第1期。

人"),仍按国家原来的规定发给养老金,同时执行养老金调整办法。对实施决定前已参加工作、实施决定后退休的在职职工(即"中人"),他们退休后的养老金如何计发,是一个难题,由于他们过去没有个人账户的积累,因此个人账户养老金较少,不可能套用新办法,也不可能沿用老办法,处理不当将直接影响到新制度的贯彻落实。《决定》对此进行专门的设计,要求对符合退休条件的中职工,按照新老办法平稳衔接、待遇水平基本平衡的原则,在发给基础养老金和个人账户养老金的基础上再确定过渡性养老金,过渡性养老金从养老保险基金中解决。

(4) 社会养老保险行政管理与基金管理体制分开的原则。养老保险筹资方式由原先的现收现付转到预筹积累,必然要形成相当规模的积累基金,基金管理的安全有效就日显重要。为保证基金的安全和完整,《决定》指出:要抓紧制定企业职工养老保险基金管理条例,加强对养老保险基金的管理。基本养老保险基金实行收支两条线管理,保证专款专用,全部用于职工养老保险,严禁挤占挪用和挥霍浪费。基金结余额,除预留相当于2个月的支付费用外,应全部购买国家债券和存入专户,严格禁止投入其他金融和经营性事业。国务院还决定,社会保险经办机构的管理费用由同级财政拨付,不再从养老保险基金中提取。

(5) 逐步提高养老保险统筹层次的原则。原有的养老保险统筹层次偏低,不少地方还停留在县级统筹的层次上,范围小、作用不大,不符合社会保险的大数法则。部分地区由于老企业、困难企业较多,而使养老基金入不敷出,养老金不能按时足额发放,影响离退休人员的基本生活,影响社会安定。还有从1986~1993年经国务院批准的11个行业部门,实行的是职工养老保险系统统筹,其养老负担也是苦乐不均。综合各种资料,不少老工业基地的企业所承担的养老金缴费率都在30%以上,而一些新兴城市如深圳则低于15%,实行行业统筹的煤炭系统企业缴费率超过20%,民航系统不到10%。提高养老保险的统筹层次,由县级统筹向省级或省授权的地区统筹过渡势在必行。

6. 完善企业职工养老保险制度的决定

1997年统一企业基本养老保险制度建立后,2000年12月25日,国务院发布并实施《关于完善城镇社会保障体系改革试点方案》,同时选择辽宁作为试点省,于2001年7月正式启动,到2004年辽宁改革试点完成后,又将试点工作扩大到吉林和黑龙江两省。东北三省试点的重要内容就是实行社会统筹账户与个人账户由过去的通道式管理转变为板块式的分账管理,职工所缴养老保险费全部记入其个人账户和真正做实个人账户,辽宁从8%做实,吉林和黑龙江从5%做实。

在总结东北三省试点经验的基础上,2005年12月3日国务院发布实施了《关于完善企业职工基本养老保险制度的决定》(2006年1月1日起实施),这是继1997年国务院统一企业职工基本养老保险制度之后,完善企业养老保险制度的又一重大决策,对于应对人口老龄化,实现养老保险可持续发展具有重大意义。

《关于完善企业职工基本养老保险制度的决定》的主要内容可以概括为10个方面:(1)继续确保基本养老金按时足额发放,保障离退休人员基本生活;(2)加强养老保险基金征缴,做到基本养老保险金应收尽收,加大财政投入,完善多渠道筹资机制,强化社会保险基金监管;(3)进一步做好退休人员社会化管理服务工作,不断提高退休人员的生活质量;(4)加强社会保险经办能力建设,实行规范化、信息化和专业化管理;(5)逐步做实个人账户,完善社会统筹与个人账户相结合的基本养老保险制度;(6)统一城镇个体工商户和灵活就业人员参保缴费政策,落实社会保险补贴政策,以非公有制企业、城镇个体工商户和灵活就业人员参保为重点,扩大基本养老保险覆盖范围;(7)改革养老金计发办法,将缴费时间长短和数额与待遇水平挂钩;(8)建立养老保险金正常增长机制,适时调整基本养老水平;(9)积极发展企业年金,建立多层次的养老保障体系,提高退休人员的养老保障水平;(10)提高统筹层次,增强基本养老保险基金的抗风险能力。

《关于完善企业职工基本养老保险制度的决定》被称为"养老新政",引人注目的是:(1)从2006年1月1日起,养老保险个人账户的规模统一由本人缴费工资的11%调整为8%,全部由个人缴费形成,单位缴费不再划入个人账户。(2)在养老金计发办法上作出了相应调整:改变了基础养老金不计缴费数额和实际缴费年限的差别,一律按统一标准发放的办法,代之以根据在岗职工平均工资、参保人指数化平均工资和实际缴费年限等因素计算的差异化给付标准;(3)改变了个人账户养老金按固定的退休预期寿命的给付标准的办法,代之以根据退休时城镇人口的平均预期寿命和退休年龄等因素计算的、较有弹性的给付办法;(4)根据职工工资和物价变动等情况,建立基本养老金正常调整机制。

在新老办法的衔接上,采取养老金"新、中、老"有别的方法:

(1)"新人"——基础养老金 + 个人账户养老金。《国务院关于建立统一的企业职工基本养老保险制度的决定》(国发[1997]26号)实施后参加工作、缴费年限(含视同缴费年限,下同)累计满15年的人员,退休后按月发给基本养老金。基本养老金由基础养老金和个人账户养老金组成。退休时的基础养老金月标准以当地上年度在岗职工月平均工资和本人指数化月平均缴费工资的平均值为基数,缴费每满1年发给1%。个人账户养老金月标准为个人账户储存额除以计发月数,计发月数根据职工退休时城镇人口平均寿命、本人退休年龄、利息等因素确定。

(2)"中人"——基础养老金 + 个人账户养老＋过渡性养老金。国发[1997]26号文件实施前参加工作,本决定实施后退休且缴费年限满15年的人员,在发给基础养老金和个人账户养老金的基础上,再发给过渡性养老金。各省、自治区、直辖市人民政府要按照待遇水平合理衔接、新老政策平稳过渡的原则,在认真测算的基础上,制定具体的过渡办法,并报劳动保障部、财政部备案。本决定实施后到达退休年龄但缴费年限累计不满15年的人员,不发给基础养老金;个人账户储存额一次性支付给本人,终止基本养老保险关系。

(3)"老人"——按规定发放,随政策增加。本决定实施前已经离退休的人员,仍按国家原来的规定发给基本养老金,同时执行基本养老金调整办法。

二、基本养老保险制度有待解决的问题

1. 老人和中人养老金的隐性债务问题

从传统的现收现付筹资方式转向预筹积累的筹资方式,职工个人养老金的计发办法从受益基准到供款基准(哪怕是不完全的供款基准),这种转制不是在全新的基础上开始的,新制必须付出一定的转制成本或作出合理的安排,即妥善处理好"老人"、"中人"向新制过渡的办法,巨大的债务缺口是不得不面对的转制成本。首先来看老职工的养老问题,计划经济体制下,他们不可能也不必要为自己的未来养老积累资金,他们的养老金来源主要通过年轻一代职工的缴费来提供。转入新制后,他们的养老金计发办法不变,养老金来源在目前国家没有作出特殊安排的情况下,仍来自于在职职工养老保险费的当期征缴。再看中职工的养老问题,他们将陆续步入领取养老金的行列,他们在新制实施前是没有养老金的个人积累的,只是从新制付诸实施后,才开始建立个人的养老保险账户,对于他们过去的无积累时期,新制设定了一个平稳过渡、新老衔接的办法,就是在中职工退休后,他们的养老金除了按基础性养老金、个人账户养老金发放外,增加一块过渡性养老金,即过去的工作年限视同缴费年限。在各地的实践中,过渡性养老金一般以职工本人月平均缴费工资为基数计发,视同缴费年限每满一年,发给本人指数化月平均缴费工资的 $1\% \sim 1.4\%$ 。不管以何种办法计发"老人"和"中人"的养老金给付标准,新制没有就支撑这一计发办法的资金来源作明确规定,老职工和中职工的过去无积累的一块,主要还是靠现有企业职工的缴费来承担。中国人民大学公共管理学院社会保障研究所关于《划拨国有资产,偿还养老金隐性债务》的专题研究,测算出这笔隐性债务是8万亿元人民币[①]。课题组负责人黄必红介绍,这是从1997年到2033年期间我国政府需要支付的职工养老金费用总额。虽然这笔钱并非全部表现在当前的资金缺口,但至少意味着今后几十年中每一年支付养老金存在的压力不小。这样势必影响到完全按照新制来建立养老保险社会统筹和个人账户的职工,他们一方面必须以较高的费率进行缴费,另一方面,他们目前缴费的大部分可能都得用于支付已经退休和即将退休职工的养老金,包括其中有相当一部分是现在在职职工特别是参加新制职工的未来养老金(尤其是个人账户积累资金)。这样下去,养老金新制所设计的通过供款基准或部分供款,解决将来人口老龄化高峰时的养老金给付目标就会落空或部分落空。

针对这一问题,要想真正从受益基准转向供款基准,养老金给付从现收现付转向预筹积累,就必须对老职工和中职工的历史"包袱"作专门处理。最好的处理办法就是由政府统一建立养老保险金的补偿机制,即对旧体制下形成的老、中职工养老的隐性负债进行补偿。为什么要由国家来统一解决?因为在受益基准制下,职工养老金现收现付,养老负担实行代际转移,老中职工无任何养老金积累,且退休养老制度主要在国有、集体企业中推行,养老金通过预先"扣除"交给了国家,并且转化为一定的政府投入凝固在国有资产中,因此政府是老中职工养老金隐性负债的债务人,企业职工是隐性负债的债权人,由国家统一安排债务偿还是合乎事实和情理的。我们前面介绍的南美国家智利,在80年代后的养老金制度改革中,就是由政府通过发"认可券"的办法,统一偿还旧体制中对职工的养老金负债,这也是他们能够顺利转制的一个非常关键的问题。我国在前两年企业改制或租赁拍卖中,实际上已经遇到

---

① "养老保险20年改革难题进入深水区",《经济参考报》2005年12月19日。

了这样的问题,即职工过去的养老金权益如何实现的问题。有的用"买断工龄"的办法,按每一年工龄补给一定的钱款,一次性发放若干金额,此后不再有任何干系。还有的把问题推给新改制的企业。这些都在职工群众中引起了不小的震动。

如何补偿旧体制下对职工养老金的隐性负债,理论界和实际工作者作了许多讨论和思索。有人指出,既然国家应该对此债务负责,从理论上看,补偿办法只能有两个:一是从现有的国有资产存量中"切一块"注入老中职工的个人账户,并认为通过现有的国有资产存量偿还可能更加有效。因为目前我国正加紧对国有经济结构进行调整改组,其间自然要涉及对国有资产进行重新配置,可以结合这一过程,划出部分国有资产补充到社会养老保险基金中去。[①] 二是从政府目前和今后的财政收入中每年拿出一定量作为补偿。

2. 发展缓慢的企业年金制度

企业年金是指企业及其职工在依法参加基本养老保险的基础上,自愿建立的补充养老保险制度,是多层次养老保险体系的重要组成部分,是员工福利的重要体现。我国从1991年就提出建立企业补充养老保险计划,在长达10多年的时间内发展相当缓慢。根据劳动和社会保障部在2006年举办的中国社会保障论坛上披露的情况,到2005年底,全国建立企业年金的企业达2.4万多家,参加职工900多万人,积累基金680亿元。尽管企业年金的参加人数与以往年份相比有了一定的提高,但仅仅占到全国1.7亿基本养老保险参保人数的5.2%左右。影响企业年金发展的因素来自多方面,包括企业缺少金融管理人才、企业经济实力较弱、企业经营机制欠佳、企业年金税收政策不到位、金融市场不健全等,但影响中国企业年金发展缓慢的主要原因是制度缺陷。

---

① 葛延风:"改革与发展过程中社会保障制度的建设问题",《社会学研究》,1998年第1期。

以《企业年金试行办法》和《企业年金基金管理试行办法》的颁布为标志,应当说中国的企业年金制度建设取得了明显进展。但随着时间的推移,现行企业年金制度本身的一些缺陷也逐步显现出来:

一是企业年金基金安全问题。现行企业年金制度中,虽然明确了受托人、账户管理人、托管人和投资管理人之间的制约关系,并明确了年金基金的投资范围、信息披露和监督检查等要求,但并没有明确回答或者提示企业年金一旦损失谁来承担责任以及如何承担责任等问题,而这一问题恰恰是企业和职工最关心的问题。

二是风险不对称问题。企业年金作为一种自愿投资行为,投资风险是客观存在的,但作为投资的受益人——企业职工(尽管企业将为企业年金投入一部分资金,但归根到底是为企业职工进行的投资,所以企业年金的投资受益人是职工)与其他营运主体在承担风险方面存在严重不对称问题。如现行制度规定,账户管理人按照开设账户的多少收取管理费用,受托人、托管人和投资人都按照企业年金基金净值的一定比例收取管理费用。十分明显,由于其它当事人的收益仅仅同基金的净值挂钩,表明这些当事人是"旱涝保收"的,而恰恰是真正的投资主体——受益人的收益是完全不确定的。

三是制度操作性差的问题。尽管出台了《企业年金试行办法》和《企业年金基金管理办法》,但企业年金制度本身的操作性较差。一个典型的例证是,企业要建立年金理事会,但年金理事会的权利和义务到底是什么,能不能承担受托人的法律责任?此类问题企业尚不清楚,相应的法律法规又没有,这也在一定程度上造成了企业主动性的缺乏。再比如,现行办法设计的企业年金市场运作中,对于机构之间怎么配合、如何制约等没有明确规定。

由于建立了企业年金计划的企业职工,每个月的工资除了要扣除正常的社保等费用以外,还要拿出一部分钱来交到企业年金基金里去,而且这个基金只能到职工离退休以后才能拿到。这对一个年轻人来讲,可能是30年甚至40年的时间,这么长时间会遇到政策变动、通货膨胀等投资风险,职工自然要问:谁能保证几十年以后我真的能拿到这笔钱?鉴于以上顾虑,即使实力雄厚的企业也对建立企业年金计划持谨慎态度。

为了推动企业年金制度的健康发展,在年金制度中应当充分体现保障企业年金受益人利益的原则。受益人是企业年金事业发展的动力,也是最脆弱、最容易受伤害的群体,因此各国都将保护受益人利益作为核心原则。我国信用意识还比较欠缺,金融市场体系不够健全,更要通过完善法规、加强监管、信息披露、畅通投诉渠道等措施,强化对受益人利益的保护。尤其要改变现行制度中让受益人全部承担市场风险的规定,以便形成各个企业年金当事人共担风险的机制,进而促进企业年金的良性发展。

3. 农民工的养老保险问题

自上个世纪80年代起,农村劳动力向潮水般涌向城市,逐渐形成农民工职业阶层。据统计,目前全国农民工约2亿,占全国城乡劳动力总数的四分之一,并以每年500万人的规模持续增加,成为我国产业工人的主力军。1999年国务院颁布的《社会保险费征缴暂行条例》规定,所有城镇企业及其职工都应当参加基本养老保险,其中包括农民合同制工人。2001年劳动保障部进一步明确了农民合同制职工参保缴费、待遇计发等方面的政策。因此,农民工在城镇用人单位参保从制度上讲是没有障碍的。但从实际情况看,大量进城务工农民还没纳入养老保险体系。当前城市中建立农民工的社会保障至少面临两大冲突,一是保险基金的区域统筹与农民工的跨省流动之间的冲突;二是城镇保险与农村保险之间的冲突。

如何解决农民工的养老保险问题?北京、广东、浙江等许多省市都已经出台了一些规定,大体归纳为以下三种类型:

(1)扩面型。把农民工的社会养老保险纳入"城保"制度的框架下予以安排,通过"城保"的扩面,实现农民工的社会养老保障。

继广东、深圳之后,河南、陕西、甘肃等不少省份采用了这一模式。基本做法是:将农民工纳入"城保"制度,和城镇职工执行完全统一的政策,但当农民工和企业终止或解除劳动合同后,社会保险经办机构大都将其个人账户中的资金一次性发给本人,同时终结养老保险关系。2001年,浙江省对城镇职工基本养老保险的缴费比率作了变通,通过低缴费低享受的"双低"办法进行扩面,将没有参加企业基本养老保险的所有企业,包括用农民工量大的民营企业全部纳入了制度覆盖范围。该模式的优点在于:一是在制度设计层面上体现了社会公平;二是有利于实现城乡养老保险制度的一体化。缺点在于:一是按照城镇职工的标准缴费,可能会超出农民工的承受能力;二是各地农村社会养老保险制度不健全,农民工返乡后,保险关系可能无处迁入,存在返乡农民工参保容易享受难的情况。

(2) 仿城型。参照"城保"制度的做法,为农民工设计的独立的社会养老保险制度。以北京为例,其基本做法是:养老保险费用由用人单位和农民工共同缴纳,以本市上一年职工月最低工资标准为基数,用人单位缴纳19%,农民工本人缴纳7%至8%;个人缴费记入个人账户,用人单位缴费的一定比例也记入个人账户,最终实现个人账户11%的比率;当农民工达到国家规定的养老年龄时可以一次性领取基本养老金。基本养老金由两部分组成:一是个人账户存储额及利息,二是按其累计缴费年限计发。当农民工与用人单位终止、解除劳动关系后,其养老保险关系可以办理接续、转移手续,也可以经本人申请,单位同意,一次性领取养老保险费,终止养老保险关系。今后再次参加本市养老保险社会统筹的,按新参加人员办理。该模式的优点在于:一是体现了对农民工群体的高度重视;二是采取了和城市类似的做法,保险关系易于转移和衔接。该模式的缺点有三:一是依然割裂了城市与农村劳动力的社会保障界限;二是按照本市上一年职工月最低工资标准确定缴费基数,制约了经济条件好的农民工的养老待遇;三是实行养老金一次性发放制度,难以起到养老的真正作用。

(3) 综合保险型。这是将农民工的养老、医疗、工伤等多种风险放在一个制度框架下统一承办的一种社会保障方式。以上海为例,该办法的核心内容是对农民工实行"一险三代",即把农民工的工伤、养老、医疗作为一揽子保险进行统一保障;规定使用农民工的单位必须按本市职工上年平均工资的60%作为缴费基数,按照12.5%的缴费比率缴纳综合保险费,其中5%用于养老补贴;农民工连续缴费满一年,即可获得一份老年补助凭证,其额度为本人实际缴费基数的5%;在男子60岁,女子50岁时,可凭证到户籍所在地的商业保险公司约定的机构领取老年补贴。2003年,成都也推出了类似的制度。该模式的优点在于:一是明确了企业的责任,使农民工的社会保障落到实处;二是通过商业保险公司运转,解决了农民工社会保障转移难的问题;三是减轻了政府责任,新制度不再背老制度的包袱。该模式的缺点在于:一是社会保险采用商业化方式运作,只能是社会经济转型期的权宜之策,保险费给了商业保险,割裂了其与基本社会保险的关系,也影响社会保险的整体运行;二是从社会保险的可持续发展出发,社会资金流向商业保险公司,不利于和城市社会保险制度的衔接。

针对农民工的养老保险及其他保障问题,在2006年1月18日温加宝总理主持的国务院常务会议上,审议并原则上通过了《国务院关于解决农民工问题的若干意见》,提出了7大重点工作,其中包括"积极稳妥地解决农民工社会保障问题。依法将农民工纳入工伤保险范围,抓紧解决农民工大病医疗保障,探索适合农民工特点的养老保险办法"。

在2007年6月10日泛珠三角区域劳务合作联席会议上,劳动和社会保障部副部长张小建透露,国家已经为农民工量身定做了养老保险办法,具体是:稳定就业的农民工继续参加城镇企业基本养老保险制度;没有条件的农民工可以参加农民工养老保险,个人按本人工资5%缴费,用人单位执行所在地城镇企业职工基本

第三节 中国城镇社会养老保险制度的改革和发展

养老保险的缴费规定；社保机构按农民工本人工资收入的15%建立完全积累式的个人账户，每年负责将其缴费信息及个人账户储存额转回原籍；在城镇灵活就业的农民工，如果本人愿意并有缴费能力，可以自愿参加农民工养老保险。回农村的农民工可以参加农村社会养老保险，在符合规定的条件时，分别领取养老保险待遇。农民工养老保险基金由省级社保机构统一管理运营。

关于转移接续问题，张小建指出，参保人员在哪里就业，就应该在哪里参保缴费。比如坚持退休审批地与待遇支付地相一致。参保人员达到退休条件的，应及时到劳动保障部门申请办理退休审批，并由审批退休所在地负责支付参保人员的养老保险待遇。一般情况下，参保人员养老保险关系随着就业岗位的变化而转移接续，但对于到严格控制户籍的大城市就业的参保人员，或者实际缴费年限短、距法定退休年龄较短的，可在原参保地或户籍所在地协议保留社会保险关系并继续参保缴费。

在我国的社会保险制度中，现在数基本养老保险制度的覆盖面最大，图6.1给出了从1990年到2006年参保人数的历史曲线，成就无疑是巨大的。但据中国社会科学院《社会保障绿皮书》(2007)提供的调查数据，现在参加该制度的在职职工加上机关事业单位职工也还不到2亿人，相对于近2.8亿城镇从业人员、4.2

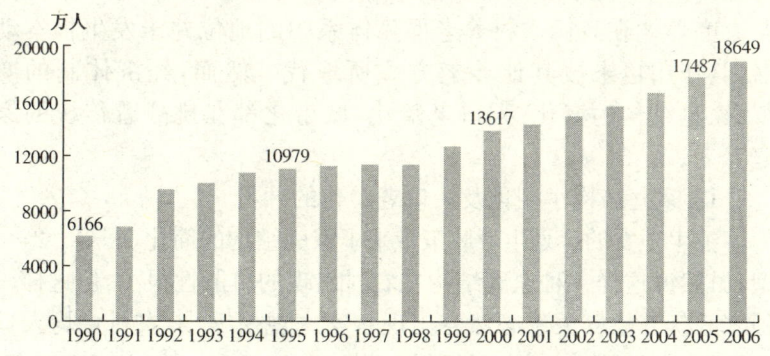

图6.1　基本养老保险年末参保人数

亿第二和第三产业从业人员以及7.6亿全社会从业人员的总数来说,养老保险的覆盖面分别只有70%、45%和25%左右。特别值得注意的是,广大的农村劳动者几乎都没有养老保险,1亿多丧失劳动能力的农村老人没有社会化的养老保障。

第四节 中国农村社会养老保险制度的建立和发展

目前,我国社会保障制度最突出的一个特点就是二元经济结构所导致的"二元"社会保障制度,即城镇社会保障体系和农村社会保障体系,同时,因城乡经济差别,农村社会保障制度建设滞后于城镇社会保障制度。从整个社会的发展进程来看,农村社会保障制度的发展前景是逐步与城镇社会保障制度融合对接,形成一个覆盖全民的社会保障制度。

一、建立农村社会养老保险的迫切性

"养儿防老,积谷防饥"这句古训已经流传了几千年,在很大程度上反映了我国农民的真实生存状态。虽然自建国以来,农村经济虽然有了很大发展,整体社会结构也发生了较大的变化,但家庭养老在我国农村养老保障体系中的地位并未发生根本动摇,其作用也未被其他养老方式所取代。然而,经济体制的变革、家庭结构的变化、人口老龄化、城市化都在挑战着传统的家庭养老。

1. 家庭结构小型化及人口老龄化的冲击

独生子女的计划生育政策带来了家庭结构的简化(8-4-2-1型,虽然说这样一种家庭结构在农村出现的可能性很小,但这样一种家庭抚养赡养关系必然会出现),家庭规模缩小,农村户均人口数从1978年的5.74人下降到1990年的3.96人,核心家庭增多,家庭代际养老功能弱化。加上生活水平的提高和农村医疗条件的

改善,使农村居民的平均预期寿命大大延长。发达国家人口老龄化的历程表明,城市人口老龄化水平一般高于农村,中国的情况则不同。2004年,农村的老龄化水平高于城镇1.24个百分点,这种城乡倒置的状况将一直持续到2040年。[①] 2006年12月12日,国务院新闻办发表的《中国老龄事业的发展》白皮书上说,2005年底,中国60岁以上的老人1.44亿,占总人口的比例达11%,老年人口近60%分布在农村。因此,未来农村完全依赖家庭养老不太现实。

2. 土地保障功能弱化带来的冲击

农民祖祖辈辈在土地上求生存,土地是他们赖以生存的"基础",一旦失去土地,生活就失去了依靠,虽然得到了一定的征地补偿费,但并不能从根本上解决他们的生活出路问题。随着工业化、城镇化进程加快,越来越多的农民失去土地。根据资料统计,当前全国有660个县的人均耕地面积在国际警戒线0.8亩以下,我国平均每年耕地递减300万至400万亩。全国目前失地农民大约有2400万人。失去土地后的养老问题也是他们最为担心的问题,他们普遍感到养老无依靠。

3. 非农化对农村家庭养老的冲击

原先壁垒森严的"户籍"、"身份"制开始松动,许多农民离开土地进城务工或从事其他非农产业,成为依靠工薪收入为主要生活来源的新型农民。据劳动和社会保障部调查分析,2005年我国农村外出务工规模约为1.2亿人。因此有人说,目前我国的农村人口和农民是两个完全不同的概念,真正意义上的农民人口不足3亿。农村人口大规模地城镇化和非农化,结束了传统的"种田万万年"和"父母在不远游"的格局,这对现在大量留守农村的年龄偏大、技能单一或没有技能的人来说冲击是巨大的——"养儿防老"

---

① 中国经济改革研究基金会、中国体制改革研究会联合专家组:《中国养老保险体制改革》,上海远东出版社2006年版,第245页。

已变得越来越不可能。他们老来在越来越无力耕种土地的同时又将陷入身边无人照顾的困境。而对流出农村的劳动力来说,他们自身的养老、医疗、子女教育等都尚未有化解风险的机制和能力,对家中老人能提供的养老保障自然相当有限。

毫无疑问,农村家庭养老功能的弱化和农村地区人口结构的老龄化已经将建立农村社会养老保险制度的问题尖锐地提出来,而农村经济的发展、农民生活水平的提高,又为推行农村社会养老保险制度提供了可能性。

二、农村社会养老保险的发展历程

1. 80年代的社区养老

我国农村社会养老保险从80年代中期开始试点摸索,1986年,民政部根据国务院的有关意见,在农村比较富裕的地区开展养老保险探索。同年10月,民政部和国务院有关部委在江苏沙洲县召开了"全国农村基层社会保障工作座谈会",会议根据我国国情分地区确定农村社会保障的工作重点:在贫困地区,农村基层社会保障的工作中心是搞好社会救济;在经济发展中等的农村地区,主要是搞好社会福利事业,如兴办福利工厂、举办福利设施等;在经济发达或比较发达的农村地区,探索以社区(乡、镇、村)为单位的农村社会养老保险。此后初步形成了以乡镇企业职工为主的农村社区养老保险制度,基本参照城镇国有集体企业职工的养老保险制度,一般以乡镇或村为养老金社会统筹单位,经费主要来源于企业缴费,个人不负担或仅象征性地交费。这个制度并不十分成功,因为:(1)统筹层次过低,覆盖范围过小,不同镇村之间办法不一;(2)养老办法缺乏法律保障,大多为乡镇的土政策或村规民约,可变性较大;(3)所筹基金一般都存入银行或直接用于镇村经济的发展,其安全性和有效性难以得到保证;(4)筹资渠道单一,个人无自我保障意识,无法应对人口老龄化高峰的到来。

2.《县级农村社会养老保险方案》的出台

第四节 中国农村社会养老保险制度的建立和发展

1990年7月,国务院召开专题会议研究社会保险制度改革问题,会议确定由民政部负责农村社会养老保险。1991年6月,国务院发布《关于城镇企业职工养老保险制度改革的决定》(国发[1991]33号文件),再次明确农村养老保险(含乡镇企业)由民政部负责。接着,民政部在山东组织了较大规模的试点,同年10月在烟台市召开了全国农村社会养老保险试点工作会议,总结推广牟平等5个县(市、区)进行农村社会养老保险试点工作的经验,明确了农村社会养老保险制度建立和发展的方向。1992年1月,民政部在探索、实践、总结的基础上,出台了《县级农村社会养老保险基本方案》,掀开了中国农村社会养老保险史上划时代的一页。

《方案》确定农村社会养老保险基本原则是:(1)从农村实际出发,坚持保障老年人基本生活为目的;(2)养老保险金的筹集,坚持个人缴费为主,集体补助为辅,国家予以政策扶持;(3)养老金的给付,坚持以自助为主、互济为辅,采用储备积累的供款基准制度;(4)农村社会养老保险与家庭养老相结合,家庭养老仍是农村养老的主要方式;(5)坚持农村务农、务工、经商等各类人员社会养老保险制度一体化的发展方向。

和城镇企业职工养老保险制度相比,和农村原来的社区养老相比,农村社会养老保险具有以下特点:(1)农村社会养老保险是在全新的基础上起步的,它没有像城镇养老保险制度那样的历史包袱,不存在为老中农村居民的养老金负担问题,因此所收费用可完全积累;(2)农村社会养老保险采取个人账户基金储备积累的保险模式,不存在城镇制度中社会统筹这一块,个人缴费和集体补助全部记在个人名下,一般来说,个人缴费越高,集体补助越多,其个人账户积累资金越多,所领养老金也就越高;(3)和城镇相比,农村社会养老保险的保障水平是非常低的,目前已经领取养老金的农民,其水平在100元左右,和城镇养老金平均水平500~600元相比差距甚大,因此家庭养老在农村仍是主要的,养老金起辅助作用;(4)基金收缴、运营由原来社区养老时的乡镇统筹管理、直接投资，转为进入县以上经办机构的专户，以县级为平衡核算单位，并根据国家政策规定管理运营（目前主要是存银行和买国债），个人账户基金积累期实行分段计息。

3. 各地加快推进农村社会养老保险

1992年7月，民政部在武汉召开了"全国农村社会养老保险工作经验交流会"，重点推广了武汉市建立农村社会养老保险制度的经验。此后农村社会养老保险有了很大的发展。到1992年底全国已有100多个县根据民政部《方案》，建立了农村社会养老保险管理机构，组织农民参加社会养老保险，有3500多万农民参加了社会养老保险，积累保费10多亿元。1993年12月民政部在江苏省张家港市召开了全国农村社会养老保险工作会议，结束大面积试点阶段，把这项工作推向全国有条件的地区。到1997年底，全国有30个省、2008个县、32600个乡镇开展了这项工作，8200多万农村人口参加农保，基金积累140多亿。其中20多个省基金积累超亿元，山东、江苏超20亿元，浙江、上海两省市超10亿元。全国有50多万农民领到了养老金，除西藏、广东、吉林外的各地县、乡都成立了机构，并有4万人的专职队伍和10多万人的兼职队伍。

但随着农村社会养老的不断推广，制度设计上的缺陷也在实践中暴露出来。1999年7月，在全国金融秩序整顿期间，国务院提出目前我国农村尚不具备普遍实行社会养老保险的条件，决定对已有的业务实行清理整顿，停止接受新业务，有条件的地区应逐步向商业保险过渡。至此，我国农村社会养老保险制度建设陷入困境，发展方向不明。

进入21世纪，中国政府针对农村社会养老保险制度和政策方面存在的问题，采取了两方面的措施：一方面，认真按照整顿规范农村社会养老保险工作的部署，总结经验教训，加强基金监管，摸清基金底数，认真纠正违规行为，加大力度回收有风险的基金，两次下调农村社会养老保险个人账户计息标准，修订农村社会养老保险财务会计制度,并区别不同情况,稳步推进整顿规范工作,从多方面完善现行农村社会养老保险制度。另一方面,立足制度的可持续发展,从实际出发,按照因地制宜、分类指导、分层管理、分步推进、农民自愿的思路,在有条件的地区和群体中积极探索建立农民参保补贴制度,积累了对农村社会养老保险的制度模式、筹资方式、基金投资管理和计发标准进行改革与创新的经验,初步探索出了一条整顿规范和创新制度同步协调推进,主要通过改革创新制度、规范管理、提高基金资产质量、扩大制度覆盖面、提高农民保障水平的建立新型农村社会养老保险制度的路子。即在坚持农民自愿和个人账户的基础上,政府通过实行缴费补贴、基金贴息、待遇调整、老人直补等多种参保补贴方式,建立农民个人缴费、集体补助、政府补贴的多元化筹资机制,引导、扶持被征地农民、农民工和务农农民参加的社会养老保险制度的办法。经过多年的探索,如今农村社会养老参保人数在连续7年下滑后,呈现出回升势头。到2005年底,全国已有31个省、自治区、直辖市的1900个县(市、区、旗)不同程度地开展了农村社会养老保险工作,5442万农民参保,有301万参保农民领取养老金,基金积累达310亿元,当年支付养老保险金21.3亿元,人均月领取养老金59元,为实现农村的小康社会目标和农民"老有所养"的社会理想奠定了一定的基础。

三、需要进一步探索的问题

我国农村地域辽阔、人口众多,地区之间和乡村之间的经济发展极不平衡,农民的职业和收入情况不稳,要在这么大的范围内建立起适合农民特点的"低费率、广覆盖、可转移"的社会养老保险制度,其难度可想而知,因此,就目前来看,主要还是在探索中前进。

1. 农村到底要不要搞社会养老保险制度

这个问题并不是今天才提出来的,从农村社会养老保险试点伊始,争论就一直存在:有人担心,农村人口多,如果要由政府来管他们的养老事宜,恐怕管不过来;有人认为,农村有土地保障和家庭保障,养老并不会出现太大的问题,不必"杞人忧天";还有人指出,城镇干部、职工生活、吃饭全靠工资收入,没有农民那一块国家分给的责任田,养老制度自然有所不同,等等。

应该说,如今的农民同旧社会"贫无立锥之地"的窘况相比,确实有天壤之别。特别是党的十一届三中全会后,农民分到了一块承包地,农民的生活比过去好多了。但是,只要世世代代靠天吃饭的状况没得到根本改变,只要土地稀缺的状况没得到根本扭转,养老缺失了社会保险这一块,农民老年后的生活确实谈不上有保障。再说,现代社会保障的实施具有普遍性,它所保障的对象不是社会上的特定人群或少数人,而应覆盖全体社会成员。对于社会成员来说,不分城乡、行业和部门,都是社会保障制度的参与者和受益者。中国作为社会主义国家,当然更强调要为全体社会成员特别是农民的基本生活权利提供安全保护。所以无论从现实还是从法理,建立农村社会养老保险制度的必要性都是不难厘清的。

2. 农村应该搞什么样的社会养老保险制度

事实上,对于农村社会养老保险重要性的认识,如今人们并无多大分歧,人们一时难以达成共识的问题是,中国农村究竟应该搞什么样的社会养老保险制度。1992年以来,随着农村社会养老保险的推广,实践中逐步暴露出一些问题。例如,农村社会养老保险基金采用"完全积累制"——个人缴费、集体补助和政府政策扶持相结合,政府不承担直接财力支持的责任,集体补助常常落空,社会保险演变为"个人储蓄保险",从而失去了它应有的意义。又如,参保农民的缴费水平低,现行的缴费标准为2元/月~20元/月,共设10档,但执行中多数农民选择了保费最低的2元/月,这样按民政部《农村社会养老保险交费领取表》计算,10年后每月可领取养老金4.7元,15年后每月可领取9.9元,这显然不足以解决他们的养老问题。再如,实践中出现了"保小不保老"倾向,据山东社会科学院的调查,19岁以下的投保者占全部投保人数的60%以上,这显然与我们制度设计的初衷相悖。根据这些事实,人们在农村社会养老保险应该于何时、何地、应该如何被建立起来这个问题上争论是很激烈的。

在要坚定不移推进农村社会养老制度的大前提下,我们首先要清楚地认识到,农村与城镇不同,由于社会统筹这一块得不到确保,近期内不要说形成城乡一体的国民基本养老保险制度,就是在农村建立社会养老保险制度的统一模式也是不可能的。取而代之的思路是,要根据农村的实际情况分层次、分类、渐进地、有序地推进社会养老保险。就此而言,《县级农村社会养老保险基本方案》以强制储蓄型"保险"制度为基调,在设计上是有道理的。不过这只是最低的,它不限制任何地方有条件加以补充,更不限制在经济较发达的农村地区实施与城镇社会养老保险制度接近的制度形式。

例如,目前苏南农村的缴费办法是按上年度农村劳均收入的5%~10%选择缴费档次,个人和单位均按相同比例缴纳养老保险费,个人缴费全部进入个人账户,单位或集体资助部分的80%计入职工农民的个人账户,20%列入社会统筹基金。参保人不分职业性别凡缴费满10年、年满60周岁后皆可领取养老金其标准为个人账户储存额除以120,即领取养老金的保证期为10年(长寿者可继续领取)。

如果说是否建立农村社会养老保险制度是一个政治决策,那么建立什么保障程度的农村养老保险制度则取决于经济发展水平。所以就全国来说,建立社会养老保险制度的统一模式现在还只是奢谈,取而代之的思路应该是,每个地区都要努力为不同的社会群体提供不同的制度安排。农村社会养老保险制度只有实现多元化,有高度针对性,政策效应和社会效应才会好。

其次是农村社会养老保险积累基金的安全、有效问题。前面我们已经分析到,农村社会养老保险和城镇社会养老保险不同,它是在全新的基础上进行的,因此,和城镇相比,农村社会养老保险的基金积累是"实帐",而非"空帐",随着时间的推移,势必会积聚起一笔相当可观的资金,但是通货膨胀却在同时有可能吞噬掉一部分资金,使养老金的价值大打折扣。按《方案》设计的最高缴费额计算,一个人每月交20元,40年后每月可领取养老金700元,照目前的标准看,这笔养老金对农民来说已是相当可观。但是40年后,即使通货膨胀率为5%,它将变成不足100元的现值,①到时能否养老就很难说了。解决这个问题的主要思路是国家对农村积聚的养老基金进行保护和优惠性投资,而不应只是将养老保险基金存入银行或购买国债、国库券,单靠这样是无法实现基金的保值增值目的的。可将养老保险基金分成三块:用于支付当前养老金的费用,在银行存活期储蓄;近一两年内可能支付的费用,进行定期储蓄或购买国债、国库券;未来支付的养老金,可由国家按优惠保护原则用于重大项目和国家主导产业投资,追求较高的回报。

第三,各种养老保障形式要齐头并进。不管是发达的农村地区还是欠发达的农村地区都应建立综合性、多渠道的养老保障体系,以对付农民的老龄化风险,使传统的家庭养老、土地保障与社会养老三者结合起来,共同发挥作用。

如前所述,社会保障水平同经济的发展和社会的承受能力密切相关。正因为如此,中国在探索建立农村社会养老保险制度的同时,必须继续发挥土地养老和家庭养老的保障作用。为此,《中华人民共和国老年人权益保障法》规定,赡养人有义务耕种老年人承包的田地,照管老年人的林木和牲畜等,收益归老年人所有,以保障老年人的基本生活来源。目前,中国农村还普遍开展了"家庭赡养协议"签订工作,由此规范赡养内容和标准,由村(居)民委员会或有关组织监督协议的履行,以保证老年人享受赡养扶助的权利。到2005年底,已签订"家庭赡养协议"1300多万份。

第四,要把农村特殊老年群体优先纳入社会保障范围。在这

---

① 刘贵平:"现行农村养老保险方案的优势与不足",《人口与经济》,1998年第2期。

方面，我国对无劳动能力、无生活来源、无法定赡养人、扶养人，或者其法定赡养人、扶养人确无赡养、扶养能力的农村老年人，由国家实施在吃、穿、住、医、葬方面给予生活照顾和物质帮助的"五保"供养制度。至2006年，全国享受"五保"供养的老年人达460多万人。我国还重视城镇化过程中失地农民的养老问题，至2006年底已有17个省（自治区、直辖市）出台了被征地农民社会保障办法，约有1000多万被征地农民被纳入基本生活或养老保障制度，筹集被征地农民养老保障基金1000多亿元。再就是对农村计划生育家庭的奖励扶助制度，农村独生子女户或两女户夫妇在年满60周岁以后，由中央或地方财政安排专项资金，实施计划生育家庭奖励扶助制度。2005年底，享受该奖励扶助的人群达到135万人。

现在我国农村社会养老保险制度要向前迈出一大步，又切合实际，对于农村特殊老年群体来说，关键看在现有奖励扶助制度之上，能否对执行计划生育政策的农村夫妇提供一种新的有基本保障的社会养老制度。

众所周知，我国社会养老保险制度的城乡有别历来受到诸多非议。实际上这不能被简单归咎于农业的基础地位不受重视或农民的贡献不被承认，农业和农村承载了太多人口才是问题之症结。温家宝总理说过这么一句话："中国是一个有着13亿人口的大国，任何一个大数字，除以13亿，就成了小数字；任何一个小问题，乘以13亿，就成了一个大问题。"计划生育在我国是国策，超生现象却广泛发生在农村，有禁不止，使农业和农村的人口过载有增无减。现在要在农村建立有效的社会养老保险制度，就应该将其与计划生育政策捆绑起来，对农村执行计划生育政策的夫妇提供能达到"体面"保障程度的社会养老保险。这样国家财政对农村转移支付既不会蜻蜓点水、撒胡椒面，又能发挥出难以估量的导向作用。

农村社会养老保险制度的终极目标当然是和城市基本养老保

险制度接轨,形成城乡一体的国民基本养老保险制度。但是这是要以农村承载的人口与土地资源相适应和农业承载的劳动力与农村生产力水平相适应这两者为前提的。着眼于渐进和长远,新型农村社会养老保险制度的设计一定要促使这一目标早日实现。

第七章 医疗社会保险

疾病是人类面临的重要风险,疾病危害具有广泛性、普遍性和不可避免性,因而针对疾病风险的医疗社会保险逐渐成为许多国家社会保障体系中的重要组成部分。回顾现代社会保障制度的发展进程,可以发现医疗保险对于解除社会成员的医疗后顾之忧,维护家庭与个人的正常、健康发展,进而促进整个社会经济的正常、健康发展,起着不可替代的重要作用。然而,20世纪80年代以来,医疗保险的费用不断增长,迫使许多国家不得不重新检讨医疗保险与经济增长水平的关系,更加注意医疗保险的实施效益和管理效率。医疗保险制度的改革已成为各国社会保障制度改革的热点。我国在建立社会主义市场经济体制的过程中,也在致力于对传统的医疗保险制度的改革,以期建立有效的、公平的与经济发展水平相适应的社会医疗保障制度。

第一节 医疗社会保险概述

一、医疗社会保险的涵义

对于什么是医疗社会保险,目前在国内外尚未达成统一意见,有的国家称为医疗保险,有的国家称为健康保险,有的国家称为疾病保险,还有的统称为伤害健康保险。

根据国际劳工局的定义,医疗保险是在身体伤残、身患疾病或医疗费用遭受损失时,提供一次性给付或定期给付的各种保险(包括意外保险、疾病保险、医疗费用保险以及意外死亡残废保险)的总称。所以说,医疗保险有广义和狭义之分。广义的医疗保险,英语是"Health Insurance",译作健康保险,它不仅包括补贴疾病给人们带来的直接经济损失,如医疗费用,而且还包括补偿由于疾病带给人们的间接经济损失,如病假工资,甚至还有对分娩、残疾、死亡给予的经济补偿,进行疾病预防、健康维持的费用等等。狭义的医疗保险,英语中称"Medical Insurance",仅指对医疗费用进行保险或补偿。

从全球已建立医疗保险制度的国家来看,医疗保险一般分为两类:一是疾病的现金补助,支付给因患病而短期不能上班者,作为对其工资损失的适当补偿;二是提供医疗服务,即为患者提供住院、诊疗、相关药物等医疗技术服务。不少国家还把生育补助及其医疗服务作为医疗社会保险的一个部分加以管理,只有少数国家把生育保险单立。

因此,不管把医疗社会保险称作疾病社会保险、疾病生育社会保险还是国民健康保险,其内涵基本上是差不多的,就是在被保险人因健康原因而暂时失去劳动能力并失去经济来源时,国家和社会有责任按照有关立法,向受保人提供医疗服务和给予一定的收入补偿。

和其他社会保障项目不同,医疗保险作为一个特殊的保障领域,具有以下特征:

1. 医疗保险所保障的内容是全体社会成员的健康,虽然它有时也要提供一定的款项,以帮助患者维持生活,但它主要是为国民提供健康保障。其他社会保障的目标主要是帮助人们克服贫困,解决人们生活所需的物质困难及相关服务。两相比较,很显然的是,医疗保障更为重要,正像人们所熟知的常识那样:没有健康的体魄,便没有了一切。一个人乃至一个民族,其强健的身体素质好比1,而这个人的工作、收入、文化素养、家庭幸福等就是1后面的若干个0,后面的0再多,没有前面的1,那就毫无价值,只有前面1的保证,后面的0才会更多更有意义。一个民族的经济、政治、文化等的发展,同样离不开该民族的强健体质,没有这个前提条件,那么一切也都会毫无意义。

2. 医疗保险的保障手段是提供医疗技术服务。要保障全体国民的健康,除了必要的物质营养外,更主要的是通过相关医疗技术服务,为患病的社会成员进行诊疗康复服务,它是一项专门性且复杂程度大的技术工种,主要由医疗机构承担相关劳动,一般的社会保险人员是无能为力的。

3. 医疗社会保险比其他社会保险项目更复杂。在其他社会保险项目的实施中,基本上是保险机构和被保险人两者之间的关系,虽然有时也有"第三者"涉足,如被保险人所在单位,他们必须依法缴费、依法保障劳动者的权益等,或者象社会保障的经费发放,如社会救济金通过当地社区、社会养老金通过银行或邮局发放等,但这并不改变社会保障机构在其中的地位和作用,保障标准主要还是由社会保障局来确定,银行、邮局只是起中间服务的作用。而医疗社会保险有很大不同,它需要有医疗机构、医药供应商的共同协调、相互配合,它是患、保、医、药四方联动的关系,惟其如此,才能给广大社会成员提供良好的医疗技术服务,从而达到保障国民健康的终极目标。

4. 医疗社会保险的社会效应一般不会在很短的时间内显现出来。一项医疗保险制度是否成功,不是很短的时间内就可以反映出来的,它至少需要几年乃至更长的时间。因为评判其是否成功,主要看制度实施后,国民健康状况是向好的一面还是向差的一面迈进。而这一作用的评定有待时间的推移,有时可能要等一代人的时间。

二、医疗社会保险的对象

医疗社会保险的对象,是指医疗社会保险制度中依法必须参与医疗保险并享受医疗保险待遇的自然人。医疗保险覆盖范围的大小,通常是衡量一个国家或地区社会保障水平与社会发展程度的重要指标。

从各国的情况看,北欧、西欧各国,以及日本、加拿大等国的法定医疗保险范围最为广泛。法定医疗保险覆盖率一般与经济发展水平有关,覆盖率高的国家和地区通常有较高的经济发展水平作为支撑。但它也往往与一个国家或地区国民的价值取向与政策选择不无关系。如在克林顿任美国总统期间,曾经提出一项完善美国医疗保障体系的法案,但未获国会通过。可见,医疗保障制度的不完善并不能全部归因于经济因素的影响。

为了防止出现逆向选择的风险,保证不同收入和不同健康状况的人员能够在同等条件下参加保险,各国的社会医疗保险制度都是通过法律强制实施的,而并非个人的自由选择。根据大数法则,参加医疗保险的人越多,医疗保险基金也越是具有足够的抵抗风险和互济的能力。因此,医疗保险发展的理想状态其实是覆盖全民的医疗保险。然而,由于各国政治、经济发展水平、文化各异,"全民皆保险"实现的国家很有限。

从各国医疗保险的政策实践来看,参保人群的范围大致有以下几种:

(1) 医疗保险适用于全国居民,如英国、瑞典、新加坡等。
(2) 医疗保险仅覆盖符合一定条件的从业人员。
(3) 医疗保险覆盖到符合一定条件的从业人员及其直系亲属(连带保险)。

在立法规范参保人员范围时,一般还需要专门考虑如下人员的特殊性:一是自我雇佣人员和高收入人群;二是无收入或低收入的贫困人群;三是政府雇员和其他特殊职业人群,如军人、医院及私人诊所从业人员等。这些人群是纳入统一的医疗保险制度还是另立专门制度,是需要慎重考虑并做出政策选择的。

在许多发达国家和发展中国家,医疗保险一般适用于一定规模或一定地区的工商企业的职工。至于其发展情况,国与国之间的差异较大。收入低于一定水平的多数工人是法律规定强制参加保险的,而独立劳动者、自我雇佣劳动者通常允许自愿参加。农村居民、农业劳动者则一般是最后才纳入医疗保险体系。

三、医疗社会保险资金的筹集

医疗社会保险资金的来源,大概有以下渠道:

1. 由雇主和雇员按一定限额以下的工资的固定百分比,向有关保险机构缴纳保险费。一些国家同时规定政府负担一定比例的费用。

2. 由国家和政府承担所有医疗费用,国民不需缴纳任何费用,享受免费医疗保健服务。不过,这种政府承担全部费用的免费医疗服务,其本质仍然是由全民承担医疗费用,只不过其体现方式不同罢了。正所谓"羊毛出在羊身上",巨额的医疗费用还必须通过征收高额的医疗保险税或费来应对。

3. 完全由个人承担医疗费用。它强调个人及家庭责任,政府不承担或只分担部分医疗费用。

总之,在筹资渠道上,各个国家和地区均从自己的实际情况出发,确定其医疗保险基金的来源。有的国家对上述渠道兼收并蓄,形成了混合型的筹资办法。如对社会的弱势群体,进行医疗救助,提供医疗费用全免或部分免费的办法;对收入较高群体实行自愿保险办法,并要缴纳有关费用。

四、享受医疗社会保险的条件及待遇

许多国家都规定了享受医疗社会保险的条件,如一定的投保期限,被保险人在患病前从事有收入的工作,以及被保险人必须达到规定的工作期限等等。如英国规定劳动者一年内必须缴纳保险费 26 周,并且上一年度已经缴费 50 周,才能享受疾病津贴。法国规定,投保者必须在最近三个月内就业满 200 个小时,即工作满 5 周(周工作时 40 小时),或领取最低工资 6 个月,才具有疾病补助的资格。德国则规定享受疾病现金补助和医疗补助的成员必须是疾病基金会的成员。但有些国家,已取消了最低限度的条件限制。

如芬兰医疗补助的唯一条件是在国内居住。澳大利亚的疾病医疗补助和药品补助则面向全体居民及经过批准、在澳大利亚进行长期访问的人。瑞典也无最低合格期限的限定条件。

被保险人享受医疗社会保险待遇有两种：

1. 现金补助，就是参加医疗保险的劳动者因病丧失劳动力后按照有关规定领取的津贴。依据劳动者的病情严重程度，医疗现金补助分为疾病补助、残废补助与死亡补助。现金补助是对参保者因病无法工作的损失作适当的生活费补贴，一般和劳动者患病前的工资水平成正比，通常为劳动者现时平均工资的 50%～75%，而且常因其亲属补助而有所提高。

在大多数国家现金补助的领取需有 2～7 天的等待期，这样做的主要目的有两个：一是医疗社会保险的本意是对大病的风险共担，小毛小病给参保人造成的损失不大，个人完全可以对付；二是如果短期患病也要给予现金补助的话，增加医疗保险金的支付压力，同时又大大增加管理成本，加大了管理难度。有些国家规定，如果丧失劳动能力持续一定时间，通常为 2～3 周，则等待期内的补助金仍可补发。另外，医疗现金补助也不能无限期地给付，1952 年国际劳工组织通过的社会保障公约建议每次患病的现金补助最长不超过 26 周即半年，1969 年国际劳工大会建议，给付期不得少于 52 周，并对有希望治愈者继续给付。现在很多国家都以 26 周为通常的限期，若干国家把给付期延至 39～52 周，少数国家则无限期。大多数国家还规定，若保险人享受现金补助的期限已满，而仍没有恢复劳动能力，则可改发伤残恤金。

残废补助与死亡补助是对投保人因病致残或死亡而给予的现金补助，其给付标准与因工致残或死亡所给付的金额大体相等。

2. 医疗服务，是对受保人患病时所提供的各种医疗技术服务。各国提供的医疗服务种类是各不相同的，一般包括各科的普通（门诊）治疗、住院治疗、药品供应、护理服务，还包括提供给某些病人使用的辅助器械。

五、医疗费用的分担方式

医疗社会保险费用的分担方式指的是,被保险方与保险方两者之间,在医疗保险费用支付过程中,被保险方参与分担一部分医疗费用的支付方法。其意义在于让被保险方树立费用意识,控制自己的医疗需求行为,达到合理使用医疗服务和控制医疗费用的目的。一般常见的费用分担方式主要有:

1. 起付线方式

起付线方式又称为扣除法,是指被保险人只有在支付一定数额的医疗服务费用后,保险机构才负责支付部分或全部的医疗费用。这个规定的数额就被称起付线费。起付线方式的特点是:首先,个人看病需要自己先拿出一部分钱,这样有利于产生费用意识,控制医疗服务消费行为;其次,大大减少了医疗保险核算、报销工作量,提高了工作效率,减少管理成本;最后,当起付线费用标准比较高时,起到了保大病、保高额费用的作用,相对按比例分担有较好的公平性,符合社会保障本身的价值定位。起付线方式的缺点是:首先,起付线较高时,对一些个人或家庭来说,等于是为他们获得医疗服务设置了一定的障碍,特别是当其起付线未能与家庭收入挂钩时,对于低收入的家庭来说可能是一大经济负担;其次,会诱导某些人在费用超过起付线后,过度利用医疗服务。

2. 共同付费方式

共同付费方式是指支付医疗服务费用时,被保险人和保险机构各自按一定比例共同负担。其特点是:首先,简单直观,便于群众和保险机构各自的了解和执行;其次,由于价格需求弹性的作用,促使病人总是选择相对价格低的服务,可以起到降低医疗服务价格的作用。其缺点是:由于家庭收入的差别和健康状况的差别,可能会引起享有医疗卫生资源不公平的现象。由于医疗费用越高,个人消费越高,所以一些低收入家庭可能会因此而放弃一些必需的医疗服务,而引发更严重的病情。

除了以上两种方法之外，还有最高限额方式和混合式。最高限额指的是保险机构为被保险人支付医疗费用达到一个规定额度就不再支付了。其好处在于可以控制医疗费用，将其限定在所要求的范围之内，以避免超支风险。这种方法经常被商业保险公司所采用。混合式，顾名思义就是上述多种费用支付方式的混合，在实际运作中，多数支付方式都是以上多种分担方式的混合。

六、医疗保险费用的支付方式

医疗保险费用的支付方式指的是医疗保险机构和医疗服务机构之间，当被保险人和保险机构获得医疗服务后，保险机构向服务提供方支付费用的行为，简称费用支付。那些用于进行费用支付的途径和方法，称作费用支付方式。由于医疗保险自身复杂的三角经济关系，医疗保险方和医疗服务方之间的支付关系成为主要的支付关系。不同的支付方式对医疗行为、资源流向都会产生不同的影响和经济后果。概括起来，医疗保险费用的支付方式有以下几种类型：

1. 按服务项目付费

这是医疗保险最传统、运用最广泛的一种费用支付方式，指医疗保险机构根据约定的医疗机构或医生，定期向保险机构上报医疗服务记录，按每一个服务项目向服务提供者支付费用。其优点是实际操作方便，适用范围较广。其缺点是由于医院的收入同提供医疗服务的项目多少有关，因而有提供过度服务的动机，医疗费用难以控制。

2. 按人头付费

这是由医疗保险机构根据医院或医生服务的被保险者的人数，定期向医院或医生支付一笔固定的费用，在此期间，医方负责提供合同规定的一切医疗服务，不再另外收费。其优点是能够鼓励医疗机构或医生以较低的医疗费用为更多的人提供服务，鼓励医疗资源流向预防服务。其缺点是可能出现提供者为节省费用而减少医疗服务或降低服务质量的现象。

3. 定额付费

这是指按照预先确定的住院日标准支付住院病人每天的费用,按预定的每次费用标准支付门诊病人的费用。其优点是能够鼓励医院或医生降低每住院日和每次门诊的成本。其缺点是不利于缩短平均住院日和减少门诊的次数。

4. 按病种付费

这是根据疾病分类法,将住院病人的疾病分为若干组,每组又根据疾病的轻重程度及有无合并症、并发症分为若干级,对每一组的不同级别分别制定价格,按这种价格对该组某级疾病治疗全过程进行一次性支付。其优点是可以鼓励医院为获得利润而主动降低成本,缩短平均住院日,利于费用控制。其缺点是难以在水平不同的医院、服务项目、质量以及病例的组合中建立准确、恰当的分类系统;尤其是当诊断界限不明时,容易诱使医生为获得较多的费用支付而倾向于诊断升级;而且制定标准的过程复杂,调整频繁,管理成本较高。

5. 总额预算制

这是指由医疗社会保险机构根据与医院协商确定的年度预算总额进行支付。其优点是保险机构能够较好地控制医疗费用。其缺点是医院的收入不能随服务量的增加而增加,造成院方的消极态度。

第二节 世界医疗社会保险的发展

一、国外医疗社会保险的历史进程

1. 医疗社会保险制度的建立

17~18世纪,在西欧曾出现过互助合作的保险组织,它是民间在某一行业或地区,劳动者通过自愿组织的各种基金会、互助互济组织共同筹资以支付或部分支付医疗费,但雇主和国家并不参与。

最先把医疗保险制度化的国家是德国,1883年德国颁布了世界上第一部《疾病保险法》,该法对疾病现金补助和医疗服务一并规定了给付条件和给付内容:被保险人因病丧失工资收入时发给疾病补助金,医疗补助,家庭补助。所需费用由雇主和雇员共同承担,雇主承担保险费的三分之一,雇员承担三分之二。保障对象主要是手工业者、律师和保险机构的职员等。

继德国后,奥地利在1888年、瑞典在1891年、丹麦在1892年、挪威在1909年、英国在1911年、荷兰在1913年、瑞士在1914年也纷纷建立了医疗社会保险制度。虽然各国在筹资渠道、保险给付等的做法上不尽相同,但都以国家有关立法强行实施,对医疗保险所筹基金均由国家进行统一管理。

2. 二次大战后医疗社会保险制度的发展与改革

"二战"结束前,全球建立医疗社会保险制度的国家只有24个国家,此后经过20世纪50年代和60年代的快速发展,到1977年建立这一社会保险制度的国家已达72个,比1940年增长了2倍。这一时期,医疗社会保险制度朝着多元化的发展方向迈进,形成了以英国为始创的"人人享有免费医疗"的福利国家医疗保健制度,以德国为代表的医疗"保险"制度,以新加坡为典型的个人保健储蓄制度,以及混合型医疗社会保险制度。

(1) 以英国、瑞典等国为代表的面向全民的免费医疗制度

英国历史上第一部医疗保险法规是其在1911年5月由国会通过的《国民保险法》,保障对象当时为所有受雇人员及部分低收入者。1944年,英国政府提出了"国家卫生服务"的口号,同时明确了医疗保险服务的三项基本原则:国家要对每个英国国民提供广泛的医疗服务;卫生服务经费全部或大部分从国家税收中支付;卫生服务由初级服务、地段服务和医院服务三部分组成。1948年英国通过了《国民医疗保健服务法》,实行对所有医疗机构的国有

化,医疗机构的医护人员成为国家公职人员。1964年英国又颁布了《国家卫生服务法》,全面实施全民医疗保险制度,对所有公民免费医疗,这一制度又称为国民卫生保健制度(NHS)。

英国国民卫生保健制度的主要特征是国家作为提供全体国民健康保障的责任主体,由国家或政府直接开办、掌管医疗卫生事业,医生及其他医务人员均领取国家统一规定的工资,私人开业的医生极少。国民不论其贫富,都可享受国家医院的免费治疗和免费医疗服务,如为患者提供假肢、助听器、轮椅以及救护车等,还包括学校卫生、家庭卫生、仪器与食品安全、药物安全、环境卫生、戒毒、私人医疗以及医务人员的培训等等。

瑞典在1891年已有立法,对疾病治疗进行现金补助,1931年又立法对受保护人进行医疗补贴,其完整的医疗保险制度建立于1962年。瑞典的医疗保险分现金补贴和医疗补助两部分。前者包括病人、孕妇津贴(1974年立法称为父母补助金)、家长津贴、妻子生活津贴,享有津贴者可获相当于原工资的90%。后者包括医生治疗费、住院费、药费、往返医院的路费等。战后初期瑞典医疗保健事业由中央政府负责管理,其后转交地方,医疗保健支出的80%左右由地方政府负担,医疗费用接近全免。全体社会成员只需象征性地缴纳最多5次挂号费和不超过40克郎的小额药费。

以前苏联为始创的社会主义国家的"国家保险型"医疗保障制度,跟福利国家的医疗保险制度相比,尽管其产生的历史背景不同、建立的理论依据不同、实施的社会制度不同,但在医疗保险上都有如下共同点,就是把全体国民的身体健康置于首位,为国民提供免费医疗,主要由国家医疗机构提供医疗服务,等等。

福利国家医疗保障制度的最大优点,是它在最大程度上满足了全体国民的医疗保障需求,对国民身体素质的提高、社会的稳定和发展、人民的安居乐业及进一步激发人们的生产积极性起到了促进作用。但是,它也存在一些使之难以为继的弱点,如国民普遍缺乏费用意识而导致医疗费用持续攀升、国家医疗机构人浮于事、服务效率低下等，所以这种类型的医疗社会保险制度均不断面临改革的呼声。

英国政府在 1965 年就重新允许私人机构和私人医疗保险开业，以对国家医疗作必要补充。1974 年出台的《国民保健服务重组法》依法调整设置了四个机构：保健服务监理委员会、医疗咨询服务委员会、惩戒委员会、保健协会，希望藉此找出有效的抑制医疗费用上升的势头，但收效甚微。1985 年英国政府在《社会保障的改革》绿皮书中，设想通过增加企业、公司在国民医疗费用中的份额，来减轻国家的负担；国民的医疗费用由国家的部分补助，逐步过渡到由国民缴费自行承担；医院也逐步走向私有化。但这一方案遭到社会各方的激烈反对。1998 年工党推出新的国民医疗保健计划，其重要内容是减少医疗保健服务的覆盖面，鼓励医疗保健服务的市场化。2000 年 7 月，工党政府又公布了国民保健 5 年计划，旨在建立全面有效的国民保健服务体系。自 2002 年开始，英国政府通过两种改革途径努力强化医疗领域的竞争压力，主要目的是解决医疗机制的效率问题，改变当前就诊服务繁冗拖沓的现状：其一，政府重组现有医疗机制的"内部市场"结构。资金在市场内不直接流向医院，而是与病人及其必需的治疗费用紧密相关。同时，英国政府正在筹建一个全新的支付系统，政府将根据医院治疗患者的数量决定其对医院提供资金的多少。其二，政府与游离于 NHS 之外的私人医疗机构合作，在资金上对其提供帮助，使大众获得更多平价医疗服务的机会

（2）以德国为代表的医疗"保险"制度

德国 1883 年颁布了面向城市职工的医疗保险法，当时规定医疗保险基金全部来自雇主和雇员，各自缴纳 50% 的医疗保险费，国家基本不提供财政补贴。从个人丧失劳动力的第 3 天起到第 13 个星期止，医疗保险公司要支付其工资的一半，并承担其治疗和医药费用。其后又出台了农民医疗保险法、残疾人医疗保险法、大学生医疗保险法等有关法案，国家按区域或行业设立医疗保险

机构,由它们为受保人提供医疗服务。

德国医疗保险包括法定医疗保险(等同于社会医疗保险)和自愿医疗保险(等同于商业医疗保险)两种:法定医疗保险通过国家有关法律规定强制实施,工人、学生、失业者、残疾人、养老金领取者、自谋职业者及收入在一定限度内(下限是每周工作15小时,收入480马克,上限为年工资58500马克或月工资4875马克)的职员等都必须参加,其中低收入者可免交保险费;高薪阶层则不强制参加法定医疗保险。目前,德国的医疗保险制度已相当发达和完备,法定医疗保险的覆盖面在德国已过90％,法定医疗保险金已占德国社会保险金的32％,94％的就业者以某种形式或几种形式参加了医疗保险,还有大批居民参加了自愿医疗保险。自愿医疗保险是个人健康保险,医疗保险费全部由个人缴纳,政府及雇主不予补贴。投保者主要是高收入者,特点是缴费高,所得医疗服务水平也高。[①] 参加法定医疗保险的雇员和其他投保者,不管其缴纳保险费的实际数的多少,均可享受同等的医疗待遇。

德国不设统一的医疗保险机构,而是由各行业、各地区自办医疗保险基金会,如地方性医疗保险机构、企业医疗保险机构、手工业医疗保险机构、农业医疗保险机构、海员医疗保险机构、矿工医疗保险机构、替代性医疗保险机构等行业组织。各医疗保险基金会都是行政及财政上独立的自治组织,自行决定保险范围和保险费率等有关事项。各医疗保险机构同医生同业公会签定合同,每季按一定额度支付医生同业公会一笔资金作为投保人的医疗费用,医生同业公会再按投保人门诊治疗或住院治疗的平均费用标准与门诊部、医院进行核算,投保人和医疗机构不发生直接的费用关系。1995年以前,全德国共有1000多家医疗保险协会经办的法定医疗保险机构。1995年以后,德国通过集中管理方式合并和压缩了这些法定医疗保险机构。目前这一数字约为600多家。

---

① 龚莉:《就业和社会保障》,人民出版社1996年版,第191页。

德国保险制度的优点在于,强调了个人在疾病保障中的主要责任,资金筹集以雇主、雇员共同缴纳为主,国家只在特殊情况下提供少量资助,从而减少了像福利国家那样的医疗资源浪费现象,自由就医又为医疗机构引入了竞争机制,提高了医疗效率,满足了人们高质量的医疗需求。医疗保险中的四方(投保人、医疗保险机构、医生同业公会、医院)联动和相互监管,使医疗服务有章可循。但其仍有忽视疾病预防、医疗保险基金紧缺、行业间保险待遇不一、无法控制单一基金会组织外的医疗市场等局限性,医疗费用仍然持续上升。从 1960 年到 1993 年,德国医疗保险费的支出从 97 亿马克增加到 2097 亿马克。70 年代以后,德国先后制定了一系列有关法案,如 1977 年的《第一次医疗保险费用控制法》、1981 年的《第二次医疗保险费用控制法》和《医院医疗费用控制法》及 1989 年的《医疗保险制度改革法》,都试图对原有医疗保险制度的弊端进行改革。改革的主要措施有:限制医务人员工资上涨的幅度,增加投保人医疗费负担的比例,等等。目前改革仍在进行,德国联邦议会 2003 年 11 月审议批准、2004 年 1 月 1 日起实施的医疗保险改革新方案的主要内容有:一是扩大缴费基数,投保人在缴纳法定医疗保险费时,不仅将工资收入计入缴费基数,而且其他非工资收入也同时一并计入;二是取消不应由医疗保险支付的项目,如丧葬费、安装假牙费、配隐形眼镜费等;三是住院治疗的费用由原来自付 9 欧元提高到 10 欧元;四是建立以家庭医生为中心的护理模式,病人如有不舒服,请家庭医生诊断,然后由家庭医生开移交单,转给专科医生,将门诊与住院服务有机地结合起来。原来由社会福利负担的镶牙费,如今个人要承担 50%,今后还将逐步过渡到承担 100%。从 2004 年开始,退休者还需要自己缴纳全额的个人护理保险,而过去,法律要求雇主为他们支付 50%。[①]

(3) 以新加坡为典型的个人保健储蓄制度

[①] 窦小文:"德国向福利制度开刀",《中国劳动保障报》2003 年 11 月 27 日。

这一制度起源于英国产业革命时期的"职业保障基金",后传入新加坡、马来西亚等英属殖民地国家。其特点是在医疗保险上以个人责任为主,政府承担部分医疗费用。1984年前,新加坡还是沿用英国的医疗保健制度,实行免费医疗服务制度。但20世纪70～80年代初出现的医疗费用急剧膨胀的局面,使政府下决心尽快跳出"福利医疗"的泥潭,故而参照其养老保险制度,在1984年4月1日通过有关立法,实行了强制性的个人保健储蓄计划:个人及雇主均按工资的一定比例缴纳公积金,再从公积金中划出雇员工资的6%～8%单立保健储蓄户头,作为个人或家庭其他成员医疗费用或大病保险等的开支。[①]

这一制度的优点在于强调个人的自我保障意识和医疗费用意识,有助于控制医疗费用的非正常增长。但其只有个人或家庭内的互济作用,没有整个社会成员间的互助共济。为此,作为个人保健储蓄制度的必要补充,新加坡政府从20世纪90年代起增加了健保双全的公积金大病保险计划和由政府捐建并为贫困者服务的保健基金制度。

(4) 混合型医疗社会保险制度

这种医疗社会保险制度,既有国家医疗机构为国民提供医疗保险性质的相关项目,又有私立医疗机构及民间非盈利医疗机构提供的医疗服务。以美国为例,自20世纪30年代建立社会保障制度一直到60年代,医生协会坚决反对国家干预医疗服务,国民只得接受带盈利性的医疗服务。1965年,美国国会通过法律,对65岁以上的退休老年人提供"医疗照顾",以后又有为贫困者提供的"医疗扶助"。因此,美国的医疗保险体系是按社会成员的不同阶层而进行不同的划分的,有的享受雇主资助式的医疗保险制度,有的可享受政府提供的免费医疗服务,还有的则由个人自主参加

[①] 郑功成:《论中国特色的社会保障道路》,武汉大学出版社1997年版,第318～319页。

商业保险,是一种混合医疗社会保险制度。

这种混合型医疗保险制度的优点在于,它能使受保人按照不同的经济条件得到相应的医疗服务,提高了服务质量,满足了人们的不同医疗需求。但是政府不直接管理经营医疗卫生事业,因而无法控制医疗市场的价格,导致医疗费用的通货膨胀。再者,因为私营医疗机构的盈利目的,对一些贫困而身体状况差者来说,他们的医疗需求无法得到满足,国家的"医疗扶助"范围较窄,限制也较多。因此有人说美国的社会保险制度和该国的经济实力是不相称的。实行全民医疗保险曾经被列为克林顿政府第一个任期的目标,但并未实现。1995年美国还有4000万人缺乏医疗保险,其中约有1000万儿童没有医疗保障。

总之,医疗社会保险因各国具体情况的不同,而各有其特点,但其共同之处在于都需筹集一定的资金,都要为社会成员提供基本的医疗服务。进入20世纪80年代以来,医疗社会保险遇到了一些全球性的难题:医疗费用持高不下,医疗资源浪费严重,医疗服务质量不尽让人满意,国家和用工单位医疗费负担不断加重,等等,特别是各国人口老龄化的加剧,更增加了医疗费用膨胀的势头。因为,一方面老年人正是各种疾病高发人群,国外有统计材料表明,社会上一半的医疗费为老年人所用,而且老年人80%的医疗费用于临死前一年;另一方面,随着医疗条件的改善和医疗水平的提高,原来被判为无可救药的"绝症"也有治愈的可能了,只是需附带上医疗费不断飚升这个前提。因此,寻求两全的办法,即既不使医疗费用持续膨胀,又能满足人们不断提高的医疗需求,就成为改革的难题。20多年来,各国采取的主要改革措施概括起来有:(1)采用分担机制,让个人负担部分医疗费用或提高个人的付费比例,进而提高个人的费用意识;(2)改革医疗卫生体制和保险机构对医疗机构的付费方式,形成相应的监督机制和提高医疗机构的成本控制意识;(3)积极发展预防服务和基层服务,鼓励病人利用基层医疗卫生服务;(4)调整卫生资源结构,减少医疗服务成本;(5)引入市场机制,鼓励医疗机构之间的竞争,降低医疗保险的管理成本。

二、我国医疗社会保险制度的建立和发展

我国医疗保险制度是在新中国成立后建立并发展起来的,由四大块构成:

一是全民保健,它是以国家财政拨款为主要基金来源,以全民为服务对象,由国家卫生机构直接组织实施的一项医疗服务制度,重点在疾病预防,包括儿童免疫、地方病防治、传染病防治及组织开展爱国卫生运动等。其中儿童免疫是由国家拨款并按卫生部制定的儿童免疫计划,通过遍及城乡的基层医疗保健机构来具体实施的。地方病、传染病的防治也是通过国家拨款并配备卫生工作人员等来加以落实。解放后,我国不少地方病种(如血吸虫病)的绝迹、传染病(如麻疯病)的有效控制及全民身体素质的提高,都离不开全民保健制度的贯彻落实。

二是城镇的公费医疗制度,它是对国家机关、党派、人民团体及科教文卫体等事业单位的工作人员实行的一项免费医疗和预防疾病的医疗保健制度。1952年6月政务院发布了《关于全国各级人民政府、党派、团体及其所属事业单位的国家机关工作人员实行公费医疗预防措施的指示》,同年9月,又发布了《关于各级人民政府工作人员在患病期间待遇暂行办法》,初步形成了城镇机关事业等单位人员的公费医疗制度。制度所规定的享受公费医疗的对象,主要是各级政府机关及全民所有制事业单位的工作人员和离退休人员,还有二等乙级以上革命残废军人、国家正式核准设置的高等学校在校学生、派驻享受公费医疗单位的人民武装干部、在华工作的外籍专家及随住家属等。另外规定中公费医疗的开支范围,主要是在指定医疗单位诊治的医药费、急诊费、特定病症康复疗养费、计划生育手术费等。公费医疗的经费来源于国家财政拨款,由各级卫生行政部门的公费医疗管理委员会下设的公费医疗

办公室负责管理。1955年9月，为解决机关事业单位工作人员子女的医疗问题，财政部、卫生部和国务院人事局联合发布《关于国家机关工作人员子女医疗问题的规定》，以统筹医疗费的办法来加以解决。1964年5月卫生部、财政部《关于享受公费医疗的国家工作人员到外地就医路费的报告》规定，凡经批准赴外地就医的往返车、船费（不含旅馆费和途中伙食补助费），可参照旅差费的规定，在原单位旅差费项下报销。

60年代后期，由于享受公费医疗待遇的人数不断增加，经费开支连年上升，加上管理中存在的一些漏洞，国家卫生行政部门不得不强化控制，先后颁布了一系列行政法规。例如，1965年10月发布了《关于改进公费医疗管理问题的通知》，1974年1月发布了《关于卫生事业计划财务工作中若干问题的意见》和《享受公费医疗人员自费药品范围试行的联合通知》，1979年10月发布了《关于检发享受公费医疗、劳保医疗自费药品范围的规定》及1981年10月转发了江苏省《关于滋补、营养、饮料等保健类药品不准作公费报销的通知》，等等。目的在于使公费医疗走上规范化、制度化的路子，提高医疗服务质量，讲究服务效率。

三是城镇企业职工的劳保医疗制度，它是以企业为责任主体，对企业职工及其家属实施免费医疗的制度。其根据是1951年颁发的《中华人民共和国劳动保险条例》对铁路、邮电、航运等以及百人以上的国营工矿企业职工及其供养亲属实行免费或半费的医疗保险制度。后来该制度的实施范围被扩大到国有企业、集体所有制企业和外商合资企业，保障水平和公费医疗差不多，经费由所在单位负责。因此，它和公费医疗既有相同之处（如都对被保人提供免费医疗），又有不同之处（如公费医疗由政府拨款并组织实施，劳保医疗则由企业自行组织实施，经费来源于企业成本列支和利润提成），因而不同企业的保障水准是不同的。一般来说，国有全民所有制企业、大集体所有制企业、小集体所有制企业等依次是呈梯级下降的。

因为劳保医疗制度的对象不仅包括企业职工，还包括职工家属,所以其享受人数(大概2亿多人)大大超过了公费医疗的受益人数(5000万人左右)。这就决定了劳保医疗在中国的传统医疗保险体系中的重要地位。

四是农村合作医疗制度,它是面向农民、以社队集体为单位、由集体和个人共同集资、并为本乡村居民提供免费或低费的基本医疗服务保障的医疗保险制度。抗战时期在一些老解放区,群众在互助合作运动中,按自愿和互济原则集资共建保健站,由此形成了我国农村合作医疗制度的雏形。20世纪50年代,随着农村互助合作运动的蓬勃开展,合作医疗制度在不少地方建立起来。1956年全国人民代表大会第一届三次会议在通过的《高级农业生产合作社示范章程》中,肯定并在农村推广了这种做法。《章程》规定,以社队为基本单位,并由社队作为责任主体、直接组织实施农村合作医疗保险制度,为当地群众提供免费或低费的医疗卫生服务。要点是建立医疗点(医务室)及药房,配备乡村医生,从集体和个人统筹医疗保险经费。这一医疗制度的实施,有效缓解了农民兄弟看病难和看不起病的问题,深受欢迎,因此在20世纪60、70年代获得了大范围的推广。到1976年,全国有90%的农民参加了合作医疗。

但农村实行联产承包责任制后,合作医疗制度渐渐流于形式或自行解体。据统计,1989年农村实行合作医疗的行政村占全国行政村的4.8%,农民自费医疗再次成为农村的主要医疗形式。[1]

20世纪90年代后,我国各地农村又根据各自的实际情况,相继进行了农村合作医疗的改革和探索。对此,我们将在下一节中讨论介绍。

上述我国医疗保险制度的实施,对维护广大群众的身心健康,提高人民的生活水平和生活质量所起的作用是不可低估的,以下数据可足以说明:1949年我国人口死亡率为25‰,1993年降为

---

[1] 林义:《社会保险》,中国金融出版社1998年版,第202页。

6.64‰,2003年又降为6.40‰;我国解放前婴儿死亡率高达200‰,1982年下降为34.68‰,2004年又降为21.5‰;我国人均寿命新中国成立前为34岁,1957年提高到57岁,1982年提高到68岁,2006年又提高到72岁。在旧中国被帝国主义列强耻笑成"东亚病夫"的中国人,今天已经以一个发展中国家的经济实力而达到了发达国家的身体素质,堪称世界奇迹。

第三节 中国城乡医疗社会保险

如上所述,传统的中国医疗保险制度是由全民保健,城镇企业职工的劳保医疗,机关事业单位工作人员的公费医疗,以及广大农村的合作医疗四个部分组成的,这种医疗保障体系在提高广大人民群众的身体素质,发展城乡医疗卫生事业等方面均有不可抹杀的功勋。但是,传统医疗保险制度也存在着许多问题,已到了非改不可的地步。

一、传统医疗保险制度的问题

1. 各组成部分封闭独立,互不相干,致使医疗资源在不同社会群体间分布不均,少数人的过度消费、无效消费及浪费,与绝大多数人的无法消费和无能力消费现象并存,卫生资源畸形分布,大中城市及一些行业企业卫生资源过剩,广大农村及落后地区卫生资源短缺,群众基本医疗需求无法满足。1996年全国有68.7%的病床和62%的医务人员集中在区县级以上大中型医院。全国每千人平均有医师1.23名,大城市一般在4名,有些省会城市是全省平均值的6.8倍,城市医疗机构供大于求。据统计,我国医院病床的闲置高达1/3。

2. 城镇干部职工的医疗费由国家财政和企业包揽,财政和企业不堪重负。患者个人和医疗机构均无费用意识,致使医疗费用持续攀升,浪费现象严重。1995年底,全国劳保医疗享受者达

1.14亿,约占全国城镇职工总数的 3/4,加上其亲属大约 2 亿保险对象,当年劳保医疗费为 466.2 亿,人均支出 233 元。而 1978 年人均医疗费用仅 36.1 元,1980 年 44.3 元、1985 年 65.1 元、1990 年 187.6 元,由此可见人均医疗费支出的节节上升。公费医疗的情况也是一样,1979 年、1985 年、1992 年人均费用分别为 26.25 元、72.57 元、220 元。1978 年全国职工医疗费用为 27 亿元,1997 年增加到 774 亿元,增长 28 倍,年均递增 19%。但同期财政收入只增长了 6.6 倍,年均递增 11%,医疗费用的增长速度超过同期财政增长的速度。而据有关部门的调查分析,医疗总费用中不合理费用的比例大概为 20%~30%。[①] 因此,医疗费用急剧膨胀的原因除物价水平上升导致医药价格增长、医疗技术水平改进和提高本身带来医疗费用增长,人均寿命延长和人口年龄结构中老龄群体增加导致医疗费用上升等因素外,最关键的是免费医疗制度致使传统医疗制度难以为继。

3. 单位办医疗形成了不少弊端:首先,医疗费用在缺乏统筹互济方面违背了医疗社会保险的原则和初衷,单位间、企业间医疗负担畸轻畸重,一些单位已无力承担医疗费用的报销,因而处于虚空状态;其次,单位办医疗还人为设置了劳动力流动的城乡壁垒和行业职业壁垒,公费医疗和劳保医疗间制度、待遇不一,城乡之间的制度差异就更大;第三,各企事业单位在节约费用、自我服务的指导思想下自办医院或卫生机构,更强化了"小企业,大社会"的保险格局。所有这些都是传统计划经济体制的产物,和建立社会主义市场经济体制的要求是不相称的,劳动力市场一体化、医疗保险社会化乃是时代发展的必然要求。

二、医疗保险制度的改革

为克服计划经济体制下的职工医疗保险制度的多种弊端,从

---

① "'世界级难题'的'中国解'",《中国社会保险》,1998 年第 12 期。

1984年起，我国开始对传统医疗保险制度进行试探性改革。当年，卫生部、财政部联合发布《进一步加强公费医疗管理的通知》，在公费医疗单位，实行定额包干，超定额按一定比例报销的办法。国家劳动人事部和中华全国总工会也在那年向全国转发了北京市的《关于扩大职工劳动保险制度改革的试点的通知》，开始了部分企业职工大病医疗费用的社会统筹。从20世纪80年代中到90年代初，城镇医疗保险制度的改革主要是，通过职工个人部分承担医疗费的办法，增加个人的费用意识，抑制医疗费用持续攀升的势头。

为解决单位办医疗、单位间医疗负担苦乐不均的现象，1989年国务院选择辽宁的丹东、吉林的四平、湖北的黄石、湖南的株州四城市作为公费医疗社会保险改革试点城市，后又在深圳市和海南省开展对公费医疗和劳保医疗的综合改革试点。1992年，国务院成立医疗制度改革领导小组，由国务委员李铁映担任组长（后由彭佩云接任），国家体改委、劳动部、卫生部、财政部、人事部等多个政府部委负责人参加。1993年11月，《中共中央关于建立社会主义市场经济体制若干问题的决定》明确提出"城镇职工养老和医疗保险金由单位和个人共同负担，实行社会统筹和个人账户相结合"的原则。根据这一原则要求，1994年国务院决定在江苏镇江、江西九江进行综合改革试点。通过1995年的试点工作，1996年初，国务院在总结"两江"试点经验的基础上进一步扩大试点范围，决定在各个省、自治区选择两个大中城市进行医疗保障制度改革试点，加快了医疗保险改革的步伐。

1998年，国务院在继续总结"两江"医改试点经验的基础上，发布《关于建立城镇职工基本医疗保险制度的决定》，不仅要求在全国范围内建立覆盖全体城镇职工的基本医疗保险制度，而且明确了改革目标与政策框架，从而标志着中国城镇职工医疗保险制度进入了一个全面发展的新阶段。1999年，劳动和社会保障部等主管部委又联合发布了《城镇职工基本医疗保险定点医疗机构管理暂行办法》、《城镇职工基本医疗保险用药范围管理暂行办法》、《城镇职工基本医疗保险定点零售药店管理暂行办法》、《关于城镇职工基本医疗保险诊疗项目管理的意见》、《关于加强城镇职工基本医疗保险费用结算管理的意见》等规章,从多个方面规范职工的医疗保险。然而,由于医疗机构与药品流通体制改革严重滞后,医疗保险改革并未取得预期效果。

2000年2月,国务院办公厅转发国务院体制改革办公室等部门《关于城镇医药卫生体制改革的指导意见》,卫生部等部门就城镇医疗机构分类管理、卫生事业补助政策、医院药品收支两条线管理、医疗卫生机构有关税收政策、医疗机构药品集中采购试点、药品招标代理机构资格认定及监督管理办法、实施病人选择医生办法等发布了一系列配套政策。同年7月,国务院在上海召开全国城镇职工医疗保险制度和医疗卫生体制改革会议,明确提出了坚持"一个目标、两个核心、同步推进三项改革"的方针。一个目标就是用比较低廉的费用提供比较优质的医疗服务,努力满足广大人民群众基本医疗服务的需求;两个核心是指医疗卫生改革核心是引入竞争机制,医院之间、医生之间、医院药房和社会药店之间展开竞争,通过竞争来改善医疗服务质量并降低医疗成本,而医疗保险改革的核心是建立费用分担机制尤其是强制个人承担责任;同步推行三项改革,是指医疗保险改革、医疗机构改革与药品流通体制改革要同步推进。

此后,国家还批准实施公务员医疗补助办法,并在全国范围内推进农村新型合作医疗制度,劳动和社会保障部还发布了企业建立补充医疗保险的政策性文件。

三、城镇职工基本医疗保险制度的主要内容

中国现行的镇职工医疗保险制度,是在总结以往各地医疗保险改革试点经验的基础上,根据1998年12月国务院并发布的《关于城镇职工基本医疗保险制度的决定》建立起来的。

《决定》分改革的任务和原则、覆盖范围和缴费办法、建立基本医疗保险统筹基金和个人账户、健全基本医疗保险基金的管理和监督机制、加强医疗服务管理、妥善解决有关人员的医疗待遇及加强组织领导等七个方面。改革的目的是建立起由用人单位和职工共同缴费的机制，筹集基本医疗保险基金，切实保障职工基本医疗，建立基本医疗保险统筹基金和个人账户，依靠个人自我保障和社会统筹互济解决职工医疗需求，积极推进医疗卫生服务体系结构调整，加快医疗机构改革，发展社区卫生服务事业，从而形成医、患、保三方制约的内在机制，控制医疗费用的快速增长。其基本思路是"低水平、广覆盖、双方负担、统账结合"。

1. 低水平。基本医疗保险的水平要与我国社会主义初级阶段的生产力水平相适应，因此要把过去的福利型公费、劳保医疗制度，改革为社会化管理的保障广大职工基本医疗需求的医疗社会保险体制。

2. 广覆盖。城镇所有用人单位，包括企业（国有、集体、外商投资、私营企业等）、机关、事业单位、社会团体、民办非企业单位及其职工，都要参加基本医疗保险。基本医疗保险原则上以地级以上行政区（包括地、市、州、盟）为统筹单位。所有用人单位及其职工都要按照属地管理的原则参加所在统筹地区的基本医疗保险，执行统一政策，实行基金的统一筹集、使用和管理。

3. 双方负担，统账结合。用人单位的缴费率控制在职工工资总额的6％，职工的缴费率为本人工资收入的2％。基本医疗保险基金由统筹基金和个人账户组成，个人账户上除记入个人缴费外，单位缴费的30％即职工工资的1.8％左右也进入个人账户，余下单位缴费的70％约职工工资总额的4.2％建立统筹基金。统筹基金和个人账户要划定各自的支付范围，分别核算，不相互挤占。

4. 医疗机构的改革。"一分、二定、三目录"。"一分"即实行医、药分开核算，分别管理。"以药养医"是我国医疗机构利益机制中存在的一个大问题。1996年全国县级以上医院的业务收入中药品收入就占了 55.53%，小医院还要高，但国外一般只占 30%。"二定"就是基本医疗保险实行定点医疗机构和定点药店管理，并制定科学合理的医疗费用结算办法。职工可选择若干定点医疗机构就诊、配药，也可以持处方到定点药店买药。"三目录"是制定基本医疗保险的药品目录、诊疗项目和医疗服务设施标准及相应的管理办法。

5. 特殊人群的医疗待遇。一是离休人员、老红军、二等乙级以上革命伤残军人的医疗保险待遇不变。全国现有离休人员、老红军 180 多万，二等乙级以上革命伤残军人 27 万，国家为保障他们的身体健康，对他们的医疗费用实行实报实销，费用来源按原渠道筹集，如发生困难，由同级人民政府解决。二是对退休人员的医疗待遇给予适当照顾，退休人员参加基本医疗保险，个人不缴费，对退休人员的个人账户记入数额和医疗费用自负比例给予照顾。三是公务员参加基本医疗保险，执行统一的基本医疗保险政策，在此基础上再参加补充医疗保险。国家公务员的福利待遇高于一般职工，这是国际惯例，而这较高的福利待遇就体现在养老、医疗、住房等方面。四是下岗职工的医疗保险待遇问题，《决定》规定，国有企业下岗职工的基本医疗保险费，由再就业服务中心按当地职工平均工资的 60% 为基数代缴，并享受相应的医疗保险待遇。

可以看出，《决定》是我国自 20 世纪 80 年代以来，在各地医疗制度改革和探索的实践基础上总结发展而成的，和传统计划经济体制下的医疗制度相比，是全面的制度创新，是根据建立社会主义市场经济体制的要求、并结合国际医疗社会保险的发展趋势而做出的探索。

四、城镇职工基本医疗保险制度实施以来出现的问题

城镇职工基本医疗保险制度的建立，解决了公费劳保医疗制度下各单位分散管理、企业负担或轻或重、职工医疗待遇有好有坏的问题，从而使社会化的医疗保险体系得以确立。城镇医疗保制度的改革又为国有企业改革创造了良好的社会环境。然而，医疗保险制度改革，从试点到全面推进，既是制度创建的过程，也是创新与探索的过程；既是不断发挥制度作用的过程，也是不断发现问题、揭示矛盾、化解难题的过程；既是解决历史包袱，也是不断拓展新的制度功能的过程。应该说，改革在取得积极进展的同时，也存在着一些有待进一步解决的问题、矛盾和困难。

1. 覆盖范围仍然有限，主要还是原公费、劳保医疗对象，非公有部门的扩展非常困难。由于覆盖率偏低，造成大批城镇劳动力人口游离于基本医疗保险之外。据统计，2005年，医疗保险覆盖的城镇职工数为1.3亿，再加上5000万享受公费医疗的公务员和事业单位职工，只有不到两亿的城镇居民有医疗保障。覆盖范围难以扩大的主要原因是：(1) 我国现行的基本医疗保险以单位投保为组织形式，大批非公有制企业劳动者，如私营企业和个体经济组织的雇员，以及农村进城务工人员，虽然已经成为从业人群的一支主力，但是却不能享受基本医疗保障。(2) 医疗保险保费收缴难。一些大中型国有企业都面临企业负担过重和经济效益不好等困难，尽管缴费比例较低，但企业拖欠医疗保险费的情况仍然很严重，造成此类企业在职职工和下岗、离退休人员基本医疗保障严重不足。(3) 一些经济效益好的新兴国有股份制企业、外资企业因雇员年龄构成偏低，负担轻，对医疗需求较少，对于基本医疗保险的参保积极性不高，有意拖延参保。这样就造成公平性在基本医疗保险的运作中无法充分体现，形成了一定的恶性循环。并由此出现统筹基金较大超支，甚至大量透支个人账户，个人账户空转，统筹基金入不敷出等情况。

医疗保障体系具有三大功能：(1) 分散风险，也就是把承担医疗费用的风险在健康人和病人之间分担，同时也在人们健康时段和生病时段分担；(2) 医疗费用的公平负担，即无论生病与否，所有人都承担一定的医疗费用，而收入高的人群多承担一些，这才能体现一个社会的公平；(3) 建立医疗服务的第三方购买者，以集体的力量取代势单力薄的个人消费者来约束医疗服务提供者的行为。由于我国医疗保险的覆盖率偏低,医疗保障的这些功能都还未得到充分发挥。

第二,医疗卫生事业发展不均衡。与改革开放初期因为医疗资源严重缺乏而导致的老百姓就医难不同,现在看病不容易更多是由于医疗资源结构性失衡造成的。医疗资源过分集中在大城市、大医院,不仅让社区和农村没有能力承担起基本的医疗功能,而且也让以"高药价、高耗材"为特征的过度医疗愈演愈烈。

第三,医疗体制改革的缺陷,导致"没有民营化的商业化"[1]。在计划经济时代,医疗部门嵌合在整个社会经济的组织体系之中。绝大多数医疗机构是国有的,少数属集体所有制,但在运作上均与全民所有制趋同。从 1989 年开始,医疗机构开始了"自主化"改革,主要包括:(1) 全面实施承包制。医疗机构同卫生部门签定承包合同,确定人员编制、服务质量标准和拨款数量,在完成合同目标的前提下,医疗机构自主管理,自主经营、自主支配财物。(2) 允许有偿服务。允许医疗卫生人员和医疗机构从事各种有偿服务。(3) 提高医疗服务收费。允许特殊的高质量的服务(所谓"特诊服务")提高收费。这样,医疗机构,从组织性质上说依然是公立机构,也就是通常所说的"事业单位",更确切说是"差额拨款的事业单位",相当一部分医疗机构依然可以获得财政拨款,但从运营性质来说,医疗服务机构开始转变成为以服务换取收入(service-for-fee)的组织。主要的收入来源越来越依靠运营,其中最主要的收入来源是服务收费和药品出售。追求收入最大化的的医疗机构必然会产生大量所谓"供方诱导需求"的问题。开大处方、过分提供医疗服务、乱收费甚至收取"红包"的行为可以说层出不穷。自 1989 年以来,政府公立医院的门诊和住院费用的增长势头远远超

---

[1] 顾昕等:《诊断与处方——直面中国医疗体制改革》,社会科学文献出版社 2006 年版,第 86 页。

过城市人均收入的增长,便是最好的例证。

第四,市场失灵的问题在政府缺位的情况下没有得到很好矫正。在医疗服务市场化的过程中,如果服务提供者和消费者之间存在着严重的信息不对称,很容易导致所谓的"市场失灵"。市场失灵,需要政府补位。政府的主要作用体现在:(1)充当保险者,建立普遍覆盖的医疗保障体系。(2)充当购买者,约束医疗服务费用的上涨。(3)充当规划者和资源配置者,建立健全初级医疗卫生服务体系。我国医疗服务递送体系存在一个重大的制度缺失,即缺乏一种"守门人"(gatekeeper)的机制。世界各国都强调全科医生在整个医疗保健体系中的"守门人"地位,以控制医疗费用、减少医疗浪费、提高初级卫生保健质量和优化资源配置。因为非急诊病人直接到本来应该提供二级医疗服务的医院去寻求初级医疗服务,就会导致医疗资源的浪费,也会推动医疗费用的上涨。(4)充当监管者,抑制医疗服务中的市场失灵。作为公共机构的医疗保险管理者并没有任何执法权利,它们只是通过订立契约的方式同医疗服务提供者发生关系,因此,这种关系是一种市场关系。因此,为保障医疗保障制度的健康运行,政府监管的责任和作用是不可缺少的。当然,政府所扮演的监管的角色,与政府作为行政管理者的角色是不大相同的,政府监管的目的不是取代市场,而是为了矫正市场失范。比如,政府要控制以下几方面:① 医疗服务市场的进入和退出;② 竞争行为;③ 市场组织;④ 从业人员的待遇;⑤ 医疗服务的数量;⑥ 医疗服务的标准和质量;⑦ 医疗服务的安全性等。

以上问题的存在,说明加快医疗保险制度及医疗体制的改革是摆在我们面前的艰巨任务。2006 年 10 月 11 日十六届六中全会通过了《中共中央关于构建社会主义和谐社会的若干重大问题的决定》,《决定》明确指出我国医疗事业应该坚持公益性质,强调要深化医疗卫生体制改革,强化政府责任,严格监督管理,建设覆盖城乡居民的基本卫生保障制度,为群众提供安全、有效、方便、价廉的公共卫生和基本医疗服务。随后,国家财政部,卫生部,国务院发展改革委员会等也都通过不同的途径表态:新的医疗保障体制改革要走公益化的道路,要加大政策和财政投入力度,完善当前的医疗体制,扩大城镇职工基本医疗保险的覆盖范围,加快农村新型合作医疗的推广力度。所以,2007年是中国医疗改革的转向年。经过多年的争论之后,党和国家的最高层吸收各方的智慧,为医改的方向定下"政府主导"的基调,这是中国医改的重要的转折点,将深刻地影响中国医疗卫生发展的进程。

五、农村新型合作医疗保险制度

如前所述,我国传统的计划经济体制下的医疗保险制度是城乡分立的,在农村主要是合作医疗制度。1982年农村实行经济体制改革以后,集体的公益金积累明显减少,由此也使以公益金为一部分资金来源的合作医疗制度受到严重影响,加之政府没有及时给予引导和支持,到1985年全国实行合作医疗的行政村由过去的90%下降到5%。农民在失去最基本的医疗保障以后,生病就得自付医疗费用。医疗费用的迅速攀升,超过农民实际人均收入增长幅度。20世纪90年代以来,国家为恢复和重建合作医疗进行了艰难的探索。

2002年10月,中共中央、国务院《关于进一步加强农村卫生工作的决定》明确提出,要建立与农村经济发展水平、农民承受能力、医疗消费水平相适应的新型农村合作医疗制度,并规定从2003年起,各地要进行新型农村合作医疗的试点工作。新型合作医疗制度建设由此成为中国社会保障体系建设的新亮点。

在2003年初的中央农村工作会议上,温家宝同志指出:我国农村发展落后,农村的社会事业尤为落后。城乡经济发展差距大,社会发展的差距更大。要求今后每年新增教育、卫生、文化等事业经费,主要用于农村,逐步缩小城乡社会事业发展的差距。要提高处理农村重大疫情和公共卫生突发事件的能力,要积极探索新型合作医疗制度和农村贫困家庭医疗救助制度的运行机制和管理方法。紧接着,财政部、国家计委、卫生部就出台了《关于农村卫生事业补助政策的若干意见》,确定从 2003 年起到 2010 年,各级人民政府增加的卫生投入主要用于发展农村卫生事业。各级人民政府对农村卫生的补助范围包括:疾病控制、妇幼保健、卫生监督和健康教育等公共卫生工作,必要的医疗服务,卫生事业发展建设以及支持新型农村合作医疗制度。这些就为农村医疗保健事业的发展确定了政策性目标。

2003 年 1 月 16 日,《国务院办公厅转发卫生部等部门关于建立新型农村合作医疗制度意见的通知》中提出:"新型农村合作医疗制度是由政府组织、引导、支持,农民自愿参加,个人、集体和政府多方筹资,以大病统筹为主的农民医疗互助供给制度。从 2003 年起,各省、自治区、直辖市至少要选择 2～3 个县(市)先行试点,取得经验后逐步推开。到 2010 年,实现在全国建立基本覆盖农村居民的新型农村合作医疗制度的目标,减轻农民因疾病带来的经济负担,提高农民的健康水平。"新型农村合作医疗制度一般采取以县(市)为单位进行统筹,实行个人缴费、集体扶持和政府资助相结合的筹资机制,农民个人每年的缴费标准不低于 10 元,地方财政每年对参加新型农村合作医疗农民的资助不低于人均 10 元,中央财政每年通过专项转移支付对中西部地区除市区以外的参加新型农村合作医疗的农民按人均 10 元安排补助资金。2006 年起,中央财政的补助提高到 20 元,地方财政也相应增加到 20 元。根据卫生部的统计,截至到 2006 年底,全国已有 1451 个县开展了新型农村合作医疗试点,参合农民达 4.1 亿人,占全国农业人口数的 47.2%,以县为单位的覆盖率达到 50.7%。

从几年来的试点情况看,新型农村合作医疗制度主要面临的问题是:

(1) 合作医疗的资金来源。按照现行的政策规定,合作医疗的资金应该是来源于农民个人的缴费以及省、市、县各级政府的财政补贴。从各地的试点情况来看,随着近年来农村经济的发展和农民收入水平的普遍提高,对于选择参加合作医疗的农民来讲,每年缴纳10元钱应该是可以承受的,农民个人缴费的积极性应该说是比较高的。但是,各级政府的财政补贴是否能够及时到位,在不同的地区有很大的差别,对于经济条件比较好的地区,这部分资金及时划拨到农民的个人医疗账户没有太大的困难,而对于那些经济基础比较差的市、县(区),情况不容乐观。仅仅依靠农民个人缴纳的10元钱,在一些小病的治疗上可能不会出现太大的问题,但是一旦出现了重病、大病的患者,由于没有资金的保障,合作医疗制度就很难发挥分担风险、互助共济的功能。

(2) 覆盖范围。在《国务院办公厅转发卫生部等部门关于建立新型农村合作医疗制度意见的通知》中明确规定"新型农村合作医疗制度是由政府组织、引导、支持,农民自愿参加",这样一个规定是充分考虑了各个地区的实际情况,给广大农民群众有更大的选择空间。但是自愿的原则可能会导致很多问题:在一个家庭中,人为地将老弱病残者与健康者分离,只选择让老弱病残者参加合作医疗;或者是有病的非常乐意参加合作医疗,而身体健康的则不愿意参加等。这些做法都违背了合作医疗制度的初衷——通过社会共济的方式来解决农民的看病问题。在一些试点地区,由于各级政府的强力推行,广大农民也看到了合作医疗能给自己带来的切身利益,参加合作医疗的积极性非常高。但是从整体来说,我国的合作医疗还处在一个自发自愿的试点阶段,并没有在全国范围内推广开,没有把全体农民覆盖到制度范围以内。

(3) 服务提供和费用报销。参加合作医疗的农民在生病的时候需要到定点诊所或医院去接受服务,自由选择的余地相对来说非常小,这就把各级定点医院或诊所推到了一个具有"垄断"色彩的位置。这些医院或诊所在提供服务的时候就会缺少相应的经济刺激,在服务的态度和服务质量上可能会大打折扣。而农民在看病就医之后还要按照严格的程序报销医疗费用,看病就医的医疗费用,特别是重病、大病的高额医疗费能否得到及时的报销也是现阶段合作医疗制度面临的一个严峻问题。

(4) 检查监督。由于从总体上来说,合作医疗制度还处在一个试点的阶段,各个地区在试点的时候基本上都是结合本地区的实际情况发展了一套独立的实施办法。接下来的问题就是如何对这些地区的试点情况进行有效的检查监督,由于没有建立一个统一的监督管理机构,所以在具体的实施过程中会出现各种各样的问题。

如上所述,城乡医疗保险体制改革中虽然出现了不少的问题,但经过多年努力,我国多层次医疗保障体系正在初步形成。在新一轮医疗保险制度改革中,将继续完善这一体系,最终形成以新型农村合作医疗制度、城镇职工基本医疗保险制度为主体,以城乡社会医疗救助体系兜底,以商业健康保险、公务员医疗补助、企业补充医疗保险和以及军人、离休人员、一至六级的伤残人员等其他特殊医疗保障为较高层次的多层次的医疗保障体系。由此,我国将进入实施全民基本卫生保健国家行列。

第八章 失业社会保险

失业是市场经济社会的必然产物,是工业化社会的伴生物。长期以来,各国采取各种措施增加就业机会,降低失业率。同时也制定了各种社会保障制度来保障失业者及其家庭的基本生活,提高其再就业能力。在失业保障制度中,最基本的是失业保险制度。据统计,到20世纪末,世界上有69个国家和地区建有失业保险制度。[①] 我国自改革开放以来,也开始逐步建立失业保障制度,并发展得很快,已初步形成了具有中国特色的失业保障体系和失业保险制度。

第一节 失业概述

一、失业的界定

失业和就业是密切相关的两个概念,要界定失业,首先必须给就业一个科学的界定。就业有广义和狭义之分。广义的就业是指在一定社会形态下劳动力要素和生产资料要素的有机结合,其本质是人和物在生产过程中的结合,并通过这种结合,形成社会生产力,创造社会财富。劳动力作为社会生产力中最活跃、最重要的要素,只有和自然资源及生产工具等紧密结合,才可能发挥其主观潜能,为经济和社会发展效力。从个人的角度说,就业是具有劳动能

---

① 毛健主编:《失业保险》(第二版),中国劳动社会保障出版社2004年版,第2页。

力的人，通过人的社会化过程，具备了一定的劳动技能，从而谋得了某一社会职业，并以此维持生活。就社会而言，就业是在社会进行职业分工后，社会为广大社会成员提供发挥潜能、施展才华的舞台，也是社会向前发展的动力。狭义的就业是指符合法定劳动力年龄条件的人，从事一定社会经济活动并取得劳动报酬或经营收入。

失业这个概念也有广义和狭义之分。广义的失业是指具有劳动能力的人找不到合适的工作岗位，如果和就业的概念相对应的话，就是劳动力资源处于闲置状态。狭义的失业就是指达到法定年龄（劳动力年龄）并有就业愿望和就业能力的人得不到适当的就业机会，包括已经就业而被解雇、且正在等待或寻求新的就业机会的一种社会现象。失业者是指虽有劳动能力和劳动意愿，但无法获得与其技能相称或可以接受的工作的劳动者。一般而言，很多国家或地区都是在狭义上引入失业概念的。按照国际劳工组织的定义，失业是指有劳动能力并愿意就业的劳动者找不到工作的现象。

因此，对于失业这个概念，可以从以下几个方面来理解：

首先，失业是指符合法定年龄条件的劳动者，即它一般有年龄条件的上、下限。依据我国《劳动法》，劳动力年龄的下限为十六周岁，上限为国家确定的退休年龄。也就是说，十六周岁以下和符合退休年龄条件以上的人即使其有劳动能力和劳动意愿，但找不到工作，都不能算作失业人员。

其次，在劳动年龄范围内的人员必须有劳动能力。也就是说，并非所有劳动年龄范围内的人都有劳动能力，如个人先天就有残障、或后天因身体健康状况极差、或由于意外事故等而丧失劳动能力的社会成员，他们虽在劳动年龄之列，但无劳动能力或仅有部分劳动能力，这些成员就不能或不完全能算作失业人员。如对劳动年龄内的成员是否具有"劳动能力"有争议，可到国家指定的劳动（能力）鉴定机构进行有关鉴定。

第三,具有劳动能力的劳动者,必须有劳动就业意愿。反过来说,一个人虽有劳动能力,但无就业愿望或工作兴趣,因而失去就业机会,没有收入来源,那可称他(她)为无业者或自愿失业者,但不在我们通常所说的有严格意义的狭义失业范畴,一般也不作为失业社会保险的保障对象。劳动就业意愿一般可通过该劳动者是否有求职愿望且有无采取实际的求职行动来作判断。如刊登求职广告、写求职信、在职业介绍机构求职登记、去劳动力市场应聘、委托亲朋好友介绍工作等等,均可视为有劳动就业意愿。

二、失业的分类

国际上根据不同的分类标准,把失业划分为不同的类型。按造成失业的原因,可分为自愿失业和非自愿失业,其中非自愿失业又可分为五种:① 摩擦失业,由于劳动力供需矛盾而引起的失业现象,在经济不景气的情况下,这种失业尤为突出。② 季节性失业,由于季节原因而引发的失业。一般这种失业在农业、渔业、晒盐业、林业、航运业、矿产勘探、旅游及建筑等行业中特别明显,因为这些行业受季节影响大,劳动用工的季节性变化也很大。③ 技术性失业,由于技术进步而引发失业。如更新、使用先进的机器设备、引进新的生产工艺和新材料、采用科学的管理方法等,都可能引起这种失业。④ 结构性失业,由于劳动力结构跟不上产业结构变化而造成的失业。众所周知,科技进步会引起国民经济产业结构发生变化,而如果劳动力结构不能与之相应地变化,那么当新行业、新生产服务领域代替老行业、老服务领域时,就会把原有部分劳动力抛入失业者队伍。结构性失业和技术性失业有一定的联系,一般说来,技术性失业是结构性失业的先导,而结构性失业是技术性失业的最大表现。⑤ 周期性失业,由于周期性的经济波动而引发的失业。特别是由于周期性的经济危机所导致的失业现象,令各国政府最为头疼。

按失业者的失业程度,又可把失业分为完全失业和部分失业

（或叫不充分就业）。完全失业是指失业者有劳动能力但找不到合适的工作岗位；部分失业（不充分就业）就是指有劳动能力的人，由于非个人因素，虽有工作但达不到一定的标准或不足以谋生，一般以工作时间不到正常工作时间的 1/3 且工作收入不到法定的最低工资标准为衡量指标。如临时工、季节工因工作时间不足而致收入水平低下，还有一些职工因其企业不景气经常处于停工或半停工状态，他们也属于部分失业人员。

按失业者的状态来分，可将失业分为显性失业和隐性失业。显性失业即充分暴露出来的失业现象，很多国家以失业人员到职业介绍机构进行求职登记为准，一般用失业率这个概念反映；隐性失业是未曾表现出来但事实上确实存在的失业或就业不充分的现象。如我国在计划经济体制下的国有企业的大量窝工现象、机关事业单位的冗员现象及农村大量剩余劳动力沉淀在有限的耕地上等等都属于隐性失业的表现。隐性失业一经显性化，往往使人感到措手不及，忙于应付。

三、失业理论简介

在凯恩斯以前的传统经济学认为，资本主义制度就象一架可以自动调节的机器，能够自行解决运行中的各种问题。劳动者的就业也是一样，通过工资的变动而达到供求的平衡，因此不可能出现失业问题，即使有那也只是暂时的自愿失业或永不能避免的摩擦性失业。英国著名经济学家皮古（A. C. Pigou）在其 1933 年出版的《失业理论》中，将失业的原因归为两种：一是工资未能随劳动情况的变化和自动调整，因而劳动者不能接受现行工资或不愿降低收入水平而自动放弃工作，他称之为自愿失业；二是劳动力供需不平衡，劳动力就业市场信息不畅，组织管理跟不上，而使一部分劳动者的求职需要和可供选择的就业岗位之间存在差异，从而引发失业，他称之为摩擦性失业。在皮古看来，失业只有这么两种，不存在非自愿性失业。对自愿性失业，他主张确定合理的工资标准,以减少自愿失业者的数量;对摩擦性失业,他提出应健全就业市场,保证职业供求信息渠道的畅通,达到减少摩擦性失业,实现充分就业。

1929~1933年的世界性经济危机席卷了主要资本主义国家,危机从美国发端,紧接着就波及严重依赖美国投资的德国,然后是奥地利、英国及美洲、大洋洲国家,最后轮到了法国。持续了四年之久的经济危机,震荡了整个资本主义世界的经济、政治体系,造成了2500亿美元的损失和3000多万工人的失业,数千万农民的破产。充分就业的梦想破灭了,大量雇佣劳动者加入失业者的行列,失业问题尖锐地摆在人们面前。加之工人罢工运动此伏彼起,迫使西方各国及西方经济学家对传统理论进行反思,寻觅解决失业问题的良方。

市场失灵,使西方各国转而认识到有形之手也不可缺少。美国总统罗斯福1932年上台执政后,就以国家干预的方式来解决就业。1933年5月,罗斯福签署联邦紧急救济法,建立联邦紧急救济署,拨款5亿美元,对各州进行失业和工作救济,6月,国会通过《工业复兴法》,要求举办公共工程,缓解就业压力。从1933至1937年,政府拨款120亿美元,用于兴修水利、造林、扩建军事基地等公共工程,增加就业机会,提高社会购买力。[①]

1936年英国著名经济学家凯恩斯,出版了《就业、利息和货币通论》一书,在书中他批判了传统经济学的就业理论:萨伊定律和储蓄必然全部转化为资本的两个观点。萨伊曾在19世纪初提出:供给会自然创造需求,只要让劳动力在就业市场上充分发挥自由竞争,劳动力的供求自能达到均衡,即使有失业,无非是自愿失业和摩擦失业两种,且是暂时现象。凯恩斯仔细分析了影响就业的因素,提出了新的失业理论。他认为失业有三种:自愿失业、摩擦性失业、非自愿失业。而正是非自愿失业,才是本来意义上的失

---

① 龚莉:《就业和社会保障》,人民出版社1996年版,第58页。

业。所谓非自愿失业,是指工人愿意接受现有的工资水平而就业,但仍找不到工作。产生非自愿失业现象的原因,主要是社会的"有效需求"不足,造成"非自愿失业的存有"。所谓"有效需求",是商品的总供给价格和总需求价格达到均衡状态下的社会总需求。凯恩斯认为,在资本主义社会中一般都存在"有效需求"不足的情况,因此失业现象是不可避免的,"自由放任"的经济政策必然失效,而要代之以国家干预经济,增加社会"有效需求",来实现充分就业。储蓄全部转化为资本的观点认为,储蓄通过银行的中介,借助于利息率的自动调节可全部转化为投资。凯恩斯认为:"边际储蓄递减规律"、"资本边际效率递减规律"和"流动偏好规律"共同作用,既使消费不足,又使投资不足,从而导致社会总需求严重不足,成为经济危机和失业的根源。因此,要通过增加国家的财政支出,人为地刺激消费和投资,提高社会的有效需求,达到充分就业;通过减免税收,鼓励消费者增加支出,资本家增加投资;通过对货币供应的控制促进总需求。

马克思认为,失业是资本主义的固有矛盾的表现,即资本的私人占有和整个社会的社会化大生产之间矛盾的突出反映。在资本主义条件下,劳动者除了自己的劳动力外一无所有,只得靠出卖自己的劳动力来维持生计。而资本家阶级为维持其简单再生产和扩大再生产,一方面需要使用大量廉价劳动力,另一方面必须采用新技术、新设备,提高资本的有机构成,以保证自己在竞争中立于不败之地。由此,失业现象在所难免。

马克思把资本主义条件下的失业人口称之为相对过剩人口,是不为资本主义生产所容纳的人,或多出资本主义生产所需要而不被雇佣的人。之所以这些人口相对过剩,是因为他们并非真正是社会生产发展所不容的人,而是他们不可能为资本家创造更多的剩余价值。马克思认为:工人阶级在为资本家创造剩余价值、完成资本积累的同时,也在为他们自己更大规模的相对过剩作准备,它是资本积累的前提和必然产物。

后来，西方政治家和经济学家也逐步认识到，失业是资本主义条件下不可避免的社会现象，而且，一定度的失业对社会还有促进作用。他们还认识到，只要失业水平不超过一定度就是"正常失业"状态或称"合理失业"。至于"正常失业"的度应该是多少？各国经济学家提出的标准是不完全一样的，1945年美国经济学家 J.M.克拉克认为，美国的失业率在 5.5% 左右是正常的，凡失业率保持在 5.5% 以下，就可以算作实现了充分就业。英国的贝弗里奇则认为 3% 的失业率是"可以允许的不能避免的失业"。一般认为，失业率在 3%～6% 之间为"合理失业"。

四、失业的社会影响

失业这一社会现象，无论对整个社会还是对社会成员个人或其家庭，都产生了一些负面影响：

1. 对整个社会而言，失业浪费了劳动力资源。前面说到，劳动力资源是生产力三要素中最活跃、最富创造性的要素。失业则是劳动力资源处于闲置状态，劳动者无法发挥其个人能力，对社会无疑是巨大的资源浪费。何况劳动力资源不具有再生性，一旦浪费无法弥补。我国是一个创造财富的大国，但同时也是一个浪费大国，最大的浪费就是人力资源的浪费。按目前 1400 万失业、下岗者计算，每人每月平均发放 200 元生活费，一年就是 336 亿元，每人每月平均创造价值 1000 元，一年就是 1680 亿元，可惜我们没有得到这些价值。失业还影响了社会经济的发展，引起经济停滞乃至倒退。因为部分劳动者失业，劳动资源闲置，会导致生产不足，人们生活水平和社会购买力下降，社会经济发展滞缓。失业也影响了劳动力素质的提高，由于失业，劳动者不能最大限度地利用掌握的技术进行生产，更不可能得到学习和技术培训的机会，劳动者的技术水平必定下降，从而又影响未来社会的经济发展。当一个社会的失业率急剧上升到无法承受时，大量失业人员的存在，将对社会稳定留下巨大隐患，社会冲突随时都可能爆发！

2. 对劳动者个人及其家庭来说,失业使其失去了收入和生活来源。普通劳动者失业后,对其个人及家庭的生活将产生极大的影响。因为他们失去了收入来源,也就缺少了维持基本生活的手段,陷于生存困境。失业还使人丧失了人的基本权利和自尊,生存权和劳动权是人的最基本权利,失业意味着人的劳动权被剥夺,进而影响到劳动者的基本生存。而且,有工作对一个人来说意味着自己是社会上有用的人,失业不只是生活来源没了着落,还容易使人产生一种被社会抛弃的念头。如果这种念头长期得不到解决而被放大至对自己、对社会失去信心乃至绝望,就会形成一种反社会倾向,对现实社会持激进的批判态度,要求采取激进手段来改变社会现状。

因此,失业不仅是一个经济学研究的问题,更是社会学特别是社会保障学要研究和解决的一个重要问题。大量失业社会现象的存在,必将影响到一国经济的发展和社会的稳定,所以很多国家都把解决失业问题置于一国经济和社会政策关注的首位。失业社会保险即是国家或政府为缓解失业压力所采取的一项有效社会政策。

第二节 失业社会保险的产生和发展

一、失业社会保险的基本概念

失业社会保险是依法参加社会保险的劳动者,在其因非个人原因而失去工作从而失去收入来源时,由国家或社会保险机构向其提供一定物质援助或现金补助,以保障失业者及其家属基本生活的一项社会保险制度。一项失业社会保险制度,至少包括以下几个方面:

1. 失业社会保险的对象

在失业保险制度的发展史上,对失业社会保险的对象经过了一个由严到宽、由小到大的过程。最早的失业保险的覆盖对象仅限于正式参加社会经济活动并有稳定职业的劳动者,不包括职业不稳、不正规的季节工、农业工人、临时工等劳动者,也不包括职业稳定、无失业风险的国家公务员,更不包括有独立收入的个体劳动者及已毕业但尚无工作的青年学生求职者。如今,失业社会保险的对象相对要宽泛得多。1988年国际劳工组织提出,凡有能力参加经济活动,可以工作,且正在寻找职业而未能得到适当的工作,以致没有工资收入、生活无着的人,均可视为失业者,理应成为失业社会保险的保障对象。这样,上述原先未被列入的保障对象也一并成为失业社会保险的覆盖对象。

2. 享受失业社会保险的条件和待遇

(1) 享受失业社会保险的资格条件。失业者有权享受失业保险,但必须具备一定的资格条件:第一,失业者必须符合劳动年龄条件,即必须在法定的劳动力年龄段内,它不为低于法定劳动力年龄和退出法定劳动力年龄的人提供保险。第二,失业者必须是非自愿失业,即失业并非因本人意愿,而是出于个人无法控制的社会因素。各国对此均有一致性的规定,主要是为了防止人们故意失业而领取失业保险金,形成"不劳而获"的惰性,进而影响全体社会成员参加劳动生产的积极性。第三,失业者必须达到一定的合格期限,失业前曾有一段工作时间,并曾缴纳过一段时期的失业保险费。规定工龄条件的主要目的在于,确认失业者曾是社会劳动者队伍中的一员、并确因失去工作而丧失收入来源。确定必须缴纳一定期的失业保险费的主要用意,则主要是为了体现保险中的权利和义务的对等关系。大多数国家规定,享受失业保险金的合格期限,为失业前一年内已缴费6个月。但在不少发达国家规定,毕业后的青年学生未能立即找到工作者,也有资格领取失业津贴。

一般而言,具备上述条件后可以享受失业保险有关待遇。但是几乎所有国家都同时规定,具有下述情形之一者,同样要取消其享受资格:因失业者品行不端而被开除、革职者;拒不接受职业介绍机构提供的适当工作的失业者,视其为自愿失业者,不享受失业社会保险;拒不参加职介机构为失业者再就业所举行的职业技术培训的失业者,视其为无劳动就业意愿者;无正当理由自动离职者;出于经济或政治原因,介入劳资纠纷而导致企业停产而使自己失业的人,等等。

(2) 失业社会保险的待遇标准。失业社会保险的给付待遇一般应包括:在规定期限内给失业者本人的失业津贴(也有的国家称其为失业保险金)、超过规定期后发给失业者的失业救济金以及提供失业者家属的生活补助金。为使失业保险金既能确保失业者及其家属的生活所需,又不致诱导失业者形成对保险制度的"惰性",各国失业保险的待遇给付标准普遍遵循三个原则:一是保障失业者及其家属基本生活的原则;二是保险待遇水平低于失业者原工资水平的原则;失业保险金额体现权利和义务相对等的原则,失业前缴费越多、工龄越长、工资水平越高者可领取的失业保险金额就越多,反之越少。

领取失业保险的等待期:劳动者失业后,一般不能马上领取失业保险金,而要有3～7天的等待期。这样规定,一方面有助于减少处理大量申请小额给付的繁琐事务,另一方面可防止冒领保险金,因为有必要可有几天对失业去进行调查核实。再说,如果仅仅有几天的失业期,并不会给人们的生活带来很大的困难,不要保险给付照样可以对付。至于等待期有多长,各国规定不同,最短的1天,像比利时和瑞士,长的如冰岛,36天。有的国家规定,每次失业都有一个等待期,也有的规定在同一年内第二次失业时不需有等待期。

失业保险金给付额:既有薪资比例制,又有均一制。大多数国家采用薪资比例制,规定失业者的失业保险金为该工人最近时期平均工资的一定百分比,与其工龄、投保期限、工资水平及年龄、有否供养配偶及其他亲属等因素相关。具体给付额度的计算,有三种办法:工资比例制,许多国家以平均收入的40%～70%作为计算失业救济金的基数,有的国家还有最低标准和最高限额(见表8.1)。均

表 8.1 主要国家失业社会保险制度比较表

国家	基本立法年代和保障方式	范围	资金来源	享受条件	给付待遇	管理机构
英国	首次立法:1911年。现行立法:1975年。强制保险制度。	周收入为35.50英镑及以上的雇员、独立劳动者和缴纳减额保险费的已婚妇女和遗孀。	受保人:雇员收入的9%;独立劳动者,每周4.75英镑;非受雇人员,每周4.3英镑。雇主:工薪总额的10.45%。政府负担社会保险部分的13%费用及收入调查津贴的全部费用。	任何纳税年度交纳的保险费,至少为该年度周收入的25倍;已在职业介绍机构登记失业,能适应工作并能适应工作,失业非因自动离职,行为不端,不接受适当工作介绍,介入行业纠纷等。	每周一律按28.45英镑支付。受供养的妻子,每周17.55英镑。三天等待期后支付,至多支付52周。收入调查津贴:支付给贫穷的救济对象。	卫生与社会保障部:管理保险费和失业调查档案,并授与收入调查津贴。就业部:通过其他办事机构和职业介绍所,管理救济金。
美国	联邦立法:1935年。州立法:1932~1937年间。强制保险制度。	联邦立法:工商企业雇员,几乎包括所有各州地方政府的工人,家仆以以及约2/5的农场工人。州立法:按联邦立法规定的雇员。农业雇员、临时雇员、家庭劳工劳动者和独立劳动者除外。	受保人:不交纳(阿拉巴马,阿拉斯加与新泽西州除外)。雇主:联邦税为应征工薪总额的0.8%;州方案:基本税率5.4%。政府:从上述联邦税中给州拨付管理费(余款用以贷给各州)。	约3/4的州规定一基数年的最低收入,应为州数济金的若干倍数,或达到规定的数额。13个州规定的具体数额受雇一定周数(14~20周),在失业介绍所登记失业,能工作,并适合工作。	失业救济金:约为收入的50%,因各州规定而异。州救济金的最低点:5~60美元,最高点:84~224美元。供养亲属补助:1/4州规定,子女每周1~76美元,也有补助其他亲属的。	劳工部:通过其就业培训总署管理全国失业保险服务局管理失业救济金。州职业保障机构:通过其地方职业介绍所管理各州业务。半数以上的州业保障机构,设在州政府的一个部内;其余各州,其他。

续　表

国家	基本立法年代和保障方式	范围	资金来源	享受条件	给付待遇	管理机构
		铁路员工、联邦雇员和退役军人另有专门规定。		失业非由于自动离职、犯错误、劳动争议、拒绝适当工作安排等。	大多数州规定有1周的等待期,最多支付26周,联邦法律规定,在失业高峰期间,可延长救济期限的一半至39周。	均有独立的职业保障部、局或委员会。
瑞典	首次立法:1934年。现行立法:1956年(工会关联方案)和1973年(劳动力市场支持方案)。自愿保险补贴和失业救援双重制度。	工会关联方案:加入工会自愿捐助并经批准建立的失业基金的会员。(带有强制性)。劳动力市场支持方案:雇员和16岁以上原为雇员助的但符合工会关联方案规定条件的人员。	受保人:工会关联方案,约负担费用的23%;劳动力市场支持方案,不交纳。雇主:工薪总额的0.4%。政府:工会关联方案,全部费用的46%;劳动力市场支持方案费用的1/3。	工会关联方案:失业基金会会员满12个月;在公立职业介绍所登记失业,能工作;失业非因个人自动离职、犯错误、参与劳动争议、拒绝适当工作介绍者。劳动力市场支持方案:须经馈赠所得的经济情况的调查。	工会关联方案:每天80～315克郎,视基金会和雇员工资等级而定,数资金亦应交失业保险费。一年至多支付300天。劳动力市场支持方案:每天130克郎,支付时间视方案而定,年龄由低到高(150～450天)。	国家劳动力市场局;监督法规的实施。工会失业基金会:管理全国各行业失业保险业务。劳动力市场支持方案:由县劳工局和地方职业介绍所管理。

续表

国家	基本立法年代和保障方式	范围	资金来源	享受条件	给付待遇	管理机构
法国	首次立法：1905年。现行立法：1967年。雇主一雇员双层保险制度和政府基金制综合方案制度。	失业保险：受雇人员、家务工人和季节工人、建筑和码头工人、船海员以及飞行员另有专门制度。综合方案：年轻的求职者、近期有收入的鳏夫寡妇、离婚者、分居者、新近退役的战士等。	受保人：收入的1.92%，加年收入在104 760~419040法郎的0.5%。雇主：工薪总额的4.08%。政府：负担综合方案的全部费用。	失业保险：年龄60岁以下，最低保险，失业前12个月内从事有收入的工作3个月。最高保险，最近3年内有2年从事有收入的工作。在职业介绍所登记、能工作并愿意接受工作介绍、失业非由于自动离职、犯错误或拒绝适当的工作介绍者。固定津贴标准：各种年龄保险16至60岁以上的人，失业6~12个月。	失业救济金：基本津贴，一天40法郎，加收入的42%。救济期限：视年龄及缴费期限的不同，从3个月至60个月。终止雇佣救济津贴：一天40法郎。综合性救济金：根据年龄、保险年数或家庭情况，一天40~80法郎。固定标准的失业津贴一天25~50法郎，最多支付一年。	卫生和社会保障部：一般监督。两种就业组织(UNEDIC-ASSEDIC)都由劳资双方组成的理事会管理失业保险、支付失业保险救济金。上述两种就业组织在没有代理机构的地方，可由市政当局处理代办失业保险救济金支付事宜。
澳大利亚	首次立法：1944年。现行立法：1947年。失业援助制度。	从事有收益工作的人(以前未从事过有收益的工作，但符合收益条件的人，亦可支付)。	受保人：不交纳。雇主：不交纳。政府：从总年收入中负担全部费用。	失业救济金：男年16~64岁，女年16~59岁，在失业前已居住1年，或意向永久定居澳大利亚者，须经收入调查。能工作并愿意从事适当工作，为就业而采取行动，并进行就业登记。	失业救济金(须经收入调查)：每周至多153.3澳元(已婚，有供养配偶者，81.1澳元(独身，亲子女者)或45澳元(年龄在18岁以下的独身者，须经收入调查)。	社会保障部：通过6个州、2个辖区和214个地区代理机构，管理救济事项。

续表

国家	基本立法年代和保障方式	范围	资金来源	享受条件	给付待遇	管理机构
				失业非因自动离职、工作错误、介入劳动争议,或拒绝提供的适当工作。	子女补贴(须经收人调查:16岁(受供养的学生为25岁)以下的子女,每人每周14盾元。符合条件者,7天等待期后领取。救济金每年5月和11月随物价变动而调整。	
日本	首次立法:1947年。现行立法:1975年。强制社会保险	除自愿保险或专门制度以外的所有企业雇员(农业、林业、渔业的雇员,以及雇佣人数不到5人的企业雇员,可自愿保险;按日计酬工人和海员,政府雇员有专门制度)。	受保人:收人的0.55%(季节工0.65%)。雇主:工薪总额的0.9%(季节工1%~1.1%)。政府:救济费用的25%(季节工33.3%)和管理费。	最近12个月保险6个月(疾病,伤害,生育等延长48个月)。在公立职业保障所登记失业,有能力工作并愿意就业。每隔4周汇报情况一次。失业非由于自动离职,犯错误,拒绝接受适宜的工作或培训安排(如有,取消资格1~3个月)。	失业救济金:收人的60%~80%,最低每天2570日元,最高每天7330日元。对萧条工业、疾病、伤害、学习技能、寄宿、训练、迁移者,另加津贴。7天的等待期,一年内可支付90~300天,因保险期长短、年龄大小、就业可能性而异。	劳动省:一般监督。劳动省职业保障局:管理全国失业救济业务。都道府县劳动部门的失业保险公立职业保障所:管理地方失业救济业务和征收保险费。

资料来源:美国社会保障总署《全球社会保障制度》,华夏出版社 1989 年版。

一制,是对符合规定的失业者一律按同一基数标准给付失业保险金而不与失业前的工资收入相关联。也有采用混合制,即工资比例制和均一制的结合办法,一部分和失业前的工资水平挂钩,另外部分则按一定绝对数额给付。

失业保险的领取期限。不少国家限定失业者连续领取失业保险金的时间最高限额从8周至39周,通常为26周。

一些国家除了发给失业者失业保险金外,还提供失业援助及须经经济状况调查的救助方案,这样失业工人领取正常救济金期满后,如果经济收入低于规定水平,仍可继续得到一些经济援助。另外,越来越多的国家把接近退休年龄而已失业一定时期的受保工人,从失业名单上划出,作为退休人员享受养老金待遇。

3. 失业保险基金的筹集

失业社会保险基金的筹集在大多数国家都采取社会筹集的办法,具体因各国国情不同,一般有以下几种办法:

(1) 由政府、雇主、受保人三方共同负担。如英国、德国、加拿大、日本、瑞士等国家均属此种筹资办法,但具体三方分担比例又各不相同。瑞士受保人和雇主都按0.3%的比例缴费,政府在开支超出保险费收入和储备金的情况下,联邦和州给予低息贷款。加拿大由受保人交纳收入的2.35%,雇主交纳工薪总额的3.29%(为受保人缴费的1.4倍),政府为失业率超过4%的地区,承担额外的救济费用及其他有关费用。

(2) 由雇主和受保人分担。这一筹资办法为法国、希腊、以色列等18国所采用。如法国,失业保险金由受保人和雇主分别按收入的1.92%和工薪总额的4.08%缴纳失业保险费,政府仅承担综合方案的全部费用。再看希腊,失业保险金由受保人交纳收入的1%,雇主交纳工薪总额的2%,政府不负担。

(3) 由雇主和政府承担,个人不须缴费。意大利、美国(除三个州外)、冰岛等国规定,失业保险金个人不需交纳。如意大利,雇主按工薪总额的1.6%,加上0.01%的基本保险费及特殊产业的特殊失业保险费交纳失业保险费,政府承担行政管理费用及有关对农业工人等的补贴。

(4) 完全由雇主负担,受保人和政府均不负担。伊朗、约旦、哥伦比亚等国规定,雇主解雇雇员时,一次性支付给雇员相当于几个月的工资收入,或每一年工龄折算成一定现金,作为解雇费发给失业者。如土耳其的劳工法规定,雇主对每服务1年的雇员,解雇时支付30天工资的解雇赔偿费。

(5) 完全由政府负担,雇主和雇员均不须缴费。如香港及新西兰、匈牙利、澳大利亚等国均规定,失业保险金由政府负担全部费用。

(6) 完全由受保人个人缴费,雇主和政府均不负担。如前南斯拉夫就有此项规定。

(7) 由政府和个人负担,雇主不缴费。例如,卢森堡就规定其失业保险经费的来源是受保人交纳的特别综合税,及政府的全国个人所得税收入的6.5%、公司税收入的2%、市政税收入的4%。

二、全球失业社会保险制度的产生和发展

1. 国外失业保险制度的产生和发展

当人类处于农业社会时,其生产和生活单位都是家庭,劳动和基本生活的保障都由家庭给以提供。土地是人们的一切保证,因此历代农民起义与斗争所要达到的目的也就是分得一块属于自己家庭的土地,有了土地也就有了生活和就业,就不存在我们这里所谈的失业问题。

但是,当人类步入工业文明后,这种千年如一的状况迅速改变,我们在社会救助一章中曾经描写过英国早期"羊吃人"的圈地运动,给广大劳动者带来的灾难:大量农村劳动力无地可种,被迫流入城市,成为廉价的雇佣劳动力,还有不少的劳动者不被雇用,变成"健丐"、"游民"甚至为生活所困而成"恶棍",社会动荡不安,矛盾重重。于是乎,失业问题成为困扰资产阶级正常统治秩序的首要问题。

　　失业社会保险制度的建立是一个逐步推进的过程。解决失业问题最早起步于欧洲工会支付给其会员的失业津贴。稍后,较大的工业化国家的雇主们也实施了失业津贴计划。当时的主要做法是,雇主向一个联合基金交纳保险费,以此作为解雇工人或暂时失业工人的失业津贴。但因为其实施面较窄,对失业工人提供的保障不是很稳定。这样,由地方政府建立的工人自愿参加的失业保险基金会应运而生。这种失业保险基金会1893年最早出现在瑞士的伯尔尼,但因其自愿性质,当时运行的不是很成功。后来自愿的失业保险逐步发展为由政府和国家在全国范围内的立法实施的一项制度。第一个对失业保险进行国家立法的是挪威(1906年),接着是丹麦(1907年),两国都依据自愿参加和国家补助的原则,建立了失业保险基金。1911年世界上第一个强制性失业保险制度在英国建立,接着意大利、荷兰、芬兰、奥地利、德国等一些欧洲国家也相继通过了强制性失业保险制度。1933年席卷资本主义世界的经济危机给各国经济发展以沉重打击,失业问题十分棘手,美国于1935年通过了包括养老、失业在内的综合性社会保障法案。二战结束后,日本的失业问题也相当严重,日本政府在1947年建立了失业保险制度。此间,加拿大、新西兰、澳大利亚等国也都建立起失业保险或失业援助制度。① 1949年全球建立失业保险制度的国家或地区已有22个。此后失业保险制度在全球范围内逐步推进,到1967年,已经建立失业保险制度的国家达34个,超过"建立任一社会保险项目"国家或地区总数的1/4。20世纪70年代后,由于世界经济增长速度趋缓,失业现象日益普遍,采用失业保险的办法来化解失业风险成为许多国家的共同做法,不少国家通过立法建立了失业保险制度。到2002年,建立这一制度的国家、地区为70个,相当于"有任一社会保险项目"的国家和地区总

---

① 国际劳工局社会保障司:《社会保障导论》,劳动人事出版社1989年版,第99页。

数的 40%。

2. 失业社会保险制度的类型

已经建立起失业社会保险制度的国家或地区，按其失业保险制度的不同性质，可分为强制性失业保险制度、自愿性失业保险制度及混合型失业保险制度。强制性失业保险制度要求属于规定范围内的雇员均必须参加保险，英国、美国等 20 多个国家都是强制性的失业保险制度；自愿性的失业保险制度对立法范围内的人员是否参加失业保险，不作强行规定，取决于个人自愿，但实施这一制度的国家同时通过补贴鼓励有关人员参保，如丹麦即是自愿保险补贴制度；混合型失业保险制度包括象瑞典的受补贴的自愿保险和国家失业援助制度、日本的强制型失业保险和自愿保险相结合的制度、印度的储蓄性失业保险和国家补助失业保险相结合的制度，等等。

另外一种失业保险制度既非强制参加，也非自愿参加，而是由国家负责对失业者进行失业救济，此项制度一般须经过收入状况的调查。澳大利亚、匈牙利等国的失业援助制度就是一种政府责任制。

3. 失业社会保险的发展趋势

失业社会保险制度的产生，最初是为了帮助失业者维持正常生活，给予他们适当的津贴补偿，以暂时代替其收入来源。但是，随着时代的发展进步，这种经济补偿所起的作用越来越小。因为科学技术的飞速发展带来了日益频繁的改行、换岗现象，有限的补贴对人们的技术培训和技能革新几乎无任何帮助。因此，失业保险制度不仅要帮助失业者度日，更重要的还在于使失业者尽快掌握新技术、新工艺，实现再就业。法国在 1967 年就提出对失业保护制进行改革，强调从"适应技术变革的基础结构"方面进行失业补偿。随后，一些发达国家将失业保险改为就业保险，旨在通过政府行为，为失业者提供种种机会，让他们得到政府提供的免费职业培训和技术指导，尽快重新上岗。目前，英国、法国、德国每年用于职业培训的经费分别为 30 亿英镑、170 亿法郎和 80 亿马克。拿美国来看,从 20 世纪 50 年代末开始,由于大量采用新技术,产业结构的调整就已成为一种必然趋势。从传统工业化阶段进入高技术产业阶段,对劳动者的素质提出了更高的要求,产业升级和就业之间产生了极为尖锐的矛盾。于是,1960 年美国在其劳工和公共福利委员会下,成立了就业和人力附属委员会,并先后颁发了三项有关立法:《人力发展和训练法案》(1962 年)、《经济机会法案》(1964 年)、《全面就业法案》(1973 年),由州和地方政府制定落实人力发展和培训计划,提供财力支持,帮助劳动者和就业不足的劳动力提高工作技巧。进入 20 世纪 90 年代,美国政府更加重视职业培训,前任总统克林顿就制订了《美国再就业法案》,主旨是"促进被永久性解雇的工人得到他们所需的有效而高质量的培训"[①]。

为了应对失业率不断升高的现象,各国越来越倾向于采用全方位的失业保障制度,即"失业保险+失业预防+就业援助"的制度。

1980 年经济合作与发展组织发表了题为《福利国家在危机》的文件,提出了"福利国家危机"的警告:随着失业保险待遇标准的提高,失业保险在保护失业者利益的同时,也在某种程度上创造着失业,即失业保险制度本身含有抑制再就业的负面因素。随后许多国家进行了失业保险改革,工作重点是由过去的失业保险、失业救济转向就业援助和失业预防,全方位思考和解决失业问题,构建一体化的失业保障制度,力促就业。

在失业预防方面采取的措施有:

(1) 约束企业解雇。许多国家专门出台相应法律,约束企业的解雇员工行为,防止随意解雇员工。如规定解雇行为必须是有合法正当的理由,解雇前必须提前通知政府有关机构、工会或员工本人,并必须征得政府有关机构或工会的同意,同时要求必须要给

---

① 杨宜勇:《失业冲击波》,今日中国出版社 1997 年版,第 163 页。

予员工一定的解雇补偿金。尤其是对解雇多人的集体解雇规定的条件更为严格。目前除美国以外的其他发达国家都对企业集体解雇行为进行了立法约束。总之,解雇是企业迫不得已而采取的措施,必须是在解雇前做出如转换岗位、进行培训、调整工时等努力后,不得已而采取的行动。

(2) 加强职业教育和职业培训。职业教育和职业培训是促进就业、预防失业的一条重要而有效的途径。许多国家专门出台相关法律法规和指导教育和培训活动,政府直接参与组织职业培训或出资专门支持(或购买)企业、个人及社会组织的举办职业培训(的成果)。同时注重在职业教育中加强职业指导,帮助增强就业能力和职业意识。

(3) 建立失业预警制度。监测失业并适时采取措施,将失业率控制在安全水平以下。具体内容有:一是确定失业控制目标,即在调查分析和综合考察社会经济因素的基础上划定无警失业线、失业警戒线和恶性失业线;二是建立失业监测系统,即对失业进行调查、统计、预测和报告;三是健全失业控制对策并加强实施。对策有长期对策和短期对策,涉及金融财政对策、人口对策、经济社会发展规划、税收及物价政策、教育培训政策等。

就业援助主要是政府对劳动力市场进行指导和干预,通过优惠政策等提供全方位就业服务,鼓励失业者积极地实现再就业。具体做法有:

(1) 出台优惠政策鼓励创业。如发给津贴,提供小额贷款或补助、减免税收等扶持失业者创办小型企业。

(2) 开发社区公益工作岗位。许多国家采取积极措施,开发社区公益工作岗位提供给失业者从事,这样既可以让失业者获得工作和收入,又可以促进和健全社区建设。

(3) 实行职业轮岗。鼓励企业招聘失业人员临时替代接受培训的正式员工来工作。这样一方面使企业借助职业轮换制度顺利开展在职员工的职业培训,提高员工素质和技能,另一方面使失业者在职业轮换中增长工作经验和求职技能,进而提高了就业能力。

(4) 对特殊失业群体提供专门的援助措施。最难解决就业问题的是那些就业困难的特殊群体,如长期失业者、年老失业者、女性失业者和青年失业者。针对不同的群体采取不同的援助措施,如对长期失业者,鼓励和刺激他们主动寻找工作,缩短失业时间;对青年失业者,开发并提供工作岗位,由政府为新设工作岗位提供工资补贴等。

(5) 鼓励失业者流动就业。许多国家制定一系列措施,鼓励失业者地区间流动就业,如为在地区间流动的失业者提供搬家费及两地分居补贴等。

除以上措施外,一些国家还采取了其他措施来促进就业,如开辟家庭雇工就业领域、加强就业信息的收集和发布、提供特殊的就业指导和创业指导、缩短在职者工作时间、降低退休年龄等。

总之,失业保险在经过一个世纪的发展之后,已形成了不同的制度类型,而且已由单一的失业保险向"失业保险＋失业预防＋就业援助"全方位的失业保障制度发展,不同模式的相互结合,综合方法的应用,其目的都是要共同防范和化解失业风险。

第三节　中国失业保险制度的改革和完善

一、新中国失业保险制度的历史沿革

1. 建国初期的失业保险办法

建国初期,旧社会留下大量失业人员。其中城镇失业人员多达 400 万人,约占当时就业人数 1533 万人的 26%。党和国家非常重视这个问题。1950 年 6 月,政务院发布了《关于救济失业工人暂行办法》,就失业保险基金的筹措渠道和保险对象作了明确规定。规定从三个方面筹措失业保险基金:①国营企业、私营企业按职工工资总额的 1% 缴纳保险费;②政府拨款;③社会各界援助。

保险对象为:国营、私营企业与码头运输业失业的职工以及文教部门失业人员。为救济生活特别困难的失业工人,政府专门拨出4亿斤粮食作为救济失业工人基金。救助办法以"以工代赈"为主,帮助失业工人生产自救、转业训练、还乡生产,并辅以适当的失业救济金。在失业现象严重的省份,成立了"失业救济委员会"。为尽量避免出现新的失业现象,在实际工作中,还应用行政手段安置失业人员:对官僚资本企业中的人员实行"包下来"的政策;对旧军政人员实行"一般予以留用"的做法;对应届大中专毕业生实行"统包统配"的政策;对城镇新增劳动力实行"低工资、高就业、高福利"的劳工政策。通过上述一系列解决失业问题的措施和办法,加上国民经济快速发展的需求,旧中国遗留下来的城镇失业问题基本得到解决,到1957年我国政府宣布消灭了失业。《暂行办法》也就不再适用。在农村,经过"土改"、农业合作社、人民公社这三级跳跃,农民职业稳定,生活水平也有大幅度提高。

这一伟大成就,极大地鼓舞了中国人民建设社会主义的热情和斗志,也进一步强化了这样的理论意识:失业是资本主义制度下不可避免的社会现象,是生产的社会化和生产资料的私人占有制之间矛盾的集中反映,是资本家资本积累的前提条件和必然伴生物。在社会主义制度下,实行的是生产资料公有制和高度集中的计划经济体制,劳动人民成为国家和企业的主人,劳动力和生产资料直接结合,消除了失业产生的土壤,因而不会产生失业现象。正基于此,我国对城镇劳动力的就业和管理在很长时期内,都是采用劳动部门统筹安排、安置就业的办法,即所有到达法定劳动力年龄的城镇劳动者,其就业都通过行政手段进行统一分配,劳动者一旦就业就能"从一而终",端上国家赐予的"铁饭碗",但不能自由流动。这种劳动用工制度解决了大多数城镇劳动者的就业问题,较好地保障了他们及其家属的基本生活,有效维持了社会秩序的稳定。但是,不容回避的问题是:它也形成了日益刚性的劳动就业"铁饭碗"制度,企业无生存竞争压力,劳动者也是干多干少干好干坏一个样,单位无劳动用工权利,职工无合理流动的可能,慢慢就演变成了典型的追求绝对公平、牺牲劳动效率的就业制度。这种就业制度的弊端在20世纪80年代后的经济体制改革中被充分显露出来。

2. 20世纪60年代初至"文革"结束后的失业问题及其解决办法

三年"大跃进",使国民经济发展陷入"左"的泥潭,国民经济主要比例关系严重失调,城镇人口和职工人数急剧膨胀。到20世纪60年代初,因政治及自然灾害原因,我国的工业发展进入调整期,城镇工业生产萎缩,不得不大量精简职工人数。当时主要靠政治、行政和经济的手段多渠道,安置了精简职工2000多万人。这些精简职工实际上就是失业者,只是当时我们不愿承认这就是失业现象罢了。1958年后,我国已不再用"失业"这个概念,而代之以"待业"(等待工作之意),并将其限定在城镇范围,其对象主要有:城镇年满16岁至25岁的初高中生未能升学、参军的社会青年和年龄在男25~50岁、女25~45岁之间的有劳动能力、无业而要求就业并在城镇基层政权组织进行登记的人员。可以看出,这里的待业对象的涵盖面比我们前面所讨论的失业面要窄的得多。

1966年开始的"文化大革命",使国民经济遭受巨大损失,城市就业空间不但无拓展反而趋于萎缩。与此同时,解放后第一次生育高峰(1950~1957年)出生的人口,渐次步入劳动力年龄,要求就业。在缩小城乡差别和工农差别的号召下,全国城市动员了1500万知识青年上山下乡,同时通过各种渠道招收进城的农民务工人员有1300万。"十年动乱"结束后,大批上山下乡的知青回城,而进城农民已在城市成家立业,不可能返乡。加上这时大量城镇新增劳动力不能及时得到安置就业,从而形成了巨大的城镇劳动力就业压力,失业问题再一次严峻地摆在人们面前(见表8.2)。

即使如此,人们对失业仍是讳莫如深。在理论界仍然否认社会主义社会存在失业,继续把未能就业的新增劳动力称为待业。期间,不少经济学著作和教材还努力把社会主义制度下的"待业"

表 8.2　1978～1994 年全国城镇新增就业人数与失业人数

年份	新增就业人数(万)	失业人数(万)	年份	新增就业人数(万)	失业人数(万)
1978	544	530	1987	799	277
1979	903	568	1988	844	296
1980	900	542	1989	620	378
1981	800	440	1990	759	383
1982	655	379	1991	765	352
1983	628	271	1992	736	360
1984	722	236	1993	736	390
1985	814	239	1994	736	480
1986	793	264			

资料来源：林义《社会保险》，中国金融出版社 1998 年版，第 41 页。

和资本主义制度下的"失业"作比较，试图找出其本质区别：资本主义制度下的失业是其固有矛盾所无法克服的社会现象，而社会主义制度下的待业只是暂时现象，最终一定能得以安置就业。在实际工作中，继续采用"包"的办法，实行就业包干制：这是当时为解决城镇就业问题的一种不成文的"责任制"，按系统，由部门和企业负责安置职工子女就业。除实行"顶替"、"内招"办法外，国有企业还兴办了一大批劳动服务公司名义的集体企业，安置职工子女就业。从 1979～1984 年，全国共安置了 4608 万失业青年就业，失业率从 1978 年的 5.3% 下降到 1985 年的 1.8%。[1] 这一做法，对于当时"拨乱反正"任务的完成、妥善解决历史遗留问题、调动社会各方的积极性和维持社会稳定等等，都起到了极大的促进作用。但应该清楚的是，这时的大量安置就业，是在城镇就业岗位并无多大

---

[1] 林义：《社会保险》，中国金融出版社 1998 年版，第 240 页。

增量的情况下作为"政治性"任务来完成的,和解放初期因国民经济迅速发展、城市就业岗位快速增加的自然需要是完全不同的。本质上,它通过实施"充分就业"的劳动用工制度,强化了人们对国家和单位的依赖意识,极易形成一种就业"惰性"。所谓"大锅饭,养懒汉,出笨蛋"。实践证明,这样的由国家或企业"包"就业的办法,产生了严重的冗员现象,即"一人干活,二人旁观,三人捣乱"的局面,人浮于事、劳动积极性受挫、工作效率低下、企业不堪重负。表面上看,社会失业现象消除了,但其转嫁到企业内部的"隐性失业"现象却日趋严峻,并日益成为80年代中期开始的城市经济体制改革的重点和难点。

3. 我国失业保险制度的建立

1984年我国经济体制的改革由农村转到了城市。在城市经济体制的改革中,国有企业的改革和发展是其核心内容,而国企改革的目标是要逐步建立现代企业制度,实现企业的自主经营、自求发展、自负盈亏、自我约束。要实现这一目标,核心的问题是要给予企业自主经营的权利和劳动用工的权利。为配合国企的深化改革,1986年国务院颁发了劳动制度配套改革的四个规定,确定国营企业新招职工统一实行劳动合同制,允许企业辞退严重违反劳动纪律的职工。接着,又出台了《中华人民共和国破产法》,允许部分企业依照法定程序申请破产。伴随着这些改革措施的落实到位,部分职工的失业问题在所难免。同年国务院颁发的《国营企业职工待业保险暂行规定》,第一次明确对国营企业职工实行待业保险制度,标志着失业保险制度开始建立。尽管当时称为待业保险,但这只是意识形态的表现,事实上待业就是失业,待业保险就是失业保险。该《暂行规定》初步确立了中国失业保险制度的基本框架,明确了这项制度的主要内容。尽管在覆盖范围、缴费方式等方面很不完善,而且实质上更像一种失业救济制度,但毕竟在承认失业现象、保障失业工人权益方面迈出了非常重要的第一步,它为以后失业保险制度的发展与完善打下了基础。

不过,当时失业现象并不明显,享受失业保险待遇的人数也非常有限,失业保险基金在全国大部分地区"有收无支"。因此,这一时期的失业保险更多的是一种制度象征意义而并未发挥应有的功能作用。

随着经济体制改革的深化,特别是1992年邓小平南巡讲话后,建立社会主义市场经济体制的改革目标正式确立,国有企业转换经营机制的步伐加快。1993年4月,国务院重新发布《国有企业职工待业保险规定》,它标志着我国失业保险制度进入了正常运行阶段。与1986年《国营企业职工待业保险暂行规定》相比,《规定》具有以下特点:

第一,扩大了失业保险的覆盖范围,部分省市还把集体企业的职工纳入保险范围。《规定》所指的待业人员有七类:① 依法宣告破产的企业的职工;② 濒于破产的企业在法定整顿期间被精简的职工;③ 按照国家有关规定被撤消、解散企业的职工;④ 按照国家有关规定停产整顿企业被精简的职工;⑤ 终止或解除劳动合同的职工;⑥ 企业辞退、除名或开除的职工;⑦ 依照法律、法规规定或者按照省、自治区、直辖市人民政府规定、享受待业保险的其他职工。

第二,对企业缴费基数作了新的规定,改《暂行规定》中按职工标准工资总额的1%提取待业保险费的基数方法,为按职工全部工资总额的0.6%~1%提取待业保险金。具体比例可由各地根据实际情况确定,但最高不得超过企业职工工资总额的1%。

第三,待业救济金的发放标准,改原先按照职工标准工资的50%~75%的发放办法,为相当于当地民政部门规定的社会救济额的120%~150%。

第四,待业保险基金的收支和管理。企业缴纳的待业保险费在缴纳所得税前列支,由企业的开户行按月代为扣缴。企业缴费一律转入当地待业保险机构在银行开设的"待业保险基金专户",专项储存,专款专用,任何部门、单位和个人不得挪用。待业保险基金及其管理费收支的预算、决算,按统筹范围,由劳动行政主管部门负责编制,经同级财政行政主管部门审核汇总后,纳入本级预算、决算,报本级人民政府审定,并且不得用于平衡财政收支。财政行政主管部门、审计部门要加强对待业保险基金及其管理费收支的监督。

第五,增加了罚则。对以非法手段骗取待业保险金和其他待业保险费用的人,由保险机构追回其全部非法所得,构成犯罪的,依法追究其刑事责任;对挪用待业保险基金的单位和个人依据情节轻重,给予主管人和直接责任人员以行政处分,构成犯罪的,依法追究刑事责任;对违反有关规定拖欠职工待业救济金发放的待业保险机构,由劳动行政主管部门责令其改正,情节严重的对有关责任人以行政处分。

失业保险制度的建立,对我国的经济体制改革特别是劳动用工制度的改革起到了重要的促进作用,为深化国有企业改革、搞活国有大中型企业创造了一定的外部环境。

然而,随着改革的继续深化,原有的失业保险已经不能同时胜任国有企业失业工人保障者与维系市场导向的就业机制的双重任务,与建立统一的劳动力市场、实现劳动力资源配置的客观要求差距越来越远。特别是当国民经济结构调整,开始分流国有企业内大量富余人员,需要切实保障分流职工的基本生活时,这项制度更是显得力不从心。这种局面,致使国家不得不一方面采取一种过渡性措施——建立下岗职工基本生活保障制度,通过再就业服务中心加以实施,为完善失业保险制度赢得一定的缓冲时间,另一方面开始着手失业保险制度的完善工作。1999年1月20日,国务院正式颁发《失业保险条例》,标志着中国失业保险制度的发展进入一个新的阶段。《条例》在法规上第一次明确将过去的"待业保险"更名为"失业保险",并在1993年《规定》的基础上,对原制度框架在若干重要方面作了改进。

二、失业、下岗与再就业

1. 失业、下岗的概念及其关系

"下岗"这个 20 世纪 90 年代中期才出现的新名词,它和失业有什么区别和联系? 我们前面探讨过"失业"这个概念,它是指达到法定劳动力年龄并有就业愿望和就业能力的人得不到适当的就业机会,包括已经就业而被解雇且正在等待或寻求新的就业机会的人。"下岗"是指因企业生产经营等客观原因,职工离开了本人的生产或工作岗位,但仍与企业保持着劳动关系。从本质上看,下岗者就是失业者,他们是因非本人意愿而失去了工作岗位,需要重新就业的人员。但他们又是我国劳动者队伍中的一个特殊失业群体,不同于一般的失业者。他们还没有被完全推向社会,仍保留着与企业的劳动关系,享有包括下岗津贴、养老和医疗保险、住房福利等在内的"职工待遇"。

2. 再就业与中国特色的社会保障制度

自 1995 年起,针对国企改革引发的大量职工下岗问题,劳动部门就提出实施再就业工程,以解决下岗职工的再就业问题。这项庞大而艰巨的就业计划,旨在通过动员广泛的社会力量,对下岗职工实施培训,使之尽快重新上岗。在我国社会保障制度很不完备的情况下,再就业工程无疑是解决下岗职工生活和就业问题的一个正确道路。正如朱镕基总理所说:解决国有企业人员过多的问题,不能照搬国外的做法,也不能沿用计划经济的办法,只能根据我国现阶段的实际情况,制定符合我国国情的政策、措施。党中央、国务院确定的下岗分流和实施再就业工程是一项大政策,无论从缓解一个时期社会经济生活的突出矛盾还是从推进改革和发展的长远要求看,都是关系全局的政策,是过渡到完善的社会保障体系的必要桥梁。①

---

① "国有企业下岗职工基本生活保障和再就业工作会议闭幕",《新华日报》1998 年 5 月 18 日。

实施再就业工程,首先就是要保障下岗职工的基本生活,第二就是要尽快实现再就业。其中最为关键的问题是资金的筹集和到位。建立再就业服务中心是保障下岗职工基本生活和促进再就业的一个有效措施。这个机构的主要任务就是为本企业下岗职工发放基本生活费和代扣代缴社会保险费用,同时组织下岗职工参加职业指导和再就业培训,引导和帮助他们实现再就业。资金筹集采用"三三制"的办法,即原则上由国家财政预算安排三分之一,企业负担三分之一,社会筹集三分之一(包括从失业保险基金中调剂)。至1998年底,全国610万下岗职工中的99%进入了再就业中心,93%的下岗者领到了基本生活费。

实施再就业工程,还必须用改革的办法促进再就业,逐步建立起适应社会主义市场经济体制发展要求的劳动就业机制。首先,要改变在传统计划经济体制下形成的落后择业观念,破除只有在国有或集体所有制单位工作才是就业的观念,破除把工作分成高低贵贱的观念,破除靠国家或单位安置就业的"等、靠、要"观念。其次,社会各界要理解、尊重、关心、帮助下岗职工,引导他们自主择业、自强创业、依靠市场找"饭碗"。要不断拓宽就业渠道,为自谋职业、合伙就业的劳动者以更多的政策优惠和舆论支持,如新兴的社区服务行业,市场的需求量和潜在的需求量很大,国家统计局1998年对京沪穗等7大城市居民社区服务需求调查表明,有70%的家庭需要社区服务,社区服务可为社会提供2000万个就业机会。[①] 第三,要有针对性地加强对下岗、失业人员的培训,使他们的知识、技能等尽快适应就业市场的需求。有关资料表明,2000年城镇企业1.4亿职工中,技术工人只占一半,7000万技术工人中,中级技工仅占35%,高级技工只有3.5%。更多资料表明,失业、下岗职工的文化程度与技能素质整体水平较低,再就业难度较大,建立并实行失业、下岗职工的转业训练制度迫在眉睫。第四,

---

① "社区服务欢迎下岗工",《扬子晚报》1998年6月15日。

要积极培育、发展、规范劳动力市场,运用现代化手段建立和完善劳动力供求信息网络。目前我国劳动力市场部门分割、地区分割、城乡分割的情况仍相当严重,造成劳动力市场的信息网络不畅,劳动力流动的盲目性很大,不少非法劳务中介鱼目混珠,加大了再就业的难度。完善劳动力市场,不但要重视有形市场的建立,而且要加强无形市场——市场法规、市场秩序和市场观念的建设。

当然,要实现再就业,根本出路还在于发展经济。按经济理论,国内生产总值每增加 1 个百分点可带动 100 万个新增就业机会。因此,保持国民经济的快速、持续、稳定增长,不仅有利于避免由于经济波动产生的周期性失业,而且有助于扩大就业。我国目前采取了一系列积极措施,努力寻找和发展新的经济增长点,如加大基础设施建设的投资,大力发展铁路、公路和必要的市政建设等公共基础工程,以及大规模民用住宅建设,大力发展非国有经济和重点发展中小企业,加快发展第三产业,实施出口多元化战略和西部大开发战略等等,都是确保我国经济增长实现既定目标,拓展就业需求的重要举措。

三、失业保险在我国成为有效而重要的制度

1998 年 12 月 26 日国务院第 11 次常务会议通过并于 1999 年 1 月 22 日颁布实施的《失业保险条例》,是我国建国以来最为完备的一项失业保险法规,也是对 1993 年实施的《国有企业职工待业保险规定》全新的改革。《条例》就失业保险的对象、失业保险的基金来源、失业保险的待遇标准、失业保险制度的管理监督及处罚规则作了一系列明确的规定,其主要特点有:

1. 扩大了失业保险的覆盖面,改变了前面两个规定的仅对国有企业职工实施失业保险的做法,所有城镇企业事业单位的从业人员均在失业保险范围,更趋公平。改革和发展朝着"就业市场化、失业公开化、劳动有保护、失业有保障"的方向前进,也更有利于国有企业的深化改革。

2. 提高了失业保险的征缴比例,强调了个人的自我保障意识。《条例》规定,失业保险基金由四部分组成:① 城镇企事业单位按照本单位工资总额的 2% 缴纳失业保险费,城镇企事业单位职工按照本人工资的 1% 缴纳失业保险费;② 失业保险基金的利息;③ 财政补贴;④ 依法纳入失业保险基金的其他资金。

3. 增加了失业保险基金的支出项目:① 失业保险金;② 领取失业保险金期间的医疗补助金;③ 领取失业保险金期间死亡的失业人员的丧葬补助金和其供养的配偶、直系亲属的抚恤金;④ 领取失业保险金期间接受职业培训、职业介绍的补贴;⑤ 国务院规定或批准的与失业保险有关的其他费用。

4. 调整了失业保险的待遇标准:(1)失业保险待遇的享受资格:① 按照规定参加失业保险,所在单位和本人已履行缴费义务满 1 年者;② 非本人意愿中断就业的;③ 已办理失业登记,有求职要求的。城镇企事业单位应当及时为失业人员出具终止或解除劳动关系的证明,告之其按照规定享受失业保险待遇的权利,并将失业人员的名单自终止或解除劳动关系之日起 7 日内报社会保险经办机构备案。失业人员应持本单位为其出具的有关证明,及时到指定的社会保险经办机构办理失业登记。失业保险金自登记之日起计发。(2) 失业保险金的计发方法:失业保险金的发放基准,按照低于当地最低工资标准、高于城市居民最低生活保障标准的水平,具体由各省、自治区、直辖市人民政府确定。发放期限和失业人员及所在单位缴费时间的长短相挂钩,满 1 年不满 5 年的,领取期限最长为 12 个月;满 5 年不足 10 年的,领取期限最长为 18 个月;10 年以上的,最长为 24 个月。重新就业后再次失业的,缴费时间重新计算,领取失业保险金的期限可与前次失业应领而未领完的保险期限合并计算,但最长不得超过 24 个月。(3) 失业人员的其他待遇:失业人员在领取失业保险金期间患病、死亡的可分别享受医疗补助金、丧葬补助金、抚恤金等。(4) 失业人员有以下情形之一者,取消其失业保险资格:① 重新就业的;② 应征服兵役的;③ 移居国外的;④ 享受基本养老保险待遇的;⑤ 被判刑收监执行或者被劳动教养的;⑥ 无正当理由,拒不接受当地人民政府指定的部门或者机构介绍工作的;⑦ 有法律、行政法规规定的其他情形的。

5. 明确了失业保险的管理及监督机构:国务院劳动保障行政部门主管全国的失业保险工作。县级以上地方各级人民政府劳动保障行政部门主管本行政区域内的失业保险工作。由社会保险经办机构依照《条例》规定,具体承办失业保险工作。失业保险基金必须存入财政部门在国有商业银行开设的社会保障基金财政专户,实行收支两条线管理,由财政部门依法监督。失业保险基金专款专用,不得挪作他用,不得用于平衡财政收支。

6. 罚则:① 对冒领、骗领失业保险费的,由社会保险经办机构责令退还,情节严重的,并处1倍以上3倍以下的罚款;② 对社会保险经办机构工作人员违反规定,致使失业保险基金受损的,依法责令其追回,并视情节轻重,给予行政处分;③ 构成犯罪的,依法追究刑事责任。

新的《失业保险条例》颁布后,各省、自治区、直辖市又依据其具体情况,出台了本地区的失业保险办法。如《上海市失业保险办法》就从1999年4月起正式实施。其办法的最大特点是,在鼓励年轻失业人员尽快就业的同时,提高大龄失业人员的保障水平,以达到公平和效率两者兼顾的目的。对累计缴费年限满25年(失业人员在1998年10月1日以前的连续工龄或工作年限,均视为缴费年限)或者缴费年限在20~25年之间的且年龄在45岁以上的失业人员,除按规定领取失业保险金外,还可同时领取失业补助金。对于那些失业保险期满后距离退休不足2年的失业人员,可继续申请享受失业保险待遇直至退休。另外,为有效防止明失业、暗就业的现象,新办法规定失业人员在领取失业金的同时,需要每三个月一次到就业服务机构办理申领手续,并接受服务机构提供的职业介绍、职业培训等服务。对无正当理由3次拒绝就业服务的失业人员,停止发放失业保险金。

2000年劳动和社会保障部颁发了《失业保险金申领办法》(劳动和社会保障部2000年第8号令)。在此基础上,一些地区先后颁行地方性法规以及用失业保险取代待业保险,这些都标志着我国失业保险制度发展到一个新的阶段,正逐步走向健全和完善。到2004年末,全国参加失业保险的人数10584万人,比上年增加211万人;年末领取失业保险金的人数为419万人,比上年增4万人;全年失业保险基金收入291亿元,支出211亿元,分别比上年增长15.8%和4.1%。2004年末失业保险金累计结存386亿元。[①]

可以看出,新的失业保险制度弥补了原有制度的不足,在失业保障对象、基金筹资渠道、失业保险待遇计发办法、基金管理和使用及努力促进再就业方面都更加科学化、规范化。这标志着失业保险从此在我国成为一项有效而重要的制度。

四、发展方向:全方位的失业保障制度

帮助失业者维持正常生活,是失业社会保险制度最基本的社会功能,因此它对维持社会稳定的作用是不庸置疑的。然而,要最大限度地减少劳动力这个最活跃、最富创造性的资源的浪费,同时也是从更积极的方面保持社会和谐和防止两极分化,更重要的还是减少失业和促进再就业这两者。所以作为世界失业社会保险的发展趋势潮流,各国越来越倾向于采用全方位的失业保障制度(即"失业保险+失业预防+就业援助"的制度),这是不奇怪的。

如果说就业在西方发达国家也是头号的民生问题,那么我国作为世界第一人口大国就更是如此。我国就业形势的严峻性是特别突出的,具体表现在以下四个方面:第一,供求总量矛盾短期内难以改革。今后几年城镇每年需要就业的人数,仍将保持在2400

---

① 劳动和社会保障部、国家统计局:《2004年度劳动和社会保障事业发展公报》。

万人以上,而在现有经济结构下,每年大概能提供 1100 万个就业岗位,年度就业岗位的缺口在 1300 万左右,劳动力供大于求的矛盾十分尖锐。第二,供求结构性矛盾突出。一方面很多劳动者缺乏职业技能,或者原有的职业技能不能适应新职业的需要,难以实现就业。另一方面,新型的产业、行业和技术性职业所需要的高素质劳动者供不应求,技工短缺性现象尤为突出,其中高技能人才的需求增长幅度很大。第三,地区之间就业状况不平衡,就业形势总体基本稳定,但在中西部地区、老工业地区、基地、资源枯竭城市、困难行业和关闭破产企业集中的地区,就业困难人员多,岗位供应不足,这些地区就业问题难度很大。第四,统筹城乡就业,面临繁重的任务。目前进城务工的农民工大约 1.2 亿人,在乡镇企业就业的农民约 8000 万人。随着城镇化的发展,还将有 1.5 亿农村剩余劳动力要向城镇和非农产业转移就业。① 改善农民进城就业环境,维护他们的就业合法权益,仍需做大量的工作。另外,青年的就业问题也越来越突出。

　　毫无疑问,我国今后在失业保险改革上的工作重点必须是由失业保险、失业救济转向失业预防和就业援助,全方位思考和解决失业问题,构建一体化的失业保障制度。这既包括约束企业解雇、建立失业预警制度等,也包括加强职业教育和职业培训、实现再就业和鼓励创业等。正因为如此,《劳动合同法》、《就业促进法》的制定和出台在我国将是意义重大的。

　　《劳动合同法》从草拟到全国人大常委会先后三次审议,都受到了社会各界的广泛关注。《草案》在 2006 年 3 月曾向全社会公开征求意见,一个月内立法机关收到 19 万多件,创造了全国人大常委会立法史上的纪录。这部法律关系到劳动者和用人单位双方的权力与义务,一旦颁布,对双方的长远影响可想而知。如果从法

---

① "建立城乡平等就业制度难于上青天",央视国际 www.cctv.com,2007 年 2 月 26 日。

律制定中就存在这样和那样的问题,那么从法律起点上就有失公平,就不能起到保护劳动者合法权益的作用。因此,这部法律的制定十分慎重,受到社会各界特别是广大百姓的高度关注也在情理之中。

法律的天平在劳动者和用工单位之间如何权衡取舍?《劳动合同法草案》的亮点之一是,通过对劳动者权益保护的倾斜,使原本处于被动和弱势地位的劳动者的合法权益得到了保护。2007年6月29日闭幕的十届全国人大常委会第二十八次会议以145票赞成、1人未按表决器高票通过了《劳动合同法》,这个结果表明了该法的立法原则和价值取向所获得的高度社会共识。例如,规范企业裁员行为就是对劳动者保护的一个重要问题,《劳动合同法》要与国际潮流接轨,就要给企业裁员设置门槛。

《劳动合同法》针对近年来许多企业签订短期劳动合同而制定了特别保护劳动者权益的条款。该法规定,劳动合同期满劳动合同终止了,但是如果职工没有过错,单位提出不再续签劳动合同,就要支付一定的经济补偿金。具体金额是在该单位工作满一年,就该支付一个月的工资(不单是基本工资,应包括一个月的所有的现金收入)。而按过去有关法规,只有企业提前解除职工劳动合同时才支付补偿金,而劳动合同到期自然终止则不用支付补偿金。这使劳动合同短期化的倾向越来越严重,以至于不少企业故意签订一年期劳动合同。这样,合同到期了,企业可以解雇原来的员工再招聘新员工,因为新员工的工资较低,企业可以大大降低劳动力成本。

在劳动者合同期满后对其进行经济补偿,可以促进企业和员工签订长期合同,否则,企业就要补偿职工,多支付劳动力成本。该条款对企业的人力资源管理提出了符合时代特点的要求。其实,签订短期劳动合同是企业的短视。短期劳动合同在让职工充满危机感的同时也不利于培养职工的归属感,更不利于企业的稳定和长远发展。

《劳动合同法》还规定,有以下三种情况之一,用人单位必须与劳动者签订无固定期限劳动合同:① 工人在单位连续工作满10年,这时要续签劳动合同时,劳动者提出续签,就应签无固定期限劳动合同。② 用人单位初次实行劳动合同制度,或是国有企业进行改制重新签订劳动合同,如果职工在这个单位连续工作满10年,并且离退休的时间不足10年,也就是"双十"的职工,在这种情况下,应当签无固定期限劳动合同。③ 连续订立两次固定期限劳动合同以后,劳动者没有违规、违纪、违法的情形,在没有患病、负伤、不能胜任工作的情况下,劳动者提出要续订劳动合同的时候,用人单位应当签订无固定期限劳动合同。

通过对劳动关系从头到尾的梳理,我们发现,没有书面劳动合同,是维权成本大的重要原因,劳动者在出现纠纷时,没有证据主张自己的权力。为此《劳动合同法》规定:用人单位自用工之日起超过1个月但不满1年未与劳动者订立书面劳动合同的,应当向劳动者每月支付二倍的工资;用人单位自用工之日起满1年仍然未与劳动者订立书面劳动合同的,除按上述规定支付二倍的工资外,还应当视为用人单位与劳动者已订立无固定期限劳动合同。

2007年2月26日,十届全国人大常委会第二十六次会议在北京召开,《就业促进法草案》首次提请全国人大常委会审议。《就业促进法草案》规定:县级以上人民政府应当建立失业预警制度,预防、调节和控制可能出现的较大规模的失业;政府设立的公共就业服务机构应当为劳动者提供免费服务,不得从事经营性活动;用人单位招用人员不得以民族、种族、性别、宗教信仰、年龄、身体残疾等因素歧视劳动者;国家实行统筹城乡和区域的就业政策,逐步建立城乡劳动者平等就业的制度。

《草案》对促进就业的原则、工作机制、政府职责和政策支持体系,以及人才和劳动力市场秩序、职业教育和培训、就业服务和就业援助、监督检查和法律责任等内容作了明确规定。《就业促进法草案》既是对《劳动法》的一个补充,也反映了新时期劳动保障市场的新需求。

"在市场经济条件下,对就业困难对象提供就业援助,是确保市场导向就业机制顺利运行、实现全体劳动者公平就业的重要手段,也是政府不可推卸的重要职责。"劳动保障部有关负责人解释说。

2007年3月25日,全国人大常委会向社会全文公布《就业促进法草案》,一个月的征求意见期,社会各界也反响强烈,共收到意见11020件。在《就业促进法草案》征求意见阶段,许多人对就业歧视的问题予以特别关注,这是对的。学历歧视、户口歧视、性别歧视、外貌歧视、对残疾人的歧视、对乙肝病毒携带者的歧视……,过去我们有许多人在就业过程中都曾遭遇过这样那样的就业歧视。但是在目前的社会舆论中,另一个同样应该得到特别关注的问题却显得呼声不够,就是如何促进创业。因为从整体上讲,平等就业权的实现,不是反对种种就业歧视就能实现的,它必须依托于就业空间的扩大。就像分蛋糕一样,只要蛋糕不做大,不管怎么分,只不过有人多一点有人少一点或者有人分到了有人没有分到而已。而比如一个大学毕业生走出校门,不是和别人抢饭碗,而是用所学知识创业,自己造饭碗,那么他不但可以解决自己的就业问题,而且可以为他人创造就业机会。在21世纪,社会只有崇尚创业,才能从根本上解决就业问题。所以联合国教科文组织指出:"在一个'学校=工作'这一公式不再适用的时代,高等教育培养的未来毕业生不应仅仅是求职者,而且还应是成功的企业家和就业的创造者。"

中国人口众多,劳动力资源丰富。一个时期来,解决下岗问题乃至失业问题始终是令全国上下绷紧一根神经。但世界上有人口密度比中国大陆高得多的国家和地区在经济起飞时创造出大量的就业岗位,正处于经济起飞期的中国同样应对劳动力有旺盛的需求。对比之下,早有学者指出,"中国缺少老板"是就业形势严峻的关键所在。中国劳动学会常务理事葛寿昌教授说,如果社会上大家都不愿意当企业家去雇人，而都等着别人来雇自己，失业现象就不可避免严重起来。

"中国缺少老板"，当然不是中国人不愿意当老板。中国人的创业天赋早就被成功的创业现实所广为证实。华人在海外创业而功成名就的数不胜数，甚至掌握了一些国家的命脉产业。更不要说改革开放激发起的年轻一代的创业梦。一个时期来，是对投资自由的限制阻碍了中国人创业天赋的发挥。中国许多行业都不准个人经营，而只给国营企业发放许可证。《个人独资企业法》出台后，大大降低了注册资本金，这样路子就走对了。21世纪的社会要崇尚创业，为创业呐喊，为创业开道！

《公司法》给私营企业规定的标准是必须具有8人以上的雇工，根据这样的标准，开办私营企业的注册资金最低标准就得几十万元。《个人独资企业法》显然在这方面取得了突破，因为它对最低注册资本金没有规定，而只要求投资人在决定投资时自己申报。大幅降低开办企业的条件，无疑对个人创业是一种政策上的鼓励。按照通俗的说法，就是中国准备"制造老板"了。

不规定注册资本金最低限额是国际上的通行做法。在美国，设立企业，只需要缴纳60～800美元的登记费就可以注册。有的州，甚至可以采取邮寄方式进行注册。在知识经济蓬勃发展的情况下，许多人最大的财富不再是资金，而是他们掌握的知识和技术。

众所周知，21世纪是在知识经济时代。中国科协前主席周光召指出：随着信息时代逐步取代原子时代，一个与之相适应的知识经济时代正在悄然来临，只有科学技术才能造就出比尔·盖茨那样的"知本家"。所以在《就业促进法》中设立扶持大学毕业生知识创业的有关条款，并使之具有可操作性，将是远见卓识之举。刚刚毕业走出校门的学生没有任何创业资金，也无资产可作担保，创业实在困难。建议国家对大学毕业生的创业要在政策上和法律上予以明确的支持，这将在很大程度上决定着我国是否能在2020年实现"社会就业比较充分"的目标。

第九章 生育、工伤社会保险

生育社会保险、工伤社会保险是社会保险体系中的两个重要保险立项,都是工业化社会的产物。虽然它们是不同的社会保险立项,但与医疗社会保险一样,均需由国家或社会对受保人提供医疗津贴和医疗救助。

第一节 生育社会保险

人类种族的繁衍生息,是社会存在和发展的客观规律。女性承担着孕育子女的天职,在传统社会中,这一职责被更多地看作是家庭内部事务。随着工业化进程的加速,广大妇女投身社会参加社会工作,其孕育后代的家庭事务就日益成为社会事务,并关系着国家和社会的前程,生育社会保险制度应运而生。

一、生育社会保险的定义

生育社会保险是妇女劳动者因怀孕、生育子女而暂时丧失劳动能力时,从国家和社会得到医疗服务和现金补助的制度。它是社会对广大劳动妇女和人类种族繁衍的关怀和爱护,也是生育子女这一家庭事务得到社会承认和资助的标志。

在漫长的农业社会中,普通女性除了从事农业劳动以外,还要从事家庭劳动,特别是要承担生育子女的重任。妇女在生育期间的两大需求即医疗保障和基本生活来源,在传统社会中主要由家庭提供,妇女孕育子女的职责更多地被视为家庭事务而不是人类社会的共同事务,其对整个社会乃至人类的贡献并不为社会所承认,更谈不上社会为其作适当的补助了。因此在传统社会中,女子只能更多地从属于男子,所谓"嫁汉嫁汉,穿衣吃饭"。

进入工业化社会后,许多妇女参加了社会生产劳动,妇女的生育行为逐渐转变为社会行为。特别是随着现代社会保险制度的建立和完善,生育的社会价值已日渐为人们所认同,生育社会保险制度的建立使女职工的生育走上了社会化的道路。目前,世界上不少已建立医疗社会保险的国家都包含生育社会保险制度,主要为参加工作的妇女提供生育保障,一般包括产前、助产和产后的医疗照顾及现金津贴。

二、生育社会保险的特点

在社会保险体系中,生育社会保险和医疗社会保险既相联系,又有明显的区别。两者共同点是,它们都针对劳动者暂时丧失劳动能力,而给予必要的医疗援助和现金补助,确保其基本生活,以帮助他们尽快恢复体力。但两者的区别是:

1. 生育社会保险的对象较少,覆盖面较窄。生育保险的对象是已婚且即将生育的劳动妇女,也就是说,虽然每个女性都有可能要生育子女,但不是所有生育子女的女性均能得到社会保险,一般必须同时有两个条件:一是已婚有工作的妇女;二是要参加保险(许多国家把它和医疗社会保险合在一块,享受保险的必要前提就是必须参保)。从我国的实际情况来看,不仅只适用于达到法定结婚年龄的已婚职业妇女,而且还要符合国家的计划生育政策,不符合生育年龄、非婚生育的女性劳动者、不执行计划生育政策者,不但不能得到生育保险金,而且还要受到行政、经济处罚。当然,这一保险对象也有例外,如瑞典政府就规定:父母均可享受生育现金补助。我国近几年生育保险制定的改革合发展中,有些地区或单位也给男职工15天全薪"产假"照顾生育后的妻子。

2. 生育保险的原因是由于生育行为而暂时失去劳动能力,是正常的生理现象,一般无须特殊治疗,只需营养和休息得当,就可自然恢复体力。而非正常的生理现象——疾病则不同,它需要对症下药式的医疗服务,有些疾病可能需要很长的时间。

3. 生育社会保险具有双重性质,它同时保障劳动力自身的简单再生产和扩大再生产,在社会保险体系中又具有惟一性。它帮助生育者规避由于生育的个人行为或家庭行为给女性带来的生育、生活和职业风险,同时,均衡了用工单位的生育负担。通过生育保险,女性可在妊娠、分娩和产后得到全方位的医疗保健服务和相应的物质和现金资助,更好、更安心地孕育下一代,保证新生儿正常发育和出生,促进优生优育,进而达到社会的良性运行。也因此,生育保险以其"一手托两命"的重要性而在社会保险体系中位居首位。

可以这样说,生育社会保险从其保险对象和筹集基金规模而言,是"小"险,从其保险的支付期限来看,是"短"险,但从其承担的重大责任来看,则是"重险",不可小视。

三、生育社会保险的意义

生育保险制度,有着非常重要的意义。一是实行生育保险体现了人类自身生产的价值得到社会的确认,妇女生育是社会发展的需要,其付出的代价应当由社会加以补偿,各国需要制定专门的法规对妇女的生育行为予以特别保护。生育保险制度的完善与否,反映了社会的进步程度。二是实行生育保险是对妇女及其所生子女基本生活的保障,有利于劳动力的再生产,有利于家庭的稳定,是社会得以存在和发展的基础。因此,应通过生育保险制度补偿妇女由于暂时中断劳动而失去的收入。三是实行生育保险是保护生育妇女健康和提高人口素质的需要。妇女生育体力消耗大,需要休息、补充营养和保护。生育过程存在一定的风险,生育保险需要为他们提供医疗检查和服务。特别是有了生育保险提供的各种产前、产中和产后的医疗服务,有利于优生、优育,提高人口素质,有利于下一代的健康成长。四是实行生育保险体现了国家对妇女权益的保护。妇女承担着人类繁殖的任务,关系到人类的生存,社会和国家给予物质保障,是对妇女权益的基本保障。

第二节 生育保险的中国路径

一、我国生育保险的历程

中国计划经济时期的生育保险基本上是一种职工生育保险,其覆盖对象主要是城镇就业职工。中国生育保险制度的建立和发展大致可以分为三个时期,即新中国初期的生育保险、"社会主义改造"与"文化革命"时期的生育保险、经济转轨时期的生育保险。

1. 新中国初期的生育保险

我国政府历来主张男女平等,建国伊始即着手把有关女职工权益的维护以立法的形式加以确定。1951年的《中华人民共和国劳动保险条例》就明文确立了企业职工生育社会保险的有关制度。机关、事业单位的生育保险制度建于1955年,当时的政务院颁发了《关于女工作人员生育假期的规定的通知》。这两项制度都由产假、产假工资、生育补助费、孕产期医疗保健费四部分组成,企业生育保险费由女职工所在企业供款,机关事业单位则由财政拨款。

根据《中华人民共和国劳动保险条例》和以后的《中华人民共和国劳动保险条例(修正草案)》(政务院1953年),新中国初期企业生育保险制度的内容大致如下:(1)覆盖对象:雇用工人与职员人数在一百人以上的国营、公私合营、私营及合作社经营的工厂、矿场及其附属单位与业务管理机关。(2)生育保险金包括在劳动保险金之中,实行全国统筹与企业留存相结合的基金管理制度。劳动保险金由企业行政或资方按工资总额的3%提留,其中30%上缴中华全国总工会,70%存于该企业工会基层委员会户内。(3)生育休假及生育津贴:女工人与女职工生育,产前产后共给假56日,产假期间工资照发。(4)生育补助:女工人与女职员或男工人与男职员的配偶生育时,由劳动保险基金支付生育补助费,其数额为5市尺红布,按当地零售价付给之;多生子女补助费加倍发给。此外,劳动保险基金对经济确有困难者在企业托儿所的婴儿给予伙食费补助。(5)医疗服务:"女工人与女职员怀孕,在该企业医疗所、医院或特约医院检查或分娩时,其检查费与接生费由企业行政方面或资方负担"。(6)女性临时工、季节工及试用工的生育保险:怀孕及生育的女性临时工、季节工及试用工,其怀孕检查费、接生费、生育补助费及生育假期与一般女工人、女职员相同,产假期间由企业行政方面或资方发给产假工资,其数额为本人工资的60%。(7)其他:关于小产、难产和多胎的保险规定。

生育保险制度的实施,体现了社会对女职工生育行为的承认和对女性及社会下一代的关怀爱护,大大提高了广大妇女的劳动参与率,提高了她们的家庭地位和社会地位。而女性全面参与社会活动,对发挥其聪明才智,真正实现男女平等起到了积极的促进作用。

2. "社会主义改造"与"文化大革命"时期的生育保险

"社会主义改造"与"文化大革命"时期,我国生育保险制度发生了一些变化。20世纪60年代初,中国已完成了对私营经济的"社会主义改造",私营经济和公私合营经济都转制成了国营经济,劳动者"单位所有制"逐步形成。"文化大革命"使这种变化得到了加强。1969年2月,财政部颁发了《关于国营企业财务工作中几项制度的改革意见(草稿)》,《意见(草稿)》规定:"国营企业一律停止提取工会经费和劳动保险金","企业的退休职工、长期病号工资和其他劳保开支,改在企业营业外列支"。从此,我国社会保险的统筹制度中断了,生育保险制度随之也发生变化:(1)生育保险的国家统筹消失,企业生育保险形成,各企业只对本企业的女工负责;(2)随着"临时工"实际上都成了"固定工",生育保险从适合多种用工制度变化成了只适合单一的用工制度。

3. 经济转轨时期的生育保险

20世纪80年代后,随着国家经济体制的转轨,要求企业逐步走向市场,建立现代企业制度。城镇企业的主体利益意识不断增强,企业自己掌握劳动用工和职工的收入分配。但原先的"企业保险"制度弊端也随之暴露无遗,不仅使养老、医疗等保险项目的实施困难重重,更使生育保险制度进入了"绝境":一方面,用人单位要承担女工生育的医疗费和工资,但女职工的生育行为是个人行为而非社会行为更不是单位行为,哪个单位要女职工就必然增加开支,所以从自身效益出发,用人单位都不要女工,已经录用的女工也在其到结婚生育时辞退,由此影响了年轻女性劳动者的劳动就业,甚至包括女大学生等高学历高层次的人才。另一方面,各用人单位的女工比例是不同的,有些行业(如采矿、建筑等)女工极少,而另一些行业(如纺织、服装、商业等)则是女工相对集中。单位因女工多寡不一而形成生育费用负担畸轻畸重,影响企业的公平竞争。

生育保险制度的改革从20世纪80年代中期开始启动,以1988年国务院颁布《女职工劳动保护规定》为标志分为前后两个阶段。《女职工劳动保护规定》将生育保险制度的实施范围扩大到包括外商投资企业和乡镇企业在内的我国境内一切企业、机关事业单位及社会团体。重新调整了生育保险待遇,保险待遇由产假、产假工资、医疗保健三部分组成:产假由原来的56天延至90天,并分产前假和产后假两部分,产前假15天,产后假75天。难产者增加15天产假,多胞胎生育者,每多生育一个小孩也增加15天产假。流产产假以四个月为基准进行调整:不满者,根据医务部门的意见准予15～30天的产假;超过四个月的,产假由原来的30天延至42天。产假期间基本工资及国家规定的物价补贴都照发。

上述第一阶段的改革,使生育保险制度向规范化和制度化方向迈进。但由于生育保险还是企业保险,资金来源就是本企业自筹自支,保险费不能在企业间调剂使用,因而存在着筹资渠道单一、抗风险能力差等先天不足。企业负担生育保险费与企业效益呈绝对负相关关系,企业拒收女工的现象愈演愈烈,女性就业难的问题仍然没有得到很好的解决。

1988年年末,江苏省南通市和山东省曲阜市几乎同时在全国率先进行了生育保险基金的社会统筹,解决了生育保险基金来源单一、企业间负担不均的问题,由此生育保险制度的改革进入了第二阶段。

进入20世纪90年代,生育保险社会化与普及化的呼声越来越大,国家也非常重视有关法规政策的制定出台。1992年颁布的《中华人民共和国妇女权益保障法》规定我国妇女享有政治权利、文化教育权益、劳动权益、财产权益和人身权利。1994年原劳动部发布了《企业职工生育保险试行办法》(1995年1月1日起实施),将生育保险改革的办法在全国推广。

1995年与2000年国务院先后颁布《中国妇女发展纲要(1995~2000)》和《中国妇女发展纲要(2001~2010)》,将生育保险制度改革纳入我国妇女事业发展规划。劳动保障部先后下发了《关于进一步贯彻落实中国妇女发展纲要的通知》、《关于印发劳动部贯彻实施中国妇女发展纲要实施方案的通知》等文件,部署和指导各地开展生育保险工作。从此,生育保险由国有企业逐步扩展到所有企业,在一定范围实现了女职工生育保险的社会统筹。

2004年,劳动保障部颁发了《关于进一步加强生育保险工作的制度意见》,对生育保险推进方式等提出了要求。核心内容是按照生育保险与医疗保险协同推进的模式,拓展生育保险工作。

二、新时期生育保险制度的主要内容

依据1988年9月1日起实施的《女职工劳动保护规定》和1995年1月1日起实施的《企业职工生育保险试行办法》,我国生育保险保险制度的主要内容可以概括为以下几个方面:

1. 生育保险的覆盖范围

女职工生育保险适用于中华人民共和国境内的一切国家机

关、人民团体、事业单位和城镇企业及其职工。其中企业包括：国有企业、集体企业、股份制企业、外商投资企业、私营企业和城镇街道企业等，军队系统的企业单位也可以参照执行。另外，一些地区在生育保险制度覆盖范围上，还有所扩展，如广东、黑龙江、新疆等地已要求将灵活就业人员也纳入生育保险体系，上海市将机关、事业单位企业全部纳入覆盖范围，福建等地也要求事业单位参加生育保险。

目前，我国企业女职工生育保险工作由劳动和社会保障部社会保险司主管，具体由各级社会保险经办机构负责。

2. 生育保险的给付待遇和标准

我国生育保险制度主要包括产假及产假工资、生育医疗服务、孕期特殊劳动保护、生育期间职业保障等。

(1) 产假：正常产假 90 天，分产前假和产后假两部分，产前假 15 天，产后假 75 天。难产者增加 15 天产假，多胞胎生育者，每多生育一个小孩也增加 15 天产假。流产产假以四个月为基准进行调整，不满者，根据医务部门的意见准予 15~30 天的产假，超过四个月的，产假由原来的 30 天延至 42 天。

(2) 孕期和产假收入待遇：孕期收入待遇主要指任何单位不得在女职工怀孕期间降低其基本工资，必须按原标准发放基本工资和国家规定的物价补贴等。产假收入待遇规定，女职工在产假期间的生育津贴按照本企业上年度职工月平均工资计发，由生育保险基金支付。

(3) 医疗服务及其费用：女职工在怀孕和生育期间，享有一切所必须的医疗服务。女职工的检查费用、接生费用、手术费用、住院费用和药费等由生育保险基金支付，但超出的医疗服务费和药费由职工个人负担。女职工出院后，因生育引起疾病的医疗费，由生育保险基金支付。对其他疾病的医疗费，按照医疗保险待遇的规定办理。女职工产假期满后，因病需要治疗的，按照有关病假待遇的规定办理。

(4) 女职工孕期劳动保护：女职工的孕期特殊劳动保护是为了解决女职工因孕期生理变化而在工作中可能遇到的特殊困难，保障在职母亲的健康和母子生命安全。其劳动保护和健康保障的主要措施有：不得安排怀孕女职工从事第三级劳动强度的劳动和孕期禁忌从事的劳动，也不得在正常劳动日以外延长劳动时间。对不能胜任原岗位的孕期女职工，应当减轻其劳动量或安排其他工作。对怀孕7个月以上的女职工，不应安排夜班劳动，应在劳动时间内安排一定的休息时间，以防早产。

3. 操作程序与细则

(1) 生育保险按属地原则组织，生育保险费实行社会统筹。

(2) 生育保险按照"以支定收，收支基本平衡"的原则筹集资金，企业按照职工工资总额的一定比例（最高不超过工资总额的1%）向社会保险经办机构缴纳生育保险费，建立生育保险基金，职工个人不缴纳生育保险费。

(3) 女职工生育按照有关法律、法规享受生育津贴和医疗服务：产假期间的生育津贴按本企业上年度职工月平均工资计发，由生育保险基金支付；生育所需的检查费、接生费、手术费、住院费和药费由生育保险基金支付；超出规定的医疗服务费和药费（含自费药品和营养药品的药费）由职工个人承担。女职工出院后，因生育引起疾病的医疗费，由生育保险基金支付；其他疾病的医疗费按医疗保险的有关规定办理。

(4) 女职工生育或流产后，由本人或所在企业持当地计划生育部门签发的计划生育证明，婴儿出生、死亡或流产证明，到当地社会保险经办机构办理手续，领取生育津贴，报销生育医疗费。

(5) 生育保险基金由劳动部门所属的社会保险经办机构负责收缴、支付和管理。生育保险基金应存入社会保险经办机构在银行开设的生育保险专户，银行按城乡居民个人储蓄同期利率计息，利息进入生育保险基金。企业不按时缴纳生育保险费的，按日加收千分之二的滞纳金，滞纳金转入生育保险基金。

三、面临的问题和发展前景

改革开放以来,生育保险制度的建立与发展,为妇女平等地参与市场竞争创造了宽松的社会环境,促进了妇女就业,同时也保障了妇女权益,缓解了女职工多的企业生育负担重的压力。然而,生育保险工作也面临着以下一些问题:

(1) 现行的生育保险法律制度与生育保险发展的形势尚有不适应之处。目前,生育保险的法律依据依然是原劳动部 1994 年颁布的《企业职工生育保险试行办法》。该办法法律层次比较低,其中部分条款难以适应形势的发展,需要进行调整和规范。例如,许多地区已将生育保险覆盖面扩大到机关、事业单位、人民团体等单位,而现行的生育保险办法还停留在企业单位的范围;另外《企业职工生育保险试行办法》对医疗服务管理没有提出要求,而这部分内容是生育保险实施的重要组成部分,需要在以后的立法中予以明确。

(2) 生育保险地区发展不平衡。目前,在经济发达地区生育保险工作开展良好,覆盖面不断扩大,有的地区参保人数与医疗保险参保人数基本持平,如江苏省生育保险参保人数达到 711 万人,上海市达到 555 万人,山东省达到 488 万人。而一些经济欠发达地区,推动工作缓慢,参保人数增长缓慢,有的地区参保仅有十几万人。与社会保险的其它险种比较,生育保险相对滞后,其参保人数仅为养老的 1/4、医保的 1/3、工伤的 1/2。这是因为,绝大部分的省市都是规定享受保险待遇的对象只限于参保女职工,男职工即使参保(生育保险是按男女职工均费的方式,由用人单位按 1.0% 以内的费率缴纳的)而配偶属于非参保人员的,生育时也不能享受任何生育保险待遇。换句话说,在参加生育保险职工中仅有一部分人享受到生育保险,权利与义务不对等。这就导致一些企业,甚至政府领导认为生育保险作用不大,企业尤其是男职工多的企业不愿参保,有些企业甚至逃避参保,或在职工生育后便停止缴纳生育保险费。

（3）管理手段比较落后，难以适应新的发展形势。特别是医疗服务管理上，有的地区还停留在经办管理机构与职工个人或者用人单位进行定额结算的办法。这种办法保障程度相对较低。有的地区结算标准多年不调整，职工医疗费用难以保障，增加了个人负担。另外在报销费用审核方面手续烦琐，增加了管理成本和管理难度。

在全面建立社会主义市场经济的大背景下，针对上述问题，同时借鉴国外生育保险制度取得的经验，我国生育保险的进一步改革应朝着既保障职工的基本生活又有利于提高企业生产效率、既考虑公平又讲求效益的方向前进。要将生育保险的普及化与社会化作为改革发展的总目标，进一步扩大生育保险的社会覆盖面。在保障措施和保障形式上要尽量减少地区差异，同时兼顾机关、事业单位、企业等人员之间的待遇水平，减少各行业之间的待遇差距。特别是要促进妇女就业，达到为她们创造良好就业环境的目的。

在实行社会保障制度的国家，几乎都把疾病与生育归入同一类保障项目中，共同立法，实施方案也基本相同。这主要是因为生育与保健密不可分，生育保险给付和医疗保险给付在性质与标准上有相似之处。在各地生育保险工作实践的基础上，劳动保障部2005年确定了12个城市作为生育保险与医疗保险协同推进的重点联系城市，对典型经验进行归纳和总结，以点带面，逐步推广。可见，我国生育保险制度将与医疗保险制度协同推进。随着我国各项社会保障制度的完善，生育保险制度的改革将在充分考虑自身发展规律的前提下，更加注意与其他保障制度的协调发展与衔接。充分利用医疗保险的管理资源，强化生育保险医疗服务管理，逐步提高医疗服务管理水平。

因此，有理由相信，随着我国生育社会保险制度的进一步改革和完善，随着国家经济发展水平的不断提高，生育社会保险制度将最终扩大到所有用工单位,广大女性的生育行为将成为社会行为,女性的生育保险待遇水平也将更趋科学合理。

第三节 工伤社会保险

工伤社会保险是世界上实行最早和目前实施范围最广的社会保险制度。在工业化给人类社会带来文明的同时,工业生产及更广泛的经济活动也给劳动者带来了许多风险。工伤事故及受到伤害的劳动者的增加,对家庭、企业和社会带来了严重的影响。因此,无论是发达国家还是发展中国家,无论社会背景如何,都在不同程度上实行了工伤保险制度。据国际劳工组织统计,到20世纪末,世界上近180个国家建立了工伤保险制度,约占国家总数的80%,是所有社会保险制度中最具普及性的一种社会保险制度。

一、工伤社会保险概述

1. 工伤保险制度的涵义

"工伤"是职业伤害的简称,是指劳动者在从事职业工作或在规定的某些特殊情况下,遭受的意外伤害或职业病。最初,工伤并不包括职业病,如1921年国际劳工大会上通过的有关公约,就将"工伤"界定为:由于工作直接或间接引起的意外事故。后来,随着职业病的增多,各国逐渐把职业病纳入了"工伤"的范围。职业病并非是显性的工伤事故,而是指劳动者在工作中因接触到职业性的有毒、有害因素而引起的疾病。不过,在工伤保险中所称的职业病通常是指通过法律、法规明文规定的法定的职业病类型。因此,现在所说的"工伤",既包括因工作或与工作有关的的原因所导致的意外伤害,也包括因工作原因接触到职业性有毒、有害等因素所造成的职业病。

工伤社会保险,是由国家和社会统一立法强制实施的,对劳动者因在生产过程中遭受的意外伤害或由于特殊工种而引发的职业性疾病进行有效治疗并提供其基本生活保障及家庭经济补偿的社会保险制度。它包含了两层含义：一是劳动者本人因工伤造成暂时或永久丧失劳动能力时，可以从国家和社会获得医疗救治、职业康复、经济补偿等物质帮助；二是劳动者本人因工伤死亡时，其遗属可以从国家和社会获得遗属抚恤、丧葬补助等物质帮助。

2. 工伤保险的特点与原则

在各国的工伤保险实践中，可以发现，它除具有社会保险的一般特点以外，还具有自身的一些特点，这就是实施范围最广、保障性最强、待遇相对优厚、给付条件最宽。在世界上，凡是实行社会保险的国家，几乎都建立了工伤保险制度。在保障方面除了要对因工受伤的劳动者提供及时的医疗救治、医疗护理外，还要根据其伤残程度提供经济补偿、职业康复等，对因工死亡的劳动者遗属提供基本的生活保障。这样的待遇比养老、失业、疾病保险的待遇都要高。因为养老保险只是保障劳动者退休后的基本生活需要，失业保险虽然也保障劳动者失业期间的基本生活，但带有救济的性质，医疗保险只能提供基本的医疗需求，而工伤保险不但要保障劳动者的基本生活，还要根据其伤残程度提供经济补偿，其医疗待遇也比非因工负伤、患病的医疗待遇要高。此外劳动者参加工伤保险不需要缴纳任何保险费，而且享受工伤待遇不受年龄、工龄、缴费年限、性别等条件的限制，凡因工伤残或死亡的，都能享受到相应的待遇。工伤保险以上述特点，与其他社会保险制度相区别。

综合考察世界上大多数国家的有关制度，工伤保险应普遍遵守的主要原则有如下几点：

（1）无过失补偿原则。无过失补偿原则亦称严格责任或绝对责任原则，它是指劳动者在工作过程中遭遇工伤事故或职业病，无论企业或雇主是否有过错，只要不是劳动者本人故意所为，均按照法律规定的标准支付劳动者相应的工伤保险待遇。无过失补偿原则是工伤保险的首要原则。无过失补偿原则的确立，有利于劳动者在工伤发生后能够得到及时的治疗和经济补偿。当然，实施无过失补偿原则,并不意味不追究事故责任。相反,对于事故的发生必须认真调查,分析事故原因,查明事故责任,以便吸取教训,降低事故发生率。

(2) 个人不缴费原则。工伤事故属于职业性伤害,是在生产过程中,劳动者为企业或雇主创造物质财富而付出的健康乃至生命的代价,因此,工伤保险待遇带有明显的"劳动力修复与再生产投入"性质,属于企业生产成本的特殊组成部分。工伤事故的这种特殊性和无过失补偿原则,决定了工伤保险的保险费只能由企业或雇主单方承担,这是工伤保险与其他社会保险项目的根本区别。

(3) 补偿直接经济损失的原则。劳动者发生工伤后,应给予经济补偿。但这种补偿只是对劳动者直接经济损失的补偿,而不包括间接的经济损失。所谓直接的经济损失,是指劳动者工资方面的损失。这种损失会直接影响到劳动者本人及其家庭的基本生活保障,也会影响到劳动力的再生产,因此,必须给予及时的、较为优厚的补偿。而间接经济损失是指劳动者直接经济损失以外的其他经济损失,包括兼职收入、业余劳动收入等。这部分收入并非人人都有,是不固定的收入,很难准确核定,不具有普遍性,因此这一部分收入一般不列入经济补偿范围。

(4) 因工伤残与非因工伤残区别对待原则。由于职业伤害与工作或职业有着直接的关系,因此,工伤保险待遇水平要明显高于因病或非因工伤亡的医疗待遇,而且享受条件也不受年龄、性别、缴费期限等条件的限制。对因工和非因工的区分是建立工伤保险的前提和出发点。

(5) 补偿与预防、康复相结合的原则。工伤保险的首要任务是工伤补偿。因为劳动力是有价值的,劳动者因工伤残,甚至死亡时,会给劳动者及其家庭带来经济上的损失,理应得到赔偿。但这并不是工伤保险的唯一任务。工伤补偿与工伤预防、工伤康复是密切关联的。加强安全生产、减少事故发生和发生事故时及时进行抢救治疗,采取有利措施帮助劳动者尽快恢复健康并重新走上工作岗位，比工伤补偿更有意义。把工伤补偿与工伤预防、职业康复有机结合起来，这是目前许多国家工伤社会保险制度所具有的一项重要内容。

3. 工伤保险的对象与范围

工伤保险一般适用于工薪劳动者，独立劳动者一般不包括在内。一些工业化程度较高国家实施的工伤保险中，保险范围包括所有雇员。在一些国家，包括部分美国的州，其工伤保险一般不包括农业雇员，或只包括那些操纵机动车的农业工人。

工伤范围包括工伤事故和职业病。在工伤保险建立初期，工伤的范围只包括工伤事故，后来才把由于工作原因造成的职业病也包括进来。1952年国际劳工组织的《社会保障（最低标准）公约》中对劳动者及其家属享受工伤保险待遇的范围作了如下规定：（1）因工伤身体呈疾病状态者；（2）因工丧失劳动能力并因此中断工资收入者；（3）由于永久或暂时丧失劳动能力而完全丧失或部分丧失工资收入者；（4）由于供养者死亡而失去生活费来源者。1952年召开的国际劳工大会，还规定把铅中毒、汞中毒和炭疽病感染等划入职业病范围，享受工伤保险待遇。1964年召开的国际劳工大会通过的《职业病伤害赔偿公约》把职业病扩大到15种，到1980年被列为职业病的种类已达29种。事实上，这些仅仅是国际劳工组织所列举职业病的最低数量目录。世界上许多国家职业病的目录，已远远超过了该《公约》所列举的范围。

通常国际上对职业病划分有"开放式列表法"和"封闭式列表法"两种。"开放式列表法"是指一些国家的职业病管理机构可以随时把那些以前没有列入但是完全可以证明的职业环境导致的疾病列入职业病范围。所谓"封闭式列表法"是只承认过去列入的职业病，对新增加的职业病种类的审核程序极为严格，一般是通过立法才能将新的职业病种类列入。

4. 工伤保险待遇

（1）医疗待遇。医疗待遇是指劳动者因工伤所发生的合理的医疗费用,主要包括挂号费、住院费、医疗费、药费、就医路费等,一般由国家或雇主负责支付,而不由劳动者本人负担。多数国家对于工伤保险的医疗待遇远远优于普通医疗保险待遇,包括康复及交通费用。

(2) 暂时丧失劳动能力津贴。所谓暂时丧失劳动能力是指劳动者因工伤处于医疗救治期间,尚未进行丧失劳动能力的鉴定。劳动者一旦做了鉴定或治疗超过一定期限仍需要继续治疗,被视为永久完全丧失或永久部分丧失劳动能力。支付暂时丧失劳动能力津贴,1952 年 102 号《国际劳工公约》规定要有一个等待期,最低保障为工资的 50%。1964 年《工伤补偿公约》规定不需要等待期,最低保障提高到工资的 60%。暂时丧失劳动能力津贴是一种短期待遇,多数国家支付工资的 60%~75%,也有些国家支付工资的 100%。支付期限一般为 26 周至 52 周。

(3) 永久完全丧失劳动能力津贴。这项待遇是经鉴定为永久完全丧失劳动能力之后支付的,为伤残抚恤金或伤残年金。属工伤长期待遇,实行工伤社会保险制度的国家才予发给。多数国家支付的标准为本人工资的 66%~75%,需要护理的一般都规定加发护理费。实行雇主责任制的国家,一般是给予一次性抚恤待遇,一般最高为 4 年工资。

(4) 永久部分丧失劳动能力津贴。这是对经过工伤鉴定为部分永久丧失劳动能力的劳动者支付的待遇。一般以永久全残支付的待遇为 100%,部分残的按比例减少。支付方式视伤残程序而定,对于伤残程序达到一定界限以上的一部分人定期支付,最轻度伤残的一次性支付。

(5) 死亡待遇。此项待遇一般除丧葬费外还有遗属抚恤金或遗属津贴。实行社会保险制度的国家遗属抚恤包括一次性抚恤金和定期抚恤金两部分。实行雇主责任制的国家均支付一次性待遇,一般不少于死者生前 3 年工资的收入。遗属定期抚恤金按照死者生前供养人口、年金等情况给付,标准为死者生前工资收入一定比例。《工伤补偿公约》规定一个标准家庭(夫妻加两个子女)最低标准为60%。

二、工伤社会保险的世界发展进程

工伤社会保险是工业化的直接产物,因为大机器生产必然带来比农业生产、手工业生产更多的意外伤害和职业病。这种工伤伤害的后果应由谁来负责?古典经济学家亚当·斯密认为:在其他条件均相同的情况下,可以根据工资标准的差别,对工作岗位上的不同风险进行补偿。既然工人拥有签定劳动合同的自由,当他接受并从事该工作后,他理所当然地接受了该项劳动的风险和依照风险所确定的工资收入。雇主只要按照要求保持工作场所的合理安全的环境,就不必承担工伤事故的责任。因而早期阶段的工伤赔偿法是一种典型的有过失补偿法。如美国1837年的工伤事故普通法规定:受到工业伤害的雇员若要得到赔偿金,需要提供雇主疏忽大意的证据。雇主则有权利用辩护条款证明工伤是由工人及其同事造成的,以免除赔偿责任。法律还规定,如果受伤的工人事先知道有关风险,即使雇主有过失也可不予以赔偿。雇员一旦因工受到伤害,除非能在法庭上有充分的证据证明雇主确实负有一定的责任,否则一切善后事宜都由雇员自己承担。通常情况下,受到意外事故和职业伤害的工人很难指证雇主的失职,也就不可能得到任何赔偿。所以在工业化之初,工人受到职业伤害的后果大都由自己承担。

随着工业化进程的加快,工伤事故发生的频率和严重程度都迅速增加,单靠工资收入来补偿从事危险工作的职业伤害风险已远远不够。19世纪80年代起,一些工业化较早的国家逐步建立起工伤事故的"雇主责任制"。1881年,德国《社会保险宪章》中就规定有事故保险。1884年德国实行《工人灾害赔偿法》,对因事故而伤亡的人给予"无过失补偿",这一补偿原则认为,凡是利用机器进行生产活动的雇主或机构,都有可能对雇员造成伤害;雇员受到伤害的原因虽然有个人方面的，但并非出于受害者本人的意愿。不管如何，雇主都应承担赔偿责任。雇主支付职业伤害赔偿金是一笔日常开支，就像设备的的维修保养和工资一样。此后，西欧和北欧各国纷纷仿效建立工伤保险制度，奥地利于1887年，挪威于1894年，芬兰于1895年，英国于1897年，法国、丹麦和意大利于1898年相继实施了工伤保险。

  雇主责任制的工伤赔偿制度又有三种不同的方式：由雇主个人直接提供赔偿金，如英国、意大利、西班牙等；由雇主协会提供赔偿金，如德国、奥地利等；由雇主向商业保险公司投保，工人的工伤赔偿金由保险公司承担。但雇主责任保险也存在许多不足之处：由于没有一致的工伤认定标准和赔偿标准，所以劳资双方有关工伤事故的争议较多；雇主的工伤负担可能十分沉重，当遇到严重事故需要给付巨额赔付时，雇主会面临生产困难乃至破产之境地；雇主支付的赔偿金一般都是一次性的，如待遇标准偏低，可能远不能满足受害者（及其家属）康复和生活之需；商业保险公司出于自身利益的需要，也尽可能地降低赔付，一般还把工伤保险大的行业排斥在外。

  为克服雇主责任制的弊端，许多国家引入了工伤社会保险制度。与雇主责任制比较，工伤社会保险的特点在于：国家立法实施统一的工伤保险，在更大范围内分担工伤保险。由国家统一筹措保险资金，统一工伤认定，统一给付标准，统一工伤保险的管理。

  进入20世纪后，建立工伤社会保险的国家和地区日益增多。当煤炭、化学工业得到迅速发展时，一些国家逐步将许多职业病列入工伤保险范畴。国际劳工组织曾制定并通过了许多工伤保险公约和建议书，包括《工人事故赔偿公约》、《工人赔偿最低限度建议书》、《工人职业病赔偿公约》、《工人职业病赔偿建议书》、《本国工人与外籍工人在工伤事故赔偿方面同等待遇建议书》等等，推动了工伤社会保险制度在全球范围内的建立和发展。第二次世界大战前后，欧洲绝大多数国家和拉美、亚洲一些国家都相继建立了工伤保险制度，工伤保险成为许多国家建立社会保障制度的首选。在已经建立工伤保险制度的国家中，既有实行雇主责任制的，也有实行社会保险制度的。由于雇主责任制保险对工人的保障性不强，加上工伤事故和职业病带来的社会问题日益严重，现在绝大多数国家或地区均采取工伤社会保险模式。1968年，国际劳工组织在东京召开了第六届亚洲地区会议，会议通过的一项关于亚洲社会保障发展的决议强调：对受职业伤害的工人应由社会保险代替雇主个人责任制，普及缴纳社会保险基金，以确保工人权益。

随着工伤保险制度在世界范围的日益普及，各国在实践中取得了一些成功的经验，同时，工伤保险制度在全球也呈现出一些共同的发展趋势：

1. 工伤保险的适用对象逐步扩大，已包括一些非直接工伤者、受雇人员之外的社会成员。目前工伤保险制度的适用对象上有两个较为明显的突破：一是突破直接工伤的范围，将非直接工伤引入工伤保险的适用范围，如把职工上下班途中发生的意外事故作为工伤事故处理，此规定已获得2/3《劳工公约》签字国的认可。工作范围也有所扩大，如把救援活动、工会活动、就业培训等出现的意外事故也列入工伤范围。二是突破了必须受雇的限制，将非受雇人员也包括在工伤保险适用范围之内。如将自营人员、学生、受训人员等甚至包括已正式登记的失业者，都列入工伤保险的适用范围。

2. 日益重视工伤事故的预防工作。各国政府和劳工保障专家都已认识到，工伤保险的立足点和工作重点应该转移，须把预防工作放在首位，这对工伤保险制度的发展和完善具有非常重要的意义。德国在20世纪60年代开始就强化工伤事故的预防工作，制定了预防工作法规和实施制度，建立了事故预防机构，采取预防工作奖励措施，并保证预防费用的落实等，取得了很好的效果。

3. 强调康复治疗和重视伤残人员重返工作岗位。从实施过程来看，促进康复的措施大致有以下几个方面：把恢复身体功能作为工伤保险中具体的康复内容;把康复医疗列为康复工作的重点;发放康复所需的津贴;提供康复设施、器具及其服务;保证康复资金的专款专用;落实康复管理机构和管理人员。在重返工作岗位方面,主要是创造一些条件和激励机制来促进伤残人员重新就业。

第四节 工伤保险的中国路径

一、工伤社会保险制度的建立

我国企业职工的工伤保险制度,是随着《中华人民共和国劳动保险条例》的颁布实施而逐步建立和发展起来的。《条例》规定:职工在劳动过程中发生伤亡事故,其治疗费、药费、住院费及就医路费,均由企业行政或资方负担。住院期间的伙食费,由单位补助2/3,个人负担1/3。需要安装假肢、镶牙、补眼等费用,也由单位负担。医疗期间的工资由单位照发。对因工致残的职工按照其伤残程度给予抚恤和补助。因工死亡的职工,由企业发给丧葬费。对直系供养亲属,每月发给死者生前标准工资的25%~50%的抚恤金。

1957年2月,卫生部制定和颁布的《职业病范围和职业病患者处理办法规定》,首次将职业病伤害列入工伤保险的保障范畴。《规定》把职业中毒、尘肺等14种与职业工作有关的疾病正式列入职业病范围,并规定职业病患者在治疗或修养期间以及医疗终结确定为伤残或治疗无效而死亡时,均按劳动保险条例中有关工伤待遇处理。以后,职业病的认定范围不断扩大,至1987年职业病的种类已有9类近百种,包括职业中毒(铅、贡、锰及其化合物中毒、氯气中毒、汽油中毒等51种)、尘肺(矽肺、煤工尘肺等12种)、物理性因素职业病(中暑、高原病等6种)、职业性传染病(炭疽、森林脑炎、布氏杆菌病等)、职业性皮肤病(接触性皮炎、过敏性皮炎等)、职业性眼耳喉科疾病(职业性白内障、噪声聋等 10 多种)、职业性肿瘤(石棉所致肺癌、联苯胺所致膀胱癌、氯乙烯所致肝血管肉瘤等 10 种)及其他职业病(化学灼伤、金属烟热、职业性哮喘等 7 种)。

工伤保险制度实施以来,企业按国家规定对在劳动过程中发生事故伤亡和患职业病的职工提供医疗、津贴和抚恤,对于保障职工权益、安定社会和促进生产发展起到了积极作用。但是这种在计划经济体制下形成和发展起来,而且实施 40 多年来未作很大修订的传统工伤保险制度,在实施模式、标准和工作规范等方面均不能适应建立社会主义市场经济体制的要求。

我国传统工伤保险的主要不足在于:(1) 覆盖范围窄。改革开放以来,外商投资企业、私营企业和乡镇企业大量涌现,这些企业并未实行工伤保险制度。其中有不少企业劳动条件和安全管理较差,工伤事故频发,特别是乡镇企业的工伤伤亡人数占全国企业伤亡总数的一半以上。因此大量"三资"企业、私营企业、乡镇企业中的职工缺乏劳动保护,企业与劳动者订立"生死合同"的现象屡见不鲜。(2) 保险方式落后。传统工伤保险的方式是"企业保险",按照原规定,工伤和职业病的医疗、津贴、抚恤等费用都由企业支付。它是一种典型的"雇主责任制"方式,没有体现风险共担的工伤保险"大数法则"。在计划经济体制下,实施工伤保险的国有企业是国家的,后面有强有力的后盾,因此工伤制度的"企业保险"方式和"社会保险"方式不存在很大的区别。进入市场经济社会后,企业要作为独立的经济实体经营运作,工伤制度的"企业保险"方式势必留下不小的隐患。一旦企业发生特大事故,企业将不堪重负,甚至破产,职工权益也无从得到保障,企业和职工要承担很大的风险。(3) 工伤保险待遇偏低。传统工伤保险的伤亡待遇,基本上是 20 世纪 50 和 60 年代制定的,计发基数按照标准工资,而企业的标准工资大约只占工人收入的一半。所以工伤待遇偏低,且没有建立该待遇的正常调节机制,工伤职工及家属生活困难。工伤认定标准模糊,赔偿标准过时,致使出现不少"闹工伤"现象。(4) 缺乏工伤预防机制。工伤保险局限于善后,不注重开展工伤事故和职业病的预防工作。工伤保险与安全生产、劳动保护结合不紧密,缺乏降低工伤事故发生率的有效手段。

二、工伤社会保险制度的改革

由于传统的工伤保险制度是在计划经济体制下建立与发展起来的,不能适应社会主义市场经济发展的需要,尤其是在乡村工业化进程加快、经济结构多元化的条件下,劳动者职业伤害的风险持续加剧,其权益受损害的现象日益严重。因此,自20世纪80年代中期之后,针对传统工伤保险制度存在的弊端,国家开始在部分地区进行工伤保险制度的改革试点。

1988年,劳动部研究、制定了社会保险的一个改革方案,1989年开始在海南的海口市、辽宁的锦州市、广东省东莞市等部分地区进行试点,试点的主要内容为:① 扩大工伤保险的覆盖面,其覆盖范围包括全民所有制企业、集体企业、外商投资企业的固定工、合同制工人和临时工;② 适当调整工伤保险的待遇,建立了待遇增长机制;③ 实行差别费率,建立工伤保险基金;④ 由政府组织工伤保险事业,逐步变"企业保险"为社会保险;⑤ 建立工伤保险与工伤预防相结合的机制。

1996年8月在总结各地试点经验的基础上,当时的劳动部发布了《企业职工工伤保险试行办法》,同年3月国家技术监督局也发布了《职工工伤与职业病致残程度鉴定》(国家标准 GB/T16180——1996),这标志着对沿用40年的工伤保险制度进行全面改革。《试行办法》对工伤保险的实施范围、工伤范围及其认定、劳动鉴定和工伤评残、工伤保险待遇、工伤保险基金、工伤预防和职业康复、工伤保险的管理与监督检查、工伤争议等做出了基本规定。它突破了工伤保险仅适用于国有企业和集体企业的局限,把工伤保险覆盖面扩大到各类企业及全体职工,同时要求实行社统筹,变"企业保险"为社会保险,在全社会范围内分散工伤事故风险,并强调工伤补偿要与工伤预防、工伤康复相结合,对工伤保险缴费实行差别费率和浮动费率等等。《试行办法》实施几年来,逐步规范了各地的改革办法,统一了企业职工工伤保险待遇标准,在一定程度上解决了伤残待遇和死亡待遇偏低的问题。然而,《试行办法》毕竟只属于部门规章,法律效力较低,因而在实际工作中执行难度大,同时,工伤保险覆盖面仍然过窄,大部分外资、港澳台资以及私营企业不愿意参加,农民工更被排斥在这一制度之外。加上工伤保险的统筹层次过低,工伤保险基金不能调剂,抗风险能力较弱,各地区实行工伤保险的差异很大。

在这样的局面下,为了更好保障劳动者的工伤保障权益,2003年4月27日,国务院颁布了《工伤保险条例》,并于2004年1月1日起实施。这是中国第一部专门的工伤保险行政法规,它不仅标志着中国新型工伤保险制度基本确立,而且对解决工伤保险争议、推进工伤保险制度至关重要。从此,中国工伤保险制度建设进入了一个新的发展阶段。

三、现行工伤保险制度的基本内容

根据《工伤保险条例》,以及劳动和社会保障部等部门有关工伤保险及相关政策的规定,中国现行的工伤保险制度的基本内容可以概括如下:

1. 工伤保险的目的。《条例》规定,建立工伤保险制度的目的是:① 保障因工作遭受事故伤害或者患职业病的职工获得医疗救治和经济补偿;② 促进工伤预防和职业康复;③ 分散用人单位的工伤分险。

2. 工伤保险的原则。根据《条例》及有关规定,工伤保险除了具有社会保险一般原则外,还强调了以下几个原则:① 与社会主义初级阶段生产力发展水平相适应的原则;② 倡导社会主义道德风尚的原则,为此,《条例》把在抢险救灾等维护国家利益、公共利益活动中受到伤害的,也视同为工伤,以鼓励维护国家利益、公共利益的行为;③ 切实维护和保障职工基本权益的原则,《条例》明确了工伤待遇标准,并明确了用人单位、行政部门、经办机构等行为主体的责任和多种监督形式,切实维护和保障职工和供养亲属的权益;④ 权利与义务对应的原则,《条例》规定用人单位只有按照规定参加了工伤保险,工伤职工的医疗费用和应享受的工伤保险待遇才由工伤保险基金支付,否则所有费用均由用人单位支出。

3. 工伤保险的对象。根据《条例》,中华人民共和国境内的各类企业,包括国有企业、集体企业、外商投资企业、民营企业、私营企业、乡镇企业等,以及有雇工的个体工商户,都应参加工伤保险社会统筹,其职工和雇工都应享受工伤保险待遇。所说的职工和雇工是指与用人单位或个体工商户建立劳动关系(包括事实劳动关系)的各种用工形式、用工期限的所有劳动者。

《条例》还规定:国家机关和依照或者参照国家公务员制度进行人事管理的事业单位、社会团体的工作人员因工作遭受事故伤害或者患职业病的,由所在单位支付费用。具体办法由国务院劳动保障行政部门会同国务院人事行政部门、财政部门规定。其他事业单位、社会团体以及各类民办非企业单位的工伤保险等办法,由国务院劳动保障行政部门会同国务院人事行政部门、民政部门、财政部门等另行规定,报国务院批准后施行。另外,非法用人单位伤亡人员,包括在无营业执照或未经依法登记、备案的单位以及被依法吊销营业执照或者撤销登记、备案的单位受到事故伤害或者患职业病的职工和用人单位使用童工造成的伤残、死亡童工,也比照工伤保险的待遇标准,由该用人单位支付一次性赔偿。

4. 工伤保险基金。工伤保险基金由用人单位缴纳的工伤保险费、工伤保险基金的利息和依法纳入工伤保险基金的其他资金构成。工伤保险基金按以支定收、收支基本平衡的原则统一管理,存入社会保障基金财政专户,用于《条例》规定的工伤保险待遇、劳动能力鉴定以及法律、法规规定的用于工伤保险的其他费用的支付。任何单位或者个人不得将工伤保险基金用于投资运营、兴建或者改建办公场所、发放奖金,或者挪作其他用途。工伤保险基金应当留有一定比例的储备金,用于统筹地区重大事故的工伤保险待遇支付;储备金不足支付的,由统筹地区的人民政府垫付。储备金占基金总额的具体比例和储备金的使用办法,由省、自治区、直辖市人民政府规定。

5. 工伤的范围。根据《条例》规定,工伤的范围包括七种应当认定为工伤的情形,三种视同工伤的情形;同时还规定了三种不能认定或者视同为工伤的情形,具体如下:

(1) 职工有下列情形之一的,应当认定为工伤:① 在工作时间和工作场所内,因工作原因受到事故伤害的;② 工作时间前后在工作场所内,从事与工作有关的预备性或者收尾性工作受到事故伤害的;③ 在工作时间和工作场所内,因履行工作职责受到暴力等意外伤害的;④ 患职业病的;⑤ 因工外出期间,由于工作原因受到伤害或者发生事故下落不明的;⑥ 在上下班途中,受到机动车事故伤害的;⑦ 法律、行政法规规定应当认定为工伤的其他情形。

(2) 职工有下列情形之一的,视同工伤:① 在工作时间内和工作岗位上,突发疾病死亡或者在48小时之内经抢救无效死亡的;② 在抢险救灾等维护国家利益、公共利益活动中受到伤害的;③ 职工原在军队服役,因战、因公负伤致残,已取得革命伤残军人证,到用人单位后旧伤复发的。

职工有第①②项情形的,按照《条例》的有关规定享受工伤保险待遇;职工有第③项情形的,按照《条例》的有关规定享受除一次性伤残补助金以外的工伤保险待遇。

(3) 职工有下列情形之一的,不得认定为工伤或者视同工伤:① 因犯罪或者违反治安管理伤亡的;② 醉酒导致伤亡的;③ 自残或者自杀的。

6. 工伤认定的程序。《条例》对工伤认定程序做出如下规定:

(1) 职工发生事故伤害或者按照职业病防治法规定被诊断、鉴定为职业病，所在单位应当自事故伤害发生之日或者被诊断、鉴定为职业病之日起 30 日内，向统筹地区劳动保障行政部门提出工伤认定申请。遇有特殊情况，经报劳动保障行政部门同意，申请时限可以适当延长。用人单位未在规定的时限内提交工伤认定申请，在此期间发生符合规定的工伤待遇等有关费用由该用人单位负担。

(2) 用人单位未按上述规定提出工伤认定申请的，工伤职工或者其直系亲属、工会组织在事故伤害发生之日起 1 年内，可以直接向用人单位所在地统筹地区劳动保障行政部门提出工伤认定申请。

(3) 劳动保障行政部门受理工伤认定申请后，根据审核需要可以对事故伤害进行调查核实，用人单位、职工、工会组织、医疗机构以及有关部门应当予以协助。职业病诊断和诊断争议的鉴定，依照职业病防治法的有关规定执行。对依法取得职业病诊断证明书或者职业病诊断鉴定书的，劳动保障行政部门不再进行调查核实。职工或者其直系亲属认为是工伤，用人单位不认为是工伤的，由用人单位承担举证责任。

(4) 劳动保障行政部门应当自受理工伤认定申请之日起 60 日内作出工伤认定的决定，并书面通知申请工伤认定的职工或者其直系亲属和该职工所在单位。劳动保障行政部门工作人员与工伤认定申请人有利害关系的，应当回避。

7. 工伤保险的待遇。《条例》对工伤保险待遇作了如下规定：

(1) 工伤医疗待遇。职工因工作遭受事故伤害或者患职业病进行治疗，享受工伤医疗待遇。职工治疗工伤应当在签订服务协议的医疗机构就医，情况紧急时可以先到就近的医疗机构急救。治疗工伤所需费用符合工伤保险诊疗项目目录、工伤保险药品目录、工伤保险住院服务标准的，从工伤保险基金支付。工伤保险诊疗项目目录、工伤保险药品目录、工伤保险住院服务标准，由国务院行政部门、药品监督管理部门等部门规定。职工住院治疗工伤的,由所在单位按照本单位因公出差伙食补助标准的70%发给住院伙食补助费。经医疗机构出具证明,报经办机构同意,工伤职工到统筹地区以外就医的,所需交通、食宿费用由所在单位按照本单位职工因公出差标准报销。工伤职工治疗非工伤引起的疾病,不享受工伤医疗待遇,按照基本医疗保险办法处理。工伤职工到签订服务协议的医疗机构进行康复性治疗的费用,符合国家规定的药品诊疗项目、住院服务标准的,从工伤保险基金中支付。

(2) 工伤职工配置辅助器具的规定。工伤职工因日常生活或者就业需要,经劳动能力鉴定委员会确认,可以安装假肢、矫形器、假眼、假牙和配置轮椅等辅助器具,所需费用按照国家规定的标准从工伤保险基金支付。

(3) 工伤医疗期待遇规定。职工因工作遭受事故伤害或者患职业病需要暂停工作接受工伤医疗的,在停工留薪期内,原工资福利待遇不变,由所在单位按月支付。停工留薪期一般不超过12个月。伤情严重或者情况特殊,经设区的市级劳动能力鉴定委员会确认,可以适当延长,但延长不得超过12个月。工伤职工评定伤残等级后,停发原待遇,按照有关规定享受伤残待遇。工伤职工在停工留薪期满后仍需治疗的,继续享受工伤医疗待遇。生活不能自理的工伤职工在停工留薪期需要护理的,由所在单位负责。工伤职工已经评定伤残等级并经劳动能力鉴定委员会确认需要生活护理的,从工伤保险基金按月支付生活护理费。生活护理费按照生活完全不能自理、生活大部分不能自理或者生活部分不能自理3个不同等级支付,其标准分别为统筹地区上年度职工月工资的50%、40%或者30%。

(4) 工伤补助金规定。职工因工致残被鉴定为一级至四级伤残的,保留劳动关系,退出工作岗位,享受以下待遇:① 从工伤保险基金按伤残等级支付一次性伤残补助金,标准为:一级伤残为24个月的本人工资,二级伤残为22个月的本人工资,三级伤残为

20个月的本人工资，四级伤残为18个月的本人工资；② 从工伤保险基金按月支付伤残津贴，标准为：一级伤残为本人工资的90%，二级伤残为本人工资的85%，三级伤残为本人工资的80%，四级伤残为本人工资的75%。伤残津贴实际金额低于当地最低工资标准的，由工伤保险基金补足差额；③ 工伤职工达到退休年龄并办理退休手续后，停发伤残津贴，享受基本养老保险待遇。基本养老保险待遇低于伤残津贴的，由工伤保险基金补足差额。

职工因工致残被鉴定为一级至四级伤残的，由用人单位和职工个人以伤残津贴为基数，缴纳基本医疗保险费。

职工因工致残被鉴定为五级、六级伤残的，享受以下待遇：① 从工伤保险基金按伤残等级支付一次性伤残补助金，标准为：五级伤残为16个月的本人工资，六级伤残为14个月的本人工资。② 保留与用人单位的劳动关系，由用人单位安排适当工作。难以安排工作的，由用人单位按月发给伤残津贴，标准为：五级伤残为本人工资的70%，六级伤残为本人工资的60%，并由用人单位按照规定为其缴纳应缴纳的各项社会保险费。伤残津贴实际金额低于当地最低工资标准的，由用人单位补足差额。经工伤职工本人提出，该职工可以与用人单位解除或者终止劳动关系，由用人单位支付一次性工伤医疗补助金和伤残就业补助金。具体标准由省、自治区、直辖市人民政府规定。

职工因工致残被鉴定为七级至十级伤残的，享受以下待遇：① 从工伤保险基金按伤残等级支付一次性伤残补助金，标准为：七级伤残为12个月的本人工资，八级伤残为10个月的本人工资，九级伤残为8个月的本人工资，十级伤残为6个月的本人工资；② 劳动合同期满终止，或者职工本人提出解除劳动合同的，由用人单位支付一次性工伤医疗补助金和伤残就业补助金。具体标准由省、自治区、直辖市人民政府规定。

工伤职工工伤复发，确认需要治疗的按照《条例》的规定，享受相应的医疗、差旅、配置辅助器具、工资福利等方面的待遇。

职工因工死亡,其直系亲属按照下列规定从工伤保险基金领取丧葬补助金、供养亲属抚恤金和一次性工亡补助金:① 丧葬补助金为6个月的统筹地区上年度职工月平均工资;② 供养亲属抚恤金按照职工本人工资的一定比例发给由因工死亡职工生前提供主要生活来源、无劳动能力的亲属。标准为:配偶每月40%,其他亲属每人每月30%,孤寡老人或者孤儿每人每月在上述标准的基础上增加10%。核定的各供养亲属的抚恤金之和不应高于因工死亡职工生前的工资。供养亲属的具体范围由国务院劳动保障行政部门规定;③ 一次性工亡补助金标准为48个月至60个月的统筹地区上年度职工月平均工资。具体标准由统筹地区的人民政府根据当地经济、社会发展状况规定,报省、自治区、直辖市人民政府备案。

8. 监督管理。为了保证工伤保险的正常运行,《条例》对工伤保险的监督管理作了如下规定:工伤保险经办机构具体承办工伤事务。劳动保障行政部门依法对工伤保险费的征缴和工伤保险基金的支付情况进行监督检查,并要定期听取工伤职工、医疗机构、辅助器具配置机构以及社会各界对改进工伤保险工作的意见,对有关工伤保险违法行为的举报及时进行调查,按照规定处理,并为举报人保密。此外,《条例》还规定财政部门和审计机关依法对工伤保险基金的收支、管理情况进行监督,工会组织依法维护工伤职工的合法权益,对用人单位的工伤保险实行监督。

9. 法律责任。《条例》对用人单位不按规定参加工伤保险、工伤鉴定机构的违规行为、工伤保险经办机构的违规行为、劳动保障行政部门的违规行为,以及用人单位或个人挪用工伤保险基金、骗取工伤保险待遇的行为所应当承担的法律责任等制定了具体规定,对构成犯罪的追究刑事责任。

四、工伤保险制度的完善

综上所述,《工伤保险条例》的颁布,表明我国工伤保险制度的建设进入了体系化、规范化的新发展阶段。与 1996 年颁布的《试行办法》相比,该《条例》在许多方面取得了突破,如进一步扩大了覆盖范围,对医疗待遇进行了调整,加强了工伤医疗管理的具体规定。《条例》颁布后,我国的工伤保险事业也有了新的发展,表现为:(1) 参保人数,从 2004 年初《工伤保险条例》实施时的 4575 万人,增加到 2006 年 11 月底的 1.003 亿人,在 3 年时间里净增 5455 万人。(2) 农民工参加工伤保险人数增加,成为工伤保险参保人数增加的主力。在《条例》颁布后,2004 年 6 月,劳动和社会保障部又颁布了《关于农民工参加工伤保险有关问题的通知》,要求各级劳动保障部门切实维护农民工的权益,农民工参加工伤保险"认定难、赔付难"的困难局面逐步得到改变。截至 2006 年 11 月底,农民工参加工伤保险人数达 2473.4 万人,与 2005 年底相比增加 1221.6 万人,增幅 97.6%,占 2006 年新增参保人数的 78.7%。(3) 获保障人员大幅度增加。截至 2006 年 11 月底,全国享受工伤保险待遇人数共计 71.5 万人,与上年度同期相比增幅 27.3%。其中享受伤残待遇的有 54.8 万人,与上年同期相比增加 11.3 万人,增幅 26.1%;享受职业病待遇的有 4.8 万人,与上年同期相比增加 0.75 万人,增幅 18.4%;因工死亡人数为 10650 人,与上年同期相比增加 1499 人,增幅 16.4%。享受供养直系亲属待遇的有 10.9 万人,与上年同期相比增加 3.1 万人,增幅 40.2%。[①] 以上数据说明,伴随严峻的安全生产形势和工伤保险覆盖范围的扩大,得到工伤保险保障的人员也在大幅度增加。(4) 储备金体系基本确立,工伤保险基金抗风险能力增强。储备金是工伤保险的一项具体制度,其目的是为了应对工伤事故发生的不确定性,保证重大工伤事故特别是重特大群死群伤事故突发时工伤保险待遇的及时支付,避免基金支付风险。截至 2006 年 11 月底,有 22 个省份建立了储备金,总额为 5.9 亿元。

---

① 向春华:"参保破亿:工商保险翻开新篇章",《中国社会保障》,2007 年第 1 期。

然而在成就面前我们也应该看到不足。当今国际工伤保险事业发展的主流是在工伤保险运行体系中实施积极的工伤预防,我国近年来工伤事故的发生率居高不下却与此形成鲜明对照。据不完全统计,我国每年因各种事故导致非正常死亡的人数高达10多万人,工伤致残也有几十万人,另外还累计有50余万的职业病患者。我国有50多万个厂矿存在不同程度的职业危害,实际接触粉尘、毒物和噪声等职业危害的职工有2500万人以上。按照国际劳工组织专家的估计,我国每年职业伤害带来的经济损失约为国民生产总值的2.5%~4%,而职业伤害给劳动者及其家庭带来的痛苦和困境更是不言而喻的。

工伤保险的基本功能分四个层次:第一个层次(即最低层次)是工伤补偿(Expiation);第二个层次是工伤救治(Cure);第三个层次是职业康复(Healing);第四个层次(即成熟层次)是工伤预防(Prevent)。人类为抵御职业伤害而建立工伤保险制度,其100多年的历史清楚地表明,初期主要是用于赔偿,而今已走向要控制事故源头以预防为先。预防优先就是要以先预防、再康复、后赔偿的顺序链开展工伤保险工作。

其实,工伤预防正是《工伤保险条例》要强调的内容,所以被放在《条例》的第一条加以表述,不可谓不重视。问题是如何实施?条例上只见务虚的法律表述,尤其是对工伤保险的预防费用没有具体而明确的规定,致使工伤预防和安全生产在实际上难以落实。在我国经济高速发展的形势下,我们要一举扭转职业伤害严重的局面,以下三个方面的工作是特别值得重视的:

首先,要建立和完善工伤保险的费率机制。《工伤保险条例》第二章第八条第二款规定:"国家根据不同行业的工伤风险程度确定行业的差别费率,并根据工伤保险费使用、工伤发生率等情况,在每个行业内确定若干费率档次。"可见,工伤保险条例从制度设计上,意在通过行业差别费率和单位浮动费率机制,强化用人单位工伤保险缴费责任,实现以工伤保险费用与工伤发生率挂钩的形式来促进企业的安全生产。

问题是如何具体操作？工伤保险的差别费率与浮动费率是根据企业的职业风险和工伤事故与职业病的发生率，确定和调整企业交纳工伤保险的费率。通过费率的确定和调整，促进企业改善劳动条件，减少或降低工伤事故与职业病的发生、保护职工身体安全、健康。这就需要研究和制定工伤保险费率模式，其中包括科学确定风险费率的档次和浮动的级次；科学确定工伤保险费的平衡期和统筹地区内用人单位分摊费用的系数；建立工伤保险费收缴的计算数学模型。通过实施工伤保险差别费率和浮动费率，充分发挥经济杠杆作用，达到提高生产经营者的安全健康意识，加强职业安全与健康工作的目的。

其次，要建立工伤预防、教育、培训的机制。分析近年来工伤事故率和职业病发病率长期居高不下的情况，除生产技术、工艺落后，安全设施不完善等原因外，生产经营管理人员与从业人员的法律意识、劳动防护意识和职业危害意识不强也是一个重要的原因。据统计，有80%以上的工伤事故是人为原因造成的，多数是可以避免的。要改善这种状况，除加强职业安全健康监察工作外，有必要建立工伤保险宣传、教育和培训的平台。这种教育培训可采取工商保险基金支持，对受教育培训人员实行免费（如对高危作业人员免费发送宣传教育手册，提高他们的自我保护意识和工伤保险意识）。

第三，要提取合适比重的工伤保险基金用于工伤预防。例如，以工伤保险基金的支持，配合安全健康监察部门开展对高职业危害场所的监测和人员健康监护，从早预防、早改造、早发现、早治疗等的有效控制，防止和降低事故与职业病发病率，降低从业人员的伤害程度，从而也降低工伤保险基金的支出。再如，以工伤保险基金的支持，针对工伤风险较高的典型场所、典型工种、典型岗位制定科学的工作规范，以规范操作动作、规范操作频率、规范操作强度、规范操作重量、规范暴露程度，来加强职业危害的防范。

总之，建立预防机制是工伤保险走向完善和成熟的现代标志。

工伤保险应以"安全第一,预防为主"作指针,参照国际工伤社会保险的经验,主要以工伤保险的差别费率和浮动费率这一经济杠杆,辅以必要的行政手段,来建立有效的工伤预防机制。

第十章 社会福利

社会福利的思想渊源可以追溯到原始共产主义社会,那时即有了对鳏寡孤独者提供物质救助和相关服务的部落习俗。历史上,西方的社会福利与慈善事业和济贫服务同义。在 20 世纪以前,西方的社会福利是建立在自由主义、个人责任和私人善行基础上的行动,它为少数人提供服务。进入 20 世纪后,社会福利作为一种社会化的行为,在国家的干预下,成为各国国民能够普遍分享的一种或一类社会政策。它是继社会救助、社会保险制度普遍建立后,面向全体社会成员的、为提高其生活水平和质量的一项现代保障制度。目前世界上许多国家的社会保障制度都在不同程度上具有社会福利的性质。

第一节 社会福利概述

我们对社会福利并不陌生,不少人以为它就是工作单位的福利津贴和福利设施,或者把它等同于收养孤寡病残的社会福利院。到底什么是社会福利呢?

一、社会福利的涵义、特征与类型

1. 社会福利的涵义

福利(Welfare)一词,本义是幸福、美满。社会福利,按其字面含义和一般性理解,通常为改善全体社会成员物质、文化生活,提高其生活质量的代名词。由于人们在不同的层次上使用社会福利这个概念,因而对社会福利的定义就难以统一。从世界范围来看,

第一节　社会福利概述

社会福利的理解可分为广义和狭义两种：

广义的社会福利，是指为了改善和提高社会全体成员的物质生活和精神生活的各种社会服务及其措施。西方国家普遍采用这种大福利的概念，将社会保障包括其中。在美国流行的定义是：社会福利是为了保障个人以及集团成员拥有平均的生活水准和身体健康而提供的各项服务和有关制度的组织体系。在英国，社会福利被定义为"是为了保障全体国民的物质的、精神的社会最低生活水准而由政府和民间提供的各项社会服务的总和。"在日本，一些辞典常将"福利"翻译为"幸福"，但又将英语中 Welfare（福利）翻译成"厚生"一词。不过，1972年版的《日本经济白皮书》则明确提出"为生活提供便利就是福利"。但多数仍然采用大福利概念，或者灵活采用其他表达方式。在中国的台湾、香港地区，社会福利亦是一个大概念。如台湾的于宗先就认为广义上的社会福利应当包括医疗保健、国民就业、社会保险、福利服务、社会救助、国民住宅、环境保护等体系。[①] 香港也将综合援助、社会服务等均纳入社会福利范畴。

狭义上的社会福利，是指在社会成员因年老、疾病、生理或心理缺陷丧失劳动能力而出现生活困难时向其提供的服务及其措施。它是对社会保险制度的补充，如残疾人福利、妇女儿童福利、老年人福利等。

在我国，"社会福利"一词在制度规定和实际工作中有着不同的解释和涵盖范围。在制度规定上，我国的社会福利工作包括政府民政部门主管的那一部分社会福利工作和劳动部门主管的职工福利和补贴制度。从这一层面上，社会福利是国家、社区组织和企事业单位为满足各类社会弱者、遇到一定困难的社会成员或本单位职工的基本物质文化生活需求，提供或组织实施的带有福利性

---

① 于宗宪："台湾经济成长与社会福利"，载《中国社会保障体制改革》，经济科学出版社1999年版，第473～474页。

的服务保障和收入保障。因此,其含义和覆盖面较广。但它未涉及社会性的、为提高社会成员生活质量而兴办的广义的福利事业。在实际工作中,由于我国从建国初期就建立了"就业与保障直接合一"的行政性计划体制,只有企事业单位职工和国家机关工作人员享有职工福利和补贴待遇,而且"职工福利和补贴"一直作为专业术语与"社会福利"并列使用。因此,社会福利的含义就更狭窄。它专指为社会上不属于任何单位、不享受职工福利和补贴,由民政部门负责照顾的那一部分社会成员的福利工作。所以,在实际工作中,中国的福利机构主要是为"无劳动能力、无法定抚养人、无生活来源""三无"人员提供一种生活的保障或者服务的保障。这种社会福利区别于一些发达国家普惠型福利,我们经常把它叫做补缺型福利。其对象主要是三种人,第一种是老年人,第二种是孤残儿童,孤儿、弃婴或者有残疾的儿童。第三种就是残疾人。按目前理论界和政府部门的共同认识,把社会保障制度的内容界定为社会保险、社会救助、社会福利、优抚安置等方面,我国的社会福利是社会保障的一个组成部分,其含义属于狭义社会福利范畴。

但是,社会福利就其最基本的意义来说,是指国家或社会通过有关政策或立法,向全体社会成员提供的、旨在改善和不断提高其物质文化生活水平和质量的资金保障和社会服务。

2. 社会福利的特征

社会福利与社会保障体系的社会救助、社会保险相比,具有以下特征:

(1) 保障对象的全民性。社会救助是面向贫困者而设立的保障制度,其救助和保障的面相对来说比较小。社会保险是针对社会的劳动者及其家属而提供的、用于防范和化解其劳动和生活中可能出现的老年、疾病、失业、工伤、生育、残疾、死亡这七大人生风险的保险制度。社会福利则是为全体社会成员提供的、用以满足他们不断增长的物质和精神文化需求的带有很大经济福利色彩的保障制度,其保障对象具有全民性和无选择性。

(2) 保障内容的福利性。社会福利是由国家和社会团体为增进群众福利、改善国民的物质和文化生活条件而举办的公共福利设施、社会津贴、社区服务等等,而且这些福利是由国家或社会免费或优惠提供的。因此社会福利有"社会工资"的美称,特别是在英国及北欧福利型国家和社会主义社会的国家保障型制度下,社会福利已成为人们生活中不可或缺的"工资"的重要组成部分。

(3) 享受保障的无条件性。一般来说,社会福利的享受条件限制极少,最多是规定对该国或该团体的成员而设立。而社会救助的享受条件是享受人自己提出申请且要经过家庭经济状况的调查,在确认其生活状况低于社会贫困线后,才有资格享受社会救助。社会保险的享受条件是先参保且满一定的期限,达到一定的年龄或其他规定条件后,方能得到保险给付,权利和义务在社会保险中基本对等。

(4) 保障待遇的公平性和高层次性。社会福利待遇的给付和社会救助、社会保险均不相同。社会救助对贫困程度愈大者,给予的救助愈多;社会保险则对投保者参保年限愈长和投保额愈多者,给予的保险金也愈多;社会福利一般来说对所有享受对象给予公平的福利待遇,无论贫富贵贱均是同一享受标准。所以说,社会救助、社会保险和社会福利实际上是整个社会保障体系中由低到高、梯度递进的三个不同层次的保障项目。社会救助是对全体社会成员最低生活水平的保障,社会保险是对劳动者及其家属基本生活水平的保障,而社会福利是为全体社会成员物质和文化生活水平和生活质量的改善和提高而提供的保障,是整个社会保障体系中的最高层次,也是评价一个国家或地区社会文明进步程度的重要指标。

从国际社会来看,在现代社会生活中,尽管社会救助、社会保险和社会福利三层保障同时并存,但是由于经济发展水平及国情的不同,各国社会福利内容与范围有很大差别。毫无疑问,发展中国家的社会福利要达到如北欧国家那样的高层次和高水平,尚有待时日。所以着眼于发展趋势,我国民政部早在1986年就明确提出了社会福利事业要由"救济型福利"向"福利型福利"模式转换、由"纯供养型"福利方式向"供养与康复型"福利方式转换的基本方针。

3. 社会福利的类型

关于社会福利的类型,西方学者有不同的分类。被广义引用的社会福利理论经典作家哈罗德·威伦斯基提出的福利模式二分法,即社会福利的两种概念——剩余说和制度说。前者主张社会福利只是在正常的供给渠道(即家庭和市场)遭受破坏时才发挥作用,它显示的是对自由选择的价值承诺,要求解决的首先是社会失常现象和补充必要的普及性服务;后者则被视为正常的和第一线的危机预防系统,它强调社会福利优先解决普遍性的社会问题,补充以必要的补救性选择服务,从而在现代工业社会中有必然的重要性。另一社会政策专家蒂特马斯则区分了三种社会福利模式:一是剩余模式(亦称为补救模式);二是成就或成绩模式;三是制度性分配模式。其中第一、三种相当于威伦斯基的剩余说和制度说,第二种模式则将社会福利界定为经济的附属物,主张资源按成绩、工作表现和生产力来分配。不过无论是威伦斯基还是蒂特马斯,都不否认在现实社会中,福利领域的理论与实践其实是剩余模式与制度模式的混合。此外,也有人将福利制度分为福利国家模式、斯堪的纳维亚模式、社会民主主义模式、费边主义模式、马克思主义模式等。20世纪90年代以后,又有所谓的"第三条道路",其中也包含着有关福利改革的思想。

二、社会福利体系的内容

社会福利体系的内容比较庞杂,它一般包括除社会救助和社会保险以外的所有其他社会保障项目。按福利项目的具体内容,可分为:教育福利、住房福利、卫生福利、个人生活福利、各种社会津贴等;按享受福利的对象,可分为:妇婴福利、老年人福利、残疾人福利、儿童福利、青少年福利和单位职工福利；按福利的给付形式，可分为：货币形式（如直接补助贫困者一笔资金）、实物形式（如对贫困者提供大米、食油等生活必需品，或对残疾人免费提供假肢、助听器等）、服务形式（如对贫困家庭子女的免费义务教育、失业人员的免费培训、贫困家庭的免费或低费医疗救助、或是对特困家庭的无息贷款等）、带薪假形式（就是给予一定对象的假期福利，如对有突出贡献者的疗养或休养假、定期探视外地父母的探亲假及交通费报销制度、照料未成年子女的特别假期等）。

在我国，既有全体社会成员均可得到的社会津贴；也有以业缘关系为主的职业福利；还有以地缘关系享受的社区性福利及相关服务。此外，为特殊群体举办的社会福利事业和社会福利企业也属于社会福利体系的一个基本内容。

1. 社会津贴，又叫社会补贴。通常在两种情况下发放社会津贴：一是国家或政府为提高广大社会成员的生活水平、让国民分享经济社会发展的成果，而向其提供资金补助和物质帮助；二是政府在出台某项政策或改革措施时，为确保人们的生活水平不因实施这一政策或措施而下降，而对相关社会成员提供一定资金补助或物质帮助。前者如 1998 年，各地为使广大人民群众分享改革开放取得的成果，而对职工干部一次性发放的改革开放成果津贴（金额各不相同，江苏最高 500 元/人）。后者的情况在我国的各项改革中比较常见，如在城镇居民定量供应的粮油价格全面放开的同时，国家给予城镇户口居民一定的粮油价格补贴。再如，在进行城镇医疗保险"统帐结合"制度的改革同时，不少地方在个人按新方案交纳月工资 1% 的同时，单位给予同比例的补助。应该说明的是，社会津贴既有清晰可见的"明补"，如各种补贴制度；也有包含在某些消费品之中的"暗补"（如日本的大米补贴就是国家对城市居民的"暗补"）。日本人多地少，绝大多数农产品靠从美国进口。但日本政府从 60 年代以来一直对大米生产实行财政补贴——高价收购粮农的稻谷，低价把大米卖给城市居民。结果不但保证了日本大米的自给,而且还略有盈余,避免了对国外市场的过度依赖。

2. 职业福利,是一个行业或企业为了求的自身的稳定与发展,以业缘关系为基础,对全体职工普遍提供的保证一定生活水平和尽力提高生活质量的资金和服务项目。在我国,职业福利成为整个福利制度体系中十分重要的内容。其实施内容十分广泛,几乎包括职工生活的各个方面,如福利设施就有职工食堂、托儿所、幼儿园乃至小学、中学、浴室、理发室、电影厅、体育馆、阅览室等,有些大型工厂区就是一个社会的缩影。除了提供这些福利设施,职工的工资单上还包含各种福利津贴,如单位的书报费、交通补贴费、洗理费、老年人津贴、特种行业补贴等等。职业福利在我国各行业和单位中普遍存在,但享受福利待遇各不相同,部分单位的福利待遇水平高于工资,从而成为在职人员生活费支出中不可或缺的重要补助项目。这部分内容我们将在本章第三节中重点分析。

3. 社会福利设施,是指由国家、集体和社会共同设立的社会福利设施和举办的福利企事业单位和场所。社会福利设施一般包括福利院、精神病院、敬老院或光荣院、疗养院、托儿所、幼儿园、保健站、康复站及大众文体活动场所等。社会福利企事业单位除了上述福利设施的管理和实施单位以外,还主要包括为解决有劳动能力的残疾人就业而兴办的社会福利工厂,国家对其实行免税或税收优惠政策。这些有形的福利设施,使人们实实在在感受到国家和社会提供的福利,特别对社会脆弱群体来讲,更是其基本生活和身心健康的重要保障。

4. 社区服务,是通过社区资源的优化配置,为社区居民的物质生产和精神生活提供的各种福利与社会服务。社区服务的出现,一般认为以英国牧师巴涅特1884年设立"汤恩比馆"为标志,它是社会工作中的第一个社区服务中心。社区服务最初仅以帮助新移民及有特殊困难者适应环境为内容,以后才逐渐发展到为社区居民提供儿童日托服务、社区集会场所、图书馆、储蓄银行、社区俱乐部及各种娱乐措施等生活服务。这样,社区服务逐渐发展成针对社区居民中的共同需要,合理利用社区自身资源,充分动员居民自身参与活动,实现互助、自助的自我服务过程。社区服务最终要使社区重新成为一个具有多种服务功能的生活共同体。随着社区服务的发展,社区服务开始组织化,在工业国家中形成了社区组织运动。社区组织强调社区是一个整体,从而要求把原先分散的由各种机构、人员所进行的社区服务统一起来,由政府和专门机构主持,并使社区服务走向科学化和专业化。从社区服务形成和发展的过程来看,社区服务以社区为工作对象和范围,从原先单纯的救济福利发展到以提高社区全体居民的生活质量为内容。在工作方式上,社区服务变分散的、消极的居民受助者到有组织的、积极的自助与互助,变被动的接受他人服务为主动地自我服务,充分强调了居民自身的参与和社区资源的利用。作为以社区为单位组织的区域性社会福利服务,社区服务主要表现为以下几个方面的特征:(1)自助互助性。社区服务主要不是依靠政府,也不是依靠外部资源,而是以社区居民的公共需要、共同需要、集体需要为出发点,从本社区的实际出发,最大限度地开发和利用本社区资源,解决居民社会生活中的问题。(2)广泛性。体现在居民参与的广泛性和社区服务内容的广泛性上。(3)持续发展性。社区服务针对不同对象,实行有偿、低偿、无偿等不同服务方式,在实现社会效益、经济效益并重的前提下,依靠服务收入提供的服务资源,进行自我循环,不断扩大服务领域和服务规模,实现自我生存和持续发展。

第二节 世界社会福利进程及其经验教训

一、世界社会福利进程

世界的社会福利事业,经历了从剩余型到制度型再到发展型的三个不同的发展阶段。最初的社会福利是针对穷人而提供的有限的慈善性质的物质援助，是"专为社会弱者服务"的剩余型社会福利。20世纪初，以英国学者韦布夫妇为代表的费边社会主义者认为，劳动者的生活状况和福利待遇应随着社会的进步而得到较大的改善，他们在得到疾病、伤残、失业、老年等保险后，婴幼儿的诞生、健康成长及其教育等方面也应得到政府和社会的关心和资助。政府采取相关的福利政策，会使国民普遍在心理上拥戴政府。20世纪20年代，英国福利经济学的创始人庇古提出通过收入均等化来实现增进全民社会福利、增加国民收入的目标。

20世纪30年代资本主义国家因世界性经济危机而普遍陷入大萧条，被动的剩余社会福利根基开始动摇，制度型社会福利思想逐渐占了上风。二战结束后，英国率先按照"贝弗里奇报告"建成了"福利国家"（具体福利内容请看第四章）。其后，瑞典、法国、丹麦、挪威、联邦德国、奥地利、比利时、荷兰、瑞士、意大利等许多发达资本主义国家，纷纷以建设"福利国家"为努力方向。特别是瑞典，战后几乎把国民生产总值的2/3用在了建设"福利国家"上，并以其项目全、范围广、标准高的社会福利制度体系而成为"福利国家"的橱窗。但是，由于经济发展时有起伏，加上福利本身的刚性特征，20世纪50年代至70年代初过度发展的社会福利，到70年代世界经济滞胀时，"福利国家"普遍出现了财政危机，患了"福利病"。具体表现为：

（1）充分就业政策难以实现。实现充分就业是福利国家的重要政策目标，也曾是特别引以为豪的社会成就，但这一成就在20世纪70年代中期以后遭到了毁灭性的打击。以瑞典为例，1981年瑞典的失业人数达到创纪录的10.8万人，占当年劳动力总数的2.5％。若加上隐性失业人口，瑞典1981年的总失业率达到5.5％。究其原因，高税收严重削弱了投资者的热情，影响了经济发展，就业岗位大量缩减，进而导致失业率上升。此外，福利国家净替代率过高导致了人们工作热情降低，产生了大量的自动失业人员。

(2) 收不抵支引发的财政危机。为使社会保障和社会福利得以维持,欧洲各国不得不消耗巨额的财政用于公共开支,而政府财政支出的过分增长造成了巨额财政赤字,这成了福利国家的通病。据统计,欧洲福利国家 1975 至 1980 年间公共开支占 GDP 的比重逐年上升:法国从 22.9% 上升到 25.8%,英国从 19.5% 上升到 21.4%,荷兰从 28% 上升到 30.7%。为弥补高福利所导致的巨额财政赤字,福利国家不得不大举借债,同时不断扩大货币发行量,造成了严重的通货膨胀以及人民实际生活水平下降的恶性连锁反应。

此外,高税收导致民众逃税现象严重。1978 年瑞典个人所得税最高边际税率达 88%,全部征税占 GDP 的比重达 65%。在这样的福利制度下,瑞典国民收入的相当部分被作为社会保障税和各种福利缴费加以扣除,税后所得仅能维持最基本的日常开支。高税收客观上导致了国民对福利制度的普遍不满和严重的逃税倾向。

(3) 人民不满与日俱增。社会福利制度无法解除失业给工人生活带来的困苦。通常,欧洲福利国家的失业保险津贴不到工人原工资的一半,而且实际上大多数失业工人领不到失业津贴,不少失业者只得依靠社会救济和领取施舍度日。据统计,1978 年法国的 100 万余失业者中有 45% 以上的人得不到任何补贴,15.7% 的人每月只能得到 450—500 法郎,略高于政府规定的最低保证工资的 1/5。此外,欧洲福利国家的社会保障对象近年来发生了很大变化,但传统的社会保障制度并没有做出相应的调整,仍以过去的产业工人为主,这进一步加剧了人们对社会的不满。

二、福利制度改革

面对危机,西方各个政治派别都提出了改革方案,试图寻找摆脱困境的新路径。其中奉行"第三条道路"的"新中派"推行的福利国家改革模式,既不同于传统的社会民主主义,也不同于新自由主义的福利模式。他们提出了一些颇有新意的福利制度理念（参见本书第一章第四节）。由于这一改革正在进行中，现在就得出"成"与"败"的结论，还为时尚早，但跟踪并分析福利国家的改革，既为我们研究当代西方福利制度提供了新视角，也可为完善我国的社会福利制度提供借鉴。

"第三条道路"的主旨是要改造福利国家，建设现代化的福利社会。其改革的指导思想是：

1. 变"福利国家"为"社会投资国家"。传统的福利国家是由国家提供普遍的社会保障，国家将个人的终身福利都包下来，形成"从摇篮到坟墓"的福利制度。这种福利制度推行的结果，使福利开支膨胀，福利支出的增长速度超过经济增长速度，政府财政负担沉重，只好被迫提高税收，而税收的增加又抑制了投资者和劳动者工作的积极性，使有些人宁可拿救济金度日，也不愿干低工资、高强度的工作。为医治这种"福利病"，"第三条道路"提出变"福利国家"为"社会投资国家"，变传统福利为积极福利，削减政府的作用，重新划定国家、社会和个人之间的权利与义务。"公民个人和政府以外的其他机构也应当为福利作贡献"，被看作是英国布莱尔首相的精神导师的安东尼·吉登斯提出了"社会投资国家"的概念，他将"社会投资国家"描述为："福利开支将不再是完全由政府来创造和分配，而是由政府与其他机构（包括企业）一起通过合作来提供。这里的福利社会不仅是国家，它还延伸到国家之上和国家之下。"在英国工党政府公布的《我们国家的新动力：新的社会契约》绿皮书中，提出新福利制度的八项原则，其主旨是，调整福利国家的基本任务，从提供普遍的社会保障向促进就业、帮助弱势群体的方向过渡，从社会福利的管理者向服务者过渡。

2. 权利与责任统一。几十年来，福利国家将个人的一切都包办下来，造成了公民对福利制度的依赖，并把享受社会和集体带来的好处看作理所当然，而将承担义务视为多余。"第三条道路"则提出，要重建工作的道德伦理，强调"不承担责任就没有权利"。责任是健全社会的基石,每一个人都要积极回报社会的关爱,为社会和他人承担义务,"有予有取",机会、权利共享,风险、义务共担。要创造一个人人为社会,社会为人人的国家。

3. 公平与效率兼顾。"新中派"在重建福利国家的过程中,并不是要抛弃"公平、自由和社会团结"这些欧洲传统的价值观,而是仍然坚持平等、自由的原则。但如何定义平等?"第三条道路"的倡导者吉登斯认为,平等就是"包容性"。"包容性意味着公民资格,意味着一个社会的所有成员不仅在形式上,而且在其生活的现实中所拥有的民事权利、政治权利以及相应的义务。"包容性也意味着获得机会,机会即获得工作,获得教育。"一个包容的社会必须为那些不能工作的人提供基本的所需,同时还必须为人们提供多样性的生活目标。"在维护社会公平的前提下,也要利用市场竞争机制,改革公共服务,使效率最大化。

基于"第三条道路"改革福利国家的理念,西、北欧各国都对社会福利制度进行了不同程度的改革:

(1) 促进就业,扶助弱势群体。传统的福利国家造就了一大批能工作而不工作的懒汉,使失业率上升,经济效率下降。英国布莱尔政府在促进就业方面,强制那些能工作而不工作的人去主动工作。政府在发放社会补贴时,将"寻找工作"作为必要条件。为了扩大就业,政府给雇佣新职工的私人企业以资金补贴。在1998年颁布的绿皮书中,向失业者提供四种可供选择的就业和培训机会:到由政府提供补贴的私人企业谋职;到非盈利性的公益机构和自愿组织谋职;到环保部门谋职;取消享受政府津贴的资格。瑞典政府为促进就业,将"愿意就业"作为享受福利的基本条件。失业者必须参加就业培训,才能领到失业救济金。1994年,美国克林顿政府颁布了《工作与责任心法案》,实行"工作替代福利"的改革。有的州提出"要工作不要福利"的口号。还有的州要求就业者在寻找工作的过程中,至少应与12个雇主取得过联系,意在促使人们积极找工作。对弱势群体,政府采取一系列措施。如英国政府对弱势群体增加工资，实行 10% 的所得税率。德国政府提高个人所得税的起征点，由 1986 年的 4213 马克，升至 1990 年的 5670 马克，到 1996 年的 12096 马克，1999 年又升至 13068 马克。起征点的提高，意味着有众多的低收入阶层可以免缴个人所得税，这对防止贫富差距拉大具有积极意义。

（2）发展教育事业，加大教育投资。经济全球化和信息科技的发展，对劳动者提出了较高的职业技能方面的要求。为适应这一变化，西、北欧各国都加大教育投资，增加就业培训，提高劳动者的劳动技能。布莱尔政府不断提高教育投资占 GDP 的比例，由保守党时期的 4.6% 提高到 5.1%，2006 年达到 5.6%。在就业培训方面，1999 年英国有 15.9% 的工作年龄的人接受了岗位培训，接受培训的年轻就业者的人数是年长者的 2.5 倍。为推动"终身学习"战略，政府建立了个人学习账户，并与企业沟通合作，企业在招收新雇员时，可向政府申请职业培训费。德国政府新的改革方案规定，企业必须提供培训岗位，否则向其征收培训费。

（3）社会福利实行国家与私人并举。目前，西方国家普遍进入了老龄社会，在职人员与退休人员的比例达 3∶1，预计 30 年内将达到 3∶2，养老金开支入不敷出，改革势在必行。"第三条道路"摈弃了完全由国家提供保护或完全由私人提供保护的做法，允许私人机构介入，引入竞争机制。英国新工党政府继续保守党的改革，调整养老金负担结构，由国家、雇主、个人三方共同承担，建立以公共——私有伙伴关系为基础的多元福利结构，采取公私混合的保险制度，为那些没有职业养老金的人提供"风险共担养老金"。

通过上述措施的实施，福利国家改革取得了明显的成效。改革成效最明显的是布莱尔政府。自 1997 年执政以来，英国经济持续增长，年增长率在 2% 上下浮动，位居西方工业国家前列。英国失业率也明显下降，为 25 年来最低。历史上年轻人长期失业率高达 35 万人，现在降到 5000 人。单身父母就业率也是历史上最高的。目前英国的失业率低于德、法、美、日等国。通过养老金制度改革,目前英国的养老金开支仅占 GDP 的 5%～6%,大大低于欧盟其他成员国。个人养老金储蓄账户的建立,又降低了国家未来对养老金支出的负担。但工党政府在医疗改革方面却成效甚微。在医疗改革方面,政府投入了大量的人力物力,预计从 2003—2008 年的 5 年间,每年医疗投入增长 7%。但医疗服务状况并未从根本上改善,让英国人难以忍受的漫长的手术排队时间仍然在半年到一年以上,公众对公共服务最不满意。按照布莱尔的改革设想,要对医疗体制进行结构性调整,给医院以更多的自主权,允许私人医院参与,引入竞争机制。但这一改革设想首先遭至本党的反对,支持布莱尔主张的卫生大臣米尔本受到各方面的压力,被迫辞职。

美国现有的社会保障体系是美国前总统富兰克林·罗斯福在 1935 年创办的,被称为是美国历史上受益面最广、最受欢迎、最成功的政府公共工程。但在越背越沉重的社会保障财政赤字面前,1996 年,克林顿政府颁布了《个人义务和工作机会协调法案》,这被称为"美国福利政策的历史性转折"。新法规定从前单纯依赖福利生活的美国公民将不再享有这种权利,他们必须要走向社会,取代福利金的是政府在 50 个州分别建立起来的就职计划,用以帮助那些需要自己养活自己的穷人找到工作。这一举措打破了许多美国人原本平静普通的生活,让身处其中的每个人重新面临社会的选择。在美国,其实民主党和共和党都同意"心照不宣地终结某些福利"。布什在其开始第二个总统任期的国会演讲中大声说:"在 20 世纪,社会保障是一个巨大的道德胜利,在新世纪,我们仍要尊重它的伟大目标。但按照目前的方式,这个体系正走向破产。"1994 年,美国福利系统的负荷达到最高峰,为 510 万个家庭。十多年过后,现在只有 190 万个家庭还能获取现金福利,其中三分之一的家庭是有符合福利条件的儿童。当然,围绕着这项法案的辩论和矛盾在美国从来就没有停止过。大部分失去福利保障的妇女从事着低收入、简单的工作。那些背负着精神病、药品依赖和犯罪记录的人无法轻松地转变自己福利接受者的身份。"他们变成有工作的穷人!"福利专家大声疾呼。

法国若斯潘政府在增加就业方面成绩比较突出。通过反就业歧视法、"青年就业"措施等，增加了就业岗位，也减少了失业率，到2001年，已将失业者减少到214万，比1997年希拉克上台执政时减少了近100万。此外，社会保障资金的巨额亏空得到填补，1996年法国社会保障资金亏损540亿法郎，经若斯潘政府的几年努力后，达到略有节余。以往令法国人骄傲的高福利制度现在正成为制约法国前进的"阻力"，但改变它的风险是很大的，2006年初，法国爆发的大规模学潮就是例证。

瑞典是福利国家的橱窗，其福利制度改革与英美等国不同，它偏重于"社会投资"。2006年10月赖因费尔特的中右联盟上台执政伊始，就对本国的的失业保险计划进行了改革：增加保险费，减少福利，以提高鼓励人们的工作积极性。2007年4月，随着万哈宁领导的新中右政府获得任命，芬兰成为向右转的最新一个北欧国家。甚至芬兰新政府的计划也与赖因费尔特的计划极为相似：实行一系列减税措施，强调芬兰人要回去工作。瑞典在前社民党取消遗产税后，宣布了取消财富税和财产税的计划。万哈宁则呼吁芬兰在2011年之前要减税大约20亿欧元。

从以上改革可以看出，发展型福利的新思路为社会福利退出"死胡同"开辟了发展空间。发展型福利是以人的全面发展为内涵的新型社会福利思想，即营造一种与社会经济发展相一致的、公平合理的、促进社会可持续发展的社会福利制度，强调以人为中心设计社会福利制度或计划，以社区为立足点和出发点，发动和鼓励所有社会成员积极参与，挖掘自身潜力，实现人生价值，追求生活质量。

三、域外借鉴

如上所述,20世纪90年代以来,西方福利制度的改革在取得进展的同时也遇到了不少难题:

(1) 普选制对福利国家改革的制约。欧美各国均实行政治普选制,赢得选民的支持是稳定执政地位的保证。二战以来建立的福利国家,使西欧各国民众享受福利制度的实惠已有50余年,社会福利已成为西、北欧各国民众社会生活的一部分,已被理解为"与生俱来"的一种权利。因此,大幅度削减福利,民众难以承受,也不会去承受。在竞选中,各政党为赢得选票,都向选民许诺,如何增加福利,改革社会保障。福利消费具有不可逆性。任何一个执政党在涉及大多数人的关键性的福利项目改革中,都不敢轻举妄动。执政党一旦做出较大的福利改革动作,马上就会失去选民的选票。瑞典北欧斯安首席经济学家埃克隆德指出:"在丹麦、瑞典还有现在的芬兰,保守派的态度非常明确:他们不会对福利国家制度进行重大改革。这也是他们能够得到选民支持的一个原因。"他还说:"他们答应进行某些改革,但是基本结构保持不变。"[①]

(2) 经济效率与社会公正的两难。经济效率与社会公正是个老问题。"第三条道路"理论的创立者试图在二者之间寻求平衡,达到完美。但现实却是鱼和熊掌难以兼得。"第三条道路"提出的"包容性",要包容所有政治派别和利益集团,满足所有社会阶层。但改革在本质上就是社会群体利益的调整,一项改革政策想达到所有阶层所有人都满意,是不可能的。能做到"帕累托最优",已是最理想的改革方案了。第三条道路试图取悦于所有的人,但它在制定政策的过程中常常发现自己处于进退两难之境:向右移动会疏远那些自我满足的选民,而向富裕者的妥协则将引起内部的分

---

① "北欧国家欲放弃高福利模式",《参考消息》2007年4月22日。

裂。由此看来,"第三条道路"的社会公正更多地带有理想化色彩。

从社会福利的世界发展进程和发展趋势来看,改革和完善我国的社会福利制度,至少有以下几方面值得我们思考:

首先,社会福利的推进要和经济社会发展水平相适应。不切实际的高福利不仅在发展中国家没有经济基础,而且在发达国家也同样难以实现。改革开放以来我国经济增长速度虽然较快,但可用于发展社会福利事业的资金并不充足。而且由于福利刚性的作用,人们对社会福利的需求总是等于甚至大于经济增长的速度。因此,一旦经济增长速度放缓,在职劳动者收入减少,社会保障事业的税源就会减少,整个国家的福利事业将会面临危机,这就决定了我国不能像欧洲国家那样建立大而全的社会保障制度。此外,我国是一个老龄化形势非常严峻的人口大国,人口老龄化将使劳动人口减少,而劳动人口的减少则会使税基缩小。所以我国在构建社会保障制度时应从国情出发,构建基础性的社会保障制度,切不可像欧洲福利国家那样包办一切。

其次,社会福利发展到今天,已进入一个全新的阶段。就社会福利的两大主要内容(福利津贴和福利服务)来说,资金保障已不象原来那样重要了,福利服务正在上升为制度的主体。因此,由专业化的社会福利服务团体来为社会成员提供广泛的服务,已经成为发达资本主义国家当代社会福利事业的一大特征。

目前,社会福利制度比较完备的国家,一般通过三个途径向全体社会成员提供社会福利:专业化的社会福利、职业化的社会福利和社区化的社会福利服务。专业化的社会福利是由一些非政府的社会福利团体负责向有关社会成员提供服务。这些社会福利团体又被称为志愿组织,它们在遵守法律的前提下,自行决定其服务内容和方式。团体的主要经济来源是政府的资助,政府除扮演"后台老板"的角色外,经常处于监督和评判的位置。由非政府组织组成的专业化的社会福利服务团体,在很多市场经济国家已是一个为社会所普遍认同的行业或职业,即"社会工作"。

职业化的社会福利是一种就业关联的保障制度,通常是雇主责任制的一个组成部分。在社会保障制度体系建立和完善的过程中,雇主所担责任不断加大。最初在工伤保险中负责对雇员工伤事故的全额赔偿,其后在雇员医疗、养老、失业保险中提供至少一半的资金保障。到社会福利制度建立后,雇主除承担前述保障责任外,还为雇员及其家属提供医疗保健服务、家属津贴、一般福利设施及有关服务。职业福利是企业吸引人才的重要措施,也是政府社会福利的有效补充。

　　社区化的社会福利服务是联合国倡导的社区发展理论的重要组成部分,也是更好地体现以人为中心的福利服务思想的一条通途。社区是人们生活的地方,它更多地融入了人们的情感。因此,在社区进行社会福利服务,有它得天独厚的优势,不仅不会使被服务者感到陌生与不安,而且还可节省大笔投资。举例来说,在传统的制度型社会福利制度下,孤寡残幼等应集中在老年公寓和残疾人福利院等社会福利设施中接受服务,除政府或团体要投入资金用于建立社会福利设施和提供其生活保障外,被服务者还要对所处环境有一个熟悉了解适应的过程,服务者和被服务者之间也存在一个人际关系协调的问题。如果不注意到这两个方面,接受服务者往往会因为没有获得安全感、信任感和归宿感而影响其身心健康。现在以社区为立足点,老年人可在原社区内养老,甚至还可在家养老。青少年娱乐活动、成年人继续教育、病残者医疗康复、老年人身心锻炼等需求均可在社区得到满足。

　　相对来说,我们国家的社会福利服务专业化进程相当缓慢,社会工作的专门人才奇缺。更要关注的是,到目前为止,还有很多人在思想上没有意识到这一点,没有把社会福利服务作为一个专业、一种职业。党的十六届六中全会《决定》提出,要建设宏大的社会工作人才队伍,这充分说明社会福利服务及其专业化对于构建和谐社会有着战略性的重要意义。

　　第三,社会福利的责任主体不完全是国家、政府或单位。社会福利的服务对象是全体社会成员,由国家和单位的"单打一"福利及其服务,不可能满足每个社会成员的多方面、多角度、多层次的福利需求。从国外的成功实践看,社会福利应发展成为责任主体多元化、资金来源多渠道、服务体系多层次的新型保障制度。把上述三种社会福利融合起来,以社区化的社会福利为出发点和落脚点,融入专业化的社会福利服务,并与职业福利紧密结合,社会福利事业设定的目标——为全体社会成员物质和文化生活水平和生活质量的改善和提高而提供保障——才能得以很好地实现。

第三节　中国社会福利制度的改革及其发展方向

一、新中国社会福利制度的形成

新中国最初的福利事业单位,是在接收并彻底改造旧中国的一些宗教慈善团体和救济机构基础上成立的。建国初期,主要通过成立社会福利院、敬老院、儿童教养院等,收养当时无依无靠无生活来源的"三无"鳏寡老人和孤残儿童。其后,随着社会主义建设步伐的加快,职工福利得到了快速发展。1950年6月出台的《中华人民共和国工会法》规定,工会有改善工人、职员、群众生活与物质文化生活各种设施的责任,各级政府应拨给工会必需的房屋与设备,作为工会办公、会议、教育、娱乐及举办集体事业等用。1954、1955年全国总工会女工部两次召开全国重点城市托儿所工作会议。1956年,教育部、卫生部等联合就积极发展托儿所、幼儿园问题作出指示。1957年国务院《关于职工生活方面若干问题的指示》,对职工住房问题、上下班交通问题、职工生活必需品供应及生活困难补助等问题作了明确规定。

到1957年,全国的社会福利事业有了长足发展,城镇企事业单位的职工福利日益向"小而全"、"大而全"的方向迈进。职工食堂、浴室、理发室、哺乳室、托儿所、幼儿园、工人疗养院、俱乐部、图书馆等集体福利设施一应俱全,职工福利津贴也占有一定的份额:当年全民所有制职工的劳保福利费占职工工资总额的18%。残疾人的社会福利也被提上议事日程,国内一些大城市相继开设了以安置盲哑聋残人为主的教学工厂,也就是我们今天社会福利企业的前身。部分残疾人迈出了自食其力的步伐,社会地位有所提高。

1958年下半年,由于"左"的思想干扰,社会福利项目和实施范围盲目扩大,公共食堂、托儿所等集体福利设施降低标准一哄而起,部分企业的福利待遇偏高,脱离了当时的实际,造成了较大程度的浪费。随之而来的严重自然灾害又使职工基本生活难以为继,党和政府为帮助职工解决生活困难,采取了许多措施。包括适当提高职工困难补助标准,开展农副业生产,改善职工食堂等,以使职工度过难关。1963年国家实行"调整、巩固、充实、提高"的八字方针,党和政府采取一系列措施增加社会福利投资,改善企业职工福利待遇。"文化大革命"开始后,社会福利事业和其他社会保障事业一样遭到严重的破坏。许多福利生产单位被撤消或被并入有关工业部门,福利设施被占用、合并、撤消。国家主管福利工作的机构处于瘫痪状态,政府举办的社会福利越来越少,各企事业单位承担的职工福利渐趋完善,形成"小企业、大社会"的职业福利格局。

我国传统的社会福利制度是一种典型的"中国式"福利制度。其特点是:

第一,它是一种奇特的混合模式。一方面,在传统福利制度中,国民福利在国家计划的控制下,被分割为财政价格补贴、民政福利和企业或单位办福利三大独立板块,三者之间既缺乏协调性,又缺乏稳定性。另一方面,企业或单位举办福利事务,缺少西方国家同类组织那样的自主性,完全听命于政府,真正独立运作的社会公共福利团体十分罕见。可见,中国的传统福利模式既非国外流行的社会化福利,也非西方福利多元主义模式或职业福利模式,而是一种奇特的混合模式,为世界上所独有。

第二,它是典型的城镇福利制度。按照传统福利制度的出发点与实施项目及范围,普遍化的社会福利仅仅表现为面向城镇居民的高福利,农村居民仅有少数无依无靠的"五保"对象被集中供养。在福利项目支出方面,占全国人口约20%左右的城镇居民占有全国财政性福利支出的95%以上的份额;而占全国人口75%以上的乡村居民的财政性福利支出不足全国福利性支出的5%。可见,尽管传统福利的水平并不太高,但就其项目与保障内容而言,对城镇居民确实既全面又慷慨,而对农村居民的福利保障则显得严重不足。

第三,它是典型的就业关联福利制度。传统福利主要是围绕着城镇就业劳动者设计的,且以企业或单位为本位实施。在这种模式下,城镇就业人口通过单位既可以获得工资收入,又可以获得诸如住房、教育、生活福利及享受集体福利设施等福利待遇,而缺乏就业人口的家庭或孤老残幼则只能享受最低的福利待遇。这种格局显然与工业化国家的社会福利实践截然不同。不过,由于计划经济体制能够保证企业或单位长生不死和城镇适龄劳动人口普遍就业,95%以上的城镇居民便通常能够享受到各种与就业关联的福利。

这种典型的"中国式"福利制度存在着以下一些的制度性缺陷:

1. 制度结构的独立板块状,与社会福利社会化的基本原则相背离。构成中国传统福利体系的价格补贴、民政福利、企业或单位福利,一直处于相互分割、自成体系、封闭运行的格局。这种格局不仅导致了经费来源单一、福利设施效率低下,而且养成了城镇居民的畸形福利观念,进而使居民与企业或单位之间形成了一种奇特的人身"依附"关系。

2. 工资分配与福利分配相混淆,导致政府与企业或用人单位的角色错位。由于传统福利制度以职业福利为主体,企业或单位便须依据国家政策对职工及其家庭的福利负全部责任,从而不可避免地要花费大量的人力、物力、财力来举办各种福利事业,其直接后果不仅是生产经营受到严重影响,而且只能选择低工资与多福利的混合分配方式。政府则因需要对企业的生死直接负责,也不得不强势干预企业的生产经营。在这种条件下,低工资构成多福利的前提,而多福利自然成为低工资的必要补充。工资分配与社会福利权益的混合,使企业办社会、政府办企业的角色错位问题成了计划经济时代的"中国病",迄今仍是阻碍国有企业改革并向现代企业迈进的重大障碍。

3. 实施范围的身份限制,表明了制度安排的非公平性。一是传统福利主要面向城镇居民,造成了城乡居民的不平等待遇;二是在城镇,有固定工作单位的职工及其家庭与没有固定工作单位或单位太小而无力建设集体福利的职工及其家庭之间,在福利权益及待遇方面的差距甚大,孤老残幼则仅能享受最低生活保障待遇;三是职业福利因有严格的身份限制,在干部与职工之间、国有单位职工与非国有单位职工之间乃至同一所有制类型单位之间,因经济能力的不同而事实上出现福利保障权益及待遇的差异,从而亦存在着非公平现象。

4. 资金严重短缺,福利方面供需矛盾十分突出。社会福利属于长期供给项目,但在传统福利制度下,政府每年用于福利方面的开支相当有限,企业因效益不良等亦对福利缺乏充足的投入,社会筹资渠道则处处受阻,所以导致了福利资金严重短缺,福利供需矛盾十分突出。以残疾人福利为例,全国有约6000万残疾人,其中有一定劳动能力的残疾人约2000万人,而通过各种形式就业的残疾人不到15%。

5. 职业福利严重异化,其主要表现在于:(1)性质异化。职业福利的本源职能是为企业发展战略服务,由企业根据自身条件、经济效益及人才竞争战略等来设置,但中国的职业福利却与企业或单位的发展无直接关系,从而是一种政府或社会责任的转嫁,是企业或单位的一种社会负担。(2)地位异化。职业福利在各国均仅充当社会福利制度的补充,而在中国却成了传统福利制度的主体,它覆盖着全国城镇95%以上的人口;职业福利在各国均只是对工资分配的一种补充,而中国的职业福利却与工资分配同等重要甚至超过工资收入。可见,传统的职业福利,无论是规模还是水平,在整个福利制度与企业或单位分配中的地位已经异化。(3)功能异化。职业福利最基本的功能,是激励职工努力工作并使生产效率得以提高,它带来的是企业与职工关系的良性循环;而中国的职业福利却是职工应当享受的法定权益,受益与工作好坏并无多少关联。因此,职业福利在许多企业或单位异化成滋生懒惰的温床。(4)影响异化。职业福利应当是企业或单位的内部事务,各国政府除强制推行社会保险制度和规定最低工资标准,对职业福利从不干预,因为职业福利只事关企业或单位的兴衰。然而,中国的职业福利却完全听命于政府,它所产生的影响往往超过企业或单位本身而变成一种社会公共事务,造成普遍的社会攀比心理,有时甚至酿成严重的职企纠纷。

综上可见,传统福利模式存在着严重的制度性缺陷,若不从根本上加以改造,便必然损害经济改革与整个社会的健康发展,同时也必然阻碍着中国的企业走向现代化、市场化。

二、中国社会福利制度的改革

中国实现改革开放政策,首先打破"大锅饭"和"铁饭碗"的制度,提出人民不要依赖国家集体,福利照顾不仅仅是政府的职责,而是人人有责。做法是福利提供、融资、管理采用多层次和多渠道的方式,让大众来参与。而这种"社会保障社会化"的中国社会保障制度改革的思路与西方国家所提倡"福利多元化"的理念非常接近,两者都反对国家包揽福利,肯定政府与非政府部门的责任,主张采用多元化和多来源的方法来解决保障问题。

20世纪80年代以后,随着我国经济体制改革启动和逐步深入,国家对原有的福利制度也进行了相应的改革。1984年11月,民政部在福建漳州召开了全国城市社会福利事业单位改革整顿工作会议。会议明确了"社会福利社会办"的城市社会福利事业指导思想:社会福利事业要从单一、封闭、国家包办的体制,转变为国家、集体、个人一起办的体制,面向社会,多渠道、多层次、多形式地举办各种社会福利事业;对年老病残的收养人员,不仅要解决他们的温饱问题,而且要丰富他们的精神生活,工作人员应摒弃恩赐想法,把收养人员当亲人,全心全意为他们服务;积极开展社会福利事业单位的康复活动,变单纯供养为供养与健康并重。为实现上述转变,会议提出要坚持三个结合:国家办和社会办相结合,发动和依靠社会力量办社会福利事业;孤老残幼的集中收养与分散照顾相结合,发动街道、厂矿、企业兴办集体性质的社会福利事业单位,开展群众性的包户服务活动,依靠集体和群众力量照顾分散在社会上的孤老残幼;新建的社会福利事业单位要中小型结合,以小型为主。漳州会议所明确的社会福利指导思想,为建设有中国特色的社会福利事业指明了方向。城乡各个社会福利院逐渐向社会开放,接收自费收养人员。1991年中国城乡各种社会福利院比1978年增加了300%,在院收养人员增加近250%。

1986年国家计委、民政部等联合发出《关于进一步保护和扶持社会福利生产的通知》,使社会福利企业也走上了社会办的道路。通知规定凡以安排残疾人就业为目的的社会福利企业,可享受税收减免优惠:安排残疾人占企业生产人员的比例超过35%的,免缴所得税。另外,企业发生亏损或利润低微,免缴产品税或增值税。从事劳务、修理、服务性行业的,免缴营业税;安排残疾人占生产人员的比例在10%到35%之间的,减半交纳所得税;新办福利企业自投产之日起,免缴一年所得税,等等。此后,社会办的福利企业快速发展,到1991年,全国社会福利企业比1979年增长了15倍。城镇中有劳动能力的残疾人就业率在50%以上,大城市达 90% 以上。当年由社会办的福利企业安置的残疾人就业数和企业产值均为民政部门办的福利企业的 5 倍。① 以残疾人教育、收养、就业等项目为主要内容的残疾人福利事业得到了前所未有的发展。

进入 20 世纪 90 年代,社会福利在立法保障、"社会福利社会办"、城镇职工住房制度改革和社区服务等方面取得了很大的进展。国家先后颁布了《中华人民共和国残疾人保障法》(1991 年 5 月 15 日起实施)、《中华人民共和国妇女权益保障法》(1992)、《中华人民共和国母婴保健法》(1994 年 10 月)、《中华人民共和国老年人权益保障法》(1996 年 10 月 1 日)。劳动部也出台了关于女职工劳动保护等的行政法规。针对特殊人群的社会福利项目如残疾人福利、妇女福利、儿童福利和老年人福利的实施有了法律保障。尤其是残疾人的福利事业有了前所未有的发展,残疾人的治疗康复和就业得到了有效保障,残疾人生活状况明显改善。据有关报道,到 1997 年底全国残疾人总数 6000 万,贫困残疾人 1372 万,比 1976 年底 1700 万的贫困残疾人数减少了 300 多万。民办福利事业开始起步,由个人自办或团体赞助协办的福利机构在一些大城市中出现,如老年公寓、民办托儿所、私立学校等。社会福利资金的来源上呈现多渠道、多元化。有奖募捐成为社会福利资金的重要来源。如到 20 世纪 90 年代末,江苏省已通过销售福利彩票募集社会福利资金 3.49 亿元,资助各类福利项目 6489 个。大量资金被用于城市社会福利院、乡镇敬老院、社区服务中心的新建、改建和扩建,资助福利企业技术改造,资助耳聋、白内障、小儿麻痹等患者的医疗康复等一系列福利事业。

城镇职工住房制度的改革起步于 20 世纪 80 年代。在计划经济体制下,职工住房作为特殊福利由国家或单位低租提供,耗费了国家大量的财政积累,还常常引起分房矛盾。邓小平同志最先提

---

① 唐钧:《市场经济与社会保障》,黑龙江人民出版社 1995 年版,第 122 页。

出出售公房、调整租金、鼓励个人买房建房的总体构想。从那时起,城镇职工住房制度的改革进程不断加快。1980～1985 年,开始试水公房补贴出售;1986～1990 年,推广把住房实物分配改为住房货币分配的"烟台经验";1991～1994 年,改变低租金和无偿分配住房,变国家单位统包的分房体制为国家、单位、个人三者合理负担的体制,并建立了住房公积金制度;1995～1998 年,城镇职工福利分房制度逐步完成向住房商品化机制的转换,住房实物分配制度全面停止。

进入 21 世纪后,社会福利制度的改革进一步加快。2000 年 4 月,广州全国社会福利社会化工作会议的召开在全国掀起了社会福利社会化的高潮。会议明确了发展我国社会福利事业的阶段性目标:到 2005 年,基本建成以国家兴办的社会福利机构为示范、其他多种所有制形式的社会福利机构为骨干,社区服务为依托,居家供养为基础的社会福利服务网络。会议也提出了社会福利社会化的总体要求:投资主体多元化、服务对象公众化、运行机制市场化、服务方式多样化、服务队伍的专业化与志愿化相结合。随后,民政部相应制定了一些配套办法,使社会福利事业改变了国家包揽、资源资金来源单一的状况,在政府的倡导、组织、支持和宏观管理之下,广泛动员社会力量兴办多形式、多层次的福利机构。目前,社会福利社会化仍然是我国福利制度改革的大方向。

综观改革 20 年来的中国福利制度,客观上已经发生了深刻的变化,迄今取得的成就包括:一是观念上的突破,即由政府或企业包办福利的传统已被打破,社会福利社会办的观念正在得到确立;二是福利结构的变化,如职业福利的地位归位,即职业福利项目被严格界定为由企业或用人单位自主开办,社区福利则日益引起重视并获得了相当程度的发展等;三是福利制度运行的变化,如政府办的福利院开始向一般民众开放,企业办的职业福利项目也经由承包等方式越来越多地走出原有的封闭,为社会福利社会化打下了初步基础;四是住房福利与教育福利改革取得了较大的成绩,如住房福利由过去的国家或单位包办走向房租补贴、集资建房、无息贷款、公积金及廉租房、经济适用房等多种形式,再如义务教育的福利性得到复归,2007年我国已在1.5亿农村中小学生中实行了免费教育,很快这一举措又将惠及整个城市地区;五是民间力量开始介入福利领域,如私人养老院等的出现,即是社会福利走向社会办的重要标志。所有这些,均为新型福利制度的确立奠定了一定的基础。

三、中国社会福利制度的重构

中国社会保障福利制度这些年来的创新成就虽然巨大,但是离其成熟和完善还相差甚远。党的十六届六中全会确定了构建和谐社会的新目标.,这意味着我国将进入社会福利制度重构的新时期。但从过往历史看,当人们在呼吁重构国家福利制度的时候,还需要对大量复杂的根本性问题进行权衡,这包括:

1. 公平与效率的兼得

回顾中国改革开放历程不难发现,过去20多年的发展思路和政策指向,实际上更突出效率优先,强调发展速度,鼓励一部分人先富起来、部分地区率先发展。这对于推动中国从计划经济向市场经济转型起到了历史性作用,应予以充分肯定。但是,随着近年中国经济社会发展进入新阶段,越来越多的转型与发展问题,不断提醒我们必须对效率与公平的关系进行调整。当前中国的人均GDP接近2000美元,基尼系数高达0.465,贫富差距存在进一步拉大趋势,正进入矛盾凸显期,社会利益关系更趋复杂,社会矛盾和问题呈现多发、多样状况,调处不好很可能导致经济发展波折、社会矛盾激化。因此,从构建社会主义和谐社会的更高层次目标上看,需要对目前的社会福利制度加以重构。

但在制度设计时,政府、学界及民众需要汲取历史教训,对原则及方向深思熟虑,做出明智的公共选择。欧洲国家的福利制度固然相对公平,弱势群体成员的基本生活得到保障。但是,国家试图进一步用福利制度进行收入再分配,扩大了政府对经济、社会乃至个人生活的干预与控制,导致个人责任意识削弱,家庭与社区解体,政府财政负担沉重,趋向于不断加税,政府规模膨胀也浪费社会资源。

如此看来,虽然人们常讲"鱼和熊掌难以兼得",但要营造一个公平、和谐、稳定的社会环境,又要确保社会与市场的活力,在公平与效率的关系上唯有实现两者"兼得"和"共赢"才行。北欧社会福利国家的福利是从"摇篮"到"坟墓",现在带来一个大问题,上去了下不来。在推进社会福利事业的进程中,我们一方面要学习北欧国家多少年来已经形成的好的制度、好的方式,但同时,我们也要注意他们现在社会福利过于超前带来的一种包袱,避免落入"福利陷阱"。

2. 社会福利外延的扩展

过去中国的社会福利区别于发达国家普惠型福利,曾经是一种补缺型福利。转型期我们试图通过责任分担的"社会化"模式来实现"低水平、广覆盖"的目标,在扩大受益者范围的同时也降低政府的财政压力和企业的经济负担,从而使更多的投入能转向经济建设方面。

从"低水平"方面看,由于改革后的制度从原有的"高福利"模式转向了"适度保障"模式,政府的财政压力确实得以缓解,但这是以劳动者的社会福利平均受益水平相对下降为代价的。所以,未来走向惠及全民的福利体系,将不能不顾及社会保障的刚性,避免上去后再下来。从"广覆盖"方面看,扭转城乡福利供给严重失衡的局面是重构国家福利制度要破解的最大难题。其实其难度现在并不在于国家的伦理责任方面(因为和谐社会的建构已突出了党和政府对公平正义的价值关怀),而在于福利供给对福利财政及福利投入的高度依赖。扩大覆盖面不应该导致过高的社会福利开支。过高的社会福利开支,最终将通过各种税收转为生产成本,而生产成本的提高,必然影响国家和企业的竞争力。

在未来二三十年里中国将经历继市场经济转型以后的又一个重大的社会经济转型,即城市化转型。而我们过去的社会保障改革基本上没有考虑到农村劳动力向城市的大量转移和快速城市化转型的要求。这样一来,虽然改变"城乡二元社会保障结构"乃长期目标,不能急于求成,但近期内先制定惠及"农民工"和"失地农民"的福利政策应该是可行的一种选择。未来快速城市化所伴随着的乡城移民浪潮将可能对目前的社会保障体系形成巨大的冲击,迫使城市社会福利再次进行制度重构。

3. 职业福利的分化

中国社会福利发展最为艰难的一步,曾经是按照市场经济的要求和社会福利与职业福利的职能差异来分化传统的职业福利,使具有社会职能的一部分传统职业福利通过从企业或单位中剥离而复原为社会化福利,而让另一部分符合企业或单位发展战略的职业福利真正成为企业或单位内部激励机制的有机组成部分。但是这并不意味着职业福利从此就不重要了,那种将提高职业福利与遵从市场经济规律对立起来的观点实际上也是错误的。现在在欧美等发达国家,职业福利作为企业或用人单位增强凝聚力、吸引人才、提高工作效率的重要手段,越来越受到重视,职业福利也被细化到诸如提供工作用餐、带薪休假、为直系亲属提供医疗保险甚至洗牙、配眼镜等非常人性化具体事项上。关键在于这些职业福利项目不是政府干预而是企业或用人单位自主开办的。因此为根治传统弊端而要将劳动者与企业或用人单位的关系简化为单纯的劳动工资关系,这种观点是不科学的。如果说目前中国社会福利的"广覆盖"还不得不依托于"低水平"的话,那么职业福利的补充性功能就是不可缺少的。只要提高职业福利是企业或用人单位自主选择的行为,就不应该受到限制,相反在舆论上应得到鼓励。

4. 社会福利的立法

社会福利立法是支撑社会福利政策主体最主要的平台,也是社会福利政策的主要依据。中国在社会福利法制建设中已经走出了自己的路子,相继颁布了《残疾人保障法》、《老年人权益保障法》、《妇女权益保障法》、《母婴保健法》、《未成年人保护法》、《收养法》等有关社会福利的法律,为社会福利制度的转型提供了政策上的依据。但是,过去由于中国社会福利改革过多地受到经济改革的牵制,社会福利成为解决经济改革中出现的社会问题的载体,因此,社会福利立法不得不紧紧跟随经济改革的动向而变动,出现了法律规范过大、过于概念化以及系统性欠缺等问题。

比如《老年人权益保障法》,此法虽然对老人的政治权益、生活权益保障进行了理念上的概括和制度上的规范,但是对老人最需要解决的经济保障、医疗保障以及福利服务保障的内容、权利和义务等未能够提出具体的规范和规定。在日本的《老人福利法》中,非常明确规定了在老人医疗费负担上医疗保险机构、政府、个人负担的比例,地方政府设置养老院的责任和老人根据收入状况、健康状况入住什么样的养老设施的规定等,具有很强的针对性和操作性。而中国现行的各分支领域法,大多缺乏这样的具有实质性内容的条款,因而今后将需要根据社会福利制度的发展加以修改和完善。此外,还可以考虑分别制定儿童福利法、社区福利法等具体分支领域的法律。①

5. 社会福利的资金供给

天下没有免费的福利,所有福利享受,其实都得有资金供给来加以保障。人人希望享有好的福利,但福利越好意味着税收越高和资金投入越多。要解决资金短缺这个困扰中国社会福利发展的关键问题,必须采取多元化的筹资策略,它包括:① 增加政府财政投入。一是对福利投入存量的结构进行调整,即让企业或单位内部原有的福利投入,通过税收或财政转移的方式,部分地转变为社会化福利的资金来源,这是从企业或单位包办城镇居民福利事

---

① 沈洁:"中国社会福利政策建构的理论诠释(之二)",《社会保障研究》,2005 年第 1 期。

务走向居民福利社会化的必要举措;二是动用经济增长带来的部分增量,即国家财政对福利事业的投入应随着经济增长和国家财力的增强而不断增长,让全体国民均能够分享到经济发展的成果。需要指出的是,改革 20 年来国家财政对福利事业的投入虽然绝对数在增长,而占 GDP 的比重却在持续下降,这种局面显然并不正常。如果能将企业或单位的福利支出全部或部分地转化为政府财政对福利事业的投入,并保证财政性福利拨款随着国民经济(如 GDP 或财政收入)的增长而同步增长,则社会福利事业将会具有较为坚实的财政基础。② 动员民间资财。一是全面认识彩票的筹资功能,坚持并完善福利有奖募捐制度,并使之经常化、持续化。二是重视和引导社会捐献,有必要采取法制规范、政策驱动、舆论引导等多种措施加以促进。三是扶持民办福利事业,用较少的投入去吸引更大的民间财力,共同促进福利事业的发展。如对民办福利设施与慈善事业给予适当的财政投入,即能刺激民间兴办福利事业的积极性。四是充分利用志愿者力量,可以社区为本位加以推进,通过各种社区服务中心提供多种服务。③ 收费补贴。社会福利没有营利的目的,但并不等于是"免费午餐",因此除无依无靠、无生活来源、无抚养关系人等少数社会成员外,大多数社会成员在享受社会福利时均可承担一定的缴费义务。如养老院在保证孤寡老年人得到收养的同时,可以积极创造条件对社会开放,并对有经济承受能力的收养对象收取相应的费用,以补充养老机构经费之不足。

在我国社会福利的财源构成中,集体投入一直占据了相当大的比重(参见表 10.1)。但是,集体投入属于国家财政投入,还是属于地方财政或者企业投入?其财源主体现在变得难以分辨。根据其他国家的经验,财源构成的形式,也是一种责权利分工的形式。比如在政府财源中,不仅有中央政府,还有地方政府、基层政府财源。与此相应的是中央政府向地方政府分权放权,给予地方政府一定的自治权力,包括地方特殊税收和一定的立法权力。中国在实现小政府和大社会改革过程中,必然会面临中央政府向地方政府分权、向企业和民间让权的问题,同时厘清集体投入的财源主体也势在必行。目前,集体投入和国家投入的体系在很大程度上仍然沿袭着计划经济时期的国家所有制和集体所有制生产组织体制。但是,现在生产组织的形式及其变动性早已今非昔比。任何改制、改组的发生,对集体投入的影响都将是直接的。鉴于这种情况,地方财政需要对其弱化的部分进行替代和补充。①

表 10.1 国家和集体投入资金比较

单位:亿元

项目	1985	1990	1995	1999	2002
国家投入	7.1	22.4	37.5	80.2	113.4
集体投入	14.7	22.4	42.3	60.5	68.6

资料来源:中国民政部财务和机关事务司《中国民政统计年鉴》,中国统计出版社 2003 年版。

6. 社会福利的社会化

20 世纪 80 年代,西方许多国家面临"福利国家"的危机,使得政府公共部门办理各种社会福利的模式受到了许多挑战与质疑,也因此提出了许多新的策略与方案,如去机构化(Deinstitutionalization)、去科层化(Debureaucratization)、市场化(Marketization)、商品化(Commercialization)、契约外包(Contracting out)及民营化(Privatization)、社区化(Communitization)等纷纷被提出来。这些主张都强调应当结合民间的资源与力量来实施各项社会福利方案,政府不应该是福利的唯一提供者;福利的责任应该由公共部门、营利部门、非营利部门和家庭社区等四个部门共同负担。②

---

① 沈洁:"中国社会福利政策建构的理论诠释(之二)",《社会保障研究》,2005 年第 1 期。
② 林闽钢:"福利社区化中的社区资源开发与整合探讨",《中国社会保障》,2002 年第 9 期。

在中国,社会福利社会化是对计划经济体制下国家包办社会福利制度的突破,特别是福利社区化目前已成发展趋势。一般来讲,福利社区化缘起于国家受困于福利资源的限制不能有效满足社会的多元需要,然而中国发展社区福利的契机主要却不是源于民众的生活需求,而是重点在于解决失业人员的再就业问题,作为一个开拓劳动市场的平台。固然,这可以作为一个切入的手段,用最快的方法解决人力、财力匮乏的问题,但今后对其进行社会化、专业化改革则势在必行。

另外,今后需要非营利组织在社区福利服务的提供上以及社区活力的激发上扮演重要角色。正如管理学大师杜拉克指出,政府必须面对事实:它确实不能做、也不擅长社会或社区工作。而非营利组织以其简朴、活力、效率与弹性,与政府部门合作互动,充分体现了其在社会或社区工作领域显著的功能。

7. 社会保障的责任主体

这些年来,我国在推进"社会福利社会化"的同时,也提出了"小政府、大社会"等口号,这些都反映了社会保障责任主体的观念发生了变化。政府社会保障改革的目标是要想要通过"社会福利社会化"的改革而形成"小政府、大社会"的格局。迄今为止,社会保障制度改革在"社会福利社会化"方面确实已经有了长足的进展,但仍然没有足够的证据证明已经形成了"小政府、大社会"的格局。事实上,政府仍然在很大程度上直接操控着社会保障和社会福利事务。民间社会服务组织的发育还很不完善。由于政府控制着社会福利资源,并且"民办官助"机制发展缓慢,导致民间社会服务组织严重缺乏必要的资源,因而很难形成"大社会"的格局。[①]

与此形成鲜明对照的是,有人认为倡导社会福利社会化就意味着政府可以"甩包袱"了,甚至淡化政府的责任,实行民进国退。实际上,建立中国特色的社会福利制度,完全由政府包揽不现实,

---

① 关信平:"论现阶段中国社会保障制度的转型与重构",2005 中国社会学年会论文。

离开政府的主导也是行不通的。

　　重构国家福利制度,我们必须始终坚持"政府主导与社会参与相结合"这个原则。中国的福利事业不能再走官督、官管、官办或官管企业办的老式道路。所谓政府主导主要是指在宏观的规划上、在政策的制订上、在资金的投入上,政府要发挥主要作用,而不是指政府包办社会福利。为此,实现政府职能的"归位"很重要,必须改革旧的行政体制与机制,剥离那些原本属于非政府组织应具备的社会职能。各种福利事务宜在政策的规范下,走官助民办、民办或公办民营、官民合办的道路。另外,目前中国大多数社会服务机构都是准事业单位性质,缺乏志愿服务的理念,缺乏效率,因此体制创新还需继续。

第十一章 社会优抚和安置保障

在全球社会保障体系中,除社会救助、社会保险和社会福利这三个共同的保障内容外,许多国家都有针对某类社会特殊群体而设的专项保障制度。常见的专项社会保障制度有:国家公务员的保障制度、军人保障制度及行业性和系统性的特殊保障制度(如铁路系统、民航系统等)。在我国,这一特殊的社会保障制度就是对军人的优抚安置保障,它是伴随着中国共产党和中国人民解放军的建立、成长而逐步形成和完善的。新中国成立后,党和政府一直非常重视这项制度的建设。作为一项特殊的社会保障制度,优抚安置保障与一般国民的社会保障有很大区别。

第一节 社会优抚和安置保障的历史发展

社会优抚和安置保障,是国家通过有关立法,对立法范围内的现役军人、退役军人及其家属提供优待、抚恤和安置,以确保他们的生活水平不低于所在地区人们的平均生活水平的一项具有褒扬性和优待性的特殊社会保障制度。社会优抚和安置保障两者相辅相成,合称优抚安置制度。

社会优抚和安置保障是一项古老的社会保障制度。早在原始社会中后期,就有了对战争残疾者及其家庭承担供养义务的规定。恩格斯在《家庭、私有制和国家的起源》一书中对"易洛魁人的氏族"是这样描述的:"一切问题,都由当事人自己解决,在大多数情况下,历来的习俗就把一切调整好了。不会有贫穷困苦的人,因为共产制的家庭经济和氏族都知道他们对于老年人、病人和战争残

第一节 社会优抚和安置保障的历史发展

废者所负的义务。"①据中国史书记载,周文王死后,姜子牙继续辅佐武王,激励军人为国效力,"凡行军吏士有伤亡者,给其丧具,使归而葬,此坚军之道也;军人被创即给医药,使谨视之,医不即治,鞭之"②。此后,单独对军人自身的伤亡保障逐渐惠及军人及其家属,保障内容也增加为给予军人生活、医疗保障和亲属免赋等方面。发展到今天,世界许多国家均有对军人及其家属这一群体的特殊社会保障制度。

我国现行的社会优抚安置保障制度是伴随着人民军队的建立和发展而逐步建立和完善起来的。早在第二次国内革命战争时期的1931年,中华苏维埃第一次代表大会上,就通过了《红军优待条例》、《红军抚恤条例》、《优待红军家属条例》和《优待红军家属礼拜六条例》。虽然当时苏区的条件极其艰苦,但上述条例的基本内容都得到了有力的贯彻落实。在区以下,成立了"优待红军家属委员会",颁发《红军家属优待证》。对缺乏劳动力的红军家属,由乡苏维埃政府组织人力帮助耕种,并可免征捐税;对战争中牺牲的烈士家属和因战致残、因战致病的退伍红军战士,发给抚恤粮和补助金。这些保障措施的制定和落实,对于壮大红军队伍、鼓舞军队士气、提高红军战斗力等都起到了积极的作用。抗日战争时期,优抚工作得到进一步的开展。许多抗日根据地制定和颁布了一系列优抚工作条例,如山东抗日民主政府发布了《优待抗日军人家属条例》、《抚恤抗日阵亡、荣誉军人特别条例》。1943年1月,陕甘宁边区政府发布《拥护军队决定》和《边区政府关于拥政运动月的指示》,确定1月25日至2月25日为边区拥军运动月。以后,每年的阴历正月,都要在各根据地普遍地举行一次大规模的拥军拥政的群众运动。这一良好的风尚一直延续至今。解放战争时期,解放区的优抚工作不断普及和完善。为保证革命烈士家属、革命军

---

① 《马克思恩格斯选集》第4卷,人民出版社1975年版,第92页。
② 刘国林:《中国历代优抚》,黑龙江人民出版社1988年版,第2页。

人家属的基本生活,由群众组成"帮工队"、"代耕组"和"服务组",帮助烈军属耕种土地。政府成立专门机构妥善安置革命伤残军人。春节期间,党政负责人到优抚对象家中走访慰问,在乡村群众大会上为烈军属设光荣席,等等。所有这些,不仅保障了优抚对象的生活,提高了优抚对象的政治地位,而且对夺取解放战争的最后胜利和建立新中国起到了非常重要的作用。

新中国成立后,社会优抚和安置保障工作向制度化、规范化迈进。1949年《中国人民政治协商会议共同纲领》规定:"革命烈士和革命军人家属,其生活困难者,应受到国家和社会的优待,参加革命战争的残废军人和退伍军人,应由人民政府给予适当的安置,使其能谋生立业。"根据这一规定,政府在1950年制定了《革命军人牺牲病故褒恤暂行条例》、《革命烈士家属、革命军人家属优待暂行条例》、《革命工作人员伤亡褒恤暂行条例》、《民兵民工伤亡褒恤暂行条例》、《革命残废军人优待抚恤条例》等五个条例。1954年1月,《内务部关于革命烈士褒扬抚恤及革命烈士家属优待问题的批复》,8月《中央军委、政务院关于抗美援朝无军籍工资制人员病、伤、残、亡优抚暂行办法》和1958年9月《内务部关于公安厅民警处工作人员因公牺牲、病故或者因公致残的抚恤问题的复函》等一系列优抚安置保障的法规政策的制定和贯彻实施,使优抚安置保障工作走上了规范化和制度化的道路。"十年动乱"期间,优抚安置工作未完全中断,但遭到了巨大冲击,一些优抚对象受到诬陷和迫害。

1978年以来,优抚安置保障工作通过不断完善,逐步走上法制化、社会化的新型社会保障之路。1984年通过了新的《中华人民共和国兵役法》,该法第十章对现役军人的优待和退役安置作了明确规定。同年,国务院、中央军委批转了民政部、总政治部《关于做好移交给地方的军队离退休干部安置管理工作的报告》,就部队离退休干部的待遇、住房、车辆和管理服务机构等都作出了具体规定。根据《兵役法》确定的原则,1987年国务院和中央军委颁布了

《中华人民共和国义务兵安置条例》,1988年国务院又发布《军人抚恤优待条例》,具体规定了对优抚对象各方面的优待措施。

进入20世纪90年代以来,随着国家经济和社会发展以及人民群众生活水平的普遍提高,原《条例》中的一些条款和内容,已不能涵盖和解决优抚工作中遇到的新情况、新问题。国家和军队开展了对传统社会优抚安置保障制度的改革,主要内容有:

(1)建立军人保险制度。传统的社会优抚安置制度表现为国家福利与军队的职业福利,没有社会保险性质的制度安排。改革后,为了更好地解除军人的后顾之忧,同时也保持与面向普通劳动者的社会保险制度的适应性,1995年3月,军队开始研究论证军人保险制度。1997年1月,中央军委决定建立军人保险制度。1998年7月中央军委制定了《军人保险制度实施方案》。1998年8月,由国务院、中央军委颁布的《军人伤亡保险暂行规定》在全军开始实行。2000年1月,又建立了军人退役医疗保险制度。2004年军人配偶随军未就业期间的社会保险制度正式实施。

(2)完善军人抚恤制度。针对传统军人抚恤制度存在的优抚对象抚恤保障标准长期落后于人民群众生活水平、医疗问题日趋突出、有的合法权益得不到有效保障等问题,1996年,民政部和总政治部开始对1988年制定的《军人抚恤优待条例》进行修订。2004年8月1日,国务院、中央军委颁布了新修订的《军人优抚优待条例》,这一条例于同年10月1日起实施,对老的抚恤制度做了重要的完善。新的条例不仅提高了抚恤金标准,而且确定了各项定期抚恤标准的参照依据,使抚恤标准弹性化;同时将义务兵和初级士官患精神病纳入评残范围;还调整了军人残疾等级的设置,把原来的"四等六级"改为"一至十级";明确了义务兵家庭享受优待金的范围和内容,增加了现役军人享受优待的内容。此外,还明确了优抚机构及相关当事方的法律责任。

(3)重构其他军人保障制度。如在就业安置保障方面,市场经济体制形成了劳动力市场化与就业竞争化的新格局,退伍军人就业的传统安置方法由此受到重大挑战,为此,国家开始探索自主择业、政府补贴的做法。在军属优待方面,一些地方也探索了现金补贴、劳务服务等做法。正是这些改革,使社会优抚安置制度走向一个新的发展阶段。

第二节 社会优抚制度

社会优抚制度是国家和社会依法对军人及其家属为主体的优抚对象实行物质照顾和精神抚慰的一项特殊制度。它分为优待制度和抚恤制度两项。

根据现行法规,社会优抚制度面向的对象是中国人民解放军和中国人民武装警察部队的现役军人(以下简称现役军人)、服现役或者退出现役的残疾军人以及复员军人、退伍军人、烈士遗属、因公牺牲军人遗属、病故军人遗属、现役军人家属,上述人员可以享受社会优抚。同时,现行法规还规定了因参战伤亡的民兵、民工的抚恤,因参加军事演习、军事训练和执行军事勤务伤亡的预备役人员、民兵、民工以及其他人员的抚恤也参照军人优待抚恤的有关规定处理。

我国社会优抚制度强调实行国家和社会相结合的方针,坚持优抚保障与国民经济和社会发展相适应、保障优抚对象的生活水平不低于当地平均生活水平的原则。国家要求全社会应当关怀、尊重优抚对象,开展各种形式的拥军优属活动,同时鼓励社会组织和个人对优抚事业提供捐助。

社会优抚所需经费,由国务院和地方各级人民政府分级负担。中央和地方财政安排的军人优待经费,专款专用,并接受财政、审计部门的监督。

各级政府中的民政部门是优抚工作的主管机关,其他国家机关、社会团体、企业事业单位则依法履行各自的军人优抚责任和义务。

一、死亡抚恤

1. 死亡抚恤的分类及确定标准

死亡抚恤,是政府按规定向遗属提供抚恤金,一般根据现役军人死亡的性质不同(因战、因公、因病)、生前的表现以及生前收入和级别等情况确定不同的抚恤金待遇标准。其中,烈士的抚恤金待遇最高。

现役军人死亡被批准为烈士的情形包括:

(1) 对敌作战死亡,或者对敌作战负伤在医疗终结前因伤死亡的;

(2) 因执行任务遭敌人或者犯罪分子杀害,或者被俘、被捕后不屈遭敌人杀害或者被折磨致死的;

(3) 为抢救和保护国家财产、人民生命财产或者参加处置突发事件死亡的;

(4) 因执行军事演习、战备航行飞行、空降和导弹发射训练、试航试飞任务以及参加武器装备科研实验死亡的;

(5) 其他死难情节特别突出,堪为后人楷模的。

现役军人在执行对敌作战、边海防执勤或者抢险救灾任务中失踪,经法定程序宣告死亡的,按照烈士对待。

现役军人死亡可以确定为因公牺牲的情形包括:

(1) 在执行任务中或者在上下班途中,由于意外事件死亡的;

(2) 被认定为因战、因公致残后因旧伤复发死亡的;

(3) 因患职业病死亡的;

(4) 在执行任务中或者在工作岗位上因病猝然死亡,或者因医疗事故死亡的;

(5) 其他因公死亡的。

现役军人在执行对敌作战、边海防执勤或者抢险救灾以外的其他任务中失踪,经法定程序宣告死亡的,按照因公牺牲对待。

现役军人因其他疾病死亡的可以确认为病故。包括现役军人非执行任务死亡或者失踪,经法定程序宣告死亡的,按病故对待。

2. 一次性抚恤和定期抚恤

死亡抚恤是社会优抚中最基本的内容。根据抚恤的内容和性质,死亡抚恤又可分为一次性给付和定期给付两种形式。一次性给付具有褒扬和社会补偿性质,而定期给付具有社会救助性质。

现役军人死亡,根据其死亡性质和死亡时的月工资标准,由县级人民政府民政部门发给其遗属一次性抚恤金,标准是:烈士,80个月工资;因公牺牲,40个月工资;病故,20个月工资。

获得荣誉称号或者立功的烈士、因公牺牲军人、病故军人,其遗属在应当享受的一次性抚恤金的基础上,由县级人民政府民政部门按照下列比例增发一次性抚恤金:

(1) 获得中央军事委员会授予荣誉称号的,增发35%;

(2) 获得军队军区级单位授予荣誉称号的,增发30%;

(3) 立一等功的,增发25%;

(4) 立二等功的,增发15%;

(5) 立三等功的,增发5%。

对符合下列条件之一的烈士遗属、因公牺牲军人遗属、病故军人遗属,发给定期抚恤金:

(1) 父母(抚养人)、配偶无劳动能力、无生活费来源,或者收入水平低于当地居民平均生活水平的;

(2) 子女未满18周岁或者已满18周岁但因上学或者残疾无生活费来源的;

(3) 兄弟姐妹未满18周岁或者已满18周岁但因上学无生活费来源且由该军人生前供养的。

二、伤残抚恤

伤残抚恤,是国家依法对现役伤残军人及其家属提供保证其生活的资金和服务的特殊保障项目。伤残抚恤一般分为三种类型:因战、因公和因病致残。致残的类型和等级要有专门的审批机构在医疗终结后予以评定。伤残抚恤的标准一般是根据致残的性质、类型、劳动能力丧失的程度及生活能力受影响的程度等因素确定。

现役军人残疾的等级,根据劳动功能障碍程度和生活自理障碍程度确定,由重到轻分为一级至十级。因战、因公致残,残疾等级被评定为一级至十级的,享受抚恤;因病致残,残疾等级被评定为一级至六级的,享受抚恤。

因战、因公、因病致残性质的认定和残疾等级的评定权限是:

(1) 义务兵和初级士官的残疾,由军队军级以上单位卫生部门认定和评定;

(2) 现役军官、文职干部和中级以上士官的残疾,由军队军区级以上单位卫生部门认定和评定;

(3) 退出现役的军人和移交政府安置的军队离休、退休干部需要认定残疾性质和评定残疾等级的,由省级人民政府民政部门认定和评定。

残疾军人的抚恤金标准,参照全国职工平均工资水平确定,并根据残疾军人残疾等级享受残疾抚恤金。同时,县级以上地方人民政府对依靠残疾抚恤金生活仍有困难的残疾军人,可以增发残疾抚恤金或者采取其他方式予以补助。保障其生活不低于当地的平均生活水平。

退出现役的因战、因公致残的残疾军人因旧伤复发死亡的,由县级人民政府民政部门按照因公牺牲军人的抚恤金标准发给其遗属一次性抚恤金,其遗属享受因公牺牲军人遗属抚恤待遇。

退出现役的因战、因公、因病致残的残疾军人因病死亡的,对其遗属增发12个月的残疾抚恤金,作为丧葬补助费。其中,因战、因公致残的一级至四级残疾军人因病死亡的,其遗属享受病故军人遗属抚恤待遇。

退出现役的一级至四级残疾军人,由国家供养终身。其中,对需要长年医疗或者独身一人不便分散安置的,经省级人民政府民政部门批准,可以集中供养。

对分散安置的一级至四级残疾军人发给护理费,护理费的标准是:

(1) 因战、因公一级和二级残疾的,为当地职工月平均工资的50%;

(2) 因战、因公三级和四级残疾的,为当地职工月平均工资的40%;

(3) 因病一级至四级残疾的,为当地职工月平均工资的30%。

三、社会优待

社会优待,是国家和社会依法对优抚对象提供资金和服务的优待性保障项目,其目的是保证现役军人及家属维持一定的生活水平,并随着社会的发展不断提高其生活质量。社会优待的主要内容有:

1. 生活优待

根据现行规定,对义务兵的优待包括:

(1) 义务兵服现役期间,其家庭由当地人民政府发给优待金或者给予其他优待,优待标准不低于当地平均生活水平。

(2) 义务兵和初级士官入伍前是国家机关、社会团体、企事业单位职工(含合同制人员)的,退出现役后,允许复工复职,并享受不低于本单位同岗位(工种)、同龄职工的各项待遇。服现役期间,其家属继续享受该单位职工家属的有关福利待遇。

(3) 义务兵和初级士官入伍前的承包地(山、林)等,应当保留。服现役期间,除依照国家有关规定和承包合同的约定缴纳有关税费外,免除其他负担。

(4) 义务兵从部队发出的平信,免费邮寄。

(5) 复员军人生活困难的,按照规定的条件,由当地人民政府民政部门给予定期定量补助,逐步改善其生活条件。

2. 医疗优待

国家对一级至六级残疾军人的医疗费用按照规定予以保障，由所在医疗保险统筹地区社会保险经办机构单独列帐管理。具体办法由国务院民政部门会同国务院劳动保障部门、财政部门规定。

七级至十级残疾军人旧伤复发的医疗费用，已经参加工伤保险的，由工伤保险基金支付，未参加工伤保险的，有工作的由工作单位解决，没有工作的由当地县级以上地方人民政府负责解决。七级至十级残疾军人旧伤复发以外的医疗费用，未参加医疗保险且本人支付有困难的，由当地县级以上人民政府酌情给予补助。

残疾军人、复员军人、带病回乡退伍军人以及烈士遗属、因工牺牲军人遗属、病故军人遗属享受医疗优惠待遇。具体办法由省、自治区、直辖市人民政府规定。中央财政对优待对象人数较多的困难地区给予适当补助，用于帮助解决抚恤优待对象的医疗费用困难问题。

在国家机关、社会团体、企事业单位工作的残疾军人，享受与所在单位工伤人员同等的生活福利和医疗待遇。所在单位不得因其残疾将其辞退、解聘或者解除劳动关系。

3. 交通及其他优待

现役军人凭有效证件、残疾军人凭《中华人民共和国残疾军人证》优先购票乘坐境内运行的火车、轮船、长途公共汽车以及民航班机；残疾军人享受减收正常票价50%的优待。

现役军人凭有效证件乘坐市内公共汽车、电车和轨道交通工具享受优待，具体办法由有关城市人民政府规定。残疾军人凭《中华人民共和国残疾军人证》免费乘坐市内公共汽车、电车和轨道交通工具。

现役军人、残疾军人凭有效证件参观游览公园、博物馆、名胜古迹享受优待，具体办法由公园、博物馆、名胜古迹管理单位所在地的县级以上地方人民政府规定。

此外,优抚对象还享受优先批准参军、优先录取公务员或升学、优先享受各种助学政策、优先进入各类福利机构以及享受有关税费减免等优惠。

国家还兴办优抚医院、光荣院,治疗或者集中供养孤老和生活不能自理的抚恤优抚对象。

第三节　军人保险制度

军人保险制度,主要是适应面向劳动者的社会保险制度的改革和满足军人对养老、医疗保障等需求而新建的社会保障项目。一方面,许多国家建有军人保险制度,以求与一般国民的养老、医疗保险制度保持可衔接性,并体现出这项保障措施的权利与义务关系。另一方面,除少数职业军人将在军人的岗位上坚持到退休外,多数均将退役并最终融入社会化的劳动力市场。由于中国的养老保险、医疗保险等社会保险项目的基本模式已经确立为社会统筹与个人账户相结合,而军人若没有相应的积累,相应的社会保险权益就必然受到损害。所以,为了保证军人在退役进入地方工作时或退休后能够立即享受相应的社会保险权益,设置军人保险项目成为必要。

在建立军人保险制度前,军队建立有离、退休制度和公费医疗制度。前者的法律依据是国务院和中央军委制定的《关于军队干部退休的暂行规定》(1981年)、《关于干部离休的暂行规定》(1982年)。而公费医疗制度建立更早,它面向全体军人。到20世纪90年代,在市场经济改革的大背景下,为适应国家社会保障体制改革尤其是社会保险制度改革的要求,维护军人权益,军队自1994年开始研究军人的社会保险问题。1997年1月,中央军委决定建立军人保险制度。1998年7月,国务院、中央军委批准印发的《军人保险制度实施方案》规定:军人保险对象为现役军人;设置军人伤亡保险、军人退役医疗保险、军人退役养老保险,并可根据国家建立多层次社会保障体系的要求和军队建设的需要,适时建立其他保险;军人保险基金主要通过国家拨款和军人个人缴费渠道筹集。1998年8月,《军人伤亡保险暂行规定》在全军实行,标志着军人保险制度开始建立。2000年1月,建立了军人退役医疗保险制度。2004年1月,又正式在全军实施军人配偶随军未就业期间的社会保险制度。在实施以上制度的同时,军队还制定了《军人保险基金管理暂行办法》、《军人保险基金会计核算办法》、《军人保险个人账户管理暂行办法》和《关于军地医疗保险个人账户转移办法》等配套制度。

建立军人保险制度的目的,主要在于与一般国民相关保障项目改革与发展保持适应性,并在军人退伍后融入地方单位或养老时,能够与地方养老、医疗保险等制度相衔接。因此,军人保险制度的建立能够促进军人部分保障项目走向规范化,并更好地维护军人的社会保障权益。

1. 军人伤亡保险,主要是针对军人因战、因公伤亡而设置的,保险对象为全体现役军人。军官和士官需要个人按月缴纳一定的保险费。军人伤亡分为9个等级。其中,死亡分烈士和因公牺牲两个等级,伤残分7个等级。伤亡保险主要体现军人职业风险性、牺牲性的特点,使军人因战、因公发生伤亡时,在享受抚恤金的基础上,得到相应的经济补偿,以解除军人的后顾之忧,激励军人安心服役、献身国防。

2. 军人退役医疗保险,即为军人建立个人账户,保障其退出现役后享有国家规定的医疗保险待遇。军人退役医疗保险,主要是为了解决军人退出现役后与地方基本医疗保险制度接轨而设置的,保险对象为师职以下现役军官和全体士兵。军官和士官每人每月按工资收入的一定比例缴纳保险费,国家给予同等数额的补助,逐月计入个人账户。军人退出现役时,这笔保险金就转到安置地的社会保险机构,与地方医疗保险制度接轨。如果不能参加城镇职工基本医疗保险,就把保险金发给本人。如果军人牺牲或者病故，保险金可以由亲属依法继承。

3. 军人配偶随军未就业期间社会保险，是为了解决军人配偶随军未就业期间的基本生活保障和社会保险补贴待遇及关系衔接等问题而建立的一项社会保险制度，其目的在于解除军人后顾之忧，激励军人安心服役。这一制度包括军人配偶随军未就业期间基本生活补贴制度和养老、医疗保险个人账户，并给予个人账户补贴。军人配偶随军未就业期间社会保险待遇主要包括：

（1）享受基本生活补贴。根据军人驻地艰苦程度，每月给予其配偶随军未就业期间基本生活补贴。同时为鼓励再就业，实行领取基本生活补贴递减制度。除特殊地区外，领取补贴标准全额的最长期限分别为5年或3年，期满后按补贴标准8%的比例递减。

（2）享受养老保险个人账户补贴。军人所在单位后勤机关按缴费基数11%的比例，为未就业随军配偶建立养老保险个人账户，所需资金由个人和国家共同负担，其中个人缴纳6%，国家补贴5%。缴纳基数参照上年度全国城镇职工月平均工资60%的比例确定。未就业随军配偶实现就业并参加养老保险的，其在军队期间建立养老保险个人账户后的缴费年限，与到地方后参加养老保险的缴费年限合并计算。

（3）享受医疗保险个人账户补贴。军队后勤机关按照未就业随军配偶基本生活补贴标准全额2%的比例，为其建立医疗保险个人账户，所需资金由个人和国家共同负担，其中个人缴纳1%，国家补贴1%。未就业随军配偶在就业或军人退出现役随迁后，按照规定应当参加接受地基本医疗保险的，由军人所在单位后勤机关将其医疗保险个人账户资金转入接受的社会保险经办机构，再由接受地社会保险经办机构并入本人基本医疗保险个人账户。按照规定，不参加接受地基本医疗保险的，其医疗保险个人账户资金，由军人所在单位后勤机关一次性发给本人。

第四节 安置保障及其他

一、安置保障概述

安置保障,是以安置退出现役的军人就业或养老等为内容的一项制度安排。其目的在于保障军人退出现役后的生活安全。它主要面向军队转业干部、退伍义务兵和应由地方安置的离、退休军人,以及退役的伤残、病军人。

安置保障的内容包括:(1)对军队转业干部与城镇退伍义务兵的就业安置,这是整个安置工作的主体;(2)军队离、退休干部晚年生活的安置;(3)农村义务兵的退伍安置。为配合实施安置保障工作,在社会化设施方面,国家建立了一些转业培训基地和一批休养所等。

相对于其他保障项目而言,安置保障有自己的特殊性,它主要表现在:

(1)保障内容呈板块状结构。在整个传统社会保障制度呈板块状结构的条件下,安置保障作为军人保障的大项目,也呈板块状结构,由以下相对独立的四部分组成:① 非农业户口的退伍军人的就业安置;② 离、退休军人的养老安置;③ 残疾军人的安置;④ 农业户口军人的回乡安置。

(2)保障过程和保障内容复杂。安置保障的过程,是从军人退出现役到转为一般国民的过程。在这一过程中,不仅要做与其他保障项目一样的基金收、付工作,同时还必须做退伍或退役军人的转业培训、工作安排以及老年军人的养老安置等多项工作。其工作环节包括建立接待或养老基地,接待退伍或退休军人,对需要安置就业的退伍军人的转业培训教育,对老年军人进行养老安置,安置退伍军人的工作,管理离、退休军人养老事业并照顾其生活等。在保障内容方面,既有生活保障,更有以退伍军人就业或工作岗位保障为主体内容的保障。可见,安置保障并非像其他社会保障子系统或其他军人保障项目一样,只是较为单纯的基金收、支环节和生活保障内容,而是具有多环节性和内容复杂性等特点。

(3) 涉及面广。其他社会保障项目一般涉及缴费单位、受益对象和社会保障机构,但军人安置保障的实质内容是让退伍军人融入地方的工作与生活环境,包括就业安置和生活安置等,其涉及关系要复杂得多。在就业安置方面,除涉及退伍军人、军方与作为军人安置保障主管机关的各级民政部门外,还直接涉及政府中的劳动、人事(党委组织部)部门和各有关部门及接受单位。在养老安置方面,则涉及专门的养老福利机构等。可见,安置保障是一项涉及面极广且需要多部门密切配合、协调的军人保障项目。

二、我国的军转安置和退役安置

从数量上看,我国军人的安置保障有两大块:军转安置和退役安置。新中国建立以后,我们党历来高度重视军队转业干部和复员士兵的安置工作,在不同的历史时期,为加强国防与军队建设,促进国家经济建设和各项事业的发展,制定了一系列安置方针政策。

进入 20 世纪 80 年代,随着改革开放和社会主义市场经济的发展,首先是军转安置,原来在计划经济体制下形成的办法遇到了许多新情况新问题。尤其是干部人事、劳动用工制度改革与指令性安排军队转业干部、党和国家机关机构改革、精减人员与师团职军队转业干部的职务安排,深化住房、社会保障制度的改革与现行解决军队转业干部住房和社会保险的办法等矛盾日益突出。如此一来,建立一个什么样的退役军官安置制度,如何使军队转业干部的安置走上依法管理的轨道,便成了军转安置工作亟待解决的重要课题。

2001 年 1 月 19 日,中共中央、国务院、中央军委发出通知,决定颁布实施《军队转业干部安置暂行办法》。这次军转安置办法改

第四节 安置保障及其他

革的一个重大突破,就是改变了单一的指令性计划分配的传统安置模式,提出了对军队转业干部实行计划分配与自主择业相结合的安置方式。《暂行办法》规定:担任师级职务或者担任营级以下职务且军龄不满 20 年的军队转业干部,由党委、政府采取计划分配的方式安置;担任团级职务或者担任营级职务且军龄满 20 年的军队转业干部,可以选择由党委、政府安排工作和职务,或者本人自主择业、政府协助就业、领取退役金的方式安置。

《暂行办法》规定,对自主择业的军队转业干部,由安置地政府逐月发给退役金。例如,团职和军龄满 20 年的营职军队转业干部,按本人转业时安置地同职级军队干部月职务、军衔(级别)工资和军队统一规定的津贴补贴为计发基数 80% 的数额与基础、军龄工资的全额之和计发;军龄满 20 年以上的,军龄每增加一年,增发月退役金计发基数的 1%。自主择业的军队转业干部一旦被党和国家机关选用为正式工作人员的,退役金将不再发给;被企业事业单位聘用录用或从事其他工作的,则退役金照发。《暂行办法》在军队转业干部回原籍或入伍地安置基本政策不变的前提下,适当放宽了到非原籍或者入伍地安置的条件。

其次是退役安置。士兵退役后的安置关系到广大官兵的切身利益,关系到军队的建设和发展,更关系到国家和社会的稳定。近些年来,尽管地方党委、政府和军队各级组织尽了很大努力,想了许多办法,做了大量工作,但原有办法的退役安置难度也日趋增大。1998 年 12 月修订的《中华人民共和国兵役法》第 56 条规定:"义务兵退出现役后,按照从哪里来、回哪里去的原则,由原征集的县、自治县、市、市辖区的人民政府接收安置……"这就是现行义务兵退役安置的原则,即义务兵退役后仍回原入伍征集地,由当地人民政府做如下安置:家居农村的,一般安置其参加农业生产;家居城镇的安排就业或自谋职业;入伍前是大中专院校在校学生的复学;入伍前是职工的复工、复职。

三、社会优抚和安置保障制度的改革与完善

军事职业的社会保障是党和国家给予军人、军烈属、残疾军人、军队离退休干部的特殊优待和复转军人的安置保障制度。军事职业的社会保障随着社会的发展,从形式到内容都会发生变化。战争年代,一切服从战争,军队需要地方支持的工作容易得到理解和支持。和平时期,军事工作仍然非常重要,但许多工作必须服从地方经济工作的需要。计划经济时代,军队的许多工作被有序地纳入地方计划,工作衔接相对稳定。现在在市场经济条件下,新时期优抚安置保障制度要走向完善,还要通过改革着力解决一些具体的大问题。

1. 改变由军队包办各种福利服务的做法,凡是地方能为军队服务的项目,都由地方承担。

战争年代,由于武装斗争的需要和限于当时的历史条件,军队承荷着一个小而全的"社会"。军队走到哪里就把"家"搬到哪里,长征途中,由几千名挑夫挑着苏区的大量财物开始了艰难跋涉。毛泽东说:"就像大搬家一样",埃德加·斯诺则称之为"整个国家走上了征途。"随着现代军事的发展,那种"军队办社会"的模式不可能再延续下去,许多工作必须由社会来承担,只有这样才能减轻非军事工作的压力,集中精力,抓好军事训练,从而减少非战斗人员,精干编制,适应现代战争的需要。①

2. 在住房制度改革方面,要研究制定推进住房分配货币化、住房供应社会化的措施办法。

军人担负着保卫国家安全的神圣职责,然而,"铁打的营盘流水的兵",军队干部把自己的青春年华奉献给国防事业后,绝大多数干部还要面临转业到地方二次就业的问题,这样,住房问题就成

---

① 许祥文:"社会主义市场经济条件下军事职业的社会保障",《社会学研究》,1997年第3期。

为每一个军人不得不经常考虑的问题。随着社会主义市场经济的形成与发展,原有计划经济体制下实行的福利性住房分配制度暴露出很多缺陷,已不适应新形势下军人权益保障的要求。特别是全国取消福利分房后,转业干部、士官到地方无房可分,仅靠有限的转业费和的公积金,在现阶段很难承受得起购买住房的压力。虽然改革开放以来,随着国家经济建设发展和地方住房制度改革,军队住房制度也逐步进行了改革,在实践中不断深化,如两步提租,建立公积金制度,组织干休所售房,开展集资建房,实施安居工程等。但用现实情况来衡量,上述改革措施仍属"治标"的范畴,还未能从根本上解决军人的住房问题,也未完全从旧的分配体制中摆脱出来,其福利的机会性质仍然存在。

3. 在新的劳动用工制度与传统的退役安置制度之间的矛盾日益显现的情况下。探索搞好退役安置的新路子。

我国兵役法、现役士兵服役条例和士官退出现役安置暂行办法等一系列法律法规,都明确了对退役士兵安置的若干政策和规定,但是近年来,随着市场经济的发展和完善,政府职能转变、党政机关精简、事业单位改制,企事业单位拥有了用人自主权,政府指令性安置退役军人面临着越来越多的困难。据统计,全军每年退出现役的士兵需要政府安排工作的约 20 余万人,而实际得到政府安排工作真正上岗的人数却并不多。一些从事军队司法工作的人士指出,退役士兵得不到妥善安置,会给国家和社会带来许多现实矛盾和不良后果,对部队的吸引力、凝聚力、战斗力也会产生负面影响。因此,我们必须积极研究和探索适应市场经济发展趋势,着眼军事斗争准备和军队现代化长远建设的安置工作新思路。要以有利于国防和军队建设、有利于国家和社会安全稳定、有利于维护广大士兵合法权益为出发点,充分吸纳和借鉴国内外的有益做法和新鲜经验,逐步建立起具有中国特色的退役士兵安置政策法规体系。

在坚持"从哪里来、回哪里去"原则的前提下,随着军队士兵素质结构逐步改善,专业化、知识化水平逐步提高,对改革的承受能力逐渐增强,择业观念发生变化,国家财力不断增强,搞好退役安置,我们有许多工作要推进。例如,在继续保留城镇退役士兵由政府安排工作的政策前提下,出台相应的优惠政策,让指令性安置单位更乐意接收;制定退役士兵自谋职业、以及从事个体经营在执照办理、缴税、贷款等方面的更优惠政策;加强对退役士兵的培训,并形成制度,以增强其就业能力;如当年新疆建设兵团那样,用优惠的政策,在缺乏劳动力地区建立就业基地;国家重点建设工程主动而有计划地安置退伍军人等等。

总之,根据各国经验和我国经济发展情况看,国家不可能对军事职业的社会保障事业统统包揽,还是要坚持国家、社会、群众三结合的方针,以形成综合性和互补性的军事职业的社会保障网络。

主要参考文献

1. 刘国林:《中国历代优抚》,黑龙江人民出版社 1988 年版。
2. 国际劳工局社会保障司:《社会保障导论》,劳动人事出版社 1989 年版。
3. 美国社会保障总署:《全球社会保障制度》,华夏出版社 1989 年版。
4. 陈良瑾:《社会保障教程》,知识出版社 1990 年版。
5. 朱传一等:《苏联东欧社会保障制度史》,华夏出版社 1991 年版。
6. 郭崇德:《社会保障学》,北京大学出版社 1992 年版。
7. 国务院研究室课题组:《中国社会保障制度改革》,中国社会科学出版社 1993 年版。
8. 朱庆芳:《社会保险指标体系》,中国社会科学出版社 1993 年版。
9. 侯文若:《现代社会保障制度》,中国经济出版社 1994 年版。
10. 张平等:《瑞典:社会福利经济的典范》,武汉出版社 1994 年版。
11. 夏永祥等:《英国市场经济体制》,兰州大学出版社 1994 年版。
12. 林玉:《美国市场经济体制》,兰州大学出版社 1994 年版。
13. 张精华等:《德国市场经济体制》,兰州大学出版社 1994 年版。
14. 郭刚等:《中华社会保障经济理论》,中信出版社 1995

年版。

15. 唐钧:《市场经济与社会保障》,黑龙江人民出版社 1995 年版。

16. 丛树海:《社会保障经济理论》,上海三联书店 1996 年版。

17. 陈朝先:《社会保障与社会保险问题研究》,西南财经大学出版社 1996 年版。

18. 陈立等:《社会保障:市场经济的稳定器》,中央党校出版社 1996 年版。

19. 胡乐亭:《社会保障概论》,中国财经出版社 1996 年版。

20. 陈建安:《战后日本社会保障制度研究》,复旦大学出版社 1996 年版。

21. 龚莉:《就业和社会保障》,人民出版社 1996 年版。

22. 李晓琳等:《社会保障学》,中国财政经济出版社 1997 年版。

23. 林闽钢:《现代社会保障》,中国商业出版社 1997 年版。

24. 郑功成:《论中国特色的社会保障道路》,武汉大学出版社 1997 年版。

25. 杨宜勇:《失业冲击波》,今日中国出版社 1997 年版。

26. 林义:《社会保险》,中国金融出版社 1998 年版。

27. 孙光德:《社会保障学》,中国劳动出版社 1998 年版。

28. 王东进等:《中国社会保障制度》,企业管理出版社 1998 年版。

29. 胡晓义:《走向 21 世纪的中国社会保险》,中国劳动出版社 1998 年版。

30. 郑功成等:《全球化下的劳工与社会保障》,中国劳动社会保障出版社 2002 年版。

31. [美]尼尔·吉尔伯特等:《社会福利政策导论》,华东理工大学出版社 2003 年版。

32. [意]哥斯塔·艾斯平—安德森:《转变中的福利国家》,重庆出版社 2003 年版。

33. ［美］威廉特·H. 怀特科等:《当今世界的社会福利》,法律出版社 2003 年版。

34. 郑功成:《社会保障学——理念、制度、实践与思辨》,商务印书出版社 2004 年版。

35. 毛健:《失业保险》(第二版),中国劳动社会保障出版社 2004 年版。

36. 郑功成:《社会保障学》,复旦大学出版社 2005 年版。

37. 王朝阳等:《中国 21 世纪城市反贫困战略研究》,中国经济出版社 2005 年版。

38. 张琪:《社会保障概论》,中国劳动社会保障出版社 2006 年版。

39. 吕学静:《现代各国社会保障制度》,中国劳动社会保障出版社 2006 年版。

40. 中国经济改革研究基金会、中国体制改革研究会联合专家组:《中国养老保险体制改革》,上海远东出版社 2006 年版。

41. 高书生:《社会保障改革何去何从》,中国人民大学出版社 2006 年版。

42. 何平等:《城市贫困群体社会保障政策与措施研究》,中国劳动社会保障出版社 2006 年。

43. 顾昕等:《诊断与处方:直面中国医疗体制改革》,社会科学文献出版社 2006 版。

44. 郑功成等:《社会保障研究》(2006.1—3 期),中国劳动社会保障出版社 2006 版。

45. 许祥文:"社会主义市场经济条件下军事职业的社会保障",《社会学研究》1997 年第 3 期。

46. 员玉玲等:"中国社会保障制度改革过程中各相关主体的行为分析",《中国软科学》,1998 年第 10 期。

47. 杨健敏等:"社会保障管理体制比较研究",《中国社会保险》,1998 年第 5 期。

48. 钟建威:"对两个统账结合的思考",《中国社会保险》,1998 年第 9 期。

49. 唐均:"最后的安全网——中国城市居民最低生活保障制度的框架",《中国社会科学》,1998 年第 1 期。

50. 葛延风:"改革与发展过程中社会保障制度的建设问题",《社会学研究》,1998 年第 1 期。

51. 林闽钢:"福利社区化中的社区资源开发与整合探讨",《中国社会保障》,2002 年第 9 期。

52. 窦小文:"德国向福利制度开刀",《中国劳动保障报》2003 年 11 月 27 日。

53. 劳动和社会保障部、国家统计局:《2004 年度劳动和社会保障事业发展公报》。

54. 沈洁:"中国社会福利政策建构的理论诠释(之二)",《社会保障研究》,2005 年第 1 期。

55. 李伟:"我国现阶段城市贫困人口状况分析",《广西社会科学》,2005 第 7 期。

56. 关信平:"论现阶段中国社会保障制度的转型与重构",2005 中国社会学年会论文。

57. 胡平:"关于解决我国农村贫困问题的现时思考",《乡镇经济》,2006 年第 4 期。

后　记

　　早在 1990 年,我在自己的第一本学术著作《系统自组织概论》中曾以整整一章的篇幅探讨了"科学发展观"。发展是我们所有人的共同愿望,但这并不意味着每一个人的发展观都是相同的。发展理念不同关系到发展道路的不同选择。比如对于"效率"与"公平"的关系,过去有一段时间,"效率优先、兼顾公平"一直是比较流行的提法。而我认为,在正确的发展观和发展理念中不应该有两者孰轻孰重的问题,效率与公平能不能相得益彰以及如何才能相得益彰才是真正重要的问题。由此引起了我对社会保障的关注。

　　毫无疑问,鱼和熊掌难以兼得,要将效率、公平有机统一起来是很困难的。但是世界以及中国社会保障的历史进程都表明:有了正确理念的引导并充分调动起政治智慧,效率与公平实际上是可以相互补充、互为依托的。例如,社会保障不能依靠市场机制来有效提供,但又是市场经济正常运行的外部条件,建立健全社会保障制度关系到经济的可持续发展和社会的长治久安。再如,在社会保障分配中,社会保障基金的筹集具有头等重要的意义,社会保障水平归根到底要由生产力水平和经济实力来决定。凭着学哲学出身的素养,作者在本书中自始至终有一种诉求——探索公平与效率的"共赢机制"。这可能比内容的展开更重要。

　　我从事高等教育事业已逾二十年,在著述的出版上一直得到花建民同志的大力支持,他的信任、热情和严谨对我的鼓励和鞭策非常之大,包括本书的重写,也是由于他一再催促,并在吕青老师的帮助下完成的。本书分上、下两篇,共 11 章,收集和使用大量资料是必然的,所以我要向所有有关作者表示诚挚的感谢。当然,尽管我对书稿做了反复修改,就像过去我已出版的所有书一样,此书也有自己不甚满意之处。我衷心希望读者和同行能给予中肯的意见,以便以后我们在本书的改进中吸纳。

张　彦

2007 年 7 月 12 日

于上海财经大学

图书在版编目(CIP)数据

社会保障概论/张彦,吕青编著.—2 版.—南京:南京大学出版社,2008.1(2024.2 重印)
 ISBN 978-7-305-03428-2

Ⅰ.社… Ⅱ.①张…②吕… Ⅲ.社会保障-概论
Ⅳ.C913.7

中国版本图书馆 CIP 数据核字(2007)第 199497 号

出 版 者	南京大学出版社
社　　址	南京市汉口路 22 号　　邮　编 210093
网　　址	http://press.nju.edu.cn
书　　名	社会保障概论(第二版)
编　著	张 彦　吕 青
责任编辑	花建民　　　　编辑热线 025-83596932
照　　排	南京紫藤制版印务中心
印　　刷	丹阳兴华印务有限公司
开　　本	880×1230　1/32　印张 12.375　字数 321 千
版　　次	2008 年 1 月第 2 版　2024 年 2 月第 16 次印刷
ISBN	978-7-305-03428-2
定　　价	30.00 元
发行热线	025-83594756
电子邮箱	sales@press.nju.edu.cn(销售部) nupress1@public1.ptt.js.cn

 * 版权所有,侵权必究
 * 凡购买南大版图书,如有印装质量问题,请与所购图书销售部门联系调换